U0939694

本专著获

国家社会科学基金重点项目（14AZD073）

河南省高等学校哲学社会科学创新团队支持计划（2016-CXTD-07）

河南省高校人文社会科学重点研究基地培育基地水文化研究中心

华北水利水电大学高层次人才科研启动项目（201349）资助

# 气候变化对太湖地区粮食生产的影响研究

## （960—1911）

陈超 著

人民出版社

# 序　言

农业生产主要是在野外的自然环境下进行的。由于作物的生长发育受到光、热、水、气、肥等因素的影响，而自然界的气候变化必然影响到农业生产。近百年来，全球 $CO_2$ 浓度升高，海平面上升，冰川融化，气候变暖，是一个不争的事实。应对气候变化也已经成为一个世界性的焦点话题。在有关部门的支持和配合下，农业部于 2009 年启动了国家公益性行业（农业）专项“气候变化对中国农业生产的影响及应对技术研究”项目（200903003）。项目组织全国从事农业科技和气象相关研究的专家围绕中国农业应对气候变化进行研究。由于气候变化不是今天才有的现象，而是历史时期就有的事实。为揭示历史上气候变化影响农业生产的情况，借鉴历史上应对气候变化的经验，项目安排我们从事历史时期气候变化对农业生产影响的研究（重点是水稻）。陈超的博士论文即是参与此项研究的一项初步成果。

太湖流域历来是我国的一个经济、文化发达地区，也是一个以水稻生产为核心的地区。这里的农业生产发达，历史时期的文献相对较为丰富，有利于我们开展历史时期气候变化对农业生产影响的研究。陈超主要从温度变化和降水变化研究了历史时期气候变化对农业生产的影响。研究表明，历史时期的气候变化对这里的农业生产确实产生了重要的影响。如影响到作物布局，影响到品种结构，影响到栽培模式，影响到农田水利建设等。而应对气候变化也就相应地有调整种植业结构，引进新的作物品种，改变栽培技术，转变农田水利思想等应对措施。

“疑今者察之古，不知来者视之往”。研究历史时期气候变化对农业生产的影响不仅有利于我们弄清历史事实，而且有利于为我们应对今天的气候变化提供借鉴。我国对历史时期气候变化对农业生产的影响研究开展的时间较短，研究较为薄弱。我国又是一个幅员辽阔，各地自然条件和农业生产差异很大的国家,有许多工作可做、要做,因此希望有更多的人加入到这一工作中来。

**严火其**

2015年10月于南京农业大学

# 目　录

# 导 言

## 一、本书研究的依据及意义

气候[①]作为自然资源和自然环境的重要组成部分，是人类生存、经济发展和社会进步的基本条件之一。但当前人类社会面临的一个重要问题就是全球气候变化[②]。所谓"全球气候变化"，以现今状况来看，是指由于人类活动向大气排放了过量的二氧化碳等温室气体，导致大气中的温室气体浓度过高，从而在全球平均气温基础上产生了以增温为主要特征的全球范围的气候变化现象。

联合国政府间气候变化专门委员会（IPCC）第二工作组第四次评估报告指出，全球气候变暖，对自然生态和人类生存环境产生显著影响，并将对未来自然生态系统和经济社会的发展产生长期影响[③]。尤其对农牧业、生态系统、水资源、社会经济的影响最为严重。全球气候变化已成为人类迄今面临的最为重大也是最为严重的全球环境问题，是21世纪人类面临的最复

---

① 本书所采用的"气候"概念，即一个地区多年时期内的大气平均状态，也可称为是长时段内的大气统计状态。这与被称为"天气"的大气过程中的短时状态相区别。从尺度上看两者也有很大差别，天气是年内的天气现象和天气过程，超过一年的大气状况就不是天气的尺度，而是气候的尺度了。另外，"气候"与"天气"也相互联系，天气是气候背景上的振动，气候则是长时期内天气状态的综合反映。参见满志敏：《中国历史时期气候变化研究》，山东教育出版社2009年版，第6页。

② 气候具有稳定性和变动性。其中，变动是绝对的，而稳定是相对的，具体的气候是与一定的时段相联系，并不存在绝对的气候。所以目前较多采用"气候变化"这个概念来补充说明气候的变动特性。参见满志敏：《中国历史时期气候变化研究》，山东教育出版社2009年版，第7页。

③ 赵俊芳、郭建平、张艳红等：《气候变化对农业影响研究综述》，《中国农业气象》2010年第2期。

杂的挑战之一。它已不仅是科学问题、环境问题,而且是能源问题、经济问题和政治问题。所以这一问题也理所当然地成为世界各国政府以及公众广泛关注的焦点。

全球气候变化必然也会给具有典型季风气候特征的中国造成很大影响。从可观测的数据看,近百年来我国的气温已经上升了0.4℃—0.5℃①。而据相关情景预测,到21世纪末,在温室气体排放情景下,中国的年平均温度将增加4.9℃,年平均降水量将增加11%左右②。可以说,这种变化已经并将继续对中国的自然和社会环境造成重大影响。特别是在农业生产方面,由于农业本身是经济再生产与自然再生产共同作用的产物,是受气候和天气制约最大的领域,也是受气候变化影响最敏感的部门之一。气候变化将会造成未来我国农业生产的不稳定性因素增加,产量波动加大;农业生产布局、结构以及生产条件出现变动;农业成本和投资大幅度增加。从中国的国情来看,由于我国属农业大国,而农业又是国民经济的基础,这种制度性的约束进一步增加了社会系统对气候变化的脆弱性③。一旦气候变化、降水格局调整,原有的农业生产和减灾防灾体系将会遭受巨大挑战;如果气候变化带来的挑战力度超出了社会应对能力,那么整个社会系统就有崩溃的可能④。所以,气候变化不仅直接影响中国的粮食安全和可持续发展,甚至会危及中国社会的长治久安。足见在气候变化背景下,我国农业乃至整个社会发展所面临的严峻形势。

多年以来,关于气候变化影响农业的研究一直都是由气候学、地理学以及农学等自然科学专家承担。在各学科学者的共同努力下,这方面的研究成果已经是硕果累累。现在已能够通过数学模型模拟未来气候变化对农业的影响情况。但是,气候变化对农业的影响毕竟是一个复杂的过程,其影响过程还受技术、政策以及经济的干扰,仅靠数学模型难以反映现实情况,因

---

① 王馥棠、赵宗慈、王石立等:《气候变化对农业生态的影响》,气象出版社2003年版,序言。

② 丁一汇、孙颖、徐影:《中国近50年和未来50年气候变化》,载《气候变化与生态环境研讨会论文集》,气象出版社2004年版,第52—57页。

③ 葛全胜:《中国历朝气候变化》,科学出版社2011年版,第104页。

④ 葛全胜:《中国历朝气候变化》,科学出版社2011年版,第104页。

而也使目前关于气候变化对农业影响评估方法和结果方面存在很大的不确定性。但通过对历史时期的相关研究就能够在一定程度上弥补这一不足。学术界早已认同,我国气候在历史时期存在变化过程,由气候变化所带来的环境变化也同样会影响过去的农业生产。由于这种影响是已发生过的,通过对影响过程及结果的还原,就能再现一个相比数字模拟更为真实的情景。而且通过对这些历史经验和教训的分析、总结,还可以为今后气候变暖过程中我国可能出现的一系列农业问题提供参考和借鉴。可见,历史气候变化对中国农业影响的相关研究既是学术界不可忽视的重要工作,也具有较为现实的社会意义。

不过,农业毕竟是在一定的时空条件下形成和发展的,在具体的时间、地点、自然条件下,经济、技术、文化习俗等多种因素也会综合作用于农业生产过程之中,从而形成了农业特定的地域类型。再加上各地的气候特点原本就存在差异,这造成气候变化对农业的影响程度在不同区域间不尽相同。所以,研究历史时期气候变化对农业的影响,就必须具体问题具体分析,首先以某一典型区域为切入点,才可能深入探讨问题。

之所以选择太湖地区作为研究对象,是因为太湖地区是我国农业较为发达的地区之一,在国民经济中占有重要地位,历来是我国作物产量较高和农业生态较好的地区;太湖地区农业的繁荣又与其发达的粮食生产分不开。这使得这一地区具备了作为一个农业典型性区域所应该包含的各项条件。因此,以太湖地区为切入点,研究历史时期气候变化对该地区粮食生产的影响情况,总结其间的历史经验和规律性问题,对当前气候变暖背景下,太湖地区农业经济发展建设应当采取怎样的应对措施,也具有十分重要的意义。从学术角度上看,由于历史时期气候变化影响太湖地区农业的相关研究成果仍较匮乏,如果以此作为研究主题也有助于丰富学术内容。

从太湖地区的农业发展史角度看,宋代是一个关键性时期。到两宋时期,太湖地区粮食生产中的重要组成部分都已形成,并为后世发展奠定了基础;而且至迟到南宋时期,已出现了“苏湖熟,天下足”①的谚语,足见宋代以

① 薛季宣:《浪语集》卷二八《策问二十道·问水利》。

来太湖地区农业已经完全转变了过去落后的状态,并在全国农业中占有举足轻重的地位。从气候变化角度看,我国东部地区气候大致在北宋稍早时段出现了转变,结束了晚唐以来的寒冷状态,开始进入一个长达两三百年的气候暖期①。所以,本书将研究时间的起始点选择在宋代。

由于多数前辈学者在研究过程中不仅对当前以及未来的状况进行过思考,为了便于说明问题,也会对20世纪的情况分析、说明。鉴于此,本书一方面为不重复研究,一方面为考虑研究的可行性,所以将研究时间的终止点设定在清代。以宋代至清代近千年跨度作为研究的时间范围,首先,避免了过去由于设定多为短时间跨度所带来的规律性问题的研究不足;其次,从历史时期太湖地区的气候状况上看,宋元两代所处大部分时段气候为温暖、干旱状态,明清大部分时段气候为寒冷、湿润状态②;最后,从明朝中后期以后,太湖地区在全国的粮仓地位发生动摇,以湖北、湖南为中心的长江中游平原已经开始取代太湖地区,成为全国新的粮食生产基地,"苏常熟,天下足"由此也就转变成为"湖广熟,天下足",并且从此再也没有改变。这种转变当然是和太湖地区人多地少、经济结构转变有一定关系,但其深层次的原因仍是耐人寻味。但无论如何,本书所研究的前后两时段在气候状况和粮食生产两方面就形成了鲜明对比,这样更有利于通过纵向对比,分析在不同气候状态下粮食生产所受到的影响情况。

## 二、研究现状

### (一)历史时期气候状况的研究

早在20世纪20年代,国内学术界就已经出现了关于历史气候研究的论文。例如在1925年,竺可桢发表了《南宋时代我国气候之揣测》③和《中

① 葛全胜、郑景云、方修琦等:《过去2000年中国东部冬半年温度变化》,《第四纪研究》2002年第2期。

② 详情可见本书第一章第二节。

③ 竺可桢:《南宋时代我国气候之揣测》,《科学》1925年第2期。

国历史上气候之变迁》①两篇论文，利用历史文献记载推测了我国南宋和各个历史时期的气候状况及其与现代气候的差异，还分析了太阳黑子对气候变迁的可能影响，为我国的气候变迁研究奠定了基础。此后，他又相继发表了《中国气候上之脉动现象》②、《中国历史时代之气候变迁》③等文章，从此开创了对我国气候变迁研究的先河。此外，胡焕庸的《气候变迁说述要》、周廷儒的《从自然地理现象证明历史时代西北气候变化》等文章在当时也引起了学术界的普遍关注，对我国的历史气候研究起到积极的推动作用④。而在史学界，蒙文通发表的《中国古代北方气候考略》一文，则被学术界公认为是我国气候变迁研究的较早文献；他的研究拓宽了中国古史研究的领域，是史学研究者采用多学科综合研究方法的一次尝试⑤。

新中国成立以来，中国历史气候的研究进入新的发展阶段，相关研究成果层出不穷，数量之多已无法一一列举，只能将一些具有代表性且影响力较大的文章和著作进行评述。例如徐近之于20世纪50年代在国内首创以定量分析方法对历史气候进行研究，建立了千年以上气候序列，并通过这一序列进行了波谱分析研究。文焕然的《秦汉时代黄河中下游气候研究》通过对历史文献中的物候记载以及柑橘、荔枝的地理分布等情况对秦汉时代的常年气候状况进行评估，并指出秦汉时代黄河中下游气候状况与现代相差不大⑥。这篇文章是研究秦汉时期黄河中下游地区气候状况的经典之作，对以后历史气候研究也有很大影响。蒋德隆、严济远利用古今气象资料进行数据处理，建立了统一的序列，并分析了长江下游地区夏季旱涝演变的趋势，二人的这项研究属于较早探讨太湖及周边历史气候的代表之作⑦。《中

① 竺可桢：《中国历史上气候之变迁》，《东方杂志》1925年第3期。

② 竺可桢：《中国气候上之脉动现象》，美国《地理评论》1926年第4期。

③ 竺可桢：《中国历史时代之气候变迁》，《国风》半月刊1933年第4期。

④ 胡焕庸：《气候变迁说述要》，《地理杂志》1929年第5期；周廷儒：《从自然地理现象证明历史时代西北气候变化》，《地理》1942年第3、4期合刊。

⑤ 蒙文通：《中国古代北方气候考略》，《史学杂志》1930年第3、4期合刊。

⑥ 文焕然：《秦汉时代黄河中下游气候研究》，商务印书馆1959年版。

⑦ 蒋德隆、严济远：《长江下游地区夏季旱涝演变趋势的研究》，《地理学报》1965年第2期。

国五千年来气候变迁的初步研究》一文是竺可桢多年对于气候变迁研究的总结和精华,可以称得上是古气候史研究领域的一座承前启后的里程碑①;该文初步建立了中国近5000年以来的温度变化序列,成功地描绘了我国历史时期气候变化的轮廓,因此引起了国内外学术界的高度关注和好评。郑斯中等人通过对东南地区水旱文献记载的定量转化,划分了公元1世纪以来至20世纪的气候旱湿期,对于这一区域的气候研究有很大帮助②。

1981年,出版了由中央气象局气象科学研究院组织编著的《中国近五百年旱涝分布图集》③。该图集是世界上时间跨度最长的历史气候地图集,也是国内学者对于我国历史时期干湿变化研究方面的重大突破。同时期,也出现了不少以太湖地区及周边历史气候为对象的研究成果。例如王开发通过对上海地区大量孢粉样品的研究,发现沪杭地区全新世以来气候变化存在多次波动④。夏越炯、刘为纶对近千年来浙北地区气候冷暖变化有独到的见解,特别是文中还统计了过去500年来浙北平原严寒大雪的出现年份,并划分了当地过去500年来的冷冬期与暖冬期⑤。张天麟根据文献记载,将长江三角洲从东周至清末期间的气候状况划分为三个温暖期和三个寒冷期以及三个旱年阶段与三个水年阶段,文章最后所统计的长江三角洲冷年、水年、旱年表,具有较高的参考价值⑥。龚高法等人则论述了18世纪长江下游特别是江南各季的气温以及湿润度状况,并得出18世纪冬季气温低于现在,春季气温较现在温暖,以及18世纪长江中下游地区比现代潮湿等结论⑦。陈家其的《从太湖流域旱涝史料看历史气候信息处理》和《太湖

① 竺可桢:《中国五千年来气候变迁的初步研究》,《考古学报》1972年第1期。

② 郑斯中等:《我国东南地区近两千年气候湿润状况的变化》,载《气候变迁和超长期预报文集》,科学出版社1977年版,第29—32页。

③ 中央气象局气象科学研究院:《中国近五百年旱涝分布图集》,地图出版社1981年版。

④ 王开发:《根据孢粉分析推论沪杭地区一万多年来的气候变迁》,《历史地理》1981年创刊号。

⑤ 夏越炯、刘为纶:《近一千年来浙北平原的冷暖变化》,《杭州大学学报》1982年第3期。

⑥ 张天麟:《长江三角洲历史时期气候的初步研究》,《华东师大学报》1982年第4期。

⑦ 龚高法:《十八世纪我国长江下游等地区的气候》,《地理研究》1983年第2期。

流域南宋以来旱涝规律及其成因初探》以前人整编的气候史料为依托，通过旱涝等级划分，建立了公元1121—1953年太湖流域的旱涝等级序列，并由此划分了一系列相对干湿期①。

进入20世纪90年代，相关论著数量显著增多。著作方面，刘昭民的《中国历史上气候之变迁》不但对比了欧美与中国的历史气候变迁情况，还根据物候、考古等多方面证据给出了从五千年前到民国成立后各时期气候状况的独到见解②。文焕然的《中国历史时期冬半年气候冷暖变迁》根据动植物分布变化情况及其他自然现象认为，中国近8000年来冬半年气候变迁总趋势是阶段性由暖变冷，其具体气候是冷暖相间；在文章最后还列举了所收集的从公元1年到1900年东部地区的冷暖气候资料③。张丕远等人编著的《中国历史时期气候变化》对夏商以来东部地区的气候冷暖变化情况、2000年来的旱涝变化情况、冷暖期旱涝变化的对比以及气候突变情况都做了较为翔实的阐述，特别是对公元1471—1991年间长江、钱塘江三角洲地区等研究区域的旱涝阶段划分，对于研究近500年来各地区气候干湿变化具有很高的参考价值④。牟重行的《中国五千年气候变迁再考证》通过翔实的考证，就竺可桢的某些资料及其观点提出自己的不同诠释⑤。在论文方面，也出现了一些对过去观点有所颠覆的文章。例如满志敏的《唐代气候冷暖分期及各期气候冷暖特征的研究》以及《中国东部中世纪暖期（MWP）的历史证据和基本特征的初步研究》就是对竺可桢提出的隋唐温暖期提出了质疑，认为从唐中期以后，气候转冷，并提出了中世纪温暖期在中国存在的有力证据⑥。张德二通过进一步分析支持了满志敏的观点⑦。张丕远等

① 陈家其：《从太湖流域旱涝史料看历史气候信息处理》，《地理学报》1987年第3期；陈家其：《太湖流域南宋以来旱涝规律及其成因初探》，《地理科学》1989年第1期。

② 刘昭民：《中国历史上气候之变迁》，（中国台湾）商务印书馆1994年版。

③ 文焕然：《中国历史时期冬半年气候冷暖变迁》，科学出版社1996年版。

④ 张丕远：《中国历史时期气候变化》，山东科技出版社1996年版。

⑤ 牟重行：《中国五千年气候变迁再考证》，气象出版社1996年版。

⑥ 满志敏：《唐代气候冷暖分期及各期气候冷暖特征的研究》，《历史地理》1990年第8辑；满志敏：《中国东部中世纪暖期（MWP）的历史证据和基本特征的初步研究》，载《中国生存环境历史演变规律研究（一）》，海洋出版社1993年版。

⑦ 张德二：《我国中世纪温暖期气候的初步研究》，《第四纪研究》1993年第1期。

人认为公元280年和1230年是两个气候突变点,并以公元280年和1230年为分界点,对2000年来的旱涝气候进行了阶段性分析①。另外,有关太湖流域历史气候的研究也有所发展。沈小英和陈家其建立了两套反映该流域温度变化的气候序列,并指出自公元200年以来,以14世纪末为分界线,前期较暖而后期较冷②。韩昭庆利用地方志中的冷暖事件记载,以每20年为单位对冷暖事件进行了统计,由此建立了百年尺度的气候冷暖分期,并指出明清时期太湖流域可分为三个冷期和两个暖期,其中的两个暖期分别出现在16世纪中叶和18世纪③。王绍武、王日昇二人还原了公元1470年以来长江下游地区的四季的分辨率为10年的平均气温距平④。张德二等人重建了包括苏杭地区在内的6个东部区域,从公元960年至1992年,时间分辨率为1年的区域干湿气候序列⑤。

进入21世纪,张德二主编的《中国三千年气象记录总集》收集了自甲骨文字以来直到公元1911年三千年间的各种有关气象的文献记载,并依年序辑集,工程浩大,是中国已经出版的气候资料集中最系统、最完善的,为中国历史气候的研究打下了坚实的基础⑥。王子今的《秦汉时期生态环境研究》根据文献资料、考古成果和今人研究成果对秦汉时代的气候状况又做了分析、评述⑦。满志敏的《中国历史时期气候变化研究》在总结之前研究成果的基础上,系统阐述了全新世以来至明清时期的气候冷暖和旱涝演变情况⑧。在论文方面,杨保等人通过对合肥年冬季温度序列和降水序列的

① 张丕远、葛全胜、张时煌等:《2000年来我国旱涝气候演化的阶段性和突变》,《第四纪研究》1993年第1期。

② 沈小英、陈家其:《太湖地区的粮食生产与气候变化》,《地理科学》1991年第3期。

③ 韩昭庆:《明清时期太湖流域冬季气候研究》,《复旦学报(社会科学版)》1995年第1期。

④ 王绍武、王日昇:《1470年以来我国华东四季与年平均气温变化的研究》,《气象学报》1990年第1期。

⑤ 张德二:《中国东部6区域近1000年干湿序列的重建和气候跃变分析》,《第四纪研究》1997年第1期。

⑥ 张德二:《中国三千年气象记录总集》,凤凰出版社2004年版。

⑦ 王子今:《秦汉时期生态环境研究》,北京大学出版社2007年版。

⑧ 满志敏:《中国历史时期气候变化研究》,山东教育出版社2009年版。

重建，分析了过去 300 年间长江下游地区的气候变化，并指出在 1 年到 10 年尺度上，这一地区温度和降水间的关系主要是以暖干或冷湿为主①。王张华等人建立了太湖流域公元 960 年至 1992 年的干湿等级序列，并指出 14、15 世纪是太湖流域近千年来最湿润的时期，公元 1247 年之前和公元 1635 年之后则为两个偏干阶段②。陈家其、施雅风二人也利用长江三角洲地区的史料优势，重新建立了公元 820 年以来该地区的年代际冬温序列③。葛全胜等人的《过去 2000 年中国东部冬半年温度变化》是在前人研究基础上，利用文献中的物候记载，将各地不同时期的冷暖记载转换为该地的温度距平值，并通过统一标准进行数值转换，重建了我国东部地区过去 2000 年来的冬半年温度距平变化序列。④ 由于这一序列的分辨率为 10—30 年，因而可以较为详细地还原过去 2000 年来东部地区气候在冷暖方面的阶段性变化情况。该文的问世，标志着经过 30 年的努力，在温度重建方面，较之竺可桢等前辈的研究，在分辨率和确定性方面都得到了很大的提高；特别是由于其研究首先是依据历史文献，将各个地区不同时段的冷暖记载换算为这一地区的温度距平值⑤，然后再将各个地区的季节温度距平值以相同标准换算成整个东部地区的冬半年温度距平值，使得温度重建序列具有统一的标准，因此能够很好地解决受文献记载不同、区域不同以及时间不同等因素影响所造成的不可比问题，是目前关于中国历史气候冷暖变化中较为权威且最具代表性的研究成果。2006 年，由美国科学院国家科学研究咨询委员会出版的《过去 2000 年地表温度重建》科学评估报告中，就曾把葛全胜等人所建立的过去 2000 年中国东部地区温度变化序列作为东亚地区的代表

① 杨保等：《长江下游地区过去 300 年的气候变化》，《长江流域资源与环境》2002 年第 4 期。

② 王张华：《太湖流域公元 960 年以来的气候干湿变化研究》，《地理科学》2002 年第 5 期。

③ 陈家其、施雅风：《长江三角洲千年冬温序列与古里雅冰芯比较》，《冰川冻土》2002 年第 1 期。

④ 葛全胜、郑景云、方修琦等：《过去 2000 年中国东部冬半年温度变化》，《第四纪研究》2002 年第 2 期。

⑤ “温度距平值”即各地区的不同时段的温度数值距离这个地区在 1951—1980 年温度平均值的偏差值。

性序列引用①。这说明该研究成果已得到国际上的认可。郑景云、葛全胜等人通过对过去1500年以来东部地区的降水量变化以及极端水旱事件研究,建立了公元501年至2000年间整个东部地区以及其所包含的华北、江淮、江南3个分区的干湿指数序列②。由于在建立干湿指数序列过程中,采用了气候信息同化校准方法,解决了由于资料来源不同和特点不同以及记录前后不均从而对干湿变化定量重建所带来的不利影响,使该项研究得出的数据成为到目前为止有关中国历史干湿变化研究中最具说服力和代表性的成果。借助这一干湿指数序列就可以较为清晰地了解各地区的阶段性气候干湿变化情况。2011年出版了由葛全胜等人主编的《中国历朝气候变化》,该书对各个历史时期的气候状况,以及气候对生态环境、农业生产和社会的影响等方面都有涉及,可谓是到目前为止,有关中国历史时期气候研究的集大成之作③。然书中对东中部地区各朝代气候状况的说明,除了借用其他学者的研究成果作为辅助说明外,主要仍是以作者关于冬半年温度距平变化序列以及干湿指数序列的两项研究成果为依托。

**(二)太湖地区粮食发展史研究**

学术界关于太湖地区农业史的研究启动较早④,而且已较为成熟。著作方面,由中国农业遗产研究室编著的《太湖地区农业史稿》可谓是早期研究太湖地区农业发展历史的代表作,书中对太湖地区从史前以来至明清各时期的粮食生产以及与之相关的农田水利状况做了梳理,对于认识太湖地区的粮食发展历程有很大帮助⑤。李伯重编著的《唐代江南农业的发展》、

① National Research Council, *Surface Temperature Reconstructions for the Last 2000 Years*, National Academies Press, 2006, p.141.

② Jingyun Zheng, Wei-Chyung Wang, Quansheng Ge, et al., "Precipitation Variability and Extreme Events in Eastern China during the Past 1500 Years", *Atmopheric and Oceanic Science*, 2006, p.3.

③ 葛全胜:《中国历朝气候变化》,科学出版社2011年版。

④ 日本早在20世纪80年代初期就曾对太湖地区的农田水利、水稻种植等历史做了重点研究。欧美学者涉及太湖地区的就占1/4以上,说明太湖地区的农史研究,已引起国际学术界的广泛关注和重视。参见叶依能:《地区农业史研究的实践——太湖地区农业史研究》,《中国农史》1992年第4期。

⑤ 中国农业遗产研究室:《太湖地区农业史稿》,农业出版社1990年版。

《江南农业的发展（1620—1850）》以及《多视角看江南经济史（1250—1850）》三部著作中也多有对以太湖地区为核心的江南粮食生产情况相关问题的探讨①。日本学者斯波义信的《宋代江南经济史研究》中对宋代江南地区粮食生产力水平以及农田水利组织发展进行了独到的阐述②。洪璞在《明代以来太湖南岸乡村的经济与社会变迁——以吴江县为中心》一书则通过选取吴江县一地的粮食生产等情况为代表，由点及面说明整个太湖南岸的经济及社会发展情况③。缪启愉的《太湖塘浦圩田史研究》对古代与粮食生产密切相关的农田水利以及水环境变化做了系统论述④。此外，还有洪焕椿和罗仑主编的《长江三角洲地区社会经济史研究》、郑学檬的《中国古代经济重心南移和唐宋江南经济研究》等论著都是研究太湖地区粮食发展史的重要参考资料⑤。

关于太湖地区农业史研究的学术论文数量较多。在综合性研究方面，王社教对明代太湖流域主要粮食作物种植面积的变化、粮食产量以及粮食消耗状况进行了详细考察⑥。虞云国通过对宋代太湖流域出现双季稻、稻麦两熟以及良种的引进与品种的改良，说明当时粮食生产的发展⑦。李伯重则对水稻品种、农具、肥料和种植制度的变化进行了分析，并指出13—14世纪是江南农业技术进步的一个重要时期⑧。此外，诸如张剑光和邹国慰

① 李伯重：《唐代江南农业的发展》，农业出版社1990年版；李伯重：《江南农业的发展（1620—1850）》，上海古籍出版社2007年版；李伯重：《多视角看江南经济史（1250—1850）》，生活·读书·新知三联书店2003年版。

② ［日］斯波义信著，方健、何忠礼译：《宋代江南经济史研究》，江苏人民出版社2000年版。

③ 洪璞：《明代以来太湖南岸乡村的经济与社会变迁——以吴江县为中心》，中华书局2005年版。

④ 缪启愉：《太湖塘浦圩田史研究》，农业出版社1985年版。

⑤ 洪焕椿、罗仑：《长江三角洲地区社会经济史研究》，南京大学出版社1989年版；郑学檬：《中国古代经济重心南移和唐宋江南经济研究》，岳麓书社2003年版。

⑥ 王社教：《明代太湖流域的粮食生产与缺粮问题》，《中国历史地理论丛》1998年第3期。

⑦ 虞云国：《略论宋代太湖流域的农业经济》，《中国农史》2002年第1期。

⑧ 李伯重：《宋末至明初江南农业技术的变化——十三、十四世纪江南农业变化探讨之二》，《中国农史》1998年第1期。

的《略论唐代环太湖地区经济的发展》、王克强的《明清苏州地区土地利用及其可持续性研究》、范金民的《清前期苏州农业经济的特色》、沈慧的《试论宋代湖州的农业经济》、曹幸穗的《解放前苏南地区的农田耕作与农具》、王社教的《明代苏皖浙赣地区的水稻生产和分布》以及殷志华的《明清时期太湖地区稻作史研究》等论著都属于这一方面具有代表性的佳作①。

在粮食生产力以及产量方面,日本学者大泽正昭用自己的独特观点驳斥了过去所认为的太湖三角洲地区都为农业生产发达地区的观点,指出生产力发达地区仍在"河谷平原"②。李伯重根据明清江南水稻生产技术体系中的主要生产环节,以及农户在这些环节上花费的工作日和劳动效率,计算出农户大致农业生产能力,并分析了灌溉、肥料等因素对农户生产能力的影响情况③。闵宗殿的《宋明清时期太湖地区水稻亩产量的探讨》是较早阐述古代太湖地区水稻亩产量的文章,对于了解和比较各时期的水稻亩产变化情况有很大帮助④。李伯重一反之前的亩产量推算方式,利用对水稻插秧密度与亩产量之间关系,首先计算出不同气候条件下不同品质稻田的亩产量,最后计算出华亭—娄县地区全部稻田的平均亩产量⑤。此外,这方面文章的代表作品还有方健《关于宋代江南农业生产力发展水平的若干问题研究》、李伯重《明清时期江南水稻生产集约程度的提高——明清江南农业经济发展特点探讨之一》、周邦君《明末清初浙北农具的利用——以〈补农书〉

---

① 张剑光、邹国慰:《略论唐代环太湖地区经济的发展》,《苏州大学学报(哲学社会科学版)》1999年第3期;王克强:《明清苏州地区土地利用及其可持续性研究》,南京农业大学硕士学位论文,2000年;范金民:《清前期苏州农业经济的特色》,《中国农史》1993年第1期;沈慧:《试论宋代湖州的农业经济》,《农业考古》2004年第3期;曹幸穗:《解放前苏南地区的农田耕作与农具》,《古今农业》1992年第2期;王社教:《明代苏皖浙赣地区的水稻生产和分布》,《中国历史地理论丛》1995年第4期;殷志华:《明清时期太湖地区稻作史研究》,南京农业大学博士学位论文,2012年。

② [日]大泽正昭:《关于宋代"江南"的生产力水准的评价》,《中国农史》1998年第2期。

③ 李伯重:《明清江南种稻农户生产能力初探——明清江南农业经济发展特点探讨之四》,《中国农史》1986年第3期。

④ 闵宗殿:《宋明清时期太湖地区水稻亩产量的探讨》,《中国农史》1984年第3期。

⑤ 李伯重:《一八二三年至一八三三年间华亭—娄县地区水稻亩产量——一种新研究方法的尝试》,《历史研究》2007年第6期。

为例》、郭松义《清前期南方稻作区的粮食生产》、葛金芳、顾蓉《宋代江南地区的粮食亩产及其估算方法辨析》以及周生春《宋元江浙诸郡稻米单产试探》等①。

水稻是太湖地区的主要粮食作物，因此学者都较为关注太湖地区的水稻品种。如闵宗殿在《太湖地区历史上的优质水稻品种资源》一文中就曾列举了从唐代至民国之间太湖地区曾经出现的 72 个水稻优质品种②。他后来在《明清时期太湖地区的水稻品种》一文中又补充了宋代至清代出现的各种水稻品种，对了解太湖地区水稻品种变迁有很大帮助③。

在种植制度方面，李伯重依据文献记载以及税收制度首先大胆推测稻麦复种大约形成于盛唐中唐时代，当时主要是在长江三角洲等地区施行④。李根蟠则批判地指出到宋代特别是南宋时代稻麦两熟制才有较大发展，而江南平原在这一发展过程中一直处于领先地位⑤。曾雄生的《宋代的双季稻》通过大量文献举证宋代太湖等地区存在再生、间作和连作双季稻⑥。这方面的文章还有王加华《一年两作制江南地区普及问题再探讨——兼评李伯重先生之明清江南农业经济史研究》以及《民国时期一年两作制江南地区普及问题考》、孔祥贤《江南各省的双季稻是在康熙后期开始推广的》、李长年《清代江南地区的农业改制问题》、王静《试论明清太湖地区种植业结

① 方健：《关于宋代江南农业生产力发展水平的若干问题研究》，载《江南社会经济研究·宋元卷》，中国农业出版社 2006 年版，第 506—595 页；李伯重：《明清时期江南水稻生产集约程度的提高——明清江南农业经济发展特点探讨之一》，《中国农史》1984 年第 1 期；周邦君：《明末清初浙北农具的利用——以〈补农书〉为例》，《青岛农业大学学报（社会科学版）》2008 年第 4 期；郭松义：《清前期南方稻作区的粮食生产》，《中国经济史研究》1994 年第 1 期；葛金芳、顾蓉：《宋代江南地区的粮食亩产及其估算方法辨析》，《湖北大学学报（哲学社会科学版）》2000 年第 3 期；周生春：《宋元江浙诸郡稻米单产试探》，载《吴承明教授九十华诞纪念文集》，中国社会科学出版社 2006 年版。

② 闵宗殿：《太湖地区历史上的优质水稻品种资源》，《古今农业》1994 年第 1 期。

③ 闵宗殿：《明清时期太湖地区的水稻品种》，《古今农业》1999 年第 2 期。

④ 李伯重：《我国稻麦复种制产生于唐代长江流域考》，《农业考古》1982 年第 2 期。

⑤ 李根蟠：《长江下游稻麦复种制的形成和发展——以唐宋时代为中心的讨论》，《历史研究》2002 年第 5 期；李根蟠：《再论宋代南方稻麦复种制的形成和发展——兼与曾雄生先生商榷》，《历史研究》2006 年第 2 期。

⑥ 曾雄生：《宋代的双季稻》，《自然科学史研究》2002 年第 3 期。

构之变迁》、王建革《宋元时期吴淞江圩田区的耕作制与农田景观》、曾雄生《析宋代“稻麦二熟”说》、王达《双季稻的历史发展》、陈志一《江苏双季稻历史初探》等①。

在粮食生产过程中常会受到土壤、水资源等周围环境的影响,所以谈及粮食生产,也必须涉及农业生态环境的内容。而在此方面的研究成果也为数不少。如王建革在《技术与圩田土壤环境史:以嘉湖平原为中心》一文中指出,自五代时嘉湖地区的水稻土便随圩田一起形成,圩田的土壤结构也在精耕细作下不断得到改良,这种圩田土壤也使嘉湖地区能够在传统时期保持较高的农业水平②。王建革还在《太湖东部的湖田生态(15—20世纪)》指出,由于15世纪以来太湖湖岸几度变迁,对湖田生态环境造成很大影响,形成了一种特殊的湿地生境③。其他诸如褚绍唐《历史时期太湖流域主要水系的变迁》、王建革《宋元时期吴淞江流域的稻作生态与水稻土形成》、潘威等人的《1823年(清道光三年)太湖以东地区大涝的环境因素》等都是这方面具有代表性的文章④。

另外,粮食生产的顺利进行离不开农田水利的保障。太湖地区农田水利史研究也颇受关注。如王建革的《10—14世纪吴淞江地区的河道、圩田与治水体制》与《水车与秧苗:清代江南稻田排涝与生产恢复场景》、何勇强《论唐宋时期圩田的三种形态——以太湖流域的圩田为中心》、周生春《试

① 王加华:《一年两作制江南地区普及问题再探讨——兼评李伯重先生之明清江南农业经济史研究》,《中国社会经济史研究》2009年第4期;孔祥贤:《江南各省的双季稻是在康熙后期开始推广的》,《农业考古》1983年第1期;李长年:《清代江南地区的农业改制问题》,《中国农业科学》1962年第7期;王静:《试论明清太湖地区种植业结构之变迁》,南京师范大学硕士学位论文,2007年;王建革:《宋元时期吴淞江圩田区的耕作制与农田景观》,《古今农业》2008年第4期;曾雄生:《析宋代“稻麦二熟”说》,《历史研究》2005年第1期;王达:《双季稻的历史发展》,《中国农史》1982年第1期;陈志一:《江苏双季稻历史初探》,《中国农史》1983年第1期。

② 王建革:《技术与圩田土壤环境史:以嘉湖平原为中心》,《中国农史》2006年第1期。

③ 王建革:《太湖东部的湖田生态(15—20世纪)》,《社会科学》2012年第1期。

④ 褚绍唐:《历史时期太湖流域主要水系的变迁》,《复旦学报(社会科学版)》1980年S1期;王建革:《宋元时期吴淞江流域的稻作生态与水稻土形成》,《中国历史地理论丛》2011年第1辑;潘威、王美苏、杨煜达:《1823年(清道光三年)太湖以东地区大涝的环境因素》,《古地理学报》2010年第3期。

论宋代江南水利田的开发和地主所有制的特点》、解诚《清代前期太湖流域水利建设研究》等文都属这方面具有较高学术价值的作品①。

**(三)历史气候变化影响太湖地区粮食生产研究**

到目前为止,学界有关历史气候变化对太湖地区农业影响的专题性研究其实并不算多。以这一主题命题的文章仅有陈家其的《明清时期气候变化对太湖流域农业经济的影响》、沈小英与陈家其合著的《太湖流域的粮食生产与气候变化》以及李伯重的《"天"、"地"、"人"的变化与明清江南的水稻生产》三篇②。其中,《明清时期气候变化对太湖流域农业经济的影响》一文指出,由于明清两代是近千年来中国气候变化最剧烈的时期,这对太湖流域农业造成了巨大影响,表现为气候变冷时,双季稻及稻麦两熟生产所需热量不足,粮食复种指数下降;而且气候变化导致自然灾害频发,并导致粮食产量下降。《太湖流域的粮食生产与气候变化》中的核心观点与前者类似,但补充指出,随着气候变化,太湖流域的双季稻在明末前后出现较大变化:在明末以前,由于热量条件较为充裕,双季稻发展稳定,粮食产量较高;明末以后至清代,由于气候变化,双季稻种植时兴时衰。《"天"、"地"、"人"的变化与明清江南的水稻生产》概括性阐述了气候、土地与人三者共同作用对明清时期太湖流域水稻生产的影响情况。

除上述三篇文章外,还有相当数量的文章在阐述观点时涉及相关问题。在气候变化影响粮食复种方面,龚高法指出历史气候变冷使生长季缩短,气温回暖使生长季延长;19 世纪的气候寒冷不仅影响稻麦两熟生产,还使双季稻在江南无法种植③。张养才也认为,气候寒冷使长江流域稻麦两熟生

---

① 王建革:《10—14 世纪吴淞江地区的河道、圩田与治水体制》,《南开学报(哲学社会科学版)》2010 年第 4 期;王建革:《水车与秧苗:清代江南稻田排涝与生产恢复场景》,《清史研究》2006 年第 2 期;何勇强:《论唐宋时期圩田的三种形态——以太湖流域的圩田为中心》,《浙江学刊》2003 年第 2 期;周生春:《试论宋代江南水利田的开发和地主所有制的特点》,《中国农史》1995 年第 3 期;解诚:《清代前期太湖流域水利建设研究》,东北师范大学硕士学位论文,2006 年。

② 陈家其:《明清时期气候变化对太湖流域农业经济的影响》,《中国农史》1991 年第 3 期;沈小英、陈家其:《太湖流域的粮食生产与气候变化》,《地理科学》1991 年第 3 期;李伯重:《"天"、"地"、"人"的变化与明清江南的水稻生产》,《中国经济史研究》1994 年第 4 期。

③ 龚高法:《十八世纪我国长江下游等地区的气候》,《地理研究》1983 年第 2 期。

长季紧迫以及双季稻种植区南退[①]。翟乾祥也持相同观点,他在《清代气候波动对农业生产的影响》一文中阐述了清代气候变化对全国一些地区农业生产的影响同时,也兼带提及气候冷暖变化与江南双季稻兴衰的关系[②]。而秦明君则大胆提出,唐代江南粮食生产发展和稻麦两熟制形成与气候温暖有关[③]。

在气候变化影响作物结构方面,游修龄大胆推测,由于宋代以后气候变冷,必然使水稻的秧苗期和成熟期需要适应较低的温度,所以耐寒性强的粳稻种植面积扩大,并使太湖地区成为粳稻种植中心[④]。曾雄生的《试论占城稻对中国稻作之影响》在论述太湖一带为何占城稻种植较少时,简单提及太湖地区占城稻种植不广泛是与宋代以后气候转冷,自然选择有利于耐寒性较强的粳稻发展,而作为籼稻的占城稻却因此受到限制有关[⑤]。洪璞指出,明代以来的气候转冷可能是吴江县由原来的粮食独重转变为粮桑并重的原因之一[⑥]。

在气候变化影响粮食产量方面,汪铎、张镡利用史料中有关农业灾情影响收成的记载与近百年气候—年景模式,建立了太湖平原近千年的水稻年景序列,并总结出当地水稻丰年与气候温暖、雨水偏少有关,而水稻歉年与气温降低、雨水增多有关[⑦]。周翔鹤的《明清时期中国的气候和粮食再生产》指出历史上的低温天气导致粮食亩产量下降;明清时期的稻米亩产量变化是和冷暖期变化相一致[⑧]。王业键大致阐述了气候变化所造成的水、旱、低温环境对太湖等地区粮食生产的影响,并指出清代长江三角洲地区的

① 张养才:《历史时期气候变迁与我国稻作区演变关系的研究》,《科学通报》1982 年第 4 期。

② 翟乾祥:《清代气候波动对农业生产的影响》,《古今农业》1989 年第 1 期。

③ 秦明君:《试论唐代江南粮食生产发展的原因》,《湖北大学学报(哲学社会科学版)》1993 年第 5 期。

④ 游修龄:《太湖地区稻作起源及其传播和发展问题》,《中国农史》1986 年第 1 期。

⑤ 曾雄生:《试论占城稻对中国稻作之影响》,《自然科学史研究》1991 年第 1 期。

⑥ 洪璞:《明代以来江南农业的生态适应性》,《中国农史》2001 年第 2 期。

⑦ 汪铎、张镡:《历史时期"大型环流—天气气候—作物年景"系统低频振动的模拟试验》,《大气科学》1990 年第 3 期。

⑧ 周翔鹤:《明清时期中国的气候和粮食再生产》,《中国社会经济史研究》1998 年第 4 期。

粮价高峰大都出现在自然灾害多的年份[①]。李伯重在《一八二三至一八三三年间华亭—娄县地区水稻亩产量——一种新研究方法的尝试》和《"道光萧条"与"癸未大水"——经济衰退、气候剧变及19世纪的危机在松江》中通过事例分析较为具体地指出,19世纪初的气候剧变导致松江水稻亩产量下降这个史实[②]。

一些研究历史气候状况的著作也多对这方面问题有所阐述。张丕远主编的《中国历史气候变化》较为系统地阐述了长江下游地区过去1200年以来双季稻的兴衰,并指出这一波动与气候冷暖变化相呼应;他还统计了18世纪以来的农业收成序列,其中对气候变化影响江淮流域的农业收成的评述对于研究太湖地区相关问题有很大帮助。满志敏的《历史时期气候变化研究》一书,除了在之前研究基础上对历史气候冷暖变化与北亚热带双季稻兴衰间的脉络进一步梳理外,还重点阐述了气候对于18、19世纪两次双季稻推广活动成败中所造成的作用,这些对于系统了解气候变化与江南双季稻种植间的关系有较大帮助。该书通过分析指出,全球气候变暖是造成宋代太湖流域发生水文环境变化以及严重水患的根本原因,元代太湖地区的水文环境变化的根本原因是全球气候转冷所致。葛全胜等人主编的《中国历朝气候变化》则在前人研究基础上将历史气候变化对于江南等地区的双季稻、稻麦两熟、农业收成、农田水利等方面的影响情况进行了总结性说明,具有较高参考价值。

总体论之,这些文章和论著的研究涉及面还是较为广泛的,对于诸如历史气候变化影响双季稻种植、水文环境等突出问题也有较为细致的分析和认识。但可能是受史料、篇幅、章节安排以及研究方法等因素限制,对诸如历史气候变化影响稻麦两熟生产、农田水利建设等方面问题多只是在阐述核心观点之时,以举例方式简单概括说明,一点即过,缺乏深入发掘,更谈不

① 王业键:《清代中国气候变化、自然灾害与粮价的初步考察》,《中国经济史研究》1999年第1期。

② 李伯重:《一八二三至一八三三年间华亭—娄县地区水稻亩产量——一种新研究方法的尝试》,《历史研究》2007年第6期;李伯重:《"道光萧条"与"癸未大水"——经济衰退、气候剧变及19世纪的危机在松江》,《社会科学》2007年第6期。

上将一些突出问题展开来进行系统分析。而且对于诸如历史气候影响双季稻种植等问题,尽管之前做过不少研究,但当中还是有一些问题未被前人所重视和说明。所以这些空白也为后人对此类问题继续研究留有较大余地。

## 三、本书写作思路及主要研究内容

### (一)写作思路

在本书的写作过程中,考虑到自然科学在分析现代气候变化对粮食生产的影响问题时,一般首先是将粮食生产所受到的影响划分成粮食作物的生长发育、产量、品质、种植制度以及与粮食生产密切相关的农田生态环境和农田水利几个部分来进行分析说明,并在最后对于应对气候变化提出个人见解。

相反,前人在以历史气候影响农业生产为主题进行研究时,通常多是以时间为经进行年代划分,往往造成对问题的探讨缺乏连贯性,系统性不强,所得出结论的历史脉络也不够清晰。而且为了保证研究的全面性,又常常对与论文主题有关联的方方面面都加以阐述。但由于影响农业生产的因素较多,且各因素之间关系又错综复杂,如果仍按照传统的论述方式,就会使研究缺乏重点,一些本应该重点论述的典型问题也没有被充分展开分析。为避免这些问题再次出现,本书拓宽思路,尝试突破传统历史论文的写作模式,按照上述自然科学研究此类问题时的分类原则进行章节划分,再针对各部分中存在的典型问题,选择恰当的切入点进行类似于专题性质的系统分析,以图还原这些问题的历史原貌并找出其间的内在规律。

鉴于前辈学者对历史时期的气候状况研究已经有较为成熟的成果,并已得出了较为统一的认识,为避免对历史气候状况重复研究,在说明各时期气候状况时,本书主要借鉴葛全胜、郑景云等人具有代表性的研究成果,并以其他具有较高参考价值的研究成果作为辅助说明。

### (二)主要研究内容

基于上述写作思路,本书主要分为三个部分。

第一部分(即第一章)阐述太湖地区的自然条件与粮食生产发展概况。

首先,介绍了太湖地区自然地理条件中的地形特征、土地资源以及水资源三方面的大致情况。通过分析认为,太湖地区的自然条件优越,不但平原分布广泛,还拥有丰富的水土资源,适合进行粮食生产。而由于历史上的气候变化是本书需要重点说明的内容,所以特别从自然地理条件中析出,单列一节,依据前人研究成果,对历史时期特别是宋代以来至清末这一时段的气候变化的脉络进行较为详细的梳理和说明。通过总结前人研究成果证明,太湖地区气候在历史时期确实经历了一系列变化,这主要体现在冷暖和干湿变化两方面。其中,宋元时期的气候特征总体是以温暖、干旱状态为主,并存在若干具有阶段性质的冷暖和干湿波动;明清时期的气候状态中虽也存在多次阶段性冷暖和干湿波动,但总体表现出以寒冷、湿润为主的特征。前后两个时期的气候特征形成了鲜明对比。不过,笔者通过梳理也发现太湖地区粮食生产却表现出较好的发展态势。先秦至六朝时期,粮食生产还远落后于北方,主要靠扩大耕地面积来增加粮食产量。隋唐五代时期,由于生产力发展,本区所产的粮食已经开始向北方调运。宋元时期,随着稻作技术以及复种制度发展,粮食生产能力已经完全摆脱了落后状态,太湖地区稻作生产力已跃居全国首位。到明清时期,本区粮食生产又在精耕细作集约经营、多熟制度等方面有所发展。

农田水利是粮食生产发展的重要保障。第二部分(即第二章)主要阐述了历史气候变化对与粮食生产密切相关的农田水利这一外延环境的影响情况。首先是以宋代气候变化对太湖地区农田水利的影响为切入点,进而分析了气候变化对本区严重水患造成的影响。通过系统研究,笔者认为,宋代太湖地区农田水利活动总是与气候变化紧密相连,表现为在气候干旱期、旱情严重之时,出于粮食生产的迫切需求,蓄水灌溉工程建设较为活跃;而当气候进入湿润期或旱情缓解,由于失去对农田灌溉的迫切需求,人们对蓄水灌溉活动的积极性就会明显减弱。相比而言,终宋一代,太湖地区关于防洪排水工程的修治活动一直都未曾停歇。这和水患严重不无关系。对于严重水患,有学者认为这是和降雨过量、上五堰被废、修筑吴江塘路、地壳凹陷下沉以及围田活动等因素有关系,但这些因素都无法全面解释问题。通过进一步分析,笔者认为只有海平面上升这个因素与水患严重直接关联,造成海平面上升的根本原因是全球气候变化。以此为依据,笔者发现从元代开始,由于全球气候状况转变,造成海平面变动引发水文环境新变化,致使元、明、清三代太湖地区水涝灾害发生数量不减反增。为保障粮食生产顺利进行,太湖地区农田水利在防洪、排水方面又有很大发展。

第三部分(即第三、四、五章)是本书的研究核心,即历史时期气候变化对太湖地区粮食生产中作物的生长发育、复种制度以及产量方面的影响情况。

第三章通过对太湖地区从宋元至明清时期稻麦两熟发展的梳理,发现自宋代稻麦两熟复种制度开始在太湖地区有所发展以来,这项复种制度尽管存在农忙季节,却只在17世纪和19世纪出现了十分严重的季节矛盾,危及稻麦各自的生长发育以及产量的提高,以至于影响到传统稻麦两熟种植体系,甚至动摇了人们继续种植稻麦两熟的信心。其中,在17世纪,人们改变了传统稻麦两熟的种植方式,采用了稻麦双移栽。但移栽麦的播种期过早、育秧期过长严重违背了现代农学标准;19世纪则集中体现在林则徐等人提倡弃麦种稻方面。造成严重季节矛盾的主要原因可能是劳动力资源、稻麦品种、阶级利益,也可能是气候因素。通过对造成严重季节矛盾的可能性影响因素逐一排查,笔者发现气候冷暖变化对于严重季节矛盾的产生起着非常重要的作用,并对这一作用机理进行了详细阐释。

在第四章中,笔者通过对宋元至明清时期太湖地区双季稻种植情况的梳理,发现期间存在阶段性的种植盈缩状况。特别是17世纪和19世纪,是太湖地区双季稻的两个显著衰退期。在17世纪,太湖地区双季稻逐渐消亡,乌秈这一连作早稻品种在当时已经无法按时播种,进而影响到晚稻插秧以及总产量提高;当时水稻的生长极其缓慢,即便连作晚稻育秧期已经长达3个月,也不会出现秧苗徒长或老而不壮的情况,但这显然已经不符合现代农业科技的要求。在19世纪,水稻生长发育滞后,导致双季稻未能达到预期的增产效果,林则徐等人的推广工作因而受阻。但是在18世纪,同样是在太湖地区,李煦等人的推广工作却较为顺利,与19世纪形成了鲜明反差。通过对劳动力资源、水稻品种、经济、栽培技术、税收政策、生产习惯、水涝灾害、气候变化等因素进行一一排查后发现,只有气候变化这个因素能够解释上述问题。而且双季稻在太湖地区的历史发展进程中所出现的多次种植盈缩状况可能都与气候变化有一定关系。

第五章通过梳理宋代以来太湖地区的稻作亩产量发展情况，发现其中经历了多次亩产量波动的问题，以至于清代亩产总体水平较之明代有所下滑。在19世纪亩产量下降更为显著。通过与18世纪对比发现，苏州、常州、湖州、松江四府均出现了亩产量下降状况；同时，奏折中所反映的本区水稻收成也出现了恶化。但通过对太湖地区的肥料供给、复种制度影响、插秧密度、经济作物种植、农田水利状况、农业技术、不稳定社会因素等可能性因素的分析，笔者发现这些都无法全面解释亩产量显著下降问题，只有气候变化这个因素能够解释情况。而且通过进一步分析，笔者也发现，实际上历史时期太湖地区稻作亩产量波动均与气候变化之间有着较好的对应关系。

## 四、研究方法

将历史气候变化对农业的影响作为研究主题，就决定了本研究必须要采用学科交叉的方法来进行研究。因此本书在严格遵守历史学以史为据、论从史出的研究方法的同时，还注重将历史学、农学、气候学等多学科交叉研究方法作为基础，尽可能协调好各方面关系，力求把自然科学的定量分析方法和人文社会科学的定性分析方法有机结合起来，以多学科视角，通过采用横向、纵向，时间、空间相结合的方式，系统、深入地研究各部分中的典型问题。在具体操作上，涉及相关历史文献的收集和整理问题时主要依托历史文献学的方法；对于农业生态环境演替以及各时期农业发展情况，则主要依托历史地理学、考古学、生态环境史学等人文学科以及气候学、环境学等自然学科的研究理论、成果和方法；关于气候变化对粮食生产所产生的影响机制以及粮食生产系统应对气候变化的机理等问题研究，则尽可能地利用农学、气候学的研究理论来分析和说明。同时，为了更好地表达笔者的观点，书中也尽可能利用表格、图片来反映相关问题。

从古到今，农业生产都是自然再生产与社会再生产的综合产物，所以粮食生产除了受到气候影响外，还会受到经济、政策、生产技术等社会因素以及土壤、地形等自然因素的影响和制约;而且各因素之间又相互影响、盘根错节,形成一个庞大且复杂的关系网。这就使研究者对气候变化影响粮食生产的研究工作困难重重甚至无从下手。为解决这一问题,本书在选取典型问题的同时,也采用了类似著名学者——胡适所提出的“大胆假设,小心求证”的研究方法。即首先将可能导致各典型问题出现的影响因素逐一列举,再依据史料记载,通过多学科交叉的研究方法对各因素进行论证,以严谨求实的态度说明气候变化对于各问题产生所起的实际作用。

## 五、创新之处以及存在的问题

### (一)创新之处

突破农史研究传统写作模式,尝试通过对各个典型问题分析来论证本书主题,是本书在体例上的新颖之处。而在对各典型问题的讨论过程中也有一些较之前研究成果有所进步的地方。

首先,利用对史料的分析和把握,尝试论证了宋代气候变化与太湖地区农田水利的关系,解释了产生两者联系的内在机制。并结合前辈学者的研究成果,补充分析了元代至清代气候变化对本区水文环境、农田水利所造成的重大影响。

其次,利用农学理论对 17、19 世纪气候极度寒冷条件下,稻麦两熟和双季稻生长发育受到的影响进行更为翔实的分析和说明,以全新视角解读了 17 世纪移栽麦播种期过早、育秧期过长,以及双季连作晚稻育秧期过长、连作早稻播种期推迟这些积压于学界的疑问;并重新阐释了过去学界对于 19 世纪林则徐等人要求改制的错误认识。在前辈学者的研究基础之上,结合现代双季稻发展情况以及相关农学研究成果,补充分析了太湖地区双季稻发展与气候变化间的关系。

最后,利用较为翔实的史料说明,论证了 19 世纪太湖地区水稻产量普遍出现显著下降这一史实;在对太湖地区稻作亩产量的相关史料整理和分析的基础之上,初步探讨了宋代以来气候变化与该区域稻作亩产量波动之间的联系。

### （二）存在的问题

历史时期气候变化会对粮食生产造成影响虽说是不争的事实，但由于古代没有完善有效的监测手段，缺乏相关的科学数据，要搜寻这方面的证据确实难度较大，只能从各种史料入手去找寻线索。尽管太湖地区史料较为丰富，但仍存在时间以及空间差异。特别是由于文献的连续性较差，一些时期或地域的史料缺乏很容易影响对整体情况的评估和把握。再者，由于反映太湖地区的资料繁杂，加之笔者能力有限，尽管力图对包括正史、地方志、档案、文集等多种资料广泛收罗，却难免对一些资料未能掌握。另外，由于会受到古人在记录过程中的操作失误等因素影响，即便是较为权威的历史文献内容也可能出现与史实不符的情况，这为资料的取舍工作带来很大困难，也会影响在此基础上的进一步分析。所以在这方面仍有待于今后进一步完善。

由于本书需要通过多学科交叉研究，笔者受个人知识储备的限制，进行这样的跨学科研究也是本书创作进程中需要突破的难点之一。

另外，历史气候变化对粮食生产的影响研究工作毕竟是一项浩大的系统工程，由于本书是以典型问题作为重点研究对象，不可能对其他所有问题都做探讨，今后仍有必要进一步针对历史气候变化影响作物品种、品质、病虫害等问题进行深入研究，从而推进这方面研究的全面深化。

# 第一章 太湖地区自然条件与粮食生产发展概况

农业是在一定的自然条件下产生和发展的。作为一个地理区域,太湖地区具有其得天独厚的优越自然条件。这种自然条件又长期、深刻地影响着这里的粮食生产,从而形成了其特有的粮食生产体系。

## 第一节 范围界定及自然地理条件

### 一、范围界定

区域史研究首先面临的是研究地域的确定问题。本书所研究的太湖地区,其实就是由太湖水系所联系的太湖周围地区。这一地域范围大致东起大海,西接茅山、宜溧山地和天目山分水岭,北临长江,南濒杭州湾和钱塘江。具体包括现今除崇明县以外的上海市全部,江苏省的苏州、无锡、常州3市和镇江市的丹阳、丹徒,浙江省嘉兴、湖州2市和杭州市的钱塘江以北地区共计7个大中城市和33个县(市),总面积约为35272.4平方公里①。这一区域界定与现代对“太湖流域”(见图1-1)的界定范围基本重合,但由于在历史时期该地区行政区多有变动(见表1-1),且地方志等文献基本是以各时期的行政区为单位记载事件,为方便说明问题,本书采用“太湖地区”这个区域农业史研究中常用的概念来命名。

---

① 中国农业遗产研究室:《太湖地区农业史稿》,农业出版社1990年版,第1、3页。

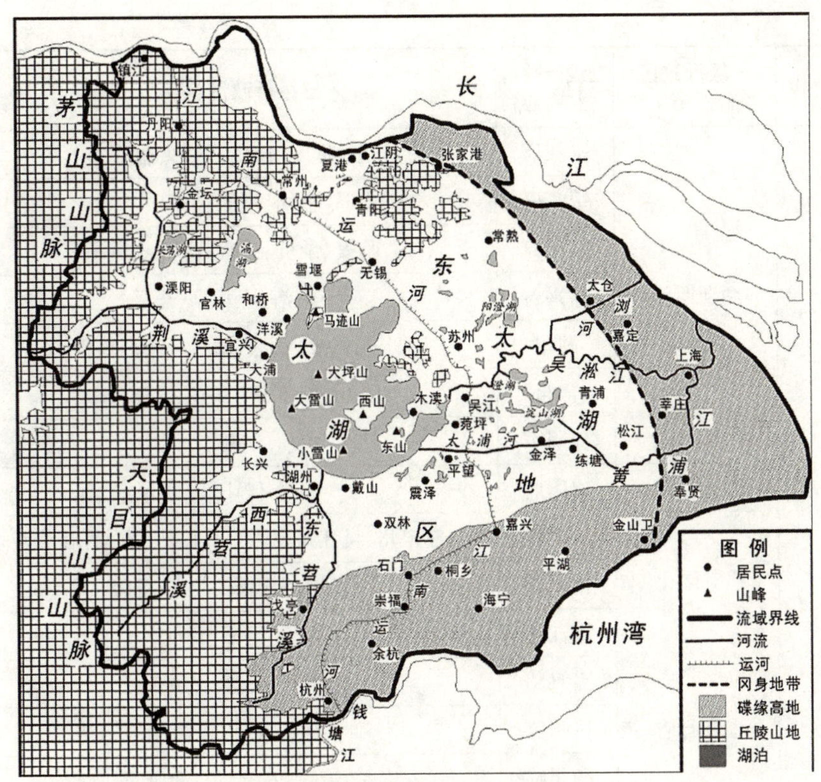


**图 1-1　太湖地区范围及地形图①**

**表 1-1　宋代至清代太湖地区行政区划分②**

| 时代 | 一级行政区（州、省） | 二级行政区（州、府、路） | 三级行政区（县） |
| --- | --- | --- | --- |
| 北宋 | 两浙路 | 苏州 | 吴、长洲、昆山、吴江、常熟 |
| | | 常州 | 武进、宜兴、晋陵、无锡、江阴 |
| | | 润州 | 金坛、丹阳、丹徒 |
| | | 秀州 | 海盐、崇德、华亭、嘉兴 |
| | | 湖州 | 安吉、长兴、德清、武康、乌程 |
| | | 杭州 | 仁和、余杭、临安、盐官、钱塘 |
| | 江南东路 | 建康府 | 溧阳 |

① 资料来源：张修桂：《太湖演变的历史过程》，《中国历史地理论丛》2009 年第 1 辑。

② 资料来源：中国农业科学院、南京农业大学中国农业遗产研究室太湖地区农业史研究课题组：《太湖地区农业史稿》，农业出版社 1990 年版，第 470—472 页。

续表

| 时代 | 一级行政区(州、省) | 二级行政区(州、府、路) | 三级行政区(县) |
| --- | --- | --- | --- |
| 南宋 | 两浙西路 | 平江府 | 长洲、吴、昆山、常熟、嘉定 |
| | | 镇江府 | 金坛、丹徒、丹阳 |
| | | 临安府 | 临安、余杭、盐官、钱塘、仁和 |
| | | 嘉兴府 | 崇德、海盐、华亭、嘉兴 |
| | | 湖州 | 安吉、归安、长兴、德清、武康、乌程 |
| | | 常州 | 武进、无锡、宜兴、晋陵 |
| | | 江阴军 | 江阴 |
| | 江南东路 | 建康府 | 溧阳 |
| 元 | 浙江行省 | 平江路 | 嘉定州、吴江州、常熟州、长洲、吴、昆山州 |
| | | 常州路 | 宜兴州、无锡州、武进、晋陵 |
| | | 镇江路 | 金坛、丹阳、丹徒 |
| | | 嘉兴路 | 崇德州、海盐州、嘉兴 |
| | | 杭州路 | 仁和、余杭、钱塘、临安、海宁州 |
| | | 湖州路 | 安吉、德清、归安、乌程、武康、长兴州 |
| | | 集庆路 | 溧阳州 |
| | | 松江府 | 上海、华亭 |
| | | 江阴州 | |
| 明 | 南京(南直隶) | 苏州府 | 太仓州、嘉定、常熟、昆山、吴江、长洲、吴 |
| | | 常州府 | 江阴、宜兴、无锡、武进 |
| | | 镇江府 | 金坛、丹阳、丹徒 |
| | | 应天府 | 溧阳 |
| | | 松江府 | 青浦、上海、华亭 |
| | | 嘉兴府 | 海盐、平湖、桐乡、崇德、嘉善、秀水、嘉兴 |
| | 浙江布政使司 | 杭州府 | 临安、余杭、海宁、仁和、钱塘 |
| | | 湖州府 | 孝丰、安吉州、武康、德清、长兴、归安、乌程 |

续表

| 时代 | 一级行政区（州、省） | 二级行政区（州、府、路） | 三级行政区（县） |
| --- | --- | --- | --- |
| 清 | 江苏省 | 苏州府 | 靖湖厅、太湖厅、震泽、吴江、昭文、常熟、昆山—新阳、元和、长洲、吴 |
| | | 松江府 | 川沙厅、青浦、南汇、金山、上海、奉贤、华亭—娄 |
| | | 常州府 | 荆溪、宜兴、江阴、金匮、无锡、阳湖、武进 |
| | | 镇江府 | 溧阳、金坛、丹阳、丹徒 |
| | | 太仓州 | 宝山、嘉定、镇洋 |
| | 浙江省 | 杭州府 | 临安、余杭、海宁州、钱塘、仁和 |
| | | 湖州府 | 安吉、武康、孝丰、德清、长兴、乌程、归安 |
| | | 嘉兴府 | 嘉兴、桐乡、平湖、石门（崇德）、海盐、嘉善、秀水 |

## 二、地形特征

现代太湖地区所拥有的35272.4平方公里总面积中，水面积占17.5%，山地丘陵占24.2%，平原占58.3%。整体地形以太湖为中心呈现周围高、中间低的浅碟状特征。即在太湖地区的西部主要为山区，属茅山山区及天目山山区的一部分；中部为平原河网和以太湖为中心的湖泊及洼地；北、东、南部因分别受长江、杭州湾泥沙堆积影响，地势高亢，形成碟边（见图1-1）。

由于太湖地区的平原和山地丘陵地貌复杂、多样，所以又可将这两大地形分为诸多小类型。平原地貌按形态、水系结构和成因可分为三角洲平原、湖荡平原、水网平原、高亢平原和山前平原五类。其中，三角洲平原是位于沿海、沿江的狭长低平原；这一类型在上海、苏南境内海拔达3—5米，在杭州湾沿岸的高爽平原地势较高，海拔可达5—7米。湖荡平原属平原类型中范围最大的，位于太湖和阳澄湖群、洮滆湖群、菱湖湖群、淀泖湖群等湖荡周围所分布的平原均属这一类型，其海拔一般在3—4米，局部地区海拔仅为2米左右。水网平原分布于无锡、常州、苏州一带以及嘉兴以南地区；这些区域地势平坦，河网密布，其中嘉兴、桐乡一带的海拔在3.5—5米之间。山前平原根据水网的多寡,还可细分为山前平原和山前水网平原;其中,山前平原主要分布于宜溧山地北侧、东苕溪西侧和茅山西侧的小片山前倾斜平地,是山丘或岗地向平原过渡地带,海拔约在5—10米之间;山前水网平原仅分布在吴县的太湖丘陵周边,范围较小,但地势高爽。

山地丘陵按形态、高度和物质组成可分为中山、低山、岗地、丘陵、河谷平原与冲谷五个类型。其中,中山主要分布于太湖地区西南边缘的天目山山地,主峰海拔高度均超过1000米;其中的龙王山是太湖地区最高峰,海拔高度为1587米。低山主要分布在西部的宜溧、莫干、茅山山地,主峰的海拔高度在400—700米之间。岗地主要分布在山丘的外缘,以茅山东麓的黄土岗地范围较广,海拔高度在20—60米之间。河谷平原与冲谷分布面积非常小,主要散布于山区丘陵之间。①

## 三、土壤类型

现代太湖地区除了海滨和山地仍然保持一些自然土壤外,其他地区经过长期的人工改造,已基本成为水稻土和旱作土壤。平原地区的水稻土占到整个太湖地区耕地面积的90%以上。由于当地水稻土中有机质含量高达2%—3. 5%左右,因而无论是在肥力还是土性方面均较全国其他地区水稻土质优良。本区的土壤分布根据不同地形可大致分为三角洲区土壤、湖荡平原区土壤、水网平原区土壤、高亢平原区土壤和山区耕作土壤五种情况。其中,三角洲区土壤主要是由钱塘江和长江的泥沙在河口淤积发育形成,在太湖地区主要是种植旱地作物,经长期耕作处理,土层已基本脱盐。但因为这种土质越靠近江海,土壤沙性重、质地轻;加上地高爽,耕层疏松,通透性较好,具有漏水、漏肥缺陷。

湖荡平原区土壤是由湖泊淤泥发育形成,主要为青紫泥和青泥土。这类土壤虽质地黏重,有机质含量较高,但地势低洼和地下水位高,植物容易

① 参见中国农业科学院、南京农业大学中国农业遗产研究室太湖地区农业史研究课题组:《太湖地区农业史稿》,农业出版社1990年版,第5—6页;宫春生:《太湖地区土地类型特征》,载《太湖流域水土资源及农业发展远景研究》,科学出版社1988年版。

受水渍危害，肥效发挥也较差。另外在太湖湖岸地带，受环太湖湖流作用，形成地势稍高的小粉土或湖松土；在一些曾经的排洪河流沿岸，也可形成一些呈带状分布的小粉土。这种小粉土质地轻，耕性好，但有机质含量低。

水网平原区土壤母质主要是因河流冲积物质堆积发育形成，由于长期被人为耕作，且农田水利水平较高，加之这类土壤质地以粘壤质为主，耕性、通透性好，土质肥沃且有机质含量高，基本上在质地、肥力、耕性等方面均较其他地区优良，因而这里也就成为高产、爽水性水稻土壤分布最为集中的区域。

高亢平原区土壤大部分是由黄土状冲积物发育形成，由于这一区域地势较高，河网稀疏，存在较大面积的白土层，下层的淀积层存在滞水状况，肥力较差，渍害明显，大部分为黄泥白土和部分黄泥土。其中，丹阳一带是由长江冲积层发育形成的淀沙土，这种土壤不但沙性重而且肥力也差。

山区耕作土壤主要分布在天目山至宜溧阳山区一带。土质受山地凝灰岩、砂页岩等洪积冲积物影响。在盆地中部、宽谷及河谷平原为质地较黏、肥力适中的重壤土；在山区沿河两岸与狭窄冲谷耕地土层质地较粗，肥力差，主要是砂土、沙泥土；在茅山东侧、丹阳北部一带，主要分布在岗田、冲田和塝田上，由黄土母质发育形成，土质粘瘦，表土易流失，又受淋溶作用影响而具白上层，以黄白土为主。①

## 四、水资源

太湖地区素有“江南水乡”之称，水资源相当丰沛。现今全区的河、湖水域面积共计 6174. 73 平方公里，总储水量约为 128. 94 亿立方米。其中，河网总面积为 2942. 78 平方公里，占全区水域面积的 47. 7%；河网蓄水量 58. 27 亿立方米，占总储水量的 45. 2%。河网主要是由自然水系和人工河道共同构成。其中，自然水系主要有苕溪、南溪和黄浦江三个主要系统。苕溪水系是太湖上游最大的水系，分为东、西苕溪两支，分别发源于天目山南

① 参见宫春生：《太湖地区土地类型特征》，载《太湖流域水土资源及农业发展远景研究》，科学出版社 1988 年版。

麓和北麓;两支流至湖州境内后汇合注入太湖,另有一部分支流向东与杭嘉湖水网相连通。南溪水系发源于茅山和苏皖浙三省界岭山地,主流沿途容纳宜溧山区诸溪,并串联宜兴境内的东氿、西氿和团氿 3 个小型湖泊,并于大浦港、城东港、洪巷港汇入太湖;另有余支由宜兴至白茅山之间分成众多溪渎最终也汇入太湖。黄浦江水系是太湖地区的主要水系,以整个地区目前唯一的敞口入江河流——黄浦江为主干,其上游分为北、中、南三支。北支为斜塘、泖河、拦路港与淀山湖相通;中支为园泄泾,上接俞汇塘;南支为泖港承接嘉湖方面的来水。三支在松江米市渡以上汇合,并由吴淞口入海。此外,作为我国历史上的最大且最主要的人工河道,江南河(或称运河江南段)从杭州流经嘉兴、苏州、无锡、常州,并在镇江境内通入长江,与江北运河隔江相对望。江南河不但使南北漕运向连贯,也沟通了太湖与长江的水路,使两者水量能够相互调蓄。

另外,太湖地区既是我国湖泊分布比较密集的区域之一,也是长江下游 7 个湖泊集中区之一。这里共有超过 0.5 平方公里的大小湖泊 189 个,总面积高达 3158.98 平方公里。其中,超过 10 平方公里的大中型湖泊有太湖、阳澄湖、淀山湖、独墅湖、元荡、昆承湖、洮湖、澄湖和滆湖 9 个。这些大小湖泊以太湖为中心,形成了西部洮滆湖群、南部嘉西湖群、东部淀泖湖群以及北部阳澄湖群。可以说,尽管这些湖泊均为浅水型湖泊,平均水深不足 2 米,最大水深也仅达 4 米,但这些湖泊均分布在平原上,与众多河港相联系形成一个完整水系。并且小型湖泊分布较为分散便于各地区农田灌溉;大中型湖泊又在面积上占绝对优势,这对于拦蓄和调蓄水量有很大帮助,这些特点都有利于发展粮食生产。①

## 第二节 气候变化基本特征

现代太湖地区地处北亚热带与中亚热带的过渡地带,具有典型的亚热

① 参见孙顺才等:《太湖平原地区湖泊分布及成因》,载《太湖流域水土资源及农业发展远景研究》,科学出版社 1988 年版。

带季风气候特征。在夏季受海洋夏季风控制,盛行东南风,天气炎热、湿润。冬季受大陆冷气团侵袭影响,盛行偏北风,天气寒冷、干燥。而春、秋两季则属于冬、夏季风交替的过渡季节。因而全区四季分明,雨水丰沛,热量充裕,全年无霜期约为220—246天,能够适应多种作物的生长发育以及多种耕作制度的发展。具体来说,在气温方面,本区多年平均气温在15℃—16℃,气温分布特点曾现南高北低的特点,南北相差0.3℃—0.4℃。1月平均气温最低,在2℃—3.5℃之间;7月份平均气温最高,为27.5℃—29℃。≥10℃的活动积温为4800℃—5200℃。平均太阳总辐射量在103—118千卡/平方厘米。7—8月份的月总辐射量最高,月均能达到14.0千卡/平方厘米;12月的月总辐射量最低,月平均仅为6.0千卡/平方厘米。全年日照时数一般在2000小时左右,其中夏季日照数较冬季高出60%以上。而且各区域日照时数不同,常熟日照时间最长,湖州最短,两者相差600小时。本区全年降水量大致在1000—1400毫米之间,6月和9月为降水峰期,常年的1月和12月雨量最少,3月和10月降水分别有陡增或陡降的趋势。西南山地丘陵地区的年平均降水量要比北部多出200—300毫米。①

不过,上述气候特征均反映的是现代情况。由于气候在历史时期存在变化,各时期情况并不与之相同,甚至存在较大差异。鉴于本书需要以历史气候变化为线索来研究问题,所以在这里很有必要对历史时期特别是宋代以来这一区域气候变化的大致脉络做一梳理。

## 一、气候冷暖变化

太湖地区正处于葛全胜等人所定义的中国东部地区(105°E以东,25°—40°N)范围内(见图1-2)。由于他们在重建历史时期东部地区冬半年温度序列(见图1-3)时,是将各观测站点的冬半年温度距平值以相同标

① 吴文富、陆安娜、费清培:《太湖流域气候资源研究》,气象出版社1993年版,第10—15页;中国农业科学院、南京农业大学中国农业遗产研究室太湖地区农业史研究课题组:《太湖地区农业史稿》,农业出版社1990年版,第6—7页。

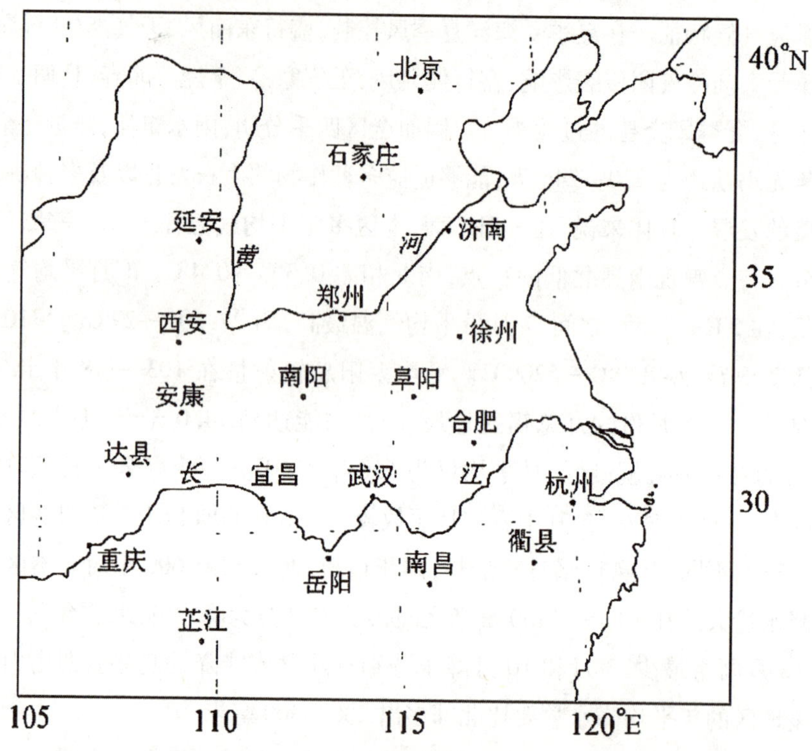


**图 1-2　东部地区范围及其用于空间相关性分析的气象观测站分布①**

准换算成整个东部地区的冬半年温度距平值②,这使得东部地区温度重建序列与各地气温变化相同步,基本能够代表这一范围内任何一观测站点的冬半年气温变化情况。又因为中国东部地区冬半年温度的年际变化与年均温度的年际变化之间具有极好的相关性③,因此这一区域冬半年的温度变化基本也可以代表全年的温度变化情况④。总之,由于葛全胜等人所建立

① 资料来源:葛全胜、郑景云、方修琦等:《过去 2000 年中国东部冬半年温度变化》,《第四纪研究》2002 年第 2 期。

② 郑景云、王绍武:《中国过去 2000 年气候变化的评估》,《地理学报》2005 年第 1 期。

③ 相关系数高达 0.952。葛全胜、郑景云、方修琦等:《过去 2000 年中国东部冬半年温度变化》,《第四纪研究》2002 年第 2 期。

④ 郑景云、王绍武:《中国过去 2000 年气候变化的评估》,《地理学报》2005 年第 1 期;葛全胜、郑景云、方修琦等:《过去 2000 年中国东部冬半年温度变化》,《第四纪研究》2002 年第 2 期;葛全胜、郑景云、刘健:《过去 2000a 中国东部冬半年温度变幅与周期》,《气候变化研究进展》2006 年第 3 期。

的中国东部地区历史时期冬半年温度变化序列具有较强的代表性，据此序列基本能够说明太湖地区在历史时期的气候冷暖变化情况。

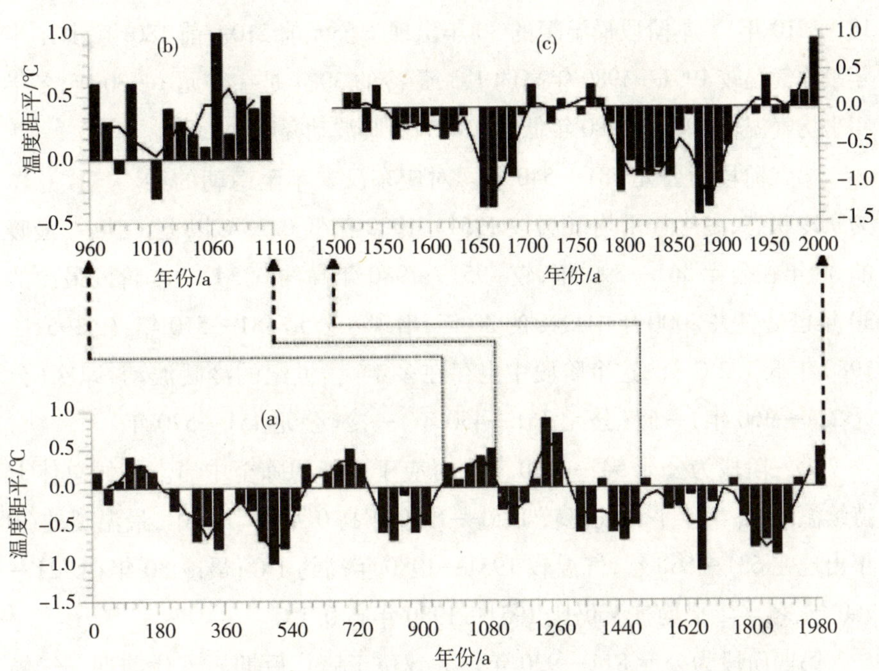


**图 1-3　过去 2000 年中国东部地区冬半年平均温度变化序列①**

由此序列可看出，自秦汉以来，包括太湖地区在内的整个东部地区气候存在多次阶段性冷暖变化。大体可分为七个阶段。②

### （一）公元前 210 年至公元 930 年气候冷暖变化

其中，宋代以前共分为四个阶段。第一个阶段为公元前 210 年至公元 180 年，大致处在秦代至东汉后期。气候相对温暖，冬半年平均气温较公元

① 图中（a）1—1999 年，分辨率为 30 年；（b）961—1110 年，分辨率为 10 年；（c）1501—1999 年，分辨率为 10 年；图中折线为 3 点滑动平均。资料来源：葛全胜、郑景云、方修琦等：《过去 2000 年中国东部冬半年温度变化》，《第四纪研究》2002 年第 2 期。

② 以下关于各历史时期的气温数据说明，主要是以葛全胜等人的研究成果为依据。

1951—1980年[1]高0.27℃。但其间也存在小尺度的气候波动,即温暖(公元前210—前150年)—偏暖(公元前151—前75年)—温暖(公元前76—前45年)—寒冷(公元前46—公元30年)—偏暖(公元31—180年)—寒冷(公元181—210年)。本阶段最温暖的30年出现于公元前210—前180年,其冬半年平均气温较1951—1980年高约1℃,最冷的30年是在公元1—30年,冬半年平均气温较1951—1980年低约0.4℃,冷暖波动幅度达1.4℃。

第二阶段为公元181—540年。对应东汉末年至南朝的梁。气候总体为寒冷状态,冬半年平均气温较1951—1980年低0.25℃以上。其中,最暖的30年在公元361—390年,较1951—1980年高约0.5℃。本阶段最冷的30年也是过去2000年中最冷的30年,出现于公元481—510年,较1951—1980年低1.2℃[2]。这个阶段中也存在多年代-世纪的冷暖波动,即冷(公元221—360年)—暖(公元361—450年)—冷(公元451—540年)。

第三阶段为公元541—810年。对应于南朝的陈至中唐。气候总体上持续温暖,冬半年平均气温较1951—1980年高0.48℃。其中,最温暖的30年出现在631—660年,气温较1951—1980年高约1℃;最冷30年在721—750年,冬半年平均气温仍比1951—1980年高0.1℃。

第四阶段为公元811—930年。大致位于唐代后期至五代前期。气候总体寒冷,冬半年平均气温比1951—1980年低约0.25℃。公元811—840年和公元871—930年为该阶段两个冷谷,分别比现代低0.3℃和0.55℃。最冷的30年(公元811—840年)与最暖的30年(公元841—870年)相差约0.6℃。

### (二)公元931—1320年气候冷暖变化

大致从五代、北宋以来的气候根据冷暖状况可分为三个阶段,即暖(公

① 对于气温高低的评价一般是采用一个标准来衡量。葛全胜等人在分析过程中即采用1951—1980年中国东部地区各气象观测站点的冬半年温度平均值8.4℃为基准,所得出的温度距平都是与1951—1980年水平对比后获得。参见葛全胜、郑景云、满志敏等:《过去2000 a中国东部冬半年温度变化序列重建及初步分析》,《地学前缘》2002年第1期。

② 葛全胜等人经修正后将公元481—510年冬半年平均温度较之前研究下调0.2℃。参见葛全胜、郑景云、方修琦等:《过去2000年中国东部冬半年温度变化》,《第四纪研究》2002年第2期;葛全胜:《中国历朝气候变化》,科学出版社2011年版,第68页。

元931—1320年)—冷(公元1321—1920年)—暖(公元1921年至今)。

第一阶段(公元931—1320年)大致对应于五代后期至元代中期。该阶段气候相对温暖,冬半年平均气温总体上较1951—1980年高约0.18℃,与欧洲及北半球的其他许多地区所存在的"中世纪暖期"[①]基本吻合。气候温暖使暖冬现象屡现[②]。在1131—1264年,杭州的春季终雪日期甚至比1951—1990年一般要提早7天,最多提前了28天[③]。由于气候温暖适宜,南方甘蔗种植在此阶段似乎有北移的趋势。如陶谷(公元903—970年)的《清异录》卷2记载,在北宋初年"甘蔗盛于吴中"。这里的"吴中"指的就是苏州一带。另据唐慎微的《重修政和证类备用本草》(成书于1082年前后)记载,在北宋时,"江、浙、闽、广、蜀、川所生大者亦高丈许……其汁以为沙糖",并特别指出,甘蔗在包括太湖地区在内的"今江东者为胜"[④]。而在咸淳四年(1268年)《临安(杭州)志》卷58《风土·物产》中则记载杭州的"仁和、临平、小林,(甘蔗)多有种之"[⑤]。马可波罗在《马可波罗行纪》中也提到在13世纪末作者行经杭州时"应知此城(指杭州)及其辖境制糖甚多,蛮子其他八部亦有制者"[⑥]。杭州的制糖业发达是与当地甘蔗种植相匹配的,而且除了杭州外,在明州(今宁波)境内也存在制糖用甘蔗种植[⑦]。现代的制糖用甘蔗种植区北界位于金华、衢州、景德镇、长沙、邵阳一线[⑧],这一线以北地区由于热量不足,所种甘蔗也很少作为制糖原料使用。由此可知,在

---

① 关于"中世纪暖期"以及下文将要提到的"小冰期"可见本书第二章说明。

② 长江三角洲在公元1061、1067、1085、1089、1090、1161、1200、1213、1220等年份均出现了暖冬记载。参见陈家其、施雅风:《长江三角洲千年冬温序列与古里雅冰芯比较》,《冰川冻土》2002年第1期。

③ 张德二:《我国中世纪温暖期气候的初步研究》,《第四纪研究》1993年第1期。

④ [宋]唐慎微:《重修政和证类备用本草》,卷23,《果部下品》,人民卫生出版社1982年影印版,第471页。

⑤ [宋]潜说友纂修:咸淳《临安志》,卷58,《风土·物产》,载《宋元方志丛刊》第四册,中华书局1990年版,第3873上页。

⑥ A.J.H.Charignon注,冯承钧译:《马可波罗行纪》中册152章,中华书局1954年版,第592页。

⑦ 满志敏:《中国历史时期气候变化研究》,山东教育出版社2009年版,第196页。

⑧ 中国农林作物气候区划协作组:《中国农林作物气候区划》,气象出版社1987年版,第109页。

北宋和13世纪制糖用甘蔗种植北界已比现代界限偏北了2个纬度①(见图1-4)。

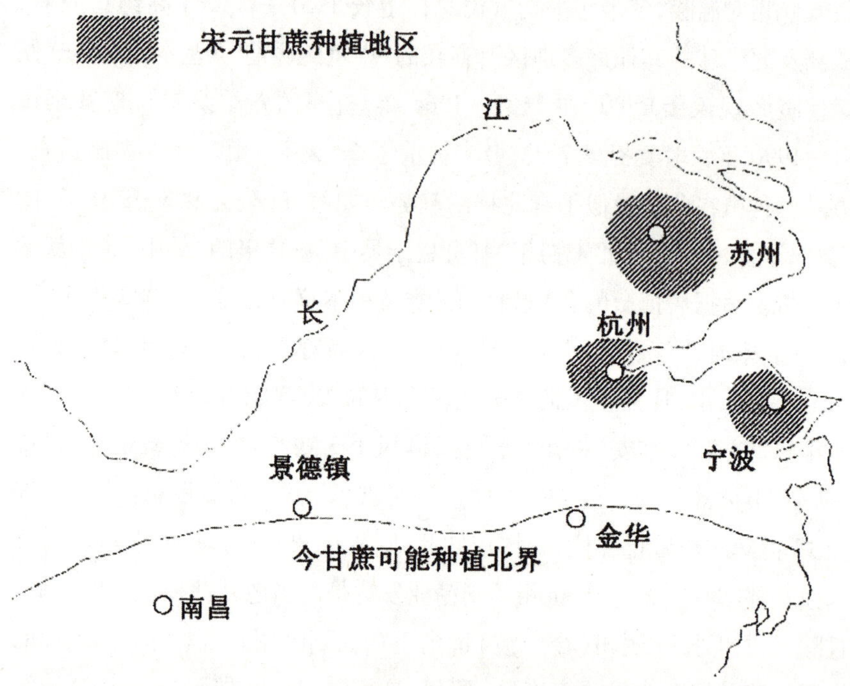


**图1-4　北宋和元代前期甘蔗种植北界②**

不过在这个所谓的气候相对温暖阶段中也存在一系列冷暖波动,即温暖(公元931—1110年)—较冷(公元1111—1200年)—温暖(公元1201—1320年)。

具体来说,931—1110年这个时段整体较1951—1980年高约0.27℃。其中温暖程度最为明显的时段是在1021—1110年,冬半年平均温度较1951—1980年高0.4℃。最暖的30年是1081—1110年,平均温度较1951—1980年高0.5℃;即便是最冷的30年(931—960年),平均温度也与

① 参见满志敏:《中国历史时期气候变化研究》,山东教育出版社2009年版,第195—196页。

② 资料来源:满志敏:《中国历史时期气候变化研究》,山东教育出版社2009年版,第196页。

1951—1980 年持平。在北宋初年的 10 世纪 60 年代和 90 年代，平均温度均比 1951—1980 年高 0.6℃。正是在热量条件允许情况下，苏州一带才出现了制糖用甘蔗种植。

但是在 1111—1200 年这个时期，情况出现了转折。从前一时段的气候暖峰（1051—1080 年）至 1141—1170 年降温速率竟然达到了 1.2℃/100 年。即使是 1081—1110 年与 1111—1140 年这两个相邻的 30 年间，气温降幅也达到 0.8℃。这样以来，本时期成为一个长达百年的相对寒冷期，东部地区冬半年平均气温已比 1951—1980 年低约 0.33℃。最冷的 30 年出现在 1141—1170 年，比 1951—1980 年气温低 0.5℃；而 1111—1140 年和 1171—1200 年则分别较 1951—1980 年气温低 0.3℃、0.2℃。在文献记载中，这种气候寒冷状况也有较为显著的反映。如据《鸡肋篇》卷中记载了当时钱塘江因寒冷而冻结的情景，即“二浙旧少冰雪，绍兴壬子（1132 年），车驾在钱塘，是冬大寒屡雪，冰厚数寸。北人遂窖藏之，烧地作荫，皆如京师之法。临安府委诸县皆藏，率请北人教其制度”。同时太湖也因“冬，忽大寒，湖水遂冰，米船不到，（洞庭东西）山中小民多饿死。富家遣人负载，蹈冰可行，遽又泮拆，陷而没者亦众。泛舟而往，卒遇巨风激水，舟皆即冰冻重而覆溺，复不能免”。[①] 据考证，历史上钱塘江冻结仅有的三次，除 1132 年这次外，其余两次分别发生已处在小冰期中的 1690—1691 年冬季和 1892—1893 年冬季[②]。衬托出 1132 年气候的寒冷程度。联系太湖湖水也出现结冰情况可以看出，当年太湖地区是大范围遭受低温天气影响。

在北宋时，庞元英在《文昌杂录》中谈道：“南方柑橘虽多，然亦畏寒，每霜时亦不甚收。惟洞庭霜虽多，仍无所损。询彼人云：洞庭四面皆水也，水气上腾，尤能辟霜，所以洞庭柑橘长佳，岁收不耗，正为此尔。”[③]因而长期以来，洞庭东西山的柑橘种植也发展良好，所谓“洞庭（东西山）以种橘为业

① ［宋］庄绰撰，萧鲁阳点校：《鸡肋篇》，卷中《临安藏冰与镇江进冰船》，中华书局 1983 年版，第 52—53 页。

② 龚高法、张丕远：《历史时期柑橘的冻害》，载《柑橘冻害》，中国农业出版社 1983 年版。

③ ［宋］庞元英：《文昌杂录》，卷 4，中华书局 1958 年版，第 42 页。

者,其利与农亩等”,然而在“宋政和元年(1111 年),冬大寒,积雪尺余,河水尽冰,凡橘皆冻死。明年伐而为薪”。① 说明由于受寒冷气候影响,太湖地区的柑橘种植已比较困难。

也是因为气候寒冷,江南运河河道在冬季常常出现结冰状况,这在当时文人的诗句中有着生动描绘。如在宁宗朝,时任吏部尚书的袁说友(1140—1204 年)在《自常州敲冰行舟半日一夜仅十里》一诗中写道:“到晓才通十里冰,颇怜黄帽叹征行。半篙不下风霜夜,一日之间水陆程。无复稳时村路滑,不胜危处断桥倾。驱驰原隰皇华事,筋力犹堪誓此生。”②诗人赵蕃(1143—1229 年)则在《去德清数十里阻冰舟行甚艰》中写道:“常时一夜北新桥,问讯兹来故不遥。岂虑坚冰忽成合,更当冷日未能消。志存纡直无渠怒,行有艰难自我招。赖是晴山有佳色,不然何以慰无聊。”③绍兴二十三年至二十五年(1153—1155 年)间,金国使节蔡珪在《撞冰行》中写道:“船头傅铁横长锥,十十五五张黄旗。百夫袖手略无用,舟过理棹徐徐归。吴农笑向吾曹说:昔岁江行苦风雪。扬锤启路夜撞冰,手皮半逐冰皮裂。今年穷腊波溶溶。安流东下闲篙工。江东贾客借余润。贞元使者如春风。”④总之,在 12 世纪由于气候寒冷,运河常常结冰,以至于南宋政权为了让北朝来使来往方便,专门“作浮筏前设巨碓以捣冰,谓之冰簰,又以小舟摇荡于其间,谓之晃舟”⑤。

从 13 世纪开始,气温迅速回升。在上一时段冷谷(1141—1170 年)至 1231—1260 年的回暖过程中,升温速率高达 1.5℃/100 年;1201—1230 年至 1231—1260 年两个相邻 30 年之间的增温幅度也达到了 0.8℃。这使 1201—1320 年的平均气温较 1951—1980 年高 0.43℃。其中 1201—1290 年又是温暖程度最为显著的一个时段,气温较 1951—1980 年高约 0.57℃。

---

① [元]陆友仁:《砚北杂志》,卷上,载《中华野史 · 辽夏金元卷》,泰山出版社 2000 年版,第 652 页。

② [宋]袁说友:《东塘集》,卷 4,《自常州敲冰行舟半日一夜仅十里》。

③ [宋]赵蕃:《淳熙稿》,卷 14,《去德清数十里阻冰舟行甚艰》,中华书局 1985 年版,第 294 页。

④ [金]蔡珪:《撞冰行》,载《中州集》,卷 1,中华书局 1959 年版,第 34 页。

⑤ [宋]赵彦卫:《云麓漫钞》,卷 1,中华书局 1985 年版,第 19 页。

而本阶段以及宋代以来最暖的 30 年(1231—1260 年)正出现于其中,平均气温已比 1951—1980 年高出约 0.9℃。

由于气候温暖,杭州一带暖冬现象增多。如在庆元六年(1200 年)“冬燠无雪,桃李华,虫不蛰”;嘉定元年(1208 年)“春燠如夏”;嘉定六年(1213 年)的冬季“燠而雷,无冰,虫不蛰”;嘉定十三年(1220 年)冬季“无冰雪。越岁,春暴燠,土燥泉竭”①。一些作物的种植带也受温暖气候影响有所扩大或北移。除了在这个时段杭州、宁波等地区出现制糖用甘蔗种植外,柑橘种植北界也比现代有所北移(见图 1-5)。特别是在景定二年(1261 年)《建康志》卷 42《风土志·物产》中介绍建康(今南京)有“橘、橙、乳柑”等物产。相比而言,现代南京地区是没有柑橘类植物种植的,江苏的柑橘种植只存在于太湖一带②,南京已经超过了现代柑橘种植的北界,这说明气候温暖促使柑橘种植范围较现代有所扩大。③

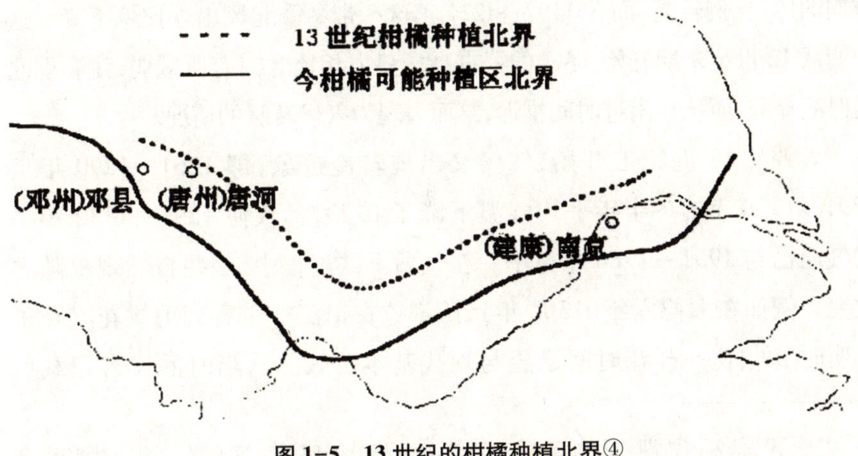


图 1-5　13 世纪的柑橘种植北界④

当时文献所反映的物候状况也可证明 13 世纪气候温暖这个事实。南宋宁宗时(1194—1224 年),杭州在端午节有插花的习俗,所谓“(五月)初

① [元]脱脱等撰:《宋史》,卷 53,《五行志二上》,中华书局 1977 年版,第 1385 页。

② 江苏农业地理编写组:《江苏农业地理》,江苏科学出版社 1979 年版,第 65 页。

③ 参见满志敏:《中国历史时期气候变化研究》,山东教育出版社 2009 年版,第 200 页。

④ 资料来源:满志敏:《中国历史时期气候变化研究》,山东教育出版社 2009 年版,第 200 页。

一日,城内外家家供养,……栀子花之类……推重午不可无花供养。端午日仍前供养”①;“五月重五节,其日正是葵榴斗艳、栀艾争香”②。这说明在当时杭州的栀子花是在农历五月初一(6月8日)前就已经开放,这比现代栀子花的始花期时间在公历的6月12日提前了至少4天。南宋刚灭亡后不久,文人吴自牧曾提道:杭州一带“仲春十五为花朝节,浙间风俗以为春序正中,百花争放之时,最堪游赏,……最是包家山桃开浑如绵障,极为可爱”。③ 这里的“山桃”其实指的是毛桃,说明在13世纪下半叶杭州桃树盛花期是在公历3月22日之前,这比现代杭州毛桃平均盛花期3月25日提前了至少3天。如果按生物气候规律推算,13世纪杭州的气候带相比现代南移了一个纬度④。

另外,满志敏根据历史文献记载分析了南宋中期杭州一带四季风向的变化情况,并指出在1162—1196年杭州一带冬季北风(包括东北、北、西北三个方向的风)比例较高,而在1197—1224年这一带冬季北风出现比例下降。这表明从12世纪末期开始,冬季的蒙古高压势力相比之前有所减弱,使春季北退时间提前,而秋季南进时间推迟,继而表现为气候转暖的情况。⑤

大致从13世纪末开始,气候又出现转冷迹象,即1261—1290年至1291—1320年的冬半年平均气温下降了0.7℃。致使1291—1320年平均气温已与1951—1980年持平。在气温下跌过程中,一些自然现象随之改变。例如在大德六年(1302年),萨都拉在镇江一带看到毛桃花盛开于清明时节⑥,这一开花时间已经与现代基本一致。从当时的灾害记载可

① [宋]佚名:《西湖老人繁盛录》,载《东京梦华录外四种》,文化艺术出版社1956年版,第118页。

② [宋]吴自牧:《梦粱录》,卷3,《东京梦华录外四种》,古典文学出版社1956年版,第157页。

③ [宋]吴自牧:《梦粱录》,卷1、卷3,《东京梦华录外四种》,古典文学出版社1956年版,第146、157页。

④ 满志敏、张修桂:《中国东部十三世纪温暖期自然带的推移》,《复旦学报(社会科学版)》1990年第5期。

⑤ 满志敏、张修桂:《中国东部十三世纪温暖期自然带的推移》,《复旦学报(社会科学版)》1990年第5期。

⑥ [元]萨都拉:《雁门集》,卷1、卷20,上海古籍出版社1982年版,第5—7页。

看出，太湖地区在13世纪下半叶几乎没有低温天气记载，但是到14世纪初低温天气开始出现①，特别是江南地区运河结冰情况又开始严重起来。如在至大元年（1308年）闰十一月，著名书法家郭畀在无锡坐船时适逢寒冷天气运河结冰，他后来写道："闰十一月十九日。早发无锡，船过毗陵，东北风大作，极冷不可言。晚宿新开河口，三更，舟蓬淅淅声，乃知雪作也。二十日。苦寒，早发新开河，舟至奔牛堰下水，浅不可行，换船运米。至吕城东堰，方辨船上篙橹，皆剑冰也。舟人畏寒，强之使行，泊栅口。二十二日。晴。冰厚舟不可行，滞留不发。"②满志敏推测由于从13世纪70年代末至14世纪20年代的40年间降温显著，这使得自然带南迁了两个纬度③。

**（三）公元1321—1920年气候冷暖变化**

五代、北宋以来气候所经历的第二阶段为1321—1920年，对应于元代后期至民国初年。该阶段整体气候相对寒冷，东部地区冬半年平均气温总体上较1951—1980年低约0.39℃。其中的大部分时间与欧洲及大西洋周边地区所存在"小冰期"基本吻合。但这是总体情况，就各个时段情况看，期间仍存在多次冷暖波动。经历了冷（公元1321—1380年）—偏暖（公元1381—1410年）—冷（公元1411—1500年）—偏暖（公元1501—1560年）—冷（公元1561—1710年）—偏暖（公元1711—1770年）—冷（公元1771—1920年）7个时段。

1321—1380年，东部地区气候延续着自13世纪末以来的降温，冬半年平均气温已经比1951—1980年低约0.5℃。并且1261—1290年至1321—1350年的降温幅度甚至达到了1.5℃，是过去两千年来气候冷暖转换过程中温度变动幅度最大的④。这使1321—1350年成为本时段最冷的30年，

---

① 张德二：《中国三千年气象记录总集》，凤凰出版社2004年版，第511—522页。

② ［元］郭畀：《云山日记》，卷2，载《快雪斋集附云山日记》，（中国台湾）学生书局1973年版，第86页。

③ 满志敏、张修桂：《中国东部十三世纪温暖期自然带的推移》，《复旦学报（社会科学版）》1990年第5期。

④ 葛全胜、郑景云、方修琦等：《过去2000年中国东部冬半年温度变化》，《第四纪研究》2002年第2期。

平均气温较1951—1980年低0.6℃,而东部地区也大致从此时开始正式进入小冰期。气候寒冷也反映在物候以及灾害记载方面。如上文提到在南宋灭亡后不久,杭州毛桃盛花期还是在3月22日。但是到元统二年(1334年),杭州一带桃树盛花期已推迟至清明时节①。由俞贞木(1331—1401年)所著的《种树书》(成书于1379年)中记载:"南方柑橘虽多,然亦畏霜,不甚收,惟洞庭霜虽多无所损。"②然而其实早在天历二年(1329年),由于"冬大雨雪,太湖冰厚数尺,人履冰上如平地",就已经出现了"洞庭山柑橘冻死几尽"的状况③。这与13世纪柑橘种植范围已扩展至南京一带的情况已大不相同。

1381—1410年这几十年,大致对应于明朝初年。其温度稍有回升,冬半年平均温度比1951—1980年高0.1℃,属于本阶段最暖的30年之一。受气候温暖影响,从洪武至永乐中叶,太湖地区仅有一条寒冷记载。即在洪武十四年(1381年),"五月丁未,建德雪。六月己卯,杭州晴日飞雪"④。在此期间,黄浦江、钱塘江、太湖等大型河、湖均未出现结冰状况。

到1411—1500年,东部地区的气温再次下降,冬半年平均气温比1951—1980年低0.6℃。其中最冷的30年出现在1441—1470年,其平均温度已比1951—1980年低0.7℃,使1381—1410年至1441—1470年的降幅高达0.8℃。到1471—1500年,气温虽有所上升,但平均温度仍比1951—1980年低0.5℃。气候转冷使寒冷天气有所增多。据统计,长江三角洲在15世纪出现寒冷冬季的年份共有13个,其中出现严寒冬季的年份有9个⑤。如在景泰四年(1453年),太仓县"冬至日雨雪。甲戌正月五日又大雪,至十六日犹未止";常州府城及无锡县均是"十二月,大雪,树

① [元]萨都拉:《雁门集》,卷7,上海古籍出版社1982年版,第179页。

② [元]俞贞木著,康成懿校注,辛树帜校阅:《种树书》,农业出版社1962年版,第55页。

③ [元]陆友仁:《砚北杂志》,卷上,载《中华野史·辽夏金元卷》,泰山出版社2000年版,第652页。

④ [清]张廷玉等撰:《明史》,卷28,《五行志一》,中华书局1974年版,第427页。

⑤ 冷冻年分别是1438、1440、1445、1450、1452、1453、1454、1476、1477、1480、1483、1489、1493年;最为寒冷的年份分别是1438、1440、1445、1450、1453、1454、1476、1477、1480年。参见张天麟:《长江三角洲历史时期气候的初步研究》,《华东师大学报》1982年第4期。

介，冰厚尺余”；武进县“冬大雪，木介，至五年正月终始霁。平地五尺，湖冰厚三尺”；乌程县“十一月至明年孟春，大雪数尺，压覆民居，太湖诸港渎皆冻断，舟楫不通，禽兽草木皆死”，“安吉冻死百余人”。① 在成化十二年（1476 年），南京“十一月初旬天即阴晦，雨雪连绵至新年。（成化十三年）正月以来大雪、风雨间作，前后凡五越月，军民生理艰难，饥冻者十八九，迄今春暮阴寒未除”②。这说明当年南京的初雪日是在农历十一月，比现代提前了 30 天。而在同年，吴县“十二月大冰，船不行者逾月，太湖亦阻冻”；长兴、嘉兴等地也是因十二月寒冷，太湖结冰，致使“舟楫不通者逾月”。③

此后，东部地区气温又有所回升，这样在 1501—1560 年，气候基本处在了相对偏暖时段。从 1441—1470 年至 1501—1530 年的升温幅度达到 0.8℃，1501—1530 年成为这个时段最暖的 30 年，其冬半年平均气温较 1951—1980 年高出 0.1℃；而最暖的 10 年出现在 16 世纪 40 年代，其平均温度比 1951—1980 年高 0.3℃。其实早在 15 世纪末年，一些自然现象就已经反映出回暖的迹象。例如在弘治十年（1497 年）宝山、太仓、昆山、吴县等地均出现了“冬温，行季夏令，草木群皆吐花”④的景象。而在正德元年（1506 年）浙江永嘉地区也出现了“麦穗、桃李实，其冬，永嘉花尽放”⑤。据雍正《崇明县志》卷 10《祲祥》记载，崇明岛在嘉靖三十八年（1559 年）出现了“冬，无冰”的状况。这种温暖气候的余波似乎到 16 世纪下半叶也未尽。如据万历《上海县志》卷 10《祥异》记载，在隆兴二年（1568 年）当地在“冬十月”也出现了“桃李花，麦秀”的景象。由于气候温暖，太湖地区的柑橘种植规模也有所扩大。万历《上海县志》卷 10《祥异》记载，在正德四年（1509 年），上海县“是冬大寒，竹柏多槁死，橙橘绝种，数年间市无鬻”。这里也透露出一个消息，即当时上海一带已经有柑橘种植，而这一带在现代已是柑橘

① 张德二：《中国三千年气象记录总集》，凤凰出版社 2004 年版，第 681—682 页。

② 《明宪宗实录》，卷 165，成化十三年夏四月癸卯。

③ 张德二：《中国三千年气象记录总集》，凤凰出版社 2004 年版，第 741 页。

④ 张德二：《中国三千年气象记录总集》，凤凰出版社 2004 年版，第 818 页。

⑤ [清]张宝琳修，王棻、孙诒让等纂：光绪《永嘉县志》，卷 36，《杂志》，江苏古籍出版社、上海书店、巴蜀书社 1990 年版，第 215 下页。

种植区的北界。而到嘉靖年间,太仓一带“近年吾城人家多种橘,种类不一,惟衢橘为佳”。[①] 王世懋(1536—1588 年)在《学圃杂疏》中曾提道:“柑橘产于洞庭,然终不如浙温之乳柑、闽漳之朱橘。有种红而大者,云传种自闽,而香味径庭矣。余家东海上,又不如洞庭之宜橘,乃土产蜕花甜、蜜橘二种,却不啻胜之。橘性畏寒,值冬霜雪稍盛,辄死。植地须北藩多竹,霜时以草裹之,又虞春枝不发。”[②]其中的“东海”指的就是王世懋的故乡太仓,进而肯定了在 16 世纪太湖地区的柑橘种植范围在温暖气候条件下有所扩大。满志敏据此指出,在 16 世纪这个偏暖时段,上海地区冬季平均气温约为 4. 2℃,出现-0. 8℃的最低气温频率则为 5 年一遇[③]。

大致在 16 世纪 60 年代,气温相比 16 世纪 50 年代下降了 0. 4℃,这标志着又一个寒冷时段的开始。从东部地区总情况来看,1561—1710 年为本阶段的又一个冷谷时段,其冬半年平均气温要比 1951—1980 年低约 0. 4℃。特别是自 17 世纪中叶开始,气温寒冷程度越趋严重。1621—1650 年至 1651—1680 年是过去 2000 年来东部地区相邻两个 30 年中降温幅度最大的,高达 1℃;导致 1651—1680 年不但是东部地区自公元 931 年以来最冷的 30 年,也是过去 2000 年中寒冷程度第二的 30 年。这 30 年比 1951—1980 年的冬半年平均温度低 1. 1℃,比 1981—1999 年低 1. 6℃;而其间最冷的 10 年又分别出现于 17 世纪 50 年代和 60 年代,两个年代的冬半年温度均较 1951—1980 年低 1. 3℃。依据《快雪堂日记》《味水轩日记》《祁忠敏公日记》等文献记载,苏宁杭地区在 1588—1644 年间的春季植物物候期(主要是梅、桃、牡丹等花的始花期和盛花期)平均比 20 世纪 60 年代至 80 年代晚 3 天以上,最多要晚 27 天[④](见表 1-2)。

---

① [明]周士佐修,张寅纂:嘉靖《太仓州志》,卷 5,上海古籍书店 1990 年版。
② [明]王世懋:《学圃杂疏》,中华书局 1985 年版,第 10 页。
③ 满志敏:《中国历史时期气候变化研究》,山东教育出版社 2009 年版,第 287 页。
④ 葛全胜:《中国历朝气候变化》,科学出版社 2011 年版,第 503—505 页。

表 1-2　1588—1644 年与 1960—1990 年苏宁杭三地春季植物物候比较①

| 年份 | 植物 | 物候 | 地点 | 古今差/天 | 出处 |
|---|---|---|---|---|---|
| 1588 | 梅花 | 盛花 | 杭州 | +9 | 冯梦祯:《快雪堂日记》 |
| | 牡丹 | 盛花 | 杭州 | +16 | |
| 1589 | 桃 | 始花 | 杭州 | -13 | |
| 1590 | 梅花 | 盛花 | 杭州 | +6 | |
| | 桃 | 盛花 | 杭州 | +1 | |
| | | 初雪 | 杭州 | -11 | |
| 1591 | 桃 | 盛花 | 杭州 | +8 | |
| 1594 | 梅花 | 始花 | 南京 | +11 | |
| | 梅花 | 始花 | 杭州 | +27 | |
| | 梅花 | 盛花 | 南京 | +18 | |
| 1595 | 桃 | 盛花 | 杭州 | +8 | |
| | 玉兰 | 盛花 | 杭州 | +9 | |
| 1596 | 野菊花 | 盛花 | 嘉兴 | -2 | |
| 1601 | 桃 | 盛花 | 杭州 | -9 | |
| 1603 | 桃 | 始花 | 杭州 | 3 | |
| 1604 | 梅花 | 盛花 | 苏州 | -12 | |
| | 梅花 | 始花 | 苏州 | -2 | |
| 1605 | 牡丹 | 盛花 | 杭州 | +6 | |
| | 桃 | 盛花 | 杭州 | +9 | |
| 1609 | 玉兰 | 出现花蕾 | 杭州 | +10 | 李日华:《味水轩日记》 |
| 1610 | 西府海棠 | 始花 | 杭州 | +5 | |
| 1611 | 玉兰 | 盛花 | 杭州 | 0 | |
| 1612 | 梅花 | 盛花 | 杭州 | -1 | |
| 1636 | 桃 | 盛花 | 杭州 | +4 | 祁彪佳:《祁忠敏公日记》 |
| 1637 | 桃 | 盛花 | 杭州 | -2 | |
| 1638 | 梅花 | 始花 | 苏州 | +9 | 叶绍袁:《甲行日记》 |
| | 西府海棠 | 盛花 | 杭州 | -6 | 祁彪佳:《祁忠敏公日记》 |
| 1639 | 桃 | 盛花 | 杭州 | +11 | |
| 1640 | 桃 | 盛花 | 杭州 | 0 | |
| 1641 | 桃 | 盛花 | 苏州 | +13 | 叶绍袁:《甲行日记》 |

① 正值表示物候期较 20 世纪 60 年代至 80 年代推迟,负值正好相反。资料来源:葛全胜:《中国历朝气候变化》,科学出版社 2011 年版,第 503—505 页。

续表

| 年份 | 植物 | 物候 | 地点 | 古今差/天 | 出处 |
| --- | --- | --- | --- | --- | --- |
| 1642 | 桃 | 盛花 | 杭州 | +12 | 祁彪佳:《祁忠敏公日记》 |
| | 牡丹 | 盛花 | 杭州 | -1 | |
| 1644 | 桃 | 盛花 | 杭州 | -2 | |
| | 西府海棠 | 盛花 | 杭州 | +7 | |

这个时段的极度寒冷状况单从太湖以及黄浦江出现结冰现象便可以了解到,据统计,文献中明确记载太湖在这个时段出现结冰的年份有 6 个,占历史时期太湖出现冻结年份的 35. 3%①。而且据相关文献记载,太湖结冰时间长度多在“二旬”至“月余”之间,这在现代看来是非常严重的。因为参考现代气象记录来看,1976—1977 年冬季太湖曾因遭遇寒冬而封冻长达 9 天,当时苏南地区的最低气温已降至-12. 4℃—-8. 3℃。以此标准来看 1561—1710 年间太湖结冰年份的情况,推断当时苏南最低温度应当远低于-12. 4℃—-8. 3℃。

黄浦江河道宽广且流量较大,又因受潮汐影响,水动力条件比非感潮河段要大出很多,因此即便在现代的寒冷年份一般不会出现封冻状况。例如在 1976—1977 年冬季太湖出现封冻之时,黄浦江就没有出现结冰。但是在 1561—1710 年间却不然。据统计,这个时段黄浦江出现结冰的年份达 7 个,且均发生在 17 世纪中,占历史时期黄浦江结冰年份的 54%②。而且这些年份的结冰状况还比较严重。例如在顺治十一年(1654 年),“十二月初三起,严寒大冻,河中坚冰盈尺,行者如履平地。(黄)浦中叠冰如山,乘潮而下,冲舟立破,数日始泮”③。在康熙十二年(1673 年)“冬十一月二十一日,发大冷,浦水皆冰,两岸丈许”;康熙二十二年(1683 年)“十一月十一日,发大冷,黄浦内生冰,冰排胶断”;康熙二十九年(1690 年)“十二月发大

① 分别是 1568、1578、1654、1665、1683、1700 年。参见陈家其、姜彤、许朋柱:《江苏省近两千年气候变化研究》,《地理科学》1998 年第 3 期。

② 分别是 1636、1654、1655、1676、1683、1690、1693 年。参见陈家其、姜彤、许朋柱:《江苏省近两千年气候变化研究》,《地理科学》1998 年第 3 期。

③ [清]叶梦珠撰,来新夏点校:《阅世编》,卷 1,中华书局 2007 年版,第 18 页。

冷，黄浦内俱结冰，条条河俱连底冻紧”①。与之相反的是，自光绪十八年（1892年）后，黄浦江再未有过结冰。由此可推之当时气候的极度寒冷状况。

另据学者统计，长江三角洲在17世纪中出现寒冷冬季的年份共计32个，其中出现严寒冬季的年份有14个，在数量上位居历史时期各世纪之首。相比而言，之前的16世纪出现寒冷冬季的年份只有17个冷年②，而且这个时段寒冷情况也并非仅反映在冬季，在其他季节也有异常表现。如在崇祯十年（1637年），昆山县“九月十三日雨雪”；在顺治七年（1650年），太仓县“夏五月二十七日至六月初三日，寒气侵入，人皆重衣御之”；康熙九年（1670年），吴县“六月三日雨雪”，吴江“六月三日微雪”③。

经历了17世纪极度寒冷时段后，在17世纪末东部地区气温又开始迅速攀升。1651—1680年至1681—1710年间是历史时期两个相邻30年间升温幅度最大的，达到了0.9℃，而前一时段的冷谷（1651—1680年）至1741—1770年的升温幅度则达到了1.2℃。所以从总体来看，1711—1770年被认为是一个相对偏暖时段，该时段最温暖的30年即为1741—1770年，冬半年平均气温较1951—1980年高0.1℃。而最暖的10年出现于18世纪最初10年和18世纪60年代，均比1951—1980年的平均温度高出0.3℃。由于气候温暖，全国在1701—1770年间的寒冬年份仅为前一寒冷期的一半左右，每10年仅出现约2.2个，湖泊出现结冰的年数也是清代最少的时段④。在太湖地区，太湖、黄浦江结冰年份数量显著减少，仅出现在乾隆二十六年（1761年）。长江三角洲的寒冷冬季年份也缩减至24个⑤。1701—

① ［清］姚廷遴：《历年记》，载《清代日记汇抄》，上海人民出版社1982年版，第138页。

② 张天麟将冷年划分为寒冷和严寒两大类。其中，寒冷冷年的文献记载需要符合数县夏季降雪；或数县冬季寒冷，连降2—3日雪，河湖冰，木冰；或个别县冬季严寒，河湖冰冻，大雪盈尺。严寒冷年即严冬年的文献记载需要符合个别县冬季人畜飞鸟冻死；或数县出现严寒，大雪2—3尺，冰柱盈尺，河湖冻冰经旬不解，数十年所未见；或长江、太湖冻冰等。参见张天麟：《长江三角洲历史时期气候的初步研究》，《华东师大学报》1982年第4期。

③ 张德二：《中国三千年气象记录总集》，凤凰出版社2004年版，第1566、1730—1731、1694、1850页。

④ 竺可桢：《中国五千年来气候变迁的初步研究》，《考古学报》1972年第1期。

⑤ 张天麟：《长江三角洲历史时期气候的初步研究》，《华东师大学报》1982年第4期。

1760年也被认为是浙北平原的暖冬期,期间绝无严寒大雪记载。即便是整个18世纪也仅是在下半叶有6个年份的冬季出现极端寒冷天气,比这一带在16世纪和19世纪的情况分别少了25年次和15年次①。气候温暖在物候方面也有所体现。如龚高法依据《晴雨录》记载,统计出17世纪南京、苏州、杭州三地的平均终雪日期;结果表明在18世纪20年代至80年代,三地的春季终雪日期均比现代提前②(见表1-3)。由于春季终雪日期提前意味着春季平均气温的升高,这一结果证明在18世纪太湖地区及周边的春季气温要高于现代。周清波根据《雨雪分寸》资料分析指出,与太湖地区几乎同纬度的合肥地区,在1735—1790年冬季平均气温达到3.8℃,基本与1906—1991年的水平相当,比1951—1980年冬季平均气温高出0.2℃③。

**表1-3 18世纪宁苏杭三地平均终雪日期与现代对比(公历)④**

| | 南京 | 苏州 | 杭州 |
|---|---|---|---|
| 18世纪 | 2月26日(1723—1769年) | 3月2日(1725—1782年) | 2月27日(1722—1785年) |
| 现代 | 3月11日(1954—1978年) | 3月10日(1955—1978年) | 3月6日(1953—1978年) |
| 18世纪比现代提前天数 | 13天 | 8天 | 7天 |

从18世纪80年代开始,气候又向寒冷转变。1741—1770年至1801—1830年的气温降幅已达到0.9℃,在1771—1920年,东部地区冬半年平均温度总体比1951—1980年低了0.7℃,成为本阶段又一个冷谷,也是本阶段总体寒冷程度最高的一个冷谷。其中,最冷的30年出现在1861—1890年,比1951—1980年平均温度低0.8℃,所以也是过去2000年来寒冷程度

① 夏越炯、刘为纶:《近一千年来浙北平原的冷暖变化》,《杭州大学学报》1982年第3期。

② 龚高法、张丕远、张瑾瑢:《十八世纪我国长江下游等地区的气候》,《地理研究》1983年第2期。

③ 张丕远:《中国历史时期气候变化》,山东科技出版社1996年版,第301—302页。

④ 资料来源:龚高法、张丕远、张瑾瑢:《十八世纪我国长江下游等地区的气候》,《地理研究》1983年第2期。

位列第三的30年。最冷10年出现在19世纪70年代,比1951—1980年的冬半年平均温度低1.4℃,所以也是清代最冷的10年。周清波对与太湖地区同纬度的合肥气候分析后指出,从1791—1906年,当地冬季气温比当地在1951—1980年冬季的平均气温3.6℃要低0.3℃—1.7℃①(见图1-6)。

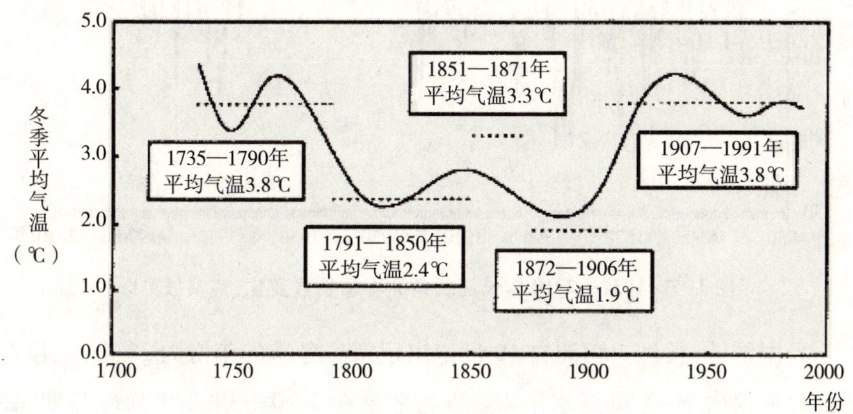


**图1-6 1735—1991年合肥冬季平均气温变化②**

郑景云、葛全胜等人依据历史日记中有关长江三角洲地区的春季物候记录,重建了这一地区自1834年以来的春季物候期变化序列。这一序列表现为在1834—1893年间,长三角地区春季物候是在波动中逐渐推迟。特别是到1881—1900年,长三角地区春季物候出现时间达最晚水平,在期间可考证的15年物候记录中,仅有4年比1977—1996年的情况略早,却有3年比1977—1996年的平均水平推迟20天以上,6年推迟10天以上。特别是1893年的春季物候比1977—1996年平均推迟了27天,是在这15年中物候推迟时间最多的一年(见图1-7)。由于长三角地区的春季物候期变化与当地冬春两季的气温水平高度相关③,19世纪特别是19世纪后期的春季物候严重推迟状况也意味着当时的气候极度寒冷。

① 张丕远:《中国历史时期气候变化》,山东科技出版社1996年版,第301—302页。

② 图中的粗曲线是逐年冬季平均气温的多项式拟合值;虚线是各阶段的平均气温。资料来源:满志敏:《中国历史时期气候变化研究》,山东教育出版社2009年版,第281页。

③ 郑景云、葛全胜、郝志新:《过去150年长三角地区的春季物候变化》,《地理学报》2012年第1期。

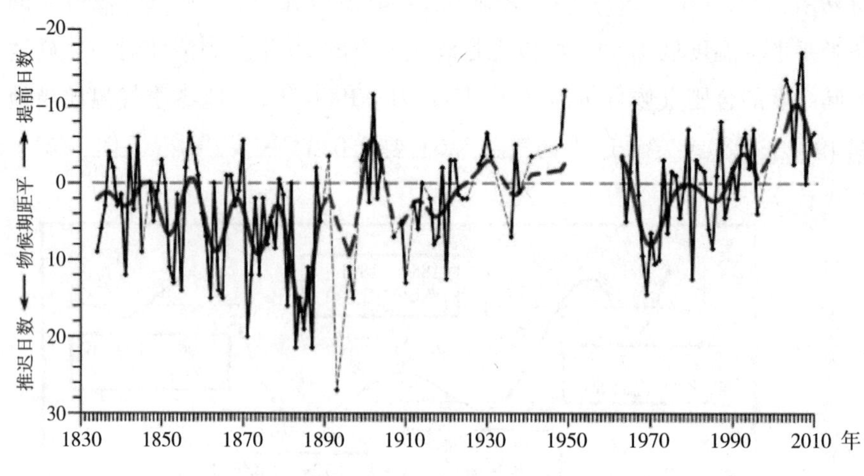


**图 1-7　1834—2010 年长江三角洲春季物候变化(点实线)①**

另据统计,长江三角洲在 19 世纪出现寒冷冬季的年份为 28 个,数量在历史时期仅次于 17 世纪水平②。浙北平原在 1761—1892 年为冷冬期,在 19 世纪出现严寒大雪的年份共计 21 个,也是仅次于 17 世纪水平③。在很多年份冬季所出现低温天气的寒冷程度相当严重。如在道光二十一年(1841 年),吴江县"至十一月初,天复雨,继以大雪越两昼夜,平地至没牛马,为九十老人所未见者。时低区水稻尚有三四分未收,雪后半月都未消融";湖州南浔镇"十一月大雪为灾,平地积数尺,百岁老人未见此大雪,四昼夜不止,田未收刈之稻皆被冰冻,野鸭群食为灾";杭州府"十一月大雪,厚丈余,至次年四月始消尽,压圮屋舍,伤人甚多"。道光二十五年(1845 年),吴江县"十一月下旬,连日西北风极猛烈,河冻不开。至十二月初旬,雨雪连绵,西风迭起,河开复冻,前后十余日";嘉善县"十一月下旬烈风寒甚,河港冰冻十余日"。④ 由于冬季极度寒冷,太湖和黄浦江也在这一时段

① 图中横虚线为 1977—1996 年春季物候平均值;灰色曲线为 0.1 赫兹低通滤波;虚线为资料中断少于 10 年的时段。资料来源:郑景云、葛全胜、郝志新:《过去 150 年长三角地区的春季物候变化》,《地理学报》2012 年第 1 期。

② 张天麟:《长江三角洲历史时期气候的初步研究》,《华东师大学报》1982 年第 4 期。

③ 夏越炯、刘为纶:《近一千年来浙北平原的冷暖变化》,《杭州大学学报》1982 年第 3 期。

④ 丁一汇:《中国气象灾害大典 · 综合卷》,气象出版社 2008 年版,第 837 页。

分别出现多达3年次的结冰状况①。如在光绪三年(1877年)“十二月大雪连旬都寒,太湖冰坚经月不解,鸟兽冻死”;在嘉庆十四年(1809年)“冬奇寒,黄浦、淀湖尽冰”;光绪十八年(1892年)“冬奇寒,黄浦皆冰”,同时“泖殿、吴淞江冻,经旬不解,人行冰上”。并且除冬季外,其他各季也有低温天气出现。如在咸丰十年(1860年),溧阳县“春三月雨雪自昼至夜乃止”;江阴县“闰三月大雪盈尺”;昆山“立夏日霏雪自辰至未,积约一寸”;吴县“二月淫雨竟月,三月乙亥大雪”;丹徒县“三月十一日雹雪杂下,十四日清明,积雪数寸,寒。闰三月十五日立夏,又微雪”②。

在经历了19世纪70年代这个清代最冷十年之后,气温转而呈快速上升趋势。1871—1910年的40年时间里,东部地区冬季气温上升速率达到0.3℃/10年。致使20世纪10年代的冬半年平均气温已经与1951—1980年的平均值持平。此后的气温则呈现总体波动上升的态势,增温速率达到1℃/100年。其中,1891—1920年至1921—1950年、1951—1980年至1981—2008年的增温幅度分别达到0.6℃和0.7℃。这样,1921年至今这一阶段的冬半年平均气温已经比1951—1980年的平均值高出0.2℃。

## 二、气候干湿变化

根据前人的研究成果③,历史气候除了在冷暖方面发生变化外,在干湿状况方面也存在较大幅度的波动。其中,郑景云、葛全胜等人利用东部季风区48个气象站点的旱涝等级资料重建了中国东部地区(105°E以东,25°—40°N)以及其所包含的江南(105°E以东,25°—31°N)、江淮(105°E以东,

① 太湖结冰年份是在1861年、1877年、1893年;黄浦江结冰年份是在1809年、1862年、1892年。参见陈家其、姜彤、许朋柱:《江苏省近两千年气候变化研究》,《地理科学》1998年第3期。

② 卞光辉:《中国气象灾害大典·江苏卷》,气象出版社2008年版,第209—211页。

③ 以下气候干湿变化情况皆参考郑景云、张时煌、刘啸雷:《近500年我国旱涝分区及各区旱涝变化分析》,载《大气科学》统计气象学专辑,1993年;Jingyun Zheng, Wei-Chyung Wang, Quansheng Ge, et al., “Precipitation Variability and Extreme Events in Eastern China during the Past 1500 Years”, *Atmopheric and Oceanic Science*, 2006, p.3。

31°—34°N)、华北(105°E 以东,34°—40°N)三个子区域(见图 1-8)。在过去 1500 年时间里的干湿指数变化序列和累积距平序列。由于所划分的江南地区范围包含太湖地区,能够代表太湖地区的情况;因此,依据江南地区的干湿指数变化序列(见图 1-9)以及累积距平序列(见图 1-10)能够较为系统地了解到过去 1500 年太湖地区及周边的气候干湿变化情况。

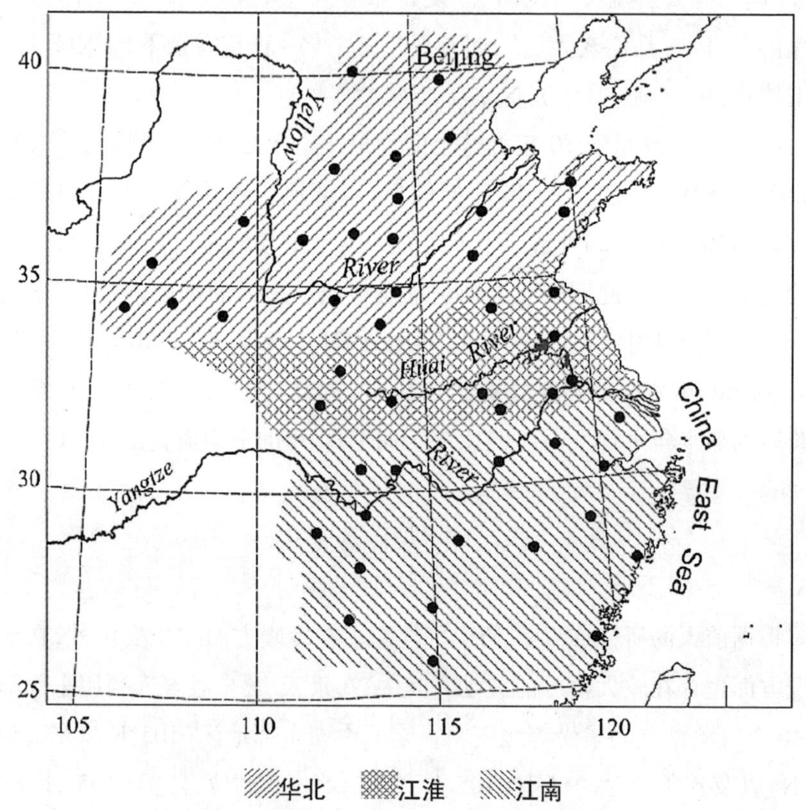


**图 1-8 中国东部地区干湿分区及用于空间相关性分析的气象观测站分布①**

从江南地区的累积距平序列可以看出,该区域从公元 500 年一直到 13

① 资料来源:Jingyun Zheng, Wei-Chyung Wang, Quansheng Ge, et al.,"Precipitation Variability and Extreme Events in Eastern China during the Past 1500 Years", *Atmopheric and Oceanic Science*, 2006, p.3.

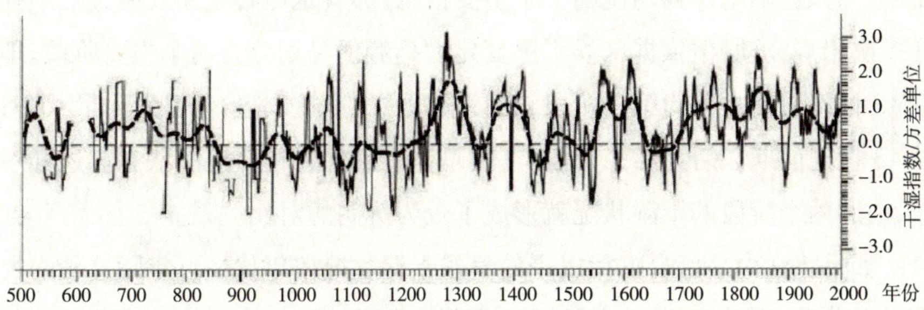


**图 1-9　江南地区过去 1500 年干湿指数变化序列①**

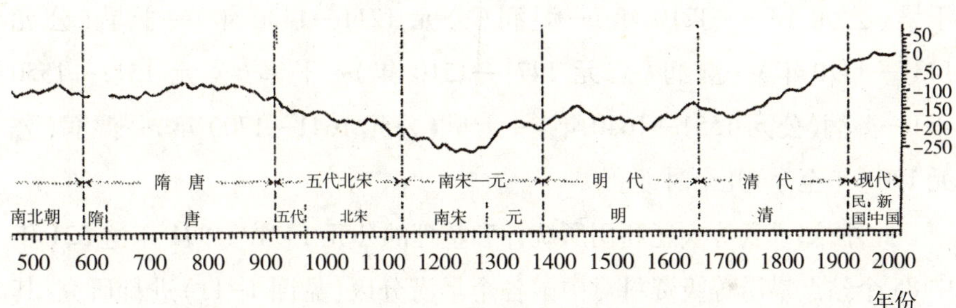


**图 1-10　江南地区过去 1500 年气候干湿指数累积距平序列②**

世纪前期，气候总的趋势是在波动中逐渐变干；13 世纪前期以后的气候总趋势是在波动中逐渐转湿。依据干湿指数变化序列来看，过去 1500 年来，江南地区的数百年干湿趋势变化较为显著。其中，在南朝后期至隋唐的大部分时段，江南地区气候总体为偏湿润状态，同时以年代际干湿波动为主要特征；从唐代后期（大约在公元 850 年）开始进入趋势性转干过程；从五代至南宋中后期则是在一个较干水平上波动；到南宋后期（约 13 世纪前半叶）又出现趋势性转湿，之后便在一个相对湿润的水平上波动，直至 20 世

---

①　图中灰色曲线为校准过的干湿指数序列，大点破折曲线为 30 年傅立叶平滑滤波。资料来源：Jingyun Zheng，Wei-Chyung Wang，Quansheng Ge，et al.，"Precipitation Variability and Extreme Events in Eastern China during the Past 1500 Years"，*Atmopheric and Oceanic Science*，2006，p.3.

②　资料来源：Jingyun Zheng，Wei-Chyung Wang，Quansheng Ge，et al.，"Precipitation Variability and Extreme Events in Eastern China during the Past 1500 Years"，*Atmopheric and Oceanic Science*，2006，p.3.

纪末。总之,两组序列均说明一个重要信息,那就是尽管气候发展过程中存在多次干湿波动,但依据气候干湿变化大趋势仍可划分为两个主要阶段,即在13世纪前期之前为第一阶段,在该阶段内气候总体上表现为干旱状态;从13世纪前期以后为第二阶段,气候总体上表现为相对湿润状态。这样一来,前后两个阶段的干湿状况就形成了较为鲜明的对比关系。

如果将江南地区自五代以来的气候干湿状况按年代—百年际这种小尺度进行分期,则该区域大体经历了干旱(公元851—950年)—湿润(公元951—990年)—干旱(公元991—1030年)—湿润(公元1031—1070年)—干旱(公元1071—1210年)—湿润(公元1211—1430年)—干旱(公元1431—1470年)—湿润(公元1471—1510年)—干旱(公元1511—1550年)—湿润(公元1551—1640年)—干旱(公元1641—1700年)—湿润(公元1701年至今)几个时期。

此外,郑景云等人还利用所统计和整理的公元1471—1991年这521年中85个站点旱涝等级资料对中国各个旱涝分区(见图1-11)进行研究,其中给出了长江、钱塘江三角洲地区①的更为详细旱涝分期②以及旱涝发生特点,对于上述江南地区的气候干湿状况自公元1471年以来的发展也起到很好的补充说明作用。该研究结果所划分的旱涝分期也反映出太湖地区及周边在近500年中尽管总体趋势是向偏涝方向发展,但存在多次阶段性旱涝转变过程,并且在多数相邻的偏涝期或偏旱期之间并不存在一个过渡期作为衔接,这就说明自公元1471年以来的旱涝转变过程中,存在多次气候突变(见表1-4)。另外,长江、钱塘江三角洲地区在这521年时间内具有比较鲜明的旱涝发生特点,表现为:涝年份占40%,正常年份占12%,旱年份占23%。其中,大涝年份占12%,大旱年份占7%,特大旱涝年份占3%。由此说明,一方面太湖地区及周边在1471—1991年中旱涝均为多发态势,旱涝变

① 长江、钱塘江三角洲地区包括苏南、安徽东南部、浙江北部和上海市。

② 这一分析结果所得出的数据也被应用于上述2000年来东部地区及其三个子区域的干湿指数变化序列重建过程中,所以两者具有融通性,相互之间并不存在严重抵触。参见Jingyun Zheng, Wei-Chyung Wang, Quansheng Ge, et al.,"Precipitation Variability and Extreme Events in Eastern China during the Past 1500 Years",*Atmopheric and Oceanic Science*,2006,p.3.

化较为频繁;另一方面由于气候处在湿润程度不断上升过程中,水涝灾害又明显多于旱灾,即便是大涝所占的比例也不小。最后,长江、钱塘江三角洲地区还存在显著的东西分异特点,表现为东部地区的大涝多于西部地区。

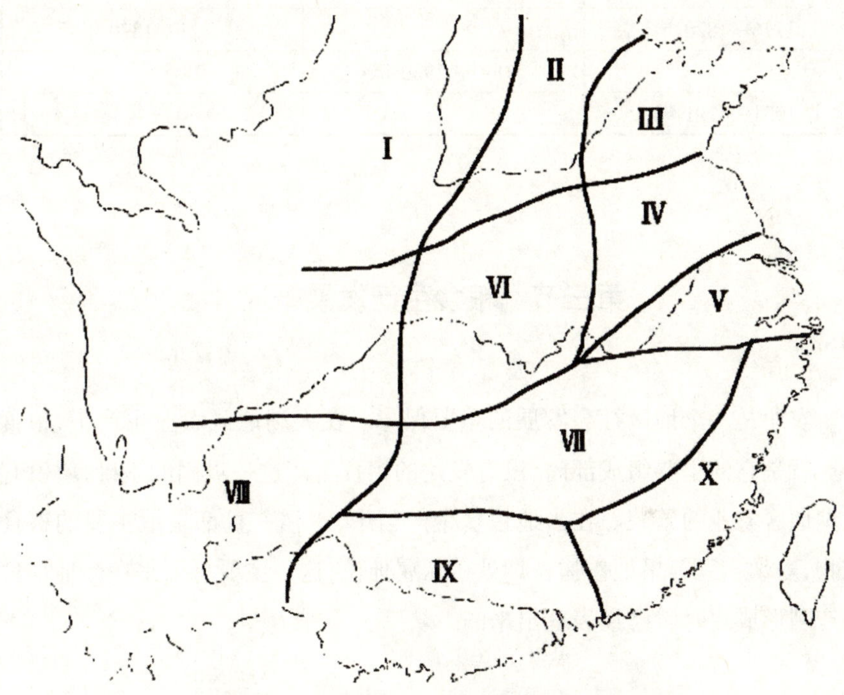


**图 1-11　1471—1991 年中国旱涝状况分区图①**

**表 1-4　1471—1991 年长江、钱塘江三角洲地区的旱涝分期②**

| 偏旱期 | 过渡期 | 偏涝期 |
| --- | --- | --- |
| | | 1471—1500 年 |
| | 1501—1540 年 | |
| 1541—1560 年 | | 1561—1630 年 |

① Ⅰ:晋陕,Ⅱ:华北,Ⅲ:山东,Ⅳ:徐淮,Ⅴ:长江、钱塘江三角洲,Ⅵ:华中,Ⅶ:湘赣,Ⅷ:云贵,Ⅸ:两广,Ⅹ:闽浙沿海。资料来源:张丕远:《中国历史时期气候变化》,山东科技出版社 1996 年版,第 324 页。

② 资料来源:张丕远:《中国历史时期气候变化》,山东科技出版社 1996 年版,第 332 页。

续表

| 偏旱期 | 过渡期 | 偏涝期 |
| --- | --- | --- |
| 1631—1680 年 | | 1681—1710 年 |
| 1711—1725 年 | | 1726—1775 年 |
| 1776—1820 年 | | 1821—1890 年 |
| | 1891—1930 年 | |
| 1931—1991 年 | | |

## 第三节　粮食生产发展概况

农业是一个地区社会发展的重要保障。在太湖地区农业生产中,粮食生产就是它的主要组成部门,没有发达的粮食生产这一巩固的基础,就没有太湖地区农业的繁荣。在当地粮食生产当中,水稻一直都是最主要的粮食作物,麦、黍、豆等旱地作物长期处于从属地位,这一主要特征是在当地粮食生产刚形成之时就已经表现出来的。

### 一、宋代以前粮食生产发展概况

太湖地区的粮食生产可以追溯到新石器时代。在太湖地区已知最早的新石器时代遗址——桐乡罗家角遗址当中,就发掘出大量栽培稻遗存。说明早在7000年前,当地就有水稻种植。除此以外,在吴县的草鞋山、无锡的仙蠡墩、上海的崧泽、杭州的水田畈以及吴兴的钱山漾等新石器时代遗址当中也均发掘出了栽培稻遗存①,说明早在原始社会,太湖地区的稻作生产就已经有较为广泛的分布②。

① 游修龄:《太湖地区稻作起源及其传播和发展问题》,《中国农史》1986年第1期。

② 中国农业科学院、南京农业大学中国农业遗产研究室太湖地区农业史研究课题组:《太湖地区农业史稿》,农业出版社1990年版,第94—95页。

先秦至六朝时期,太湖地区的粮食生产还远远落后于北方。这个时期主要特点是开发农田,通过扩大耕地面积的方法增加粮食产量。但由于本区土地多卑湿,在开发农田的同时也必须修建农田水利以保障粮食生产。如据《越绝书》卷2《越绝外传记吴地传第三》记载:"吴西野鹿陂者,吴王田也";"吴北野禺栎东所舍大疁者,吴王田也,去县八十里";"胥卑虚,去县二十里";"吴北野胥主疁者,吴王女胥主田也,去县八十里"。这些"鹿陂"、"大疁"、"胥卑虚"、"胥主疁"均是成片的农田名称。"鹿陂"指明是吴王田,说明是堤内成田,而不是堤内蓄水的陂塘;"疁"、"虚"都是指田四周高、中间低的意思,这些反映了早在春秋时期吴国可能已经出现了筑堤围田的迹象①。后人提道:"自范蠡围田,东江渐塞"②也是指筑围岸开垦农田一事。战国时期,春申君在江阴、无锡、武进等地开凿多条河浦,以方便排灌,并设置较大范围的上、下两屯,开垦农田③。由于先民们的努力开垦和围岸设置得当,到秦汉之际,苏州东南五十里处已出现了"稻田三百顷,……肥饶水绝"的"摇王田"④。到三国时期,孙吴政权在太湖地区大兴屯田以开荒种田。如在赤乌中(238—251年),诸郡实行军屯,仅在武进方面,就"会佃毗陵,男女各数万口"⑤;黄武五年(226年),陆逊"以所在少谷,令诸将增广农田"⑥。在东晋时,又于嘉兴设置屯田校尉,进而使这里"岁遇丰稔,公储有余"⑦。到萧梁大同六年(540年),将晋时设置的海虞县分置出一部分改名为常熟县。对此,在光绪《常昭今志稿》卷七中解释其原因是"高乡濒

---

① 缪启愉:《太湖地区塘浦圩田的形成和发展》,《中国农史》1982年第1期。

② [清]钱中谐:《三吴水利条议·论吴淞江》,参见《丛书集成续编》第62册,上海书店1994年版,第647下页。

③ [明]董说:《七国考》,卷2,《楚食货》,中华书局1985年版,第96页。

④ [汉]袁康、吴平辑录,俞纪东译注:《越绝书全译》,卷2,贵州人民出版社1996年版,第47页。

⑤ [晋]陈寿撰,[宋]裴松之注:《三国志》,卷52,《吴书七·诸葛融传》引吴书,中华书局1959年版,第1236页。

⑥ [晋]陈寿撰,[宋]裴松之注:《三国志》,卷47,《吴书二·吴主孙权》,中华书局1959年版,第1132页。

⑦ [清]许瑶光修,吴仰贤等纂:光绪《嘉兴府志》,《名宦·高使君》,上海书店1993年版。

江有二十四浦通潮汐,资灌溉,而旱无忧;低乡田皆筑圩,足以御水,而涝亦不为患,以故岁常熟,而县以名焉"。足见当时由于广修农田水利,进而带动了各地粮食生产发展。这个时期的另一大特点就是旱地粮食作物开始种植。如在《越绝书》中提道:"地生长五谷,持养万物","至于庶人,非暮春中夏之时,不可以种五谷,兴土利"①。古代所谓的五谷至少包括麦、豆、黍、粟、麻这些旱地作物。说明至迟在春秋时代,当地已经有旱粮作物种植了。这些旱粮作物中,尤以麦类发展较好,这很大程度上得益于各朝代对麦作比较重视的缘故。如据《晋书》记载,在"大兴元年(318 年)诏曰:徐、扬二州,土宜三麦②可督令熯地投秋下种,至夏而熟,继新故之交、于以周济,所益甚大"。③ 后在"太兴二年(319 年),吴郡、吴兴、东阳无麦禾,大饥"。将麦和水稻并行记载,说明麦作在太湖地区已占有一定比重。在这个时段内,双季稻也已经开始在太湖地区种植,说明这里的复种生产开始有所发展。

隋唐五代时期被誉为是太湖地区粮食生产从渐进发展到跃进的一个重要历史阶段④。这个时段在太湖地区生产的粮食已经开始向北方调运。早在唐代初年,由于"关中号称沃野,然其土地狭,所出不足以给京师,备水旱,故常转漕东南之粟"⑤。这里的粟并非真指旱地作物——粟,而是时人对粮食作物的一种泛称。说明包括太湖地区在内的整个东南地区在唐代初年已经开始向北方调运本地产的粮食了。在唐初,这个东南地区所输出的粮食"岁不过二十万石"⑥。而从开元二十二年(734 年)开始,每年可从东南"运米一百一十万石"到北方⑦。这几乎已达到唐代初年运粮数量的 6 倍。尽管这是当时朝廷的政策规定,但如果没有东南地区粮食产量提升这

① [汉]袁康、吴平辑录,俞纪东译注:《越绝书全译》,卷 3,《吴内传第四》,贵州人民出版社 1996 年版,第 47 页。

② "三麦"是指小麦、大麦、元麦。

③ [唐]房玄龄等撰:《晋书》,卷 26,《食货》,中华书局 1974 年版,第 791 页。

④ 中国农业科学院、南京农业大学中国农业遗产研究室太湖地区农业史研究课题组:《太湖地区农业史稿》,农业出版社 1990 年版,第 102 页。

⑤ [宋]欧阳修、宋祁撰:《新唐书》,卷 53,《食货三》,中华书局 1975 年版,第 1365 页。

⑥ [宋]欧阳修、宋祁撰:《新唐书》,卷 53,《食货三》,中华书局 1975 年版,第 1365 页。

⑦ [唐]陆贽:《陆宜公翰苑集》,卷 18,《请减京东水运收脚价于沿边州镇储蓄军粮事宜状》。

个前提，这项规定是无法正常施行的。而且杜甫的《后出塞》一诗中也称"云帆转辽海，粳稻来东吴"①，说明在中唐以前，太湖地区的稻米是能够大量运往北方的。"安史之乱"以后，太湖地区已经成为全国主要的粮食产地和供应地。所谓"当今赋出天下，江南居十九"②指的就是这种情况。据《新唐书》记载，唐代各地向皇宫进贡的食品中，就有苏、常二州的"大小香秔"以及湖州的"糯米"。在当时虽然江淮以南广大地区都是稻作生产区，但只有苏、常、湖三州，以及扬州、婺州才能进贡稻米③。这一方面说明太湖地区稻米米质较好，也说明太湖地区确实在唐代南方的粮食生产中占有重要地位。隋唐时期太湖地区粮食生产的大发展除了和唐代继续大力实行屯田、营田有一定关系外，还和当时稻作农具的革新有很大关系④。特别是著名的江东犁（或曲辕犁）在当时的出现，有利于提高耕地质量和劳动生产率。

## 二、宋元时期全国粮仓地位的确立

两宋之际，我国北方人口大量南迁，造成太湖地区人口骤增，人多地少的矛盾凸显以及粮食需求量增加，这一重要社会因素促进了太湖地区在宋元时期的粮食生产相比前代出现了新的特点，即从过去依靠扩大耕地面积以谋求产量提高的方式，转变为通过提高单位面积产量以提升总产量的发展趋势。这主要表现在两方面：一方面是以稻麦两熟为代表的复种制度有所发展，另一方面就是稻作技术不断提升。

在复种制度发展方面，除了稻麦两熟以及双季稻这些在太湖地区有代表性的耕作制度有所种植及发展外，还有其他以水稻为主的复种制度存在。如据《陈旉农书》"耕耨之宜篇"记载："早（稻）田获刈才毕，随即耕治晒暴，加粪壅培，而种豆、麦、蔬茹，因以熟土壤而肥沃之，以省来岁功役，且其收又

① ［唐］杜甫：《杜工部诗集》，卷3，《后出塞》。
② ［唐］韩愈：《韩昌黎集》，卷19，《送陆歙州诗序》。
③ ［宋］欧阳修、宋祁撰：《新唐书》，卷41，《地理五》，中华书局1975年版，第1058页。
④ 缪启愉：《太湖塘浦圩田史研究》，农业出版社1985年版，第15—17页。

足以助岁计也。”[①]这段文字说明当时南方即有稻麦两熟种植,还有稻豆、稻菜两种复种制度。这里所谓的“菜”有可能是指白菜或萝卜。因为据《陈旉农书》“六种之宜篇”记载:“七夕已后,中萝卜、菘菜,即科大而肥美也。筛细粪,和种子,打垄,撮放,唯疏为妙。烧土粪以粪之,霜雪不能凋,杂以石灰,虫不能蚀。更能以鳗鲡鱼骨头煮汁渍种,尤善。”[②]另外还有可能是水稻与芥菜之类轮作。如据《王祯农书》记载:“今江南农家所种,如种葵法,俟成苗,比移栽必移栽之。早者七月半后种,迟者八月半种。厚加培壅。草即锄之,旱即灌之。”[③]

在稻作技术的提升方面,形成了耕耙耖耘耥相结合的一整套耕作技术体系,进而奠定了当地稻田精耕细作的技术基础。相比前代,宋代精耕细作技术的发展其实最为突出的表现就是耖的发明和应用。唐代《耒耜经》提道:“耕而后爬,渠疏之义也,散墢去芟者焉。爬而后有礰礋焉,有碌碡焉。”[④]但是耙、礰礋、碌碡只能够破碎土垡和清除杂草。经过这几道工序后田面依然高低不平,势必导致田间停水的深浅不一问题。因而耖这种平整田面的农具便应运而生。在《耕织图诗·耖》中就记载:“脱胯下田中,盎浆著塍尾,巡行遍畦畛,扶耖均泥滓,迟迟春日斜,稍稍樵歌起,薄暮佩牛归,共浴前溪水。”[⑤]耖的出现标志着南方水田整地农具的配套形成[⑥]。此外,在稻作栽培管理方面,宋元时期也出现了一些新技术。如在培育水稻状秧方面,《陈旉农书》提出了“善其根苗”的培植状秧技术,即“种之以时,择地得宜,用粪得理,三者昔得,又从而勤勤顾省修治,俾无旱干、水潦、虫兽之害,则尽善矣。根苗既善,徒植得宜,终必结实丰阜”。[⑦] 在合理施肥方面,《陈旉农书》提道:“相视其土之性类,以所宜粪而粪之,斯得其理矣。俚谚语之

① [宋]陈旉撰,万国鼎校注:《陈旉农书校注》,农业出版社1965年版,第26页。

② [宋]陈旉撰,万国鼎校注:《陈旉农书校注》,农业出版社1965年版,第31页。

③ [元]王祯撰,缪启愉译注:《东鲁王氏农书译注》,上海古籍出版社1994年版,第533页。

④ [唐]陆龟蒙:《耒耜经》,中华书局1985年版,第2页。

⑤ [宋]楼璹:《耕织图诗·耖》,中华书局1985年版,第1页。

⑥ 董恺忱、范楚玉:《中国科学技术史·农史卷》,科学出版社2000年版,第522页。

⑦ [宋]陈旉撰,万国鼎校注:《陈旉农书校注》,农业出版社1965年版,第45页。

粪药，以言用粪犹药也。”①《王祯农书》也称：“粪田之法，得其中则可，若骤用生粪及布粪过多，粪力峻热，即烧杀物，反为害矣。”②这些施肥理论现在看来也较为合理，对于保证粮食作物丰收起到很大作用。此外，耘田和烤田这两项技术在宋代开始也成为稻田管理的专门措施。如《陈旉农书》提道耘田“必先审度形势，自下及上，旋干旋耘。先于最上处收滀水，勿致水走失。然后自下旋放令干而旋耘。不问草之有无，必徧以手排摝，务令稻根之傍，液液然而后已”③，这样就能避免未耘田块水干土硬影响耘田质量。在烤田方面，《陈旉农书》紧接着提道：“所耘之田，随于中间及四傍为深大之沟，俾水竭涸，泥坼裂而极干”，如此“干燥之泥，骤得雨即苏碎，不三五日间，稻苗蔚然，殊胜于用粪也”。④ 耥田，《王祯农书》称其为“江浙之间新制也”，说明它是在元代才出现于太湖地区及周边的耕作技术。由于通过耥田可“推荡禾垄间草泥，使之溷溺，则田可精熟，既胜耙锄，又代手足。况所耘田数，日复兼倍”⑤，所以它的出现可算是稻田中耕除草的一大革新。

宋元时期的稻作生产相比前代另一个发展就是水稻品种的丰富。闵宗殿曾依据庆元二年（1196年）《琴川（常熟）志》、嘉泰元年（1201年）《吴兴（湖州）志》、绍定三年（1230年）《澉水（海盐）志》、淳祐十一年（1251年）《玉峰（昆山）志》、咸淳四年（1268年）《临安（杭州）志》以及至顺三年（1332年）《镇江志》这6部有水稻品种记载的宋元方志共统计出水稻品种82个⑥。但这些品种并非全部，如在嘉泰《吴兴志》中称：“询之农人，秔名不止此数种，往往其名鄙俚，不足载”；在至顺《镇江志》中也称：“江南稻种甚多，不可枚举。”⑦唐代太湖地区的优质水稻品种仅有“红莲稻”和“香粳”

① ［宋］陈旉撰，万国鼎校注：《陈旉农书校注》，农业出版社1965年版，第34页。

② ［元］王祯撰，缪启愉译注：《东鲁王氏农书译注》，上海古籍出版社1994年版，第468页。

③ ［宋］陈旉撰，万国鼎校注：《陈旉农书校注》，农业出版社1965年版，第35页。

④ ［宋］陈旉撰，万国鼎校注：《陈旉农书校注》，农业出版社1965年版，第35页。

⑤ ［元］王祯撰，缪启愉译注：《东鲁王氏农书译注》，上海古籍出版社1994年版，第628页。

⑥ 闵宗殿：《明清时期太湖地区的水稻品种》，《古今农业》1999年第2期。

⑦ ［元］脱因修，俞希鲁纂：至顺《镇江志》，卷4，《土产·谷·稻》，载《宋元方志丛刊》第4册，中华书局1990年版，第2652上页。

两种;到宋代,太湖地区的优质水稻品种除了这两种外,又新增加了“十里香”“香子”“雪里拣”“箭子”“青秆糯”“金钗糯”“赶陈糯”和“鹅脂糯”8个品种①。除了水稻品种之外,据文献记载,宋代太湖地区种植的粮食作物还包括麦、粟、黍、麻、豆等。由此看来,原本是在北方种植的旱地作物到此时基本都已在本区种植。其中麦类已经上升到仅次于水稻的粮食作物。粮食作物品种的多样化,一方面增加了当地粮食生产的抗旱保收能力,另一方面也有利于本区粮食产量的提高。

总之,正是在宋元时期技术水平提高的前提下,太湖地区的粮食生产能力已经完全摆脱了过去的落后状态。特别是在水稻单产水平方面,太湖地区比同期的黄河流域、长江中游、淮南地区、浙东以及福建两地分别高出350%、225%、150%、150%—250%②。说明这个时期太湖地区的稻作生产力已跃居全国最高,成为全国重要的粮仓,“苏湖(常)熟,天下足”的谚语也由此流传开来。基于粮食生产力的提高,太湖地区在这一时期也成为全国最为繁荣的区域,被称为“天上天堂,地下苏杭”③。

## 三、明清时期粮食生产继续发展

明清时期由于人口增长迅猛,人地矛盾以及粮食需求较之前代更为严重。所以这个时期提高粮食单产成为时人的共同目标。在此动因促进下,这一时期本区的粮食生产技术以及耕作制度又有新的发展。

在这个时期,太湖地区提高单产的一项重要措施就是采取精耕细作集约经营的策略。如《沈氏农书》提道:“凡种田总不出粪多力勤四字”,“作家第一要勤耕多壅,少种多收”④。而耕作的精细化则集中体现在以下几方面。首先是重视深耕。一般情况下即使采用牛耕,耕田深度也只能达到3

① 闵宗殿:《太湖地区历史上的优质水稻品种资源》,《古今农业》1994年第1期。
② 闵宗殿:《宋明清时期太湖地区水稻亩产量的探讨》,《中国农史》1984年第3期。
③ [宋]范成大:《吴郡志》,卷50,《杂志》,江苏古籍出版社1999年版,第669页。
④ [清]张履祥辑补,陈恒力校释:《补农书校释》(增订本),农业出版社1983年版,第29页。

寸左右，即俗称的“老三寸”，这样往往会让水稻根系扎根不深，以至于影响生长发育和产量。所以早在明代，古人便已经提出对深耕的要求。如《沈氏农书》就提道：“古称深耕宜耨，以知田地全要垦深，切不可贪阴雨闲工，须要老晴天气，二、三层起深”，所谓的“二、三层起深”实际上是指在原已开垦的田地上再补充垦殖 1—2 次，这样深度就达到了 7—8 寸以上。① 除了能够帮助丰产，深耕还被时人看作是提高肥力的措施之一。《沈氏农书》提道：“垦倒极深，深则肥气深入土中，徐徐讨力，且根派深远，苗干必壮实，可耐水旱。纵接力薄，而原来壅力可以支持；即再多壅，譬如健人善饭，量高多饮，亦不害事，此为第一著。”②

其次，这个时期的稻作生产非常重视施肥，特别是在基肥施用方面。《沈氏农书》提道：“在多下垫底，垫底多，插下便兴旺，到了立秋，苗已长足，壅力已尽，秆必老，色必黄，接力愈多愈好。”③对于追肥则十分强调看苗施肥的重要性。所谓“下接力，须在处暑后，苗做胎时，在苗色正黄之时。如苗色不黄，断不可下接力；到底不黄，到底不可下也。若苗茂密，度其力短，俟抽穗之后，每亩下饼三斗，自足接其力。切不可未黄先下，致有好苗而无好稻。盖田上生活，百凡容易，只有接力一壅，须相其时候，察其颜色，为农家最要紧机关。无力之家，既苦少壅薄收，粪多之家，每患过肥谷秕，究其根源，总为壅嫩苗之故”。④

另外，明清时期太湖地区的先民也十分重视耘耥和烤田的作用，创造了一整套精细的管理措施。时人已认识到耘耥不仅可以除草松土，还有利于水稻扎根，防止倒伏，以及有助于提高产量。所以对耘耥这一措施十分讲究。《沈氏农书》记载：“计小暑后到立秋不过三十余日，锄、荡耘四番生

① 陈恒力：《补农书研究》，中华书局 1958 年版，第 156 页。

② ［清］张履祥辑补，陈恒力校释：《补农书校释》（增订本），农业出版社 1983 年版，第 36 页。

③ ［清］张履祥辑补，陈恒力校释：《补农书校释》（增订本），农业出版社 1983 年版，第 36 页。

④ ［清］张履祥辑补，陈恒力校释：《补农书校释》（增订本），农业出版社 1983 年版，第 35—36 页。

活——锄二,荡一,耘一,均匀排定,总之不可免。”①在水浆管理方面,则十分重视烤田这一环节,如沈氏认为:“立秋边,或荡干,或耘干,必要田干缝裂方好。古人云:‘六月不干田,无米莫怨天。’惟此一干,则根派深远,苗秆苍老,结秀成实,水旱不能为患矣。”②立秋时节是当地单季晚稻从分蘖末期到拔节期转变的关键时间,但此时浙西一带气温高、雨水多,稻苗很容易生长过旺;而通过烤田就可以抑制稻苗疯长,并促进根系下扎从而防止倒伏减产。可能正是因为采用了精耕细作集约经营的策略,使明清时期的稻作亩产量相比宋元时期有所提高。与宋代相比,明代亩产量增长了 48%,而清代增长了 20%;即使和同时期的全国平均单产相比,明代也高出 90%,清代则高出 37%③。

明清时期稻作生产发展的另一个表现就是稻作新品种继续增加。闵宗殿据方志统计,明清时期太湖地区被记录在案的品种,除去同种异名的,实际拥有品种 386 个,为宋元时期的 4.7 倍④。新品种的增加,不仅丰富了稻作品种资源,也为本区稻作发展建立了坚实基础。

为了尽可能地提高单位粮食产量,时人还在前代继续发展了复种多熟制度。除了稻麦两熟以及双季稻继续有所发展外,稻—菜、稻—豆、棉—粮等复种制度相继出现。其中,稻—菜复种实际上是指水稻与油菜搭配种植。早在明代,《沈氏农书》中就介绍称:“菜(指油菜)比麦倍浇,……即有满石收成,种田不须垫底(指基肥)。”⑤到清代,包世臣在《齐民四术·任土》进一步提道:“其植麦者,耗粪工太甚,宜三分之。以二分植麦,一分植菜子。菜子冬春之交采充蔬,多可卖,亩收子二石,可榨油八十斤,得饼为二十斤,可粪田三亩,力庇两熟。菜子利同麦,粪工同麦,秆供薪同麦,而得粪可济麦

① [清]张履祥辑补,陈恒力校释:《补农书校释》(增订本),农业出版社 1983 年版,第 32 页。

② [清]张履祥辑补,陈恒力校释:《补农书校释》(增订本),农业出版社 1983 年版,第 32 页。

③ 闵宗殿:《宋明清时期太湖地区水稻亩产量的探讨》,《中国农史》1984 年第 3 期。

④ 闵宗殿:《明清时期太湖地区的水稻品种》,《古今农业》1999 年第 2 期。

⑤ [清]张履祥辑补,陈恒力校释:《补农书校释》(增订本),农业出版社 1983 年版,第 40 页。

田之耗，至要。”[①]说明当时人们已经深刻认识到油菜在冬作物布局中所充当的缓和地力消耗的作用。另外，明代出现了专门用于轮作的大豆品种“黄脚黄”，所谓“江南又有高脚黄，六月刈早稻方再种，九、十月收获”[②]。这个品种的出现，有利于稻—豆轮作的进一步发展。由于在明清时期太湖地区已经形成了诸如松江等地的棉花生产区，为了缓和棉区粮食供应矛盾，继而发展了棉—粮复种制度。棉—粮复种制度主要包括棉—稻轮作以及棉—麦套作两种形式。例如在《农政全书》中记载：“高仰田可棉可稻者，种棉二年，翻稻一年”；“令人种麦杂棉者多苦迟，亦有一法，预于旧冬耕熟地穴种麦，来春就于麦陇中穴种棉，但能穴种麦，即漫种棉亦可刈麦。”[③]

明代中后期，玉米、番薯等新大陆粮食作物相继传入我国，不久之后便已在太湖地区出现。如在万历元年（1573 年），杭州本地人田艺衡编著的《留青日札》提道：“御麦出于西番，旧名番麦，以其曾经进御，故名御麦。干叶类稷，花类稻穗，其苞如拳而长，其须如红绒，其实如芡实，大而莹白，花开于顶，实结于节，真异谷也。吾乡传得此种，多有种之者。”[④]这里所指的“御麦”或“番麦”其实就是玉米。番薯传入太湖地区则要追溯到万历三十六年（1608 年）。当时是徐光启托人从福建将番薯苗运到上海进行种植[⑤]，但是玉米和番薯传入后在很长时间传播不开，到清代嘉庆年间以后，这一状况才稍有改观。如当时在余杭县出现了“瘠土山氓井邑稠，谁知海贾也勾留。翻忧陵谷多开垦，遍种番薯山上头”[⑥]；嘉庆《于潜县志》则记载“近年，人图

---

① ［清］包世臣著，潘竟翰点校：《齐民四术》，卷 1 上，《农一上·农政·任土》，中华书局 2001 年版，第 10 页。

② ［明］宋应星著，潘吉星译注：《天工开物》，卷上 1，《乃粒第一·菽》，上海古籍出版社 1993 年版，第 236 页。

③ ［明］徐光启、石声汉校注：《农政全书》，卷 35，《蚕桑广类·木棉》，上海古籍出版社 1979 年版，第 965、967 页。

④ ［明］田艺衡撰，朱碧莲点校：《留青日札》，卷 26，《御麦》，上海古籍出版社 1992 年版，第 489 页。

⑤ ［明］徐光启撰，王重民辑校：《徐光启集》上册，卷 2，《甘薯疏序》，上海古籍出版社 1984 年版，第 69 页。

⑥ ［明］张吉安修，朱文藻纂：嘉庆《余杭志》，卷 38，《物产》，上海书店 1993 年版。

小利,将山租安庆人,种作苞芦(即玉米)。苞芦收获亦足补五谷之乏,贫民不为无济”①。这些外来品种对于增加粮食产量有一定帮助,但就太湖地区整体而言,它们在粮食生产所占比重仍然非常之小②。

① [清]蒋光弼修:嘉庆《于潜县志》,卷10,《食货志》,嘉庆十五年木活字印本。

② 参见中国农业科学院、南京农业大学中国农业遗产研究室太湖地区农业史研究课题组:《太湖地区农业史稿》,农业出版社1990年版,第131页。

# 第二章　气候变化对太湖地区农田水利的影响

水利是农业的命脉，也是粮食丰收的重要保障。“有收无收在于水”的农谚便反映了水利对于粮食生产的重要意义。但是，农田水利常会受到经济、政策、环境等多重因素影响，特别是气候因素。有学者曾指出：当气温升高1℃—2℃，降水量减少10%之时，不太湿润地区的河川径流量能减少40%—70%①。在2009—2010年，因气候变化所导致的干旱环境已经给我国农田水利带来了前所未有的压力②。

中国古代长期奉行“以农为本”的国策，水利的地位得以被古人高度重视。在历史时期，农田水利不但与农业生产、粮食安全息息相关，还和社会稳定紧密相连，所以历朝历代都把兴修水利看作是安邦兴国的头等大事。特别在南方是以水稻为主要粮食作物，而水稻的生长发育及高产都离不开充足的水分供应和精心的水分管理，所谓“稻田以水为本，故无渠堰而田宜稻者，则有瀦水之地以待灌溉”③，水利在南方生产中所占有的地位可想而知。太湖地区的情况当然也不例外，故而前辈学者曾不无道理地评价称：“太湖地区农业和经济开发的历史，也是一部水利建设和治理的历史。”④但是古代社会的生产力水平毕竟极为有限，历史时期气候变化对农田水利的影响较现代更为显著。如冀朝鼎、葛全胜等学者通过考察水利发展史后曾

---

① 李玖颖、赵军：《气候变化与水利》，《水利天地》2000年第3期。

② 秦承敏：《农田水利政策对气候变化的应对能力研究》，《安徽农业科学》2011年第25期。

③ ［清］徐帆辑：《宋会要辑稿·食货七》，中华书局1957年版，第4932下页。

④ 中国农业科学院、南京农业大学中国农业遗产研究室太湖地区农业史研究课题组：《太湖地区农业史稿》，农业出版社1990年版，第46页。

分别指出,中国古代的水资源利用方式素来与区域降水量的多寡高度相关①,表现为在气候干旱期、旱情严重之时,出于粮食生产对水的迫切需求,蓄水灌溉活动就会被促进发展;在气候湿润期降水量充沛之时,灌溉活动就会减弱②。如果进一步发展为水涝灾害多发的状况时,防洪排涝活动就会相应活跃起来。

葛全胜等人的观点是从全国视角出发,那么太湖地区情况是否也符合他们的观点?其中是否还会有其他因素干扰?既然太湖地区的农田水利与粮食生产联系密切,通过对这一问题的研究、探讨,也有助于深化对本书主题问题的认识。

## 第一节　宋代气候变化对农田水利的影响

### 一、气候变化导致蓄水灌溉工程的兴衰

葛全胜、冀朝鼎所说的情况在宋代的太湖地区确实存在,特别是在北宋前期甚至之前的五代时期尤为明显。大约在公元851—950年,江南地区正处于气候干旱期,且干旱程度较高③。受干旱气候影响,太湖地区旱情严重。如在贞明五年(公元919年)"(无锡,当时归属南唐政权)时久旱草枯",河道因此而枯竭,百姓惊呼"此天亡之时也"④;广顺三年(公元953

① 葛全胜:《中国历朝气候变化》,科学出版社2011年版,第328页。

② 参见冀朝鼎:《中国历史上的基本经济区与水利事业的发展》,中国社会科学出版社1981年版,第29页。

③ 干湿指数最低时为-0.7,为过去1500年以来江南地区气候最为干旱的时期之一。另外,干湿指数正值代表气候处在湿润时期,负值代表气候处在干旱时期。正负符号后的数值越大,表示湿润或干旱程度越大。Jingyun Zheng, Wei-Chyung Wang, Quansheng Ge, et al., "Precipitation Variability and Extreme Events in Eastern China during the Past 1500 Years", *Atmopheric and Oceanic Science*, 2006, p.3.

④ [宋]司马光编著,[元]胡三省音注:《资治通鉴》,卷270,《后梁纪五》,中华书局1956年版,第8846页。

年）吴越国“境内大旱”致使粮食绝收，出现人吃人的状况[①]。严重的干旱环境以及粮食生产对水的迫切需求促进了当时蓄水灌溉工程的发展。如南唐丹阳县令吕延祯主持修复练湖水利工程后，“当县及诸县人户，请水救田”之时，即可“破湖岸给水”，此后基本能够做到“岁旱靡俟雩，河源不患竭”[②]。武进县可灌溉4000多顷农田的孟渎，在南唐保大年间（公元943—957年）也被重新修复，使它能够继续发挥灌溉作用[③]。而存在于这个时期的吴越政权，在农田水利方面所做的工作则更为出色。他们首先完善了前人留下的塘浦圩田系统[④]，所谓“五代钱氏，不废汉唐治水之法，自今之嘉兴松江，沿海而东，至于太仓、常熟、江阴、武进，凡一河一浦，皆有堰闸，使蓄泄以时”[⑤]。即便是“大旱之岁，亦可车畎以溉田”，“堽阜之地皆可耕以为田”；“而大水之岁，积水或从此（指塘浦）而流泄耳”[⑥]。可谓水旱兼治，因而基本达到了“低田常无水患，高田常无旱灾”[⑦]的效果。并且根据元代任仁发的《水利集》卷8记载，吴越政权还“置都水营田使，有徐浅军四部，七八千人专为农田导河筑堤”，“岁浚治之”，可谓对塘浦圩田系统也养护有方。正是因为在“苏、湖、常、秀数郡”，“尽心经理”[⑧]，尽管当时气候干旱程度严重，但因为农田水利系统应付旱情绰绰有余，粮食生产未受到大的影响，所以后人称颂：“钱氏（即吴越国政权）百年间，岁多丰稔。”[⑨]

---

① ［宋］范坰、林禹撰：《吴越备史》，卷4，《大元帅吴越国王》，中华书局1991年版。

② ［南唐］吕延祯：《练湖碑铭》，《复练塘奏状》，载《全唐文》，卷871，上海古籍出版社1990年版，第4041—4042页。

③ ［明］孙仁修，朱昱纂：成化《重修毗陵志》，卷19，《山川·渎》，学生书局出版社1987年版，第1020页。

④ 郑肇经：《太湖水利技术史》，农业出版社1987年版，第85页。

⑤ ［清］钱泳：《三吴水利赘言》，载《皇朝经史文编》，卷111，《工政十七·江苏水利上》，岳麓书社2004年版，第206页。

⑥ ［宋］范成大撰，陆振岳点校：《吴郡志》，卷19，《水利》，江苏古籍出版社1986年版，第270页。

⑦ ［宋］范成大撰，陆振岳点校：《吴郡志》，卷19，《水利》，江苏古籍出版社1986年版，第270页。

⑧ ［元］任仁发：《任都水〈水利议答〉》，载《浙西水利书校注》，农业出版社1984年版，第61页。

⑨ ［宋］范成大撰，陆振岳点校：《吴郡志》，卷19，《水利》，江苏古籍出版社1986年版，第281页。

但自978年吴越归附宋后,太湖地区的农田水利情况发生了变化。水利开始改由北宋王朝设立的转运使主管,这也成为宋代农田水利的废弛和管理制度的破坏的发端①。此后,当地再未有重要水利工程修建②。原有水利设施或被荒废或被破坏。例如,杭州西湖在唐代原可"引溉田千顷"③,在吴越国统治时期还设置"撩湖兵士千人,日夜开浚",但在杭州被北宋政权接管以后,西湖却变得"稍废不治,水涸草生,渐成葑田"④,原有的蓄水灌溉作用也因此逐渐消失。农田水利系统所受到的最严重破坏是在端拱二年(公元989年),当时"转运使乔维岳不究堤岸堰闸之制,与夫沟洫畎浍之利,姑务便于转漕舟楫,一切毁之"。⑤ 堤岸、堰闸、沟渠是塘浦圩田系统的三大命脉,毁坏了它们就会使水网失去控制,意味着塘浦圩田制的解体。更为重要的是,原来设置堰闸、沟渠是为了能在涝时有效防止高地雨水泻入低地,减轻圩区排水负担;旱时则可拦蓄雨水,以供农田灌溉⑥。正可谓"一切设堰潴水,以灌溉之;又浚其沟洫,使水周流于其间,以浸润之,立堈门以防其壅,则高田不涸,而水田亦减流注之势"⑦。这些设施被毁坏也意味着不论是排水还是灌溉活动再也无法有效进行。后来,范仲淹评价这个时期的农田水利状况为"自皇朝⑧一统,江南不稔,则取之浙右,浙右不稔,则取之淮南,故慢于农政,不复修举。江南圩田,浙西河塘,大半隳废,失东南之大利"⑨。元人周文英也评价为"自归宋之后⑩,

① 江苏省水利厅水利史研究小组:《太湖水利史》(讨论稿),1964年,第57页。

② [日]斯波义信、方健、何忠礼译:《宋代江南经济史研究》,江苏人民出版社2000年版,第219—236页。

③ [元]脱脱等撰:《宋史》,卷96,《河渠六·东南诸水上》,中华书局1977年版,第2382页。

④ 苏文忠:《乞开西湖状》,载《浙西水利书注》,农业出版社1984年版,第19页。

⑤ [宋]范成大撰,陆振岳点校:《吴郡志》,卷19,《水利下》,江苏古籍出版社1986年版,第281页。

⑥ 郑肇经:《太湖水利技术史》,农业出版社1987年版,第84页。

⑦ [宋]朱长文撰,金菊林点校:《吴郡图经续记》,卷下,《治水》,江苏古籍出版社1999年版,第54页。

⑧ "皇朝"指北宋王朝。

⑨ [宋]范仲淹著,李勇先、王蓉贵点校:《范仲淹全集》,《范文正公政府奏议卷上·答手诏条陈十事》,四川大学出版社2002年版,第534页。

⑩ 指吴越归附北宋朝廷。

慢于农政,不复修举,田圩、河港大半隳坏"①。可见乔维岳的做法并未得到后世人的认可。

农田水利之所以会在这个时段被几乎全盘否定,当然和北宋王朝刚刚收复太湖地区,吴越国政权所建立的农田水利系统比较完善,以及政策重心由水利转向漕运等因素有关,但也不能排除气候这个因素可能产生的影响。因为自北宋立国以来,也一直奉行以农为本的政策。如在北宋立国之初的建隆三年(公元962年),宋太宗就曾下劝农诏书称:"生民在勤,所宝唯谷,先王之明训也。朕以万邦大定,渐属于隆平,百姓为心,欲臻于富庶,永念农桑之业,是为衣食之源。今者阳和在辰,播种资始,……宜行劝诱,务广耕耘。"②此后,太宗又在乾德二年(公元964年)重申劝农诏令。单从劝农令反复颁布这点上就可看出在北宋初年,统治者对农业的重视程度。农田水利对农业生产关系密切,如果当时迫切需要水利灌溉的话,本着重农的宗旨,朝廷也不会轻易将政策重心转向漕运,任由农田水利设施被废弃、破坏。既然在北宋初年农田水利设施的颓废已成事实,就不能不考虑这个时期的气候因素了。

公元951—990年间,江南地区的气候稍反之前的干旱状态进入了相对湿润期③。受气候影响,此间太湖地区的旱灾数量明显减少,仅在公元953年发生过一次;而水涝灾害也并未显著增多,只是在公元977年、981年、982年发生过④。可以说,此间的气候环境是水旱调和,非常适宜植物的生长。粮食生产也无从产生对蓄水灌溉或防洪排水的迫切需求,所以这个时期的农田水利事业才这么不被人们所重视。

对农田水利不够重视所造成的不良后果很快显现出来。大致在公元991—1030年,江南地区气候已由湿润转为干旱状态,尽管干旱程度远不如

① [元]周文英:《论三吴水利》,载《浙西水利书校注》,农业出版社1984年版,第87页。

② 司义祖整理:《宋大诏令集》,卷182,《政事三十五·田农》,中华书局1962年版。

③ 干湿指数最高时接近0.25。Jingyun Zheng, Wei-Chyung Wang, Quansheng Ge, et al., "Precipitation Variability and Extreme Events in Eastern China during the Past 1500 Years", *Atmopheric and Oceanic Science*, 2006, p.3.

④ 江苏省水利厅水利史研究小组:《太湖水利史》(讨论稿),1964年,第4—5页。

公元851—950年那么严重①,但由于此时的农田水利设施功能多已失效,无法通过灌溉来缓解旱情,所以旱魃入侵时对粮食生产造成了严重破坏。如在咸平元年(公元998年)包括太湖地区在内的"江浙、淮南、荆湖四十六军州"广大地区发生旱情②,粮食作物因受旱歉收甚至绝收,朝廷不得已于次年"发廪振饥"③。在大中祥符五年(1012年)五月,"江淮、两浙路"仅"稍旱",便"即水田不登"。王安石解释这个时期的旱情"是皆人力不至,而非岁之咎也"。④ 可谓一语破的。

在不利环境的压力下,当时人们对蓄水灌溉的需求愈发迫切,因而农田水利事业特别是蓄水灌溉工程开始复兴。早在淳化元年(公元990年),朝廷虽诏令废除润州之京口、吕城(今丹阳东)、常州之望亭、奔牛(今武进西)等堰渠⑤,但同时"又按淳化诏废堰,拟复插也"。⑥ 表面上看这是一次废堰工程,却由于同时加设了能够控制水量以便于灌溉和排水的插闸,而与乔维岳的单纯废堰有着本质上的不同。说明时人对水资源的管理已开始趋向理性。此外,在景德四年(1007年),"岁久湮塞"的杭州西湖也得到浚治,并增置了斗门以便控制水量⑦。天禧元年(1017年),升州(今南京)知府丁谓请求将升州城北后湖(今玄武湖)"迹旧制,复治岸畔,疏为塘陂以蓄水,使负郭无旱岁",这一请求当即得到了皇帝批准⑧。除了这些,朝廷还鼓励地方官员和百姓修治农田水利,对修治农田水利有功人等予以奖励。如在天禧四年(1020年)知江阴军崔立就因"率民修废塘,浚古港,以灌高仰之地"

---

① 991—1030年干湿指数最低时接近-0.5,而前面提到的851—950年的干湿指数最低时已达-0.7。Jingyun Zheng, Wei-Chyung Wang, Quansheng Ge, et al., "Precipitation Variability and Extreme Events in Eastern China during the Past 1500 Years", *Atmopheric and Oceanic Science*, 2006, p.3.

② [元]脱脱等撰:《宋史》,卷66,《五行四》,中华书局1977年版,第1440页。

③ [元]脱脱等撰:《宋史》,卷6,《真宗纪一》,中华书局1977年版,第107页。

④ [宋]王安石:《上杜学士言开河书》,载《唐宋八大家文集》,人民日报出版社1997年版,第89页。

⑤ [清]徐帆辑:《宋会要辑稿》,《食货八》,中华书局1957年版,第4952上页。

⑥ 武同举:《江苏水利全书》,引自《太湖水利史》(讨论稿),1964年,第57页。

⑦ [元]脱脱等撰:《宋史》,卷304,《王济传》,中华书局1977年版,第10066页。

⑧ [元]脱脱等撰:《宋史》,卷96,《河渠六》,中华书局1977年版,第2380页。

有功而被朝廷赐诏奖赏①。后人称“诸浦之兴，始于天禧（1017—1021年）”②。而从上述文献看，农田水利的复兴早在公元10世纪90年代初就已经开始了。

此后，气候继续处在干湿阶段性变化过程中，农田水利状况虽再未出现同公元951—990年间一样的完全荒废局面，但如吴越国政权那样从整体出发，水旱兼治的水利方针再也未有真正贯彻执行下去。每当气候进入湿润期或旱情缓解，民众失去对农田灌溉的迫切需求之时，修建蓄水灌溉工程的积极性就会明显减弱。这从此后的两个气候干湿阶段的大体情况就可看出。

在1031—1070年，江南地区一度进入气候相对湿润期③，水涝灾害发生次数有所增多④，这便促进了此时段的防洪排水活动相对活跃。依据《太湖水利史》中所记载的水利事件，在该时段本区关于防洪排水工程的提议和建设活动共计17次之多⑤。例如在宝元元年（1038年），两浙转运副使叶清臣因为介于“华亭、昆山之间”的盘龙汇“回沉迂缓”，使“江流为之阻遏，盛夏大雨则泛滥，淪稼穑，坏室庐，殆无宁岁”，但当时“太湖民田为豪右据，而上游水不得泄，建议酾为新渠，从沪渎入海。道直流速，其患遂弭”⑥。嘉祐四年（1059年），“知常州陈襄，以太湖积水，横遏运河，不得入江，为民田患，立法浚之”⑦。嘉祐六年（1061年）宜兴县尉阮洪乞开百渎，也是因为

① ［元］脱脱等撰：《宋史》，卷96，《河渠六》，中华书局1977年版，第2380页。

② ［宋］陈弥作：《陈转运相度水利》，载《浙西水利书校注》，农业出版社1984年版，第37页。

③ 干湿指数最高时接近0.45。Jingyun Zheng，Wei-Chyung Wang，Quansheng Ge，et al.，“Precipitation Variability and Extreme Events in Eastern China during the Past 1500 Years”，*Atmopheric and Oceanic Science*，2006，p.3.

④ 在1050、1059、1060、1061年，长兴、吴江、吴县等地均有水灾发生。参见江苏省水利厅水利史研究小组：《太湖水利史》（讨论稿），1964年，第5页。

⑤ 分别在1035、1038、1041、1042、1043、1049、1053、1055、1059、1060、1061、1063、1067、1068年，其中1041、1042、1061年中有两次相关事件。参见江苏省水利厅水利史研究小组：《太湖水利史》（讨论稿），1964年，第58—61页。

⑥ ［宋］朱长文撰，金菊林点校：《吴郡图经续记》，卷下，《治水》，江苏古籍出版社1999年版，第53页。

⑦ ［明］沈启：《吴江水考》，广陵书社2006年版。

吴中水患,疏导河道便于排泄积水之故①。

与之形成鲜明对比的是该时段有关蓄水灌溉工程的修建数量微乎其微。仅在景祐元年(1035年),时任苏州知府的范仲淹在对水网圩田的治理之时,提出了修堤、浚河与置闸三者并重的治理措施,并强调只有这样做才能"旱岁亦扃之,驻水溉田,可救熯涸之灾;涝岁则启之,疏积水之患"②。但这个精辟且影响深远的提议在当时可谓少之又少,加上时人对农田灌溉并没有迫切需求,故将其付诸实施的可能性几乎为零。由于治水和治旱活动的反差极大,以至于后人评价这一时期的水利思想是"只论治水,而不论治旱也";并称此期水利活动是"不知古人固田、灌田之意,乃谓低田、高田之所以阔深其塘浦者,皆欲决泄积水也"③。

大约从11世纪60年代末开始,江南地区开始进入一个持续时间较长的气候相对干旱时期④,而这一气候干湿转变又使旱情加重。如在熙宁七年(1074年)武进、无锡、吴县、吴江一带大旱,太湖湖水干涸⑤;熙宁八年(1075年),太湖地区又遭大旱,"太湖水退数里"⑥,粮食受旱绝收,"民饥馑疾疠,死者殆半,灾未有巨于此也"⑦。严重的旱情又让民众对于农田灌溉的需求再次变得迫切起来。在此背景下,关于加强蓄水灌溉工程建设的言论和实施活动也明显增多起来。如时任(1073年)杭州于潜县令的水利名家——郏亶针对太湖地区的问题,提出了"治田为先,治水为后"的观点⑧。强调治水是为了治田,应以蓄水灌溉为主,主张依循古法开挖塘浦,并在高

---

① [宋]单锷:《吴中水利书》,载《浙西水利书校注》,农业出版社1984年版,第11页。

② [宋]范仲淹:《范文正公〈上吕相并呈中丞咨目〉》,载《浙西水利书校注》,农业出版社1984年版,第2页。

③ [宋]范成大撰,陆振岳点校:《吴郡志》,卷19,《水利》,江苏古籍出版社1986年版,第279—280页。

④ 约在1071—1210年,干湿指数最低时约为-0.7。Jingyun Zheng, Wei-Chyung Wang, Quansheng Ge, et al., "Precipitation Variability and Extreme Events in Eastern China during the Past 1500 Years", *Atmopheric and Oceanic Science*, 2006, p.3.

⑤ 江苏省水利厅水利史研究小组:《太湖水利史》(讨论稿),1964年,第6页。

⑥ [宋]单锷:《吴中水利书》,载《浙西水利书校注》,农业出版社1984年版,第12页。

⑦ 曾巩:《越州赵公救灾记》,载《唐宋散文八大家精粹》,广州出版社2008年版,第256页。

⑧ 即"盖治田者本也,本当在先;决水者末也,末当在后"。

低田间设置堰闸、斗门，其目的之一就是为了让地势较高的农田能够进行蓄水灌溉[①]。元祐五年（1090 年），苏轼上书《乞开西湖状》一文。他上书的主要目的也是希望能够通过恢复西湖来灌溉周边农田[②]。在实际建设方面，从 1070 年至 1076 年，全国各地共兴修水利 10793 处[③]，其中地辖太湖地区的两浙路共兴修农田水利 1980 处，受益农田 104848 顷，占全国受益农田总数的 29.09%，无论是修筑水利数量还是受益农田数量都已居全国之首[④]。但旱情终归会消失，失去外界环境影响后，民众没有了迫切需求，修建蓄水灌溉设施的积极性又见减退。"自熙宁之末旱灾之后"[⑤]，随着灾情淡化，粮食生产"累年颇稔"，农田水利"由是兴作差简"[⑥]。时人虽已认识到这点，并警示说："水旱之数所不免，而长民者不可以缓其防也"[⑦]。但这样的告诫也并未改变民众的行为。蓄水灌溉工程的修筑活动也一直在外界环境的变化条件下时兴时废。

## 二、严重水患造成防洪排水活动活跃

相比蓄水灌溉工程，防洪排水活动却有不同的经历。终宋一代[⑧]，太湖地区关于防洪排水工程的修治活动一直都未曾停歇。除了在气候湿润期比较活跃外，在气候干旱期中的活跃度也不曾减弱。例如在宋代以来江南地区出现的第一个气候干旱期中（991—1030 年），在天禧二年（1018 年）就曾因

① ［宋］范成大撰，陆振岳点校：《吴郡志》，卷 19，《水利上》，江苏古籍出版社 1986 年版，第 267 页。

② 苏轼：《苏文忠〈乞开西湖状〉》，载《浙西水利书校注》，农业出版社 1984 年版，第 19 页。

③ ［元］脱脱等撰：《宋史》，卷 173，《食货上一》，中华书局 1977 年版，第 4167 页。

④ ［日］斯波义信著，方健、何忠礼译：《宋代江南经济史研究》，江苏人民出版社 2000 年版，第 90 页。

⑤ "熙宁之末旱灾"即指 1075 年的旱灾。

⑥ ［宋］朱长文撰，金菊林点校：《吴郡图经续记》，卷下，《治水》，江苏古籍出版社 1999 年版，第 54 页。

⑦ ［宋］朱长文撰，金菊林点校：《吴郡图经续记》，卷下，《治水》，江苏古籍出版社 1999 年版，第 54 页。

⑧ 除了 10 世纪后半叶。

“时有水患”,江淮发运副使张纶和苏州知府孙冕就曾一起“经划于昆山常熟,疏五湖,导太湖水入海”①;乾兴元年(1022 年),又因“苏、湖、秀三州,积水害稼”,诏“发邻郡兵疏导水道壅淤”②;天圣元年(1023 年),又因“苏州水患,坏太湖外塘,又海旁支渠堰塞,诏转运使徐爽,江淮发运使赵贺,董其事,自市泾以北,赤门以南,筑石堤九十里,浚积潦,自吴江东赴海,复良田数千顷”③。

如果说 991—1030 年间的气候干旱程度不够严重不足以说明问题的话,那么再来看 1071—1210 年间的情况。1071—1210 年是江南地区在宋代持续时间最长且干旱程度较为严重的一个气候干旱期④。但在此间,关于加强防洪排水工程修治的提议及实施活动也未曾停止。如在元祐三年(1088 年)宜兴人单锷上《吴中水利书》一文。文中所阐述的水利思想是以排水为主,并侧重解决积水问题,主张在太湖上游堵塞来水以减少上游来水量,中游利于宣泄,而在下游开掘吴淞江岸,以扩大排水出路⑤。其他诸如郏亶、郏侨父子,以及赵霖⑥等人所阐述的水利理念也无不包含了关于解决太湖地区水涝问题的内容⑦,并且这类观点和建议有很多都被付诸实施。如在“绍兴十五年(1145 年)以两浙转运判官吴坰奏请”,朝廷“命浙西常平司措置钱谷,劝谕人户,于农隙并力开浚华亭等处沿海三十六浦堙塞,决泄水势”⑧。除此以外,甚至在旱情仍然存在之时,地方却还在组织人员排泄积水。例如在大观三年(1109 年),“江、淮、荆、浙、福建旱”⑨,“江宁府(今

① [清]李铭皖等修,冯桂芬纂:同治《苏州府志》,卷 9,《水利一》,江苏古籍出版社 1991 年版,第 249 上页。

② [清]李铭皖等修,冯桂芬纂:同治《苏州府志》,卷 9,《水利一》,江苏古籍出版社 1991 年版,第 249 上页。

③ [明]沈启:《吴江水考》,引自《太湖水利史》(讨论稿),1964 年,第 58 页。

④ 其中的 1091—1190 年是江南地区过去 1500 年来气候最为干旱的百年。参见 Jingyun Zheng, Wei-Chyung Wang, Quansheng Ge, et al.,“Precipitation Variability and Extreme Events in Eastern China during the Past 1500 Years”,*Atmopheric and Oceanic Science*,2006,p.3.

⑤ [宋]单锷:《吴中水利书》,载《浙西水利书校注》,农业出版社 1984 年版,第 10—13 页。

⑥ 郏侨、赵霖二人均活跃于北宋末年。

⑦ [宋]范成大撰,陆振岳点校:《吴郡志》,卷 19,《水利》,江苏古籍出版社 1986 年版,第 264—294 页。

⑧ [元]脱脱等撰:《宋史》,卷 97,《河渠七》,中华书局 1977 年版,第 2414 页。

⑨ [元]脱脱等撰:《宋史》,卷 19,《徽宗一》,中华书局 1977 年版,第 363 页。

南京一带)界夏秋相继亢旱,民间高田一例不熟,诸县人户例皆诉旱"①之时,两浙监司依然是为了"(疏)导积水",奏请朝廷下令"开淘吴淞江"②;绍兴二十九年(1159 年),在"江、浙郡国旱"的情况下③,地方官府仍主持进行了"浚平江三十六浦以泄水"的水利工程④。

由此看来,太湖地区的排水防洪活动活跃于整个宋代,以至于有学者评价称:宋代太湖地区的水利活动就是在解决太湖下游的排洪出路问题⑤。从前面所阐述的事例看,宋代的蓄水灌溉活动或排水防洪活动以及相关的建议和请求,基本都是根据民众最迫切的需求而作出的选择。即便是在气候干旱期甚至旱灾发生之时所实施的排水防洪活动,也应当是根据当时水患实际存在的前提下进行的⑥。灾害性天气捉摸不定,在气候干旱期偶有严重的水涝灾害出现也算不上是多么异常的事情,但考察宋代江南地区两个主要气候干旱期中的水涝灾害会发现,其发生状况确实比较异常。因为在此期间,水涝灾害并非偶发,而是发生较为频繁(见表 2-1)。

**表 2-1　宋代气候干旱时期太湖地区的水涝灾害发生年份⑦**

| 气候干旱时期 | 水涝灾害发生年份 | | | | | | | | | |
|---|---|---|---|---|---|---|---|---|---|---|
| 991—1030 年 | 991 | 1011 | 1022 | 1023 | | | | | | |
| 1071—1210 年 | 1078 | 1081 | 1082 | 1083 | 1090 | 1091 | 1093 | 1094 | 1095 | 1099 |
| | 1101 | 1105 | 1107 | 1115 | 1118 | 1122 | 1124 | 1130 | 1134 | 1135 |
| | 1144 | 1147 | 1150 | 1153 | 1157 | 1158 | 1162 | 1163 | 1164 | 1167 |
| | 1170 | 1176 | 1178 | 1179 | 1184 | 1194 | 1195 | 1196 | 1199 | 1210 |

相比灾害统计,时人因为经过了实地考察,对水患严重情况的描述更为

① [清]徐帆辑:《宋会要辑稿》,中华书局 1957 年版,第 5727 上页。

② [元]脱脱等撰:《宋史》,卷 96,《河渠六》,中华书局 1977 年版,第 2385 页。

③ [元]脱脱等撰:《宋史》,卷 66,《五行四》,中华书局 1977 年版,第 1442 页。

④ [元]脱脱等撰:《宋史》,卷 31,《高宗纪八》,中华书局 1977 年版,第 591 页。

⑤ 张芳:《中国古代灌溉工程技术史》,山西教育出版社 2009 年版,第 209 页。

⑥ 前面所列举的 1018、1022、1109、1159 年正是这种情况。

⑦ 水涝灾害数据统计依据:江苏省水利厅水利史研究小组:《太湖水利史》(讨论稿),1964 年,第 5—11 页。

翔实、准确,因而更有说服力。例如,郏亶于熙宁三年(1070年)提出水利观点时,曾介绍过当时由于长期积水而形成的一些新湖泊,即“昆山之所谓邪塘、大泗、黄渎、夷亭、高墟、巴城、难城、武城、夔家、江家、柏家、鳗鲤等壤,及常熟之市宅、碧家、五衡、练塘等村,长州之长荡、黄天荡之类,皆积水不耕之田也。其水之深不过五尺,浅者可二三尺,其间尚有古岸隐见水中,俗谓之老岸。或有古之民家、阶瓷之遗址在,故其地或以城,或以家,或以宅为名”;另有“昆山低田皆沉在水中,而俗呼之名,犹有野鸭段、大泗段、湛段及和尚围、盛熟围之类”;而“苏州水面,动连一二百里”①。单锷在元祐三年(1088年)上书时提到当时“水为患于三州②逾五十年矣”,“熙宁八年(1075年),时虽大旱,然连百渎之田皆鱼游鳖处之地”。他还借熙宁八年大旱“震泽(即太湖)水退数里,清泉乡湖干数里”之机,观得“其地皆有昔日邱墓街井枯木之根在数里之间”,因而“信知昔为民田,今为太湖也”③。政和六年(1116年)身为户曹的赵霖在考察完太湖地区所做的报告中也指出:“低乡之田,为积水漫没,十已八九”;“昆山与常熟山之颠,四顾水与天接。父老皆曰:水底,十五年前,皆良田也。”④事隔近半个世纪,到绍兴二十八年(1158年),昆山、常熟一带依然是“积水散漫,民田之中,十年之间,涝岁八九”。⑤

另外,根据文献记载以及考古发掘,在太湖东部今淀山湖一带的几个小湖泊从大中祥符年间(1008—1016年)以来在不断扩张,淹没了周围的农田和土地,至绍熙年间(1190—1194年)薛淀湖(今淀山湖)已形成了一片“周回几二百里,茫然一壑”的大湖泊⑥。处在淀山湖西北方的澄湖,原先只是古东江分流的河源段,即便到北宋后期的水利文献当中也还不见对它的记载。但在《宋会要辑稿》以及《宋史·河渠志》中,澄湖已经跃升为南宋乾道

① [宋]范成大撰,陆振岳点校:《吴郡志》,卷19,《水利上》,江苏古籍出版社1986年版,第271页。

② 即苏、常、湖三州。

③ 单锷:《吴中水利书》,载《浙西水利书校注》,农业出版社1984年版,第12页。

④ [宋]范成大撰,陆振岳点校:《吴郡志》,卷19,《水利上》,江苏古籍出版社1986年版,第289页。

⑤ [清]徐帆辑:《宋会要辑稿》,《食货七·水利》,中华书局1957年版,第4932上页。

⑥ [宋]杨潜修,朱端常等纂:绍熙《云间志》,卷中,载《宋元方志丛刊》第1册,中华书局1990年版,第34上页。

年间(1165—1173年)秀州(大致范围包括今上海和嘉兴)一带的四大湖泊之一。后来在其湖底还发现了新石器至北宋时期的文化遗址①。说明澄湖很可能也是从北宋以来不断扩充面积,最后在南宋形成了规模。而它在持续扩张过程中,对周围农田的影响在所难免。

由此可见,宋代水患问题具有长期性,它并非单纯是洪涝灾害的一时结果,而是一个漫长的、逐渐形成的过程。在此期间,太湖及其以东地区众多湖泊的扩张对这一问题也起了推波助澜的作用。但不论怎样,水患对农业生产造成了巨大且深远的影响。一方面,加重了当时农田水利的负担,使排水防洪活动尽管频繁且活跃,但仍收效甚微;另一方面,也使许多上好农田长期浸泡于积水当中无法耕作,严重阻碍了粮食生产的正常进行。

除了蓄水灌溉活动以及防洪排水活动外,两者兼有的围田活动也是一项不得不提的农田水利活动。"围田"也被称为"圩田",所谓"农家云:圩者,围也"②。早期的围田活动就是将低洼田地以保护为目的,用围岸围裹起来,周以水渠相隔,继而在水涝时既可抵御洪水又可排泄田中余水,在干旱时又可引水灌溉。但在宋代以来,随着太湖地区人口密度增加(见表2-2),人多地少矛盾也日显突出。人们对新农田的迫切需求,让围田活动性质从"围田"演变成了"围水",逐渐开始将河、湖滩地筑堤圈围起来,并把这些圈围的滩地开垦成农田。所谓的"盗湖为田"指的就是这一活动。

**表2-2　宋代太湖地区人口密度增长情况(单位:户/平方公里)③**

| 行政区 | 北宋太平兴国五年(980年) | 北宋元丰元年(1078年) | 北宋崇宁元年(1102年) | 南宋中后期 |
|---|---|---|---|---|
| 杭州(南宋临安府) | 9.6 | 27.7 | 27.8 | 52(淳祐十二年,1252年) |

① 谭其骧:《太湖以东及东太湖地区历史地理调查考察简报》,载《长水集》下,人民出版社1987年版。

② [宋]杨万里:《诚斋集》,卷32,《圩丁词十解序》。

③ 资料来源:吴松弟:《中国人口史(第三卷)·辽宋金元时期》,复旦大学出版社2000年版,第465页。

续表

| 行政区 | 北宋太平兴国五年（980年） | 北宋元丰元年（1078年） | 北宋崇宁元年（1102年） | 南宋中后期 |
|---|---|---|---|---|
| 苏州（平江府） | 4.4 | 21.6 | 19 | 41（淳熙十一年，1184年） |
| 润州（镇江府） | 8.3 | 17.2 | 20 | 34（嘉定九年，1216年） |
| 常州 | 9.4 | 18.3 | 22.2 | |
| 湖州 | 6.7 | 24.9 | 27.9 | 35（淳熙九年，1182年） |
| 秀州（嘉兴府） | 3.6 | 21.9 | 19.3 | |

单从字面意思就可看出,两宋时期的围田是一项害多利少的活动,由于围田者多贪图个人利益,具有很大的盲目性,对农田水利整体规划具有扰乱和破坏作用,进而危及粮食生产的发展①。所以,宋代的有识之士一直反对围田活动,以至于朝廷也多次下达旨意禁止围田。但围田涉及围田实施者的既得利益,只要条件允许,他们便不会轻易放弃。所以终宋一世,围田活动屡禁不止,只在少数时期有所遏制。

历史时期影响围田活动的因素是复杂的。河流、湖泊在地质循环、生物循环作用下的自然演变、人口波动以及政策变化等均会对围田活动产生重要的影响②。但不可否认,气候也是一个很重要的影响因素。过去有学者经过研究,已经对气候、围田两者的关系有了初步认识。如方金琪通过对历史时期的围湖活动统计后认为,由于气候的干湿变化会对河、湖水位以及周边水环境造成影响,所以历史上大规模围田的时期,正是气候偏旱、水涝灾害较少、湖泊自然退缩的时期,尤其在水位大幅下降以及泥沙大量淤积的湖区,围田活动最为活跃;而在气候湿润,水涝灾害频繁的时候,围田活动就会

① 如在北宋时,今宁波一带的广德湖在废湖围田之前可灌溉农田两千顷,使受益农田一亩可收粮食六七石,但在湖泊被围垦后的很长一段时间,所收不及之前一半,每年粮食损失可达五六十万石。参见[清]徐帆辑:《宋会要辑稿》,中华书局1957年版,第4928上页。

② 方金琪:《我国历史时期的湖泊围垦与湖泊退缩》,《地理环境研究》1989年第1期。

明显收敛很多[①]。宋代情况也是如此。葛全胜即认为,宋代中国东部地区气候相对干旱,导致湖面收缩,为大规模围田创造了条件[②]。所以,据统计当时有90%的湖泊都受到了不同程度围垦[③]。

太湖地区也有类似情况。咸平年间(998—1003年)被认为是东南地区围田活动开始的时间[④]。这个时间正处在宋以来江南地区的第一个气候干旱期(991—1030年)当中。但很可能是因为气候干旱程度不够严重,且在1031—1070年又进入气候湿润期的缘故,太湖地区除少数地域外[⑤],并未见有大规模的围田活动出现。进入11世纪70年代后,随着气候又进入干旱期且干旱程度加剧,围田活动大兴。如在元祐年间(1086—1094年),武进东南的芙蓉湖被围裹成田[⑥]。政和年间(1111—1118年),两浙地区的湖泊大有"尽废为田"之势[⑦],仅苏州一带就兴修围田20万亩[⑧]。宣和年间(1119—1125年),尚湖(今常熟城西)、华亭泖(今上海青浦西南)也被围裹成田[⑨]。

进入南宋以后,围田活动也并未终止。尽管朝廷于绍兴七年(1137年)、绍兴二十三年(1153年)、绍兴二十九年(1159年)、淳熙八年(1181年)等年份多次下令禁止围田活动,并借排泄水势之机开掘了不少围田[⑩],但围田之势却愈演愈烈。所谓"隆兴、乾道(1174年)之后,豪宗大姓,相继

① 方金琪:《我国历史时期的湖泊围垦与湖泊退缩》,《地理环境研究》1989年第1期。

② 葛全胜:《中国历朝气候变化》,科学出版社2011年版,第468页。

③ 方金琪:《我国历史时期的湖泊围垦与湖泊退缩》,《地理环境研究》1989年第1期。

④ 梁家勉:《中国农业科学技术史稿》,农业出版社1989年版,第396页。

⑤ 如西湖"自国初以来,稍废不治,水涸草生,渐成葑田"。苏文忠:《乞开西湖状》,载《浙西水利书校注》,农业出版社1984年版,第19页。

⑥ [宋]史能之纂修:咸淳《毗陵志》,卷15,《山水》,载《宋元方志丛刊》第3册,中华书局1990年版,第3090上页。

⑦ [宋]李光:《庄简集》,卷11,《乞废东南湖田札子》。

⑧ [元]脱脱等撰:《宋史》,卷173,《食货上一》,中华书局1977年版,第4169页。

⑨ [宋]范成大撰,陆振岳点校:《吴郡志》,卷19,《水利》,江苏古籍出版社1986年版,第293页。

⑩ 如在乾道元年(1165年),平江府为"通泄水势",奉旨开掘围田共计9408亩;乾道二年(1166年),又因"浙西围田有壅塞水势去处","专遣漕臣亲诣逐州县监督开掘,以泄积水"。参见[清]徐帆辑:《宋会要辑稿》,中华书局1957年版,第4936页。

迭出,广包强占,无岁无之。陂湖之利,日朘月削,已无几何,而所在围田则遍满矣","昔之曰江、曰湖、曰草荡者,今皆田也"①;"浙西围田相望,皆千百亩,陂塘溇渎,悉为田畴"②。

但太湖地区的围田活动也并非处处兴盛,如在太湖以东地区由于受到湖泊扩张因素制约,湖泊周边区域的围湖造田活动并不持久。只是在大旱之年,湖泊水面严重退缩露出湖滩之后才得以进行;而在旱情消去,湖泊又重新回复扩张状态之时,受到环境限制的围田活动又会销声匿迹。

以今淀山湖一带为例。从大中祥符年间以来,这一带湖泊面积持续扩张,所以很长一段时间,这里的围田活动并不活跃。只有少数大旱年份除外。如在淳熙年间(1174—1189 年),这一带受淳熙七年至八年(1180—1181 年)的连续大旱影响③,湖泊水面有所退缩,围田活动才开始活跃起来。至淳熙十三年(1186 年)围田者已"东取大石浦、西取道褐浦,并缘淀山湖北,筑成大岸,延跨数里,遏截湖水,不使北流,尽将山门溜中因占成田。所谓斜路及大、小石浦泄放湖水去处,并皆筑塞"④。由于影响恶劣,当年即由提举浙西常平罗点奉旨"开掘山门溜五千余亩"围田⑤,并"刻置碑石,备裁所降圣旨,不得再有围筑"⑥。此后因为这一带"八年间小有水旱",且薛淀湖(今淀山湖)湖水面积继续扩张,已兼并马腾湖和谷湖形成一个"周回几二百里"的大湖泊⑦,有几年没再出现过围田活动。但是到绍熙年间(1190—1194 年),由于在绍熙五年(1194 年)"浙东、西自去冬不雨,至于夏

① [宋]卫泾:《后乐集》,卷 13,《论围田扎子》《东南水利奏》。

② [元]脱脱等撰:《宋史》,卷 173,《食货上一》,中华书局 1977 年版,第 4188 页。

③ 江苏省水利厅水利史研究小组:《太湖水利史》(讨论稿),1964 年,第 9 页。

④ [宋]罗点:《罗文恭公〈乞开淀湖围田状〉》,载《浙西水利书校注》,农业出版社 1984 年版,第 48 页。

⑤ [宋]卫泾:《卫文节公与〈提举郑霖论水利书〉》,载《浙西水利书校注》,农业出版社 1984 年版,第 50 页。

⑥ [宋]罗点:《罗文恭公〈乞开淀湖围田状〉》,载《浙西水利书校注》,农业出版社 1984 年版,第 48 页。

⑦ [宋]杨潜修,朱端常等纂:绍熙《云间志》,卷中,载《宋元方志丛刊》第 1 册,中华书局 1990 年版,第 34 上页。

秋，镇江府，常、秀州，江阴军大旱”①，干旱环境有利于围田，贪图利益者才敢于违反法令铤而走险，围田活动再次兴起。在当年，不但淀山湖被中天竺寺僧所围占②，紧邻的白蚬湖也“皆成围田”③。后由于民怨，地方官员“再得旨开掘”围田④。此后的几年时间里，由于淀山湖一带旱情未再出现，湖水面积又恢复扩张，围田活动就此消失了踪迹。

## 三、全球气候变暖是水患严重的根本原因

### （一）导致严重水患的可能性因素分析

尽管在第一节中已经说明了气候变化影响太湖地区农田水利的一些情况，但也遗留了一个问题没有解释，那就是为何宋代太湖地区特别是太湖以东地区的水患如此严重？谈到这个问题时，从古至今学者们各抒己见，给出了不同的解释。其中，尤以著名历史地理学者满志敏⑤的观点最具说服力，笔者依据他的观点，列举了可能导致太湖以东地区严重水患的几个原因。

首先，有人认为太湖地区水患严重主要原因是当时降水过量。这里姑且不提在旱灾发生年份，太湖地区的积水为患依然存在这个事实，即便在天气比较正常的年份，在降水未出现异常的情况下，水涝灾害其实仍很严重。如郏亶于1070年就曾谈道“每春夏之交，天雨未盈尺，湖水未涨二三尺，而苏州低田一抹，尽为白水”⑥；苏轼也于1091年提及当时“虽多雨亦未过

① ［元］脱脱等撰：《宋史》，卷66，《五行四》，中华书局1977年版，第1444页。

② ［宋］卫泾：《卫文节公与〈提举郑霖论水利书〉》，载《浙西水利书校注》，农业出版社1984年版，第50页。

③ ［宋］杨潜修，朱端常等纂：绍熙《云间志》，卷中，载《宋元方志丛刊》第1册，中华书局1990年版，第34上页。

④ ［宋］卫泾：《卫文节公与〈提举郑霖论水利书〉》，载《浙西水利书校注》，农业出版社1984年版，第50页。

⑤ 满志敏：《两宋时期海平面上升及其环境影响》，《灾害学》1998年第2期；满志敏：《中国历史时期气候变化研究》，山东教育出版社2009年版，第415—422页。

⑥ ［宋］范成大撰，陆振岳点校：《吴郡志》，卷19，《水利上》，江苏古籍出版社1986年版，第271页。

甚,而苏、湖、常三州皆大水,害稼至十七八"①。另外,通过历史文献有关宋代太湖地区的水涝灾害记载来看,宋代的水涝灾害主要分为四大类:第一类确实是由降水过量引起;第二类是由海潮上涨所致;第三类是由河、湖泛滥引起;第四类则只记载发生了水灾,但没有说明引发的原因。四类中尽管降水过量所引发的水涝灾害具有相当数量,但其他三类也为数不少②。所以,将水患归咎为降水过量是无法说明全部问题的。

还有人认为水患是由于胥溪运河的上五堰被废,导致汛期长江水西流入太湖地区所致。单锷在《吴中水利书》中就提到时人认为"由宜兴而西,溧阳县之上,有五堰者,古所以节宣、歙、金陵九阳江之水,由分水、银林二堰直趋太平州芜湖。后之商人由宣、歙贩运簰木,东入二浙,以五堰为艰阻,因相为之谋,罔给官长以废五堰。五堰既废,则宣、歙、金陵九阳之水,或遇五六月山水暴涨,则皆入于宜兴之荆溪,由荆溪而入震泽。盖上三州之水东灌苏、常、湖也"③。可是通过对现今胥溪运河上下游水位高度对比发现,从芜湖到东坝镇约 150 里的距离内,在 7 月汛期的平均水位差只有 0.35 米,在正常情况下不会出现江水倒灌入太湖的景象;唯有在长江发生特大洪水且没有堰坝阻挡之时,长江江水才会进入太湖地区造成严重后果④。况且,胥溪运河的上五堰早在唐代末年就已经被废,但在此后的五代时期,太湖地区并没有出现如宋代那样的水患问题。单锷也提到了这个情况,即"五堰之废已久。然而三州(即苏、常、湖三州)之田,尚十年之间熟有五六,五堰犹未为大患"⑤。因此,这个因素并不能成为宋代水患严重的根本原因。

也有人认为太湖地区水患的原因是庆历二年(1048 年)吴江塘路的修

① [宋]苏轼:《苏文忠公〈进单锷吴中水利书状〉》,载《浙西水利书校注》,农业出版社 1984 年版,第 8 页。

② 第一类水灾共有 28 个年份出现,第二类水灾共计 12 个年份出现,第三类水灾有 10 个年份发生。参见江苏省水利厅水利史研究小组:《太湖水利史》(讨论稿),1964 年,第 58—61 页。

③ [宋]单锷:《吴中水利书》,载《三吴水利录》,卷 2,中华书局 1985 年版,第 26—27 页。

④ 满志敏:《中国历史时期气候变化研究》,山东教育出版社 2009 年版,第 411 页。

⑤ [宋]单锷:《吴中水利书》,载《三吴水利录》,卷 2,中华书局 1985 年版,第 27 页。

筑阻塞了东流水势,导致入海河道淤浅,排水不畅。在宋代,持这种观点的有单锷、郏侨等人。如单锷提道:吴江塘路“横截江流,由是震泽之水常溢而不泄,以致壅灌三州之水田”,此后情况进一步恶化,由于“百川湍流缓慢,缓慢则其势难以涤荡沙泥”,终使“江岸之东,自筑岸以来沙涨一村,昔为湍流奔涌之地,今为民居民田”①。郏侨也称:“于吴江之南筑为石塘(即指吴江塘路),以障太湖东流之势。……是致吴江不能吞来源之瀚漫,日淤月淀,下流浅狭。”②

这类观点看似有道理。但不能否认的是,太湖地区水患在吴江塘路竣工之前就已经存在。而且,上下游的河道纵比降制约着河流的流速,流速又决定着水流挟沙侵蚀的能力。在正常情况下(即在海平面稳定不变时),吴江塘路的修建势必会增加太湖与吴淞江间的水流比降。水流比降提高导致水流的挟沙侵蚀能力增强,不但不会使太湖流域水道淤浅,还有助于吴淞江上段河道刷深拓宽。但宋代文献中并没有证明这一变化的史料。吴淞江依然是“葑芦丛生,泥沙涨塞”③,需要经常疏浚河道。农田与太湖、吴淞江、海水之间的高度关系也仍旧是“民田既容水,故水与江平,江与海平”。④ 可见,吴江塘路并未使太湖与吴淞江之间的水流比降增加,说明吴江塘路阻隔水势的能力很有限。

北宋初年以来,吴淞江河道的最大变化是河曲的发展。后世对吴淞江有所谓的“五汇四十二湾”的说法。这里的“五汇”指的是吴淞江的五个河道曲流。即白鹤汇、安亭汇、顾浦汇、河沙汇以及盘龙汇。这“五汇”除了河沙汇形成于宋元之交外,其他“四汇”均是在北宋时期就已存在⑤。一般情况下,曲流会使水流缓行。而这四段河曲集中在白鹤镇与盘龙镇两地之间

① [宋]单锷:《吴中水利书》,载《浙西水利书校注》,农业出版社 1984 年版,第 10—13 页。

② [宋]范成大撰,陆振岳点校:《吴郡志》,卷 19,《水利》,江苏古籍出版社 1986 年版,第 281 页。

③ [宋]单锷:《吴中水利书》,载《浙西水利书校注》,农业出版社 1984 年版,第 10—13 页。

④ [宋]范成大撰,陆振岳点校:《吴郡志》,卷 19,《水利》,江苏古籍出版社 1986 年版,第 271 页。

⑤ 满志敏:《中国历史时期气候变化研究》,山东教育出版社 2009 年版,第 409 页。

距离不到20公里的范围内,成为宋代吴淞江排水不畅、泛滥成患的主要因素之一。关于这一点,在后世文献中已有记载。如《读史方舆纪要》描述称:"昔时①自此(即白鹤汇)至蟠龙皆环而为汇,水行迂滞则泛滥成灾。"②因而北宋治理吴淞江都以"道直流速"为首要目的③。但吴江塘路所处的吴淞江河段是在出现曲流河段的上游,显然吴江塘路并不是造成曲流的原因。况且,淀山湖一带湖群已远离吴江塘路的影响范围,用吴江塘路的修建来解释其湖面扩张的过程显然也是说不通的。可见太湖地区积水为患的问题还有其深层次原因。吴江塘路的修建并非是水患严重的根本原因。

另外也有学者认为水患可能是因为太湖地区地壳凹陷下沉,地面高程对应降低,使湖泊蓄水面积扩大所致。但是从地层学研究结果来看,太仓、松江、金山一线以东的上海—奉贤区域,以及金坛、宜兴向东南一直到太湖和杭、嘉、湖西部的金坛—太湖区域的全新统④地层厚度是在10—35米范围内;唯独位于这两个区域间的常州、无锡、昆山以及青浦一带的全新统地层厚度仅在0—10米间⑤。全新统地层厚度较薄恰恰是长期抬升的结果。可见北宋时水患最为严重的常熟、昆山一带正处在全新世以来的地层相对上升区域范围内。而且地壳活动的时间尺度远大于人类历史的时间尺度范畴,即使太湖地区地壳凹陷属实,也无法解释为何在宋代这个相对较短的时间跨度内水患才开始严重,而在此前却没有类似情况出现。因此,水患严重不可能从地质变化方面找出原因。

不可否认的是,围田活动确实是水患发生的重要原因之一。因为围垦会造成湖泊的蓄洪能力以及河道的排水能力大大下降,致使"涝则远近泛滥,不得入湖,而民田尽没"⑥。从长远看,"围湖造田"对排水不畅反而还

---

① "昔时"即指宋以来。

② [清]顾祖禹:《读史方舆纪要》,卷24,《松江府》,中华书局1955年版。

③ 如当时叶清臣、沈立、韩正颜曾相继对盘龙汇、顾浦汇和白鹤汇实施了裁弯取直工程。

④ "全新统"即全新世时所形成的地层。

⑤ 郭蓄民、许世远、王靖泰等:《长江河口地区全新统的分层和分区》,载《长江三角洲现代沉积研究》,华东师范大学出版社1987年版。

⑥ [元]脱脱等撰:《宋史》,卷173,《食货上一·农田》,中华书局1977年版,第4184页。

具有促进作用。因为在正常情况下的湖、河关系是“盖湖之势高而水清，江之势下而水浊，湖水不壅，则江中海潮浊泥得湖水冲动，不能停积，凡通湖浦溆无壅塞之患”①。一旦湖泊周围出现围湖现象，排入水道中的水势便会大为减弱，这样就不能有效冲刷水道中淤积的泥沙，如此日积月累，河床抬高，自然会出现排水不畅状况。所以有学者即认为太湖东北三十六浦，以及吴淞江曲流，都和围田有很大干系②。但首先，宋代太湖地区的围田活动是在11世纪70年代才真正开始兴盛，它无法解释为何在此前各通海水道就已出现淤塞③问题。其次，“盗湖为田”顾名思义是对湖泊水域的侵占，所以围垦活动应是加速湖泊面积缩小才对，但当时太湖以东众多湖泊却出现了扩张，这就无法解释了。最后，围田活动由于受到政策以及干湿环境制约，并非持续进行，一旦围田被开掘其影响力也就荡然无存，这对水患所具有的长期性以及持续性特点也是无法解释的。所以围田活动也不是造成严重水患的根本原因。

既然上述因素都无法成为导致水患严重的根本原因，那么最后仅剩的海平面上升这条因素应该就是导致水患严重的根本原因。为了能够更清晰地说明海平面变化所造成的影响，首先要阐述几点情况。早期太湖的排水通道为古三江，即“太湖东注为松江，下七十里有水口，水流东北入海为娄江，东南入海为东江，与松江而三也”④(见图2-1)。至迟到唐代，东江和娄江都已完全淤塞。不过在五代和北宋初年，太湖流域的排水格局仍沿袭三江之势，存在有东北、东、东南三条排水路线。东北路“自松江下口北绕昆山、常熟之境，接江阴界，有港浦六十余条”⑤；东路依旧由吴淞江下泄入海；

---

① [宋]卫泾：《卫文节公与〈提举郑霖论水利书〉》，载《浙西水利书校注》，农业出版社1984年版，第50页。

② 中国农业科学院、南京农业大学中国农业遗产研究室太湖地区农业史研究课题组：《太湖地区农业史稿》，农业出版社1990年版，第72页。

③ 关于通海水道淤塞的情况将在下文论述。

④ [晋]庾仲初：《扬都赋》，载《全上古三秦汉三国六朝文》第4册，河北教育出版社1997年版，第395页。

⑤ [宋]范成大撰，陆振岳点校：《吴郡志》，卷19，《水利上》，江苏古籍出版社1986年版，第278页。

东南“自急水港下淀山湖入海”①。

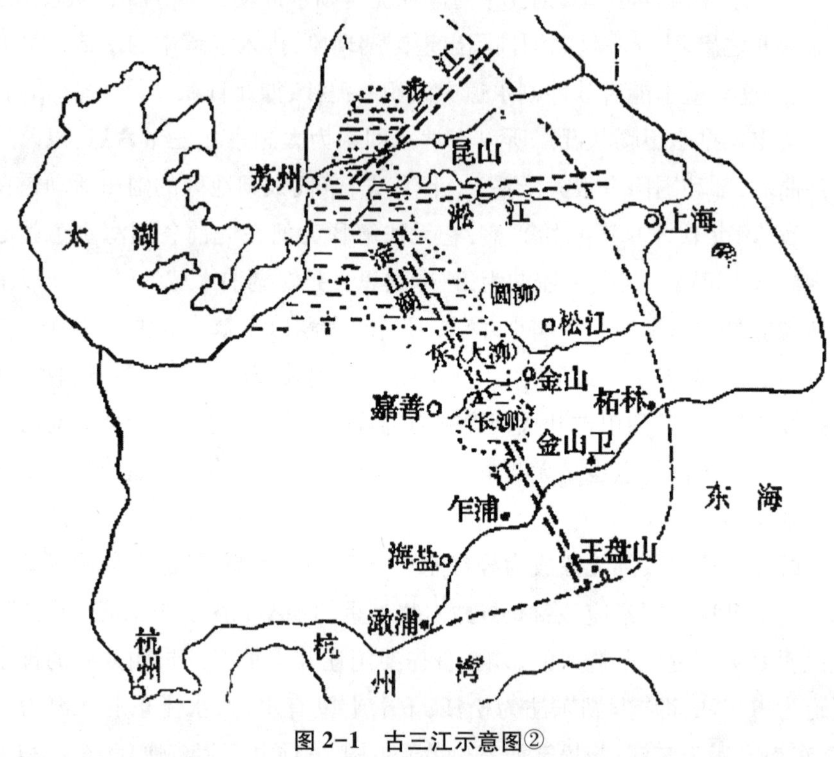


图 2-1 古三江示意图②

但是到 11 世纪,三路排水通道均出现了不同程度的排水不畅现象。除了前面提到的东路吴淞江出现曲流、河床淤塞、排水不畅外,东北路早在天禧二年(1018 年),就因为排水不畅,需要疏导昆山、常熟诸湖港浦③。到 11 世纪 30 年代,东北路仍旧是“虽北压扬子江,而东抵巨浸,河渠至多,堙塞已久,莫能分其势矣”④。郏亶于 1070 年上书时评价东北路在常熟境内的情况为“水盛时决之则或入江海”,但当“水(势)稍退”之时,由于江潮反推

① 钱济鄂著,赵松乔编:《吴越国武肃王纪事》(下卷),新加坡木屋学社、洛杉矶中华诗会 1993 年版,第 9 页。

② 郑肇经:《太湖水利技术史》,农业出版社 1987 年版,第 23 页。

③ 江苏省水利厅水利史研究小组:《太湖水利史》(讨论稿),1964 年,第 57 页。

④ [宋]范仲淹:《范文正公〈上吕相并呈中丞咨目〉》,载《浙西水利书校注》,农业出版社 1984 年版,第 1 页。

使“欲北导于江(即长江)者反南下”①。身为户曹的赵霖于政和六年(1116年)考查后对东北路在昆山一带“诸浦湮塞”的原因解释为“濒海之田俱惧咸潮之害,皆作堰坝以隔海潮,里水不得流外,沙日以积”所致②。此后直到南宋初年,昆山西边的小虞浦“北受鳗鲡诸瀼之水,而南出之江(指吴淞江)”③。绍兴二十八年(1158年),时人经实地考察后,上书建议在“昆山县开浦四处,新阳江北接百家瀼南出吴淞江;自百瀼口、太仓塘又小虞浦北接鳗鲤瀼南出吴淞江;自鳗鲤瀼口下南至墓村桥,又雇浦北接斜塘瀼南出吴淞江;自郭泽塘口下北至邵塘,又郭泽塘南通夏驾浦,东通雇浦洛彻吴淞江”。④ 至此,由于昆山一带的水道已基本丧失排水能力,原来从东北路入江的水流也不得不改走吴淞江入海。综合上述情况来看,东北路排水不畅直至改道,当与海潮有关。

与东北路经历类似,东南路排水通道附近早在11世纪20年代就因淤塞而成为“积水害稼”的内涝地区⑤。在绍兴十三年(1143年),时人称:“柘湖十有八港,正在其南,故古来筑堰以御咸潮。……今除十五处筑堰及置石闸外,独留新泾塘、招贤港、徐浦塘三处,见咸潮奔冲,渰塞民田。”⑥之后,招贤港和徐浦塘也被捺断,“独留新泾塘以通盐运”⑦。可还是因为新泾塘导致“海水往来,遂害一县民田”,所以在乾道八年(1172年),又将这最后一条通道堵死⑧。至此,东南路的排水出路已完全被捺断。其实,早在东南路排水通道被人为捺断之前,原本由东南路入海的水流就已经改走吴淞江入

---

① [宋]范成大撰,陆振岳点校:《吴郡志》,卷19,《水利上》,江苏古籍出版社1986年版,第265页。

② [宋]范成大撰,陆振岳点校:《吴郡志》,卷19,《水利下》,江苏古籍出版社1986年版,第288页。

③ [宋]范成大:《范文穆公〈水利图序〉》,载《浙西水利书校注》,农业出版社1984年版,第40页。

④ [清]徐帆辑:《宋会要辑稿》,中华书局1957年版,第5930上页。

⑤ [明]沈启:《吴江水考》,卷2,《水治考》,广陵书社2006年版。

⑥ [元]脱脱等撰:《宋史》,卷97,《河渠七》,中华书局1977年版,第2413—2414页。

⑦ [元]单庆修,徐硕纂:至元《嘉禾志》,卷4,《宋元浙江方志集成》第13册,杭州出版社2009年版,第5893页。

⑧ [宋]杨潜修:绍熙四年《云间志》,卷中,《堰闸》。

海了。当时负责新泾塘捺断工程的秀州知州岳霖提道:“其乡间老皆称,或遇水涝,本县西北有长泖连接淀山湖、赵屯浦、咸鱼港出大盈浦,趣吴淞江入大海。县北亦有通陂塘、嵩塘、郭港泾趣艾浦通吴淞江,亦入大海。县东北又有北俞塘、黄浦塘、蟠龙塘通接吴淞大江,皆泄里河水涝。”①可见,东南路排水不畅并非是人为捺断塘浦所致,从各塘浦被捺断的原因看,应当也与海潮危害有一定关系。

东北、东南两路排水通道相继阻塞,独剩东路一条。正如时人所称:“湖常等州,水皆归于太湖,自太湖以导于松江(即吴淞江),自松江以注于海。是太湖者,数州之水所潴;而松江又太湖之所泄也。然以数州涨水巨浸,而独泄于一松江,宜其势有所不逮。”②这样的水文环境与北宋初年甚至更早以前的水文状况已经有了很大不同,被誉为是“自太湖流域下游水系形成以来文献记载中出现的最重要变化”③。这一重大变化,与作为东路排水通道的吴淞江出现河道曲流、排水不畅现象以及太湖地区湖泊面积扩大,附近低田相继被淹没沦为浅湖的现象,共同构成了宋代以来太湖地区水文环境重大变化的三个特征。这三个特征用海平面上升这个因素来解释,是能够说明问题的。但具体情况还要先从太湖地区的地理环境讲起。

**(二)海平面上升及其对水文环境的影响**

太湖地区东临大海,地势呈西南高,东北低,四周略高,中部略低,形似碟子。这种中部低四周高的地形特征在宋代以来的文献中也有反映。如在《宋会要辑稿》中提道:“大江之南镇江府以往地势极高,至常州地形渐低。钱塘江之北,临安以往,地势尤高,秀州及湖州地形极低。而平江府居在最下之处。”④特别是东部沿江靠海的边缘有一条弧形的高于中部地区的碟缘地带,从各处汇聚到中部的水源必须要翻越碟缘高地,才能排泄入江海⑤。如果没有足够的水势差,那么向东排水入海就会相当困难。相反,由于中部

① [清]徐帆辑:《宋会要辑稿》,中华书局1957年版,第4948下页。

② [宋]赵子潇:《赵传郎〈相视导水方略〉》,载《浙西水利书校注》,农业出版社1984年版,第35页。

③ 满志敏:《中国历史时期气候变化研究》,山东教育出版社2009年版,第414页。

④ [清]徐帆辑:《宋会要辑稿》,《食货八》,中华书局1957年版,第4950页。

⑤ 桑润生:《太湖流域历史上水患的成因、策治与教训》,《上海水利》1998年第2期。

底地低洼处只有 1.2—2.9 米，每当洪汛和江海高潮时，大部分水田都将在高潮位以下①，海潮比较容易沿各入海通道逆流而上向大陆纵深推进。

其实在宋代，时人早已经对海潮与河道排水不畅、水患间关系有了初步认识。如在 11 世纪后期，水利专家单锷已认识到"吴中多水患"是因为吴淞江"江水不快，软缓而无力"，而"海之泥沙，随潮而上，日积不已"，致使"海口湮灭"②，这是吴淞江排水不畅的原因。在政和年间（1111—1117 年），负责治理太湖地区水利的赵霖也提及当地"江海之潮，日两涨落。潮上灌浦，则浦水倒流。潮落浦深，则浦水湍泻。远地积水，早潮退定，方得徐流。几至浦口，则晚潮复上。元未流入江海，又与潮俱还。积水与潮，相为往来，何缘减退"③。宋代太湖地区的水涝灾害按史料记载可分为四大类，其中之一便是以海潮为诱因。从公元 1000 年到 1224 年，太湖地区共有 12 个年份发生了这类水灾，平均每 18.75 年中就有一年发生；相比而言，10 世纪竟然没有一次这类水灾出现。说明 11 世纪以来太湖地区的潮患是比较严重的。造成严重潮患的原因除了捍海堰塘年久失修等人为因素外，当然还与海平面上升有很大关系。这一点已经被许多学者认同④。

前辈学者们经分析认为，从唐至南宋为一个相对高海面时期，其中尤以 8 世纪、11 世纪后期至 13 世纪初期的高海面状况较为显著，只是在唐末至五代十国等少数时间里，海平面相对较低⑤。另有学者通过分析还给出了两宋海平面的上升数据，即从北宋初年（10 世纪中叶）至南宋中期（13 世纪

① 肖汝其、董耀龄：《太湖晚粳稻》，浙江科学技术出版社 1993 年版，第 19 页。

② ［宋］苏轼：《苏文忠公〈单锷吴中水利书〉》，载《浙西水利书校注》，农业出版社 1984 年版，第 8 页。

③ ［宋］范成大撰，陆振岳点校：《吴郡志》，卷 19，《水利》，江苏古籍出版社 1986 年版，第 288 页。

④ 王文、谢志仁：《从史料记载看中国历史时期海面波动》，《地球科学进展》2001 年第 2 期；满志敏：《两宋时期海平面上升及其环境影响》，《灾害学》1998 年第 2 期；王文、谢志仁：《中国历史时期海面变化——塘工兴废与海面波动》，《河海大学学报》1999 年第 4 期；葛全胜：《中国历朝气候变化》，科学出版社 2011 年版，第 412 页。

⑤ 王文、谢志仁：《从史料记载看中国历史时期海面波动》，《地球科学进展》2001 年第 2 期。

初),海平面上升的幅度约为1.5—2米,最高海面比现代海面高1米左右①。

为证明海平面上升情况属实,这里特举几个典型事例。例如在今金山一带,吴越国统治时期的水系格局为小官浦连接着北部的新泾塘以及南方的杭州湾②。到北宋绍圣年间(1094—1098年)依然保持这种格局③。但至迟在绍兴十三年(1143年)之前,这种格局发生了重大变化,小官浦在文献中已经消失踪迹,而北部的新泾塘直接与杭州湾相接了④,说明在当时,小官浦及周边农田、土地都已被海水浸没。后来海水继续向北推进。乾道七年(1171年)修筑新泾塘新堰时,由于绍兴十三年修筑的"新泾旧堰迫近大海,海潮势湍急,其港面阔,难以施工役",不得不将新堰址移至西北距离旧堰二十里且"水势稍缓"的运港(在今金山亭林镇附近)一带⑤。在今海盐一带的海岸线自北宋以来也是由于海平面上升被不断侵蚀。原在唐时设置于县东的宁海镇,在北宋初年因海水逼近而不得不向西移置。但海水继续侵吞土地,到绍兴初年,"县治去海无三百步"⑥。此外,海盐以西的盐官县(治所在今海宁县以南盐官镇)附近的大海"原与县治相去四十里"⑦。北宋中叶以后,海平面持续上升,海岸线内缩。"钱塘江自元丰六年(1083年)泛滥之后,潮夕往来卒无宁岁"后又"水势稍改,自海门过储山,即回薄岩门、白石一带北岸,坏民田及盐亭盐地东西三十余里,南北二十余里"⑧;"宣和壬寅(1122年),盐官海溢。县南至海四十里,而水之所啮,去邑才数里,邑人甚恐"⑨;嘉定十二年(1219年),盐官距离海岸线已缩短至三十余里⑩,"潮冲平野二十余里,至是侵县治,芦州、港渎、及上下管、

① 满志敏:《两宋时期海平面上升及其环境影响》,《灾害学》1998年第2期。

② 《十国春秋·吴越武肃王世家》:"浚柘湖、新泾塘由小官浦入海。"

③ 《宋史·毛渐传》:"柘湖下金山小官浦以入海。"

④ 《宋史·河渠志》:"今依新泾塘置闸一所,又于两旁帖筑咸塘,以防海潮入民田。"

⑤ [清]徐帆辑:《宋会要辑稿》,《食货61》,中华书局1957年版,第5937下页。

⑥ [明]樊维城修,胡震亨等纂:天启《海盐图经》,卷3。

⑦ [元]脱脱等撰:《宋史》,卷97,《河渠七》,中华书局1977年版,第2402页。

⑧ [元]脱脱等撰:《宋史》,卷97,《河渠七》,中华书局1977年版,第2386页。

⑨ [宋]方勺:《泊宅编》,卷中,中华书局1983年版,第88页。

⑩ [元]脱脱等撰:《宋史》,卷97,《河渠七》,中华书局1977年版,第2401页。

黄湾、黄冈等盐场皆圮,蜀山沦入海中”①。到嘉定十五年(1222年)县南距海仅剩不到一里,所谓“早晚两潮,奔冲向北,遂致县南四十余里尽沦为海”。② 不单是太湖地区,据文献分析,两宋时期在苏北、余姚平原等华东沿海广大地区也都出现了由于海平面上升所造成海岸线后退、海潮肆虐等状况③。

在海平面上升过程中,海水的顶托作用和涨潮流作用会明显加强,河流侵蚀基准面随之被抬高,使吴淞江河道的水流比降减小,流速随之减缓,继而在中段出现了曲流,原来与流速相适应的输沙平衡被打破,致使泥沙逐渐淤积,河道淤浅。为确保河水不泛滥成灾,宋人不得不一再将堤防抬高,以至于“河底之土反高于田中”④。海平面上升造成潮流界上溯,形成“海潮直至苏州以东一二十里之地,反与江、湖、民田之水相接,故水不能湍流,而三江不浚”⑤的局面。用现代科学解释就是,由于河水与潮水的双向流动加强,促使河道中泥沙加速堆积,各水道比降减少,东流水势也进而受阻。为维持上游流量下送平衡,太湖等湖泊会自动提高水位,朝水流比降增加的方向发展。但由于太湖等湖泊均为浅水碟形湖盆,平均深度不足2米,属于三角洲浅水湖泊类型⑥。水位抬高必然表现为湖区面积快速增长,导致濒湖农田相继成为“积水不退之田”。对于分担太湖东北、东南排水出路的各个塘浦来说,原本就水道窄浅,水势不大。海平面上升,海潮潮位抬高后,进一步使水流比降减小,水势减缓,排水不畅,海潮反倒借助这些水道向内陆推进。《南四乡记》中记载的“海潮大入,云间、胥浦、仙山、白沙荡为巨壑,漫

---

① [元]脱脱等撰:《宋史》,卷61,《五行一上》,中华书局1977年版,第1337页。

② [元]脱脱等撰:《宋史》,卷97,《河渠七》,中华书局1977年版,第2402页。

③ 满志敏:《中国历史时期气候变化研究》,山东教育出版社2009年版,第416—423页。

④ [宋]范成大撰,陆振岳点校:《吴郡志》,卷19,《水利上》,江苏古籍出版社1986年版,第276页。

⑤ [宋]范成大撰,陆振岳点校:《吴郡志》,卷19,《水利上》,江苏古籍出版社1986年版,第271页。

⑥ 孙顺才等:《太湖平原地区湖泊分布及成因》,载《太湖流域水土资源及农业发展远景研究》,科学出版社1988年版。

及苏、湖、秀,邑不复可耕”①,描述的就是在乾道八年(1172年)之前,海水沿金山一带水道入侵内地进而淹没农田的景象。

河水不泄,继而海水倒灌,一方面使受害地区农田被水淹没,另一方面也导致受害地区的土壤盐碱化程度加重②,严重阻碍了粮食生产。为保障粮食生产,通海塘浦被相继捺断③。太湖地区的排水通道最终仅剩吴淞江一条,致使本区排水更加困难。加之吴淞江河道淤高进而使洪水水位抬升,又加剧了当地的洪水泛滥。

相反,10世纪大部分时间为一个海平面相对较低时期。由于低海平面状态,海水退缩,陆地甚至朝海洋扩张。如在杭州吴山东南“沙涨十五里”④;在长江口北岸,自唐太和五年(公元831年)置如皋场后,由于这一带陆地向海洋扩张,到南唐保大十年(公元952年),如皋场已升为县级单位;到后周显德五年(公元958年)后,又将在保大十年前后设置的静海都镇扩充为通州,以管辖新辟的静海、海门两县⑤。受海平面影响较小缘故,太湖地区各个排水通道也基本顺畅。除了东路吴淞江比较宽广,泄水通畅外,东北和东南两路排水通道尽管有不同程度淤塞,但通过定期撩浅养护,也还能够保持畅通状态⑥。又加上降水量前期(901—950年)偏少后期(951—990年)适度,所以水患较轻。甚至被后人有些夸大描述为“钱氏百年间(即907—978年),岁多丰稔,唯长兴(930—933年)中一遇水耳”⑦。

所以可以肯定地说,宋代太湖地区的水文环境发生重大变化,以及由此

---

① [元]单庆修,徐硕纂:至元二十七年《嘉禾志》,卷20,《碑碣五》,《宋元浙江方志集成》第13册,杭州出版社2009年版。

② 如乾隆《金山县志》卷8载:“宋政和(1111—1117年)中,……湖水不可泄,咸水竟入为害,于是东南四乡为斥卤之地……海潮晨夕冲突塘口,至阔三十余丈,咸水延入苏、湖境上。”

③ 如绍熙《云间志》卷中记载,在南宋乾道年间(1165—1166年),在重筑华亭十八堰之时,今金山甚境内通海河港全部捺断。

④ 钱济鄂著,赵松乔编:《吴越国武肃王纪事》(下卷),新加坡木屋学社、洛杉矶中华诗会1993年版,第108页。

⑤ [宋]乐史撰:《太平寰宇记》,卷130,《淮南道》,中华书局1985年版。

⑥ 缪启愉:《太湖塘浦圩田史研究》,农业出版社1985年版,第24—25页。

⑦ [宋]范成大撰,陆振岳点校:《吴郡志》,卷19,《水利下》,江苏古籍出版社1986年版,第281页。

造成的严重水患确实是与海平面上升有关。但是海平面上升还并不是前两者产生的最根本原因。

### (三)中世纪暖期与海平面上升

学者们通过多年不懈努力得出了一个基本共识。那就是海平面波动的原因尽管十分复杂,主要有天文、气候、地壳运动及大地水准面变形等,但在诸多因素中,作为通过温度变化来影响全球冰量和海水量间平衡转移过程的气候因素,应当是历史时期海平面波动的控制性因素①。从晚更新世以来,气候变化与海平面升降之间,确实存在着时间上同步与幅度上相应的关系。表现为在气候温暖时,陆上冰量减少,海洋水温升高,水量增加,海平面随之上升,潮灾发生频率随之增多;而在气候转寒则恰恰反之②。故而可以说,气候变化与海平面上升之间确实存在因果联系。

不过,从华东沿海广大地区均出现海平面上升这一点来看,两宋的海平面变化并非单靠局部区域的气候变化就能够导致的,只有在全球范围的气温变暖条件下,才能带动如此大范围的海平面上升。而从全球的气温状况看正好符合上述条件。之前一般认为,在公元900—1300年,全球气候温暖,即所谓的“中世纪暖期”(Medieval Warm Period,简称MWP)③。

其中,11世纪是近千年全球平均温度最高的一个世纪,比近千年平均温度高0.3℃④。中国科学院南京地理与湖泊研究所的刘健等人通过进一步分析,将全球平均的中世纪暖期出现时间精确到1000—1280年间,并指出期间的年平均温度均高于1000—1990年全球的平均温度水平⑤(见图2-2)。

---

① 王文、谢志仁:《中国历史时期海面变化——潮灾强弱与海面波动》,《河海大学学报》1999年第5期。

② 杨怀仁等:《第四纪气候变化与海面波动》,载《全国海岸河口会议论文集》,1980年;葛全胜:《中国历朝气候变化》,科学出版社2011年版,第104、525页。

③ Soon W., Bahunas S., Idso C., et al., “Reconstructing climatic and environmental changes of the past 1000 years: reappraisal”, *Energy and Environment*, 2003, p.14; Jones P.D., Mann M.E., “Climate over past millennium”, *Rev Geophys*, 2004, p.42.

④ 王绍武:《小冰期的气候研究》,《第四纪研究》1995年第3期;王绍武、罗勇、赵宗慈等:《关于气候变暖的争议》,《自然科学进展》2005年第8期。

⑤ 刘健、高建慧、王苏民:《中世纪暖期温度变化的模拟》,《湖泊科学》2006年第2期。

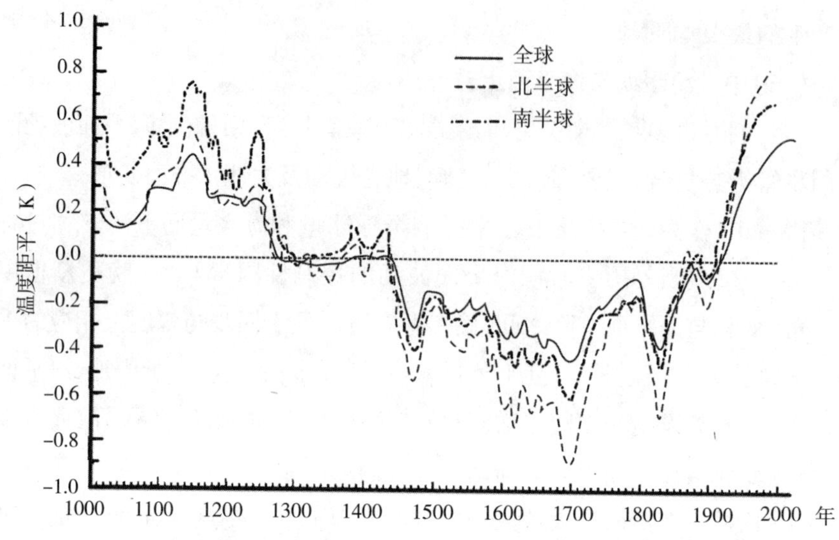


**图 2-2　年平均温度相对于 1000—1990 年的 31 年滑动平均值变化图**①

作为构建全球中世纪暖期的重要组成部分,中国地区的气候变化在气温方面也是与全球保持着较高同步性②。因而,由中国一隅情况也可大致窥探到全球在这一时间段内的情况。由中国东部地区气温变化情况看:在进入中世纪暖期之前,东部地区气候还比较寒冷,延续着晚唐以来的寒冷气候③。其

① 资料来源:刘健、高建慧、王苏民:《中世纪暖期温度变化的模拟》,《湖泊科学》2006 年第 2 期。

② 之前认为中国不存在中世纪暖期。参见竺可桢:《中国近五千年来气候变迁的初步研究》,《中国科学 A 辑》1973 年第 2 期。但经过研究修正后,改变了之前观点,认为中国存在中世纪暖期,并与全球情况基本一致。如刘健等认为,中国约在 1000—1260 年同欧洲一样也进入了中世纪暖期。参见刘健、高建慧、王苏民:《中世纪暖期温度变化的模拟》,《湖泊科学》2006 年第 2 期。满志敏也认为,北宋中叶以后,我国气温升高是与全球同步。参见满志敏:《中国历史时期气候变化研究》,山东教育出版社 2009 年版,第 416 页。张德二、张修桂等人经研究也均认为五代晚期至元初,中国东中部地区存在与欧洲一致的中世纪暖期。参见张德二:《我国"中世纪温暖期"气候的初步推断》,《第四纪研究》1993 年第 1 期;满志敏、张修桂:《中国东部中世纪温暖期的历史证据和基本特征的初步研究》,载《中国生存环境历史演变规律研究》(一),海洋出版社 1993 年版,第 95—103 页。

③ 葛全胜:《中国历朝气候变化》,科学出版社 2011 年版,第 385 页。

中，公元 901—930 年冬半年平均温度较 1951—1980 年低 0.5℃①。气候的寒冷程度也表现在低温灾害严重情况上。以太湖地区为例，在唐光化三年（公元 900 年）“冬大雪，富春江（今杭州西南）冰合，旬日乃解”②；天复二年（公元 902 年）杭嘉湖一带“四月大雪，平地三尺余，其气如烟”③。天复三年（公元 903 年）三月“浙西大雪，平地三尺余”，“十二月，又大雪、江海冰”；次年（天祐元年，公元 904 年）九月“大风、寒如仲冬。是冬，浙东、浙西大雪。吴、越地气常而燠积雪，近常寒也”④。而气候寒冷正对应了这个时段低海平面、水患较轻的状况。

此后，中国东部地区气温开始逐年上升，出现了 1021—1110 年和 1231—1290 年两个暖峰；虽然在此间的 1111—1200 年气温略有降低，但这只是区域性降温，并不足以影响全球气温局势⑤。如此温暖的气候状态容易造成大陆的冰川融化。而类似情况其实已得到国外学者的证实。他们在对包括欧亚大陆、北美、南美热带及高纬度地区、新西兰等地区的冰川增减研究表明，大致在 900—1250 年时间范围内，这些地区的冰川均出现消融、退缩⑥。可见，正是气候变暖导致冰川的大范围消融，全球水量更多地集中于海洋，增加了全球海水容量，使海平面普遍升高，并从 11 世纪开始进入了显著的高海平面时期⑦。期间，长江河口地区的海平面高度在北宋晚期总

① 葛全胜、郑景云、方修琦等：《过去 2000 年中国东部冬半年温度变化》，《第四纪研究》2002 年第 2 期。

② 齐耀珊修，吴庆坻等纂：民国《杭州府志》，卷 28，《祥异一》，上海书店 1993 年版，第 443 下页。

③ ［清］丁丙修，王棻纂：光绪《杭州府志》，卷 82；［清］宗源翰、郭式昌等纂修：同治《湖州府志》，卷 44；［清］于尚龄等纂修：道光《嘉兴府志》，卷 12。

④ ［宋］欧阳修、宋祁撰：《新唐书》，卷 36，《五行三》，中华书局 1975 年版，第 937 页。

⑤ 以 30 年分辨率看，1111—1200 年的低温谷值比 1951—1980 年略微低 0.3℃，属过去 2000 年各寒冷期中寒冷程度最弱的时段。参见葛全胜、郑景云、方修琦等：《过去 2000 年中国东部冬半年温度变化》，《第四纪研究》2002 年第 2 期。

⑥ Grove J.M., Switsur V.R., “Glacial geological evidence for the Medieval Warm Period”. *Climatic Change*, 1994, p.24.

⑦ 王文、谢志仁：《从史料记载看中国历史时期海面波动》，《地球科学进展》2001 年第 2 期。

体上已高于20世纪80年代的水平①。到12世纪末13世纪初更是达到两宋时期我国东部海平面的最高点②。这种高海平面状况也可以从宋代以后,范公堤、土月堰、余姚县施堤等堤塘内侧没有再修筑海塘,以及盐官、海盐地的沿海土地再没有沦入大海等现象得到证实③。而高海平面进一步使太湖地区水文环境发生重大变化,造成水患严重,并给农田水利系统带来具大压力。

到此可以说,全球气候变暖才是水文环境变化以及严重水患出现的最根本原因。

## 第二节 元明清三代气候变化对农田水利的影响

### 一、全球气候变冷导致海平面下降

大致从13世纪后半叶开始,全球气候又发生了新的变化,向寒冷方向转变,进入了所谓的"小冰期"(Little Ice Age,简称LIA),并一直持续到19世纪末④。这使得欧亚大陆在进入小冰期后的平均气温较此前的中世纪暖期下降了1.5℃⑤;而北半球从中世纪暖期转入小冰期的气温降幅也达到了0.9℃⑥。在小冰期中,13世纪后半叶、15世纪后半叶、17世纪及19世纪,

---

① 杨怀仁、韩同春、杨达源等:《长江下游晚更新世以来河道变迁的类型与机制》,《南京大学学报(自然科学版)》1983年第2期。

② 满志敏:《两宋时期海平面上升及其环境影响》,《灾害学》1998年第2期。

③ 满志敏:《两宋时期海平面上升及其环境影响》,《灾害学》1998年第2期;王文、谢志仁:《从史料记载看中国历史时期海面波动》,《地球科学进展》2001年第2期。

④ Portter S.C.,"Pattern and forcing of northern hemisphere glacier variations during the last millennium",*Quaternary Research*,1986,p.26;Ogilvie A.E.J.,Jonsson T.,"'Little Ice Age' research:a persphective from Iceland",*Climatic Change*,2001,p.48.

⑤ Krenke A.N.,Chernavskaya M.M.,"Climate changes in the preinstrumental period of the last millennium and their manifestations over the Russian Plain",*Isvertiya*,*Atmospheric and Oceanic Physics*,2002,p.38.

⑥ Moberg A.,Sonechkin D.M.,Holmgren K.et al.,"Highly variable Northern Hemisphere temperatures reconstructed from low-and high-resolution proxy data",*Nature*,2005,p.7026.

都被认为是全球的几个显著冷期①。其中,17世纪更是近千年全球平均温度最低的一个世纪,比近千年平均温度低0.7℃②。由于气温陡然转冷,海冰和风暴使得在13世纪前还通畅无阻的挪威、冰岛和格陵兰之间的航路变得十分困难,并逐渐割断了与冰岛的联系;冰岛上再也无法种植粮食作物;冬季寒冷使鱼群改变了迁移路线,这一带的渔业再无之前的繁荣③。

作为世界上小冰期现象比较明显的地区④,中国的气候与全球基本同步,并呈现一种气候突变的过程。东部地区在1261—1290年至1321—1350年的降温幅度是过去两千年来气候冷暖转换过程中温度变动幅度最大的;这样在元代中后期(1321—1380年)就迎来了中世纪暖期后的第一个冷谷⑤。到明清时期的大部分时段,气候寒冷程度更为严重⑥。

全球气候转冷,进入持续时间长达六百多年的小冰期,这对于海平面影响也是巨大的。据国外学者研究,大致从1250年开始,欧亚大陆、北美、南美热带及高纬度地区、新西兰等地区的冰川由之前的消融退缩状态,又转而出现重新扩大的状况⑦。这说明全球水量开始更多地集中于陆地冰川,而海洋所含有的水体总量就会相应减少,随之产生的便是全球海平面下降以及长期的低海平面状态。从元代以来一直到清末,这种低海平面状态在中国沿海地区是确实存在的,这主要表现在海岸线的延伸上。

在太湖地区,由于海岸线不断向海洋延伸,土地面积增大。长三角海岸线从元代至明朝初年已向海洋延伸近40里⑧。在明朝初年,上海南汇嘴一

① 相比较而言,前两个寒冷程度较弱,后两个较强。参见王绍武:《小冰期的气候研究》,《第四纪研究》1995年第3期。

② 王绍武:《小冰期的气候研究》,《第四纪研究》1995年第3期;王绍武、罗勇、赵宗慈等:《关于气候变暖的争议》,《自然科学进展》2005年第8期。

③ 王苏民、刘健、周静:《我国小冰期盛期的气候环境》,《湖泊科学》2003年第4期。

④ 王绍武:《中世纪暖期与小冰期》,《气候变化研究进展》2010年第5期。

⑤ 葛全胜、郑景云、方修琦等:《过去2000年中国东部冬半年温度变化》,《第四纪研究》2002年第2期。

⑥ 详情可见本书第一章第二节第一部分。

⑦ Grove J.M., Switsur V.R., "Glacial geological evidence for the Medieval Warm Period", *Climatic Change*, 1994, p.24.

⑧ 中国农业科学院、南京农业大学中国农业遗产研究室太湖地区农业史研究课题组:《太湖地区农业史稿》,农业出版社1990年版,第87页。

带海岸线保持在北起高桥,东南经川沙、南汇、奉城至柘林一线。成化八年(1472年),时人还在这一海岸线上修筑时称“里护塘”的海塘。但由于此后海岸线继续延伸,后于万历十二年(1584年)再修外护塘,以保护在新增滩涂地区开垦的农田不受海潮侵袭。在雍正十一年(1733年)在外护塘原址基础上续筑北起黄家湾宝山县界,南至五墩涵水庙奉贤县界的“钦公塘”。雍正以后,由于钦公塘以外海岸线继续外伸,为保护在钦公塘外新开垦的三十多万亩农田,时人又于光绪十年(1884年)于钦公塘外修筑北起川沙撑塘,南至泥城南角的“王公塘”。新塘与钦公塘间的最远距离已达二三十里。但随着王公塘以东海岸线进一步延伸,此后又在王公塘外十余里另筑“李公塘”①。总之,从明代中叶至清末,南汇嘴一带海岸线已向海洋延伸了四五十里的纵深距离②。不单是南汇嘴一隅,整个上海一带的海岸线都有延伸。这从元代以来置新县情况便可以大致了解。在至元二十九年(1292年),就从华亭县分出上海一县;到雍正二年(1724年)在嘉定县东境又新辟宝山县;紧接着于雍正三年(1725年)置南汇、奉贤(治今奉城镇)二县;后又于嘉庆十年(1805年)增设川沙县③。此外,诸如苏北沿海、浙东沿海、福建海湾,以及珠江三角洲滨海地区均在元代以来也都出现了海岸线延伸状况④。这样大范围、全国性的海岸线延伸现象,也只有在全球海平面下降、海水全面退缩的条件下才会产生。

## 二、海平面下降造成水文环境重大变化

元代以来,海平面下降不仅造成海岸线延伸,沿海土地增加,还对太湖地区的水文环境有重大影响。

首先以淀山湖为例。大约在绍熙年间(1190—1194年),当时的薛淀湖

① 武同举:《江苏水利全书》,卷38,《江南海塘一》。

② 汪家伦、张芳:《中国农田水利史》,农业出版社1990年版,第410页。

③ 谭其骧:《上海市大陆部分的海陆变迁和开发过程》,载《长水集》(下),人民出版社1987年版,第175页。

④ 张芳:《中国古代灌溉工程技术史》,山西教育出版社2009年版,第447页。

(今淀山湖),由于高海平面造成的湖水面积扩增,已形成一个“周回几二百里,茫然一壑”的大湖。但迟至元代后期,这片湖泊却发生了变化。在元大德初年(1297年),当时的人们提到淀山上原先“有塔寺,昔在湖心,此湖淤淀,其寺已在湖岸之上。今者湖岸又复开拓于六七里之外矣。概由此湖东向与海潮相接,接淤成涂,渐为富豪围占,致使二百余里湖面,为旧大盈等浦接泄江海最为快便去处,皆增为平陆”①。就是说从绍熙年间到大德初年百年时间里,淀山湖湖面向西退缩,原先连接淀山湖的赵屯浦、大盈浦两处排水通道“渐至淤塞,有若平地”②。后由于淀山湖湖面继续缩小,在明代初年距湖仅五六里的淀山,到景泰年间(1450—1457年)已达十余里之远;原来数十里宽的淀山湖在当时缩短为“亦不过一二十里”③。导致淀山湖湖面缩小的根本原因仍是与海平面有关。正是在低海平面条件下,海水的顶托作用和涨潮流作用会相应减弱,河流侵蚀基准面随之降低,河与海之间的水流比降增大,原先在高海平面时期为维持上下游流量平衡而抬高水位的通海湖泊,就会自动降低水位。而像淀山湖这样的浅碟型湖泊就会表现为湖水面积的缩小。

和淀山湖经历相似,作为太湖地区最大湖泊,太湖也在元代以来出现了湖水水位下降,湖面退缩的状况。吴江塘岸在南宋时还是紧邻太湖水面,即所谓“截然浮于巨浸之上”④。到嘉靖四十三年(1564年)前,就连吴江县城距离太湖湖岸也延长到三里有余⑤。乾隆十一年(1746年)震泽县⑥一带“向时湖塘之外,即为太湖,今塘外浮涨成田,近者一里,远者三里”⑦。两百多年后的今天,吴江塘岸以西和頔塘以北与湖边距离少者七八里,多者已达

---

① [明]陈威修,顾清等纂:正德《松江府志》,卷3,天一阁藏明代方志选刊续编影印明正德刻本。

② [明]陈威修,顾清等纂:正德《松江府志》,卷3,天一阁藏明代方志选刊续编影印明正德刻本。

③ [明]顾祖禹辑著:《读史方舆纪要》,卷24,《松江府》,中华书局1955年版。

④ [宋]范成大撰,陆振岳点校:《吴郡志》,卷6,《思贤堂》,江苏古籍出版社1986年版,第61页。

⑤ [明]沈启:《吴江水考》,卷1,《水道考》,广陵书社2006年版。

⑥ 雍正二年(1724年)从吴江县分出其西部设立震泽县。

⑦ [清]沈彤等纂:乾隆《震泽县志》,江苏古籍出版社1991年版。

二十多里①。宜兴一带的百渎沿岸,在清初也出现了“尽涨芦洲,旧时港口在洲内一二里”②的状况。元代以来,太湖由于湖面退缩所造成的最大变化便是大缺口和东太湖的形成(见图2-3)。洞庭东山原在湖水当中,与苏州西南部的丘陵地带隔着一段较宽的湖面,后来这段湖面逐渐狭缩,形成了被称为“大缺口”的地带③。由于这段大缺口继续狭缩,之前还是“往时口阔二三百丈,水行通畅”④,到雍正年间(1723—1735年)已是“阔仅里许”⑤,乾隆十四年(1749年)大缺口“仅存五十余丈”⑥,至道光十年(1830年)虽加以浚治,但仍然仅“宽六丈”⑦。到清后期,由于大缺口进一步狭缩变成了一条普通河港,东山岛也与陆地相连,形成嵌入湖中的狭长半岛。大缺口的逐渐合拢,导致东太湖的形成。另外,东太湖湖水至少在明代后期之前还是能从吴家港、瓜泾口等处排入吴淞江。但到嘉靖四十三年前,随着吴家港水面退缩被开辟为农田,只剩下北面的瓜泾口一处出水口。因而当时人们称:“自吴淞上流南,渐淤为田,去水惟瓜泾为速⑧。”据考察,在清代后期东山岛与陆地相连前后,东太湖在吴江西侧的水面向西退缩速度竟达到每年200米⑨。而在同时代(清后期),诸如菱湖、白洋湾、石湖等太湖周边水域也逐渐成为了陆地或沼泽,并最终消失。另外,在乾隆年间还处在太湖湖中的马迹山岛⑩,在清后期以来与陆地相连形成了湖岬,并逐渐和东山岛一样成为

---

① 缪启愉:《太湖塘浦圩田史研究》,农业出版社1985年版,第52页。

② [清]金友理撰,薛正兴校点:《太湖备考》,卷1,《太湖》,江苏古籍出版社1998年版,第48页。

③ 缪启愉:《太湖塘浦圩田史研究》,农业出版社1985年版,第56页。

④ [清]金友理撰,薛正兴校点:《太湖备考》,卷1,《太湖·大缺口水利条陈》,江苏古籍出版社1998年版,第48—49页。

⑤ [清]金友理撰,薛正兴校点:《太湖备考》,卷1,《太湖》,江苏古籍出版社1998年版,第47页。

⑥ [清]金友理撰,薛正兴校点:《太湖备考》,卷1,《太湖·大缺口水利条陈》,江苏古籍出版社1998年版,第48—49页。

⑦ [清]郑言绍:《太湖备考续编》,上海古籍出版社1994年版。

⑧ [明]沈启:《吴江水考》,卷1,《水道考》,广陵书社2006年版。

⑨ 中国科学院南京地理所:《太湖综合调查初步报考》,科学出版社1965年版。

⑩ [清]金友理撰,薛正兴校点:《太湖备考》,卷首,《太湖全图说》,江苏古籍出版社1998年版,第3页。

了一个湖中半岛①。古今均有学者认为太湖湖水面积缩小与太湖环湖横塘的修筑有很大关系，但在宋代这些环湖塘堤有很多便已存在，却没有造成如此后果，这就难以解释了。当然这里也不否认诸如塘堤修筑、泥沙淤积等因素的影响作用，只是作为通海浅碟型湖泊，太湖受到海平面下降这一重大环境变化的影响是难以避免的。

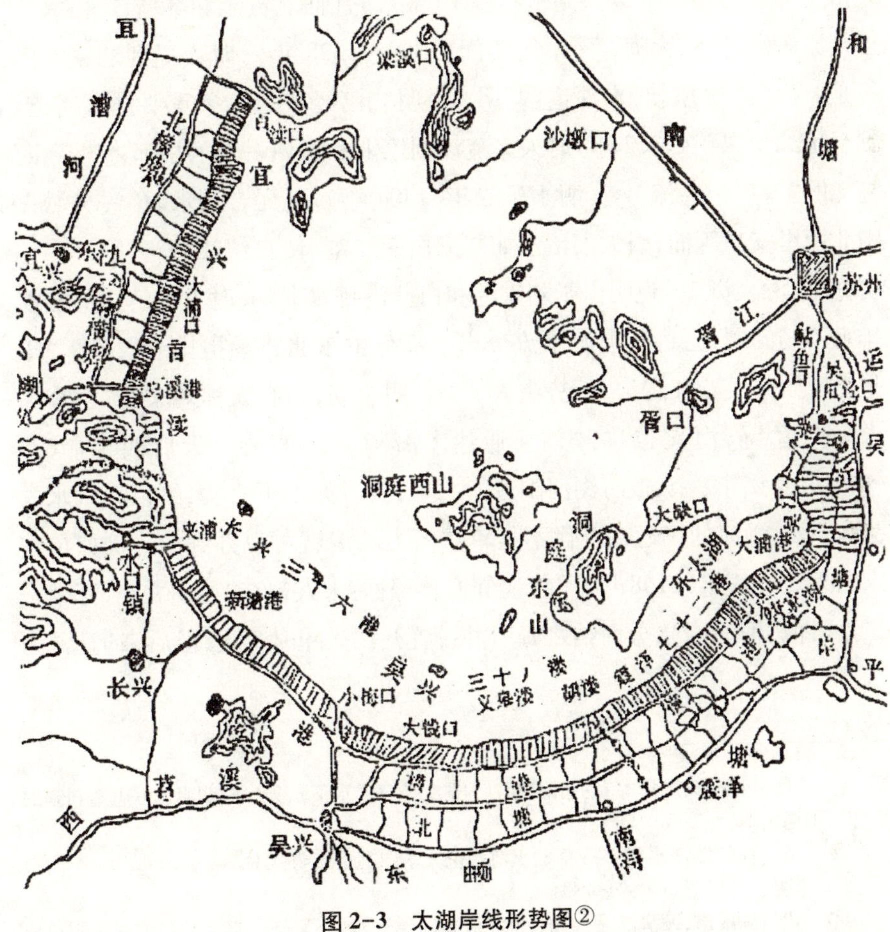


图 2-3　太湖岸线形势图②

除了湖泊外，太湖以东各排水通道也在低海平面影响下发生了重大变

① 张修桂：《太湖演变的历史过程》，《中国历史地理论丛》2009 年第 1 期。

② 资料来源：缪启愉：《太湖塘浦圩田史研究》，农业出版社 1985 年版，第 44 页。

化。在宋代以前,古娄江已经淤塞,尽管这一方向的排水通道在宋代仍存在,但随着高海平面影响已逐渐丧失作用。从13世纪末开始,这一线又发生了新变化。在至元二十四年(1287年),时人开通刘家港(今浏河)"自娄门(今苏州一带)导水由娄江以入于海,粗得水势顺下,不致危害"①。自此,古娄江一线水道再次担当起排水任务。大德年间(1297—1307年)都水庸田使麻合马嘉称:"今太湖水不流于(吴淞)江而北流至和等塘,经由太仓出刘家等港,注入大海。"②泰定年间(1324—1328年),时人提到刘家港已经是"今年潮汐东朝,水深港阔"③。说明它已经成为一条重要排水通道。到至正二十二年(1362年)时人又疏浚刘家港和常熟一带的白茆港④,致两港能够"皆广川急流"⑤。明永乐二年(1404年),夏元吉治水时"浚吴淞江南北两岸安亭等浦,引太湖诸水如刘家白茅二港,使直注江海"。这一事件史称"掣淞入浏"。说明由于刘家港和白茆港排水通畅,时人为解决吴淞江排水不畅问题,已将其上游水流分出一部分由东北路承担排泄入海。"于是娄江始并吴淞江之水,而势滋大。"⑥到明中期,归有光称刘家港"至今为入海大道"⑦,海瑞也称:"刘河通达无滞"⑧。一直到"天启四年(1624年),吴地水高丈余,彼时浏河阔者一二里,狭者亦不下百丈,终以河阔水去甚速"⑨。浏河的畅通在古代不是单靠人力疏浚就可以办到的。例如早在宋绍兴二十八年(1158年)平江府知府蒋璨称:宋人曾在"昆山之东,开十一二浦(即浏河河网),分而纳之海",并设置开江兵随时疏浚,但后来仍是"为

① [明]陈威修,顾清等纂:正德《松江府志》,卷3,《水下》,天一阁藏明代方志选刊续编影印明正德刻本。

② [元]任仁发:《水利集》,卷8,上海师范大学图书馆藏明钞本。

③ [明]卢熊纂修:洪武《苏州府志》,卷3。

④ [明]陈威修,顾清等纂:正德《松江府志》,卷3,《水下》,天一阁藏明代方志选刊续编影印明正德刻本。

⑤ 正德《松江府志》,卷3,《水下》,引夏元吉《苏松水利疏》。

⑥ [清]宋如林修,孙星衍纂:嘉庆《松江府志》,卷10,《山川志》,上海书店1991年版。

⑦ [明]归有光:《震川先生全集》,卷3,《水利后论》,商务印书馆1935年版,第45页。

⑧ [清]张廷玉等撰:《明史》,卷88,《河渠六》,中华书局1974年版,第2166页。

⑨ [清]顾士琏:《水利五论·附时务》,载《娄东杂著·竹集》,棣香斋丛书本。

潮汐沙积，而开江之卒亦废”[①]。由此看出，正是因为元代以来的海平面降低，河口段水位随之下降，原先的高潮位也相应降低，昆山、常熟一带受潮汐阻水压力得以缓解，而纵向水面比降则因河口段水位下降而增大，进而使河流流速提升，落潮流作用增强而涨潮流作用减弱[②]，再也不是原先“欲北导于江者反南下”的状况。长江口的“潮汐东朝”，排水压力骤然减小，给了刘家港创造了一个能够形成“水深港阔”河港的有利条件。不单是浏河，浏河南部在至元年间也出现一处被称为“南石桥港”的大港，同样也是“天然深阔”[③]，非人力所为。由此可见海平面下降这一自然力对于河道拓宽、浚深的巨大作用。但是，刘家港毕竟距离长江口过近；而长江河口受海平面下降影响已出现了落潮流作用增强、河流流速增大以及河口段向南摆动的状况[④]，这对浏河排水造成非常不利的影响，致使河道周围“高乡多枝河，则海潮倒注，常分而不聚。低乡有围岸，则江流顺行，常聚而不分。相反实相济也”。[⑤] 而河道中的泥沙日积月累，所谓“自西水渐塞，力不足以刷沙，故疏之甚难，而淤之甚易。……一日两至之沙，逾年而以尺计”靠古代的技术条件又无法解决，最终浏河也开始出现排水不畅状况。到康熙十一年（1672年）江苏巡抚马祐主持疏浚浏河工程完成之后，其“河面阔十一丈，底阔六丈六尺”[⑥]。从“阔者一二里”退化为“阔十一丈”，可见浏河已沦为一条普

① ［宋］范成大撰，陆振岳点校：《吴郡志》，卷5，《营寨》，江苏古籍出版社1986年版，第46页。

② 杨怀仁、韩同春、杨达源等：《长江下游晚更新世以来河道变迁的类型与机制》，《南京大学学报（自然科学版）》1983年第2期。

③ ［元］周文英：《周文英〈三吴水利〉》，载《浙西水利书校注》，农业出版社1984年版，第87页。

④ 科学研究将长江出现这类现象解释为，是因为海平面以及河口段水位下降，纵向水位比降增大，使河口段流速增大并引发科里奥利力作用的增强，南岸冲刷力较大，暗沙浅滩迅速向口外推移，南岸遭受侵蚀后退，河道逐渐向南摆动。参见杨怀仁、韩同春、杨达源等：《长江下游晚更新世以来河道变迁的类型与机制》，《南京大学学报（自然科学版）》1983年第2期。

⑤ ［清］顾士琏：《太仓州新浏河志》“附集”，康熙七年刻本。

⑥ ［清］李铭皖等修，冯桂芬纂：同治《苏州府志》，卷11，《水利三》，江苏古籍出版社1991年版，第295下页。

通小港,再无法成为东北方向的排水干道了①。

同样有此经历的还有处在北部的白茆河。白茆河在过去也曾被称为白茆塘、白茆港或白茆浦。白茆河开于至正二十四年(1362 年),当时可谓"堑其地为港,长亘九十里,广三十六丈"②。此后"凡太湖之水,自长洲、无锡而下者,若蠡湖、若常熟塘,若阳城、傀儡、巴城等湖,皆会于本县之华荡、昆承湖、尚湖,由白茆入海"。白茆河因而在元代以来起到非常重要的排水通道作用,所谓"白茆通,则长洲、无锡东注之水,咸有所泄。太湖底定,而常熟为乐国;白茆不通,则常熟为巨浸,而长洲、无锡诸水,皆无所泄,而太湖不定"。③ 到永乐年间,工部尚书夏元吉奏称:"常熟之白茆浦"与"嘉定之刘家港""皆系大川,水流迅速"。④ 但很大程度上也是受长江河口影响,在此后的正统七年(1442 年),已开始需要疏浚白茆河。在弘治五年(1492 年)朝臣建议应当浚白茆塘以利宣泄,又挑浚青墩浦以及横沥塘供给五六里,以通白茆塘,海口淤塞,又挑去约千余亩,于是使积水得以归海⑤。但是在弘治初年,白茆故道又淤塞。后在弘治七年(1494 年)开长洲、吴县、昆山、嘉定诸泾港,贯穿于白茆以入江。但一方面上游浅隘,一方面浦口涨沙横贯海中,人力不能去除,因而继续淤塞。到正德六年(1511 年),时人称:"(白茆河)潮汐泥沙,一日再至,港之命脉,纡曲微缓,不足以冲涤之,遂停积壅滞,日就淤塞,亦其势有不能然者。"⑥此后虽对其多次疏浚,到隆庆四年(1570 年)海瑞称:"(白茆河)阔者不过四丈,水深不过四尺,狭者不及二丈,水深不及三尺。"⑦在万历三十四年(1606 年),白茆港"淤沙渐起,日甚一日,议

① 缪启愉:《太湖塘浦圩田史研究》,农业出版社 1985 年版,第 73 页。

② [清]李铭皖等修,冯桂芬纂:同治八年《苏州府志》,卷 9,《水利一》,江苏古籍出版社 1991 年版,第 267 上页。

③ [明]顾炎武:《天下郡国利病书》第 4 册,苏上,上海书店 1935 年版。

④ [清]李铭皖等修,冯桂芬纂:同治八年《苏州府志》,卷 9,《水利一》,江苏古籍出版社 1991 年版,第 269 下页。

⑤ 江苏省水利厅水利史研究小组:《太湖水利史》(讨论稿),1964 年,第 79 页。

⑥ [清]李铭皖等修,冯桂芬纂:同治八年《苏州府志》,卷 10,《水利二》,江苏古籍出版社 1991 年版,第 274 上页。

⑦ [清]李铭皖等修,冯桂芬纂:同治八年《苏州府志》,卷 10,《水利二》,江苏古籍出版社 1991 年版,第 279 下页。

者谓有海变桑田之势”,“自墩头而抵于雉浦,七十余里之间,虽淤疏相间,然大半浅狭矣。”①到康熙二十年(1681 年)巡抚慕天颜称:“常熟之白茆港,系苏常诸水东北出江第一要河,自明季失修,湮塞成陆,旱则潮汐不通,涝则宣泄无路”,其“淤塞之形,亦不亚于刘松”②。

相比而言,吴淞江自元代以来的状况一直都很不容乐观。在宋代,尽管吴淞江出现排水不畅状况,但终究是“广可敌千浦”③。任仁发称:“亡宋时吴淞一江,水势浩渺,绵绵不息,传送入海,狭处尚二里余。”④到元至元十四年(1277 年),还是“海舟巨舰每自吴淞江青龙江取道,直抵平江城东葑门湾泊,商贩海运。……往来无阻。此时江水通流,滔滔入海”⑤。仅过了短短一二十年时间,到大德年间(1297—1307 年)吴淞江的情况变成为“东自河沙汇,西至道褐浦,六七十里之间,两岸涨沙将与岸平。其中仅存江洪,阔不过三二十步,深亦不过三二尺,湖水所至比之旧时万不及一”⑥;“今有河沙汇者涨塞江心”,“江口河沙汇嘴”⑦。这里“河沙汇”是指位于吴淞江口的江心沙洲。除此以外,还有“暴涨为害”的“新华嘴、分庄嘴、严家嘴”这类江边的凸岸沙洲⑧。泰定年间(1324—1328 年),时人称吴淞江“地势涂涨,此所谓海变桑田之兆”⑨。到明永乐初年,吴淞江已经是“从(夏驾)浦抵上海南跄浦口,百三十余里,潮汐淤塞,已成平陆”⑩。在天启四年(1624 年)

① [明]耿橘:《常熟县水利全书》,明万历刻本。

② [清]李铭皖等修,冯桂芬纂:同治八年《苏州府志》,卷 11,《水利三》,江苏古籍出版社 1991 年版,第 295 下—296 上页。

③ [宋]范成大撰,陆振岳点校:《吴郡志》,卷 19,《水利下》,江苏古籍出版社 1986 年版,第 281 页。

④ [元]任仁发:《水利集》,卷 5,上海师范大学图书馆藏明钞本。

⑤ [明]陈威修,顾清等纂:正德《松江府志》,卷 3,《水下》,天一阁藏明代方志选刊续编影印明正德刻本。

⑥ [明]陈威修,顾清等纂:正德《松江府志》,卷 3,《水下》,天一阁藏明代方志选刊续编影印明正德刻本。

⑦ [明]卢熊纂修:洪武《苏州府志》,卷 3。

⑧ [明]陈威修,顾清等纂:正德《松江府志》,卷 3,《水下》,天一阁藏明代方志选刊续编影印明正德刻本。

⑨ [明]卢熊纂修:洪武《苏州府志》,卷 3。

⑩ [清]张廷玉等撰:《明史》,卷 88,《河渠六》,中华书局 1974 年版,第 2147 页。

巡抚都御史周起元在《请浚吴淞白茆疏》中称:“吴淞江自澳塘以至新泾口及东西芦浦三坝等处六七十里,淤淀不通。”①到崇祯元年(1628年),礼部员外郎陈懋德在奏请疏浚吴淞江和白茆浦的奏折中称:“吴淞江入海故道,化为平陆矣。”由此看来,吴淞江淤塞和其江床出现沙洲严重阻塞河道有直接关系。但是在一般情况下,河床淤浅是在漫长的泥沙堆积过程中完成的。吴淞江中的这些沙洲也应当是早在高海平面时期,由于河道曲流以及潮汐影响,便开始日积月累下的泥沙。这些堆积的泥沙在海平面较高、河道保持高水位的时候还只是以暗滩形式存在。但是当海平面下降,吴淞江河口段水位迅速下降之时,这些暗滩便在短短的一二十年时间里以“暴涨”的形式出现。由于这种状况靠当时的技术是无法解决的,加之河道水位随海平面继续下降,以及在永乐二年“掣淞入浏”使江水分流等因素影响,吴淞江河道越趋淤塞。虽然明清两代对其多有浚治②,但终归是随浚随淤、“虽浚必合”③。而今黄浦江河道的雏形自永乐二年开凿范家浜后就基本已经全线形成④(见图2-4)。此后,由于黄浦江河道特别是新开的下游河口段在低海平面条件下,河流侵蚀基准面降低,有利于河道拓宽和加深⑤。所以原作为支流的黄浦江河道就能够逐渐取代吴淞江成为太湖水系排水主流⑥,而吴淞江反倒沦为黄浦江的支流。到清晚期,吴淞江故道的“下流仅如沟洫”⑦。

这样一来,在元、明、清三代,吴淞江不但无法承担原先太湖流域排水主

① [清]许治修,沈德潜等纂:乾隆《元和县志》,卷32,《艺文》,江苏古籍出版社1991年版,第390下页。

② 仅在明代对吴淞江较大规模的浚治工程就有11次之多。参见张芳:《明清农田水利研究》,中国农业科技出版社1998年版,第71页。

③ [明]钱溥:《钱文通公〈浚松江蒲汇塘记〉》,载《浙西水利书校注》,农业出版社1984年版,第96页。

④ 葛全胜:《中国历朝气候变化》,科学出版社2011年版,第430页。

⑤ 黄浦江河口段刚开通时还不足现今河道宽度的一半,能形成现在的样子与低海平面不无关系。

⑥ 黄浦江取代吴淞江至迟是在16世纪末之前。据万历四年(1576年)宋仪望奏称:“三吴水势,东南自嘉、秀沿海而北,皆趋松江(府),循黄浦入海。”参见[清]张廷玉等撰:《明史》,卷88,《河渠六》,中华书局1974年版,第2167页。

⑦ [清]章树福纂:《黄渡镇志》载道光七年(1827年)陶澍奏疏引李鹏语。

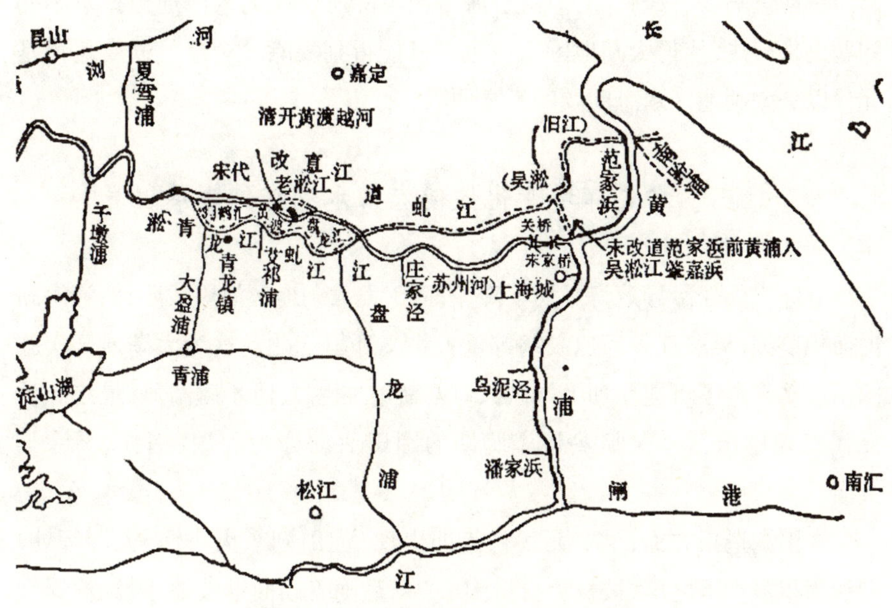


图 2-4　吴淞江和黄浦江变迁示意图①

干道的作用，甚至变得如《三吴水考》卷 16 所言："稍遇淫雨，即成一壑"。虽有浏河、黄浦江两河承担主要排水任务，"然太湖之水源多势盛，二江不足以泄之"②。加之后来浏河也淤塞不畅，只剩黄浦江一条主要排水通道，情况就更加恶化。所谓"今淞娄二江，淤塞不通，……苏松积涝并太湖洪流，泛滥而横趋淀泖，惟黄浦是争，故浙西水口，先为江境所占，黄浦虽深通，岂胜两省下游同时并纳，将彼此抵触，不克畅流，为害一耳"③。而在此后的崇祯元年，礼部员外郎陈懋德在奏疏中一方面提道"吴淞江入海故道，化为平陆"，一方面也提道"白茆、七浦、盐铁等泄水大川，仅存一线矣。止刘家河尚通，而潮沙渐淤，亦非故迹，所以一遇淫霖，太湖西来数郡山水，奔注苏松，下流无从宣泄，数百万顷良田，悉成巨浸"。并且"全湖东注之水，独归于刘家港，其势渐不能容，日积月累，行复如二江患矣"④。总之，元代以来

① 资料来源：缪启愉：《太湖塘浦圩田史研究》，农业出版社 1985 年版，第 84 页。
② ［清］张廷玉等撰：《明史》，卷 88，《河渠六》，中华书局 1974 年版，第 2164 页。
③ ［清］王凤生纂修，梁恭辰重校：《浙西水利备考》，成文出版社 1983 年版，第 232 页。
④ ［明］顾炎武：《天下郡国利病书》第四册，《苏上 · 五湖》。

高海平面影响虽已经解除,但由于海平面下降所引发的入海通道排水不畅问题仍未解决,使得太湖地区水患也不可能得到根除。全球气候变化仍是元代以来太湖地区水患问题的根本原因。

## 三、水文环境变化促使农田水利继续发展

全球气候变冷导致海平面下降,进而引发太湖地区海岸线延伸,通海湖泊面积萎缩,吴淞江等河道淤塞等重大水文环境变化。这为太湖地区实施围田活动创造了可能。加上本区人口不断增加①,人地矛盾凸显,最终导致元代以来围田活动又掀高潮。此期的围田活动分为围湖、围江、围涂三方面。

在围湖造田方面,早在元代初年即出现“淀山湖东大小漕、大沥等处,湖沙壅积数十里之广,被权势占据围田”②,后随着湖面继续缩小,湖泊周围的围田活动兴盛。早在宣德年间“以芙蓉湖田岁久湮废,乃筑溧阳东坝,以捍上水,开江阴黄田诸港,以泄下流,于是湖之浅处皆露,筑堤成圩。西湖芙蓉圩为田十万八千余亩。……东湖杨家圩为田四万七千余亩”③。据光绪《重修芙蓉圩堤录》记载,在正统年间(1427—1464年),位于常州与无锡之间,原本“周围一万五千顷”④的芙蓉湖也被完全围垦成田,被改造成所谓的“芙蓉圩”。即使在太湖周围,围湖造田现象也很普遍。明代名臣王鏊(1450—1524年)提到当时东太湖一带有处名为“牛茅墩”的地方,“其始乃东湖中一小墩耳”,因被后人围垦,“当时已尽成田,今则周围二十余里尽为

① 以苏州府为例,至元二十七年(1290年)为466158户,洪武九年(1376年)为506543户,弘治四年(1491年)为53540户,万历六年(1578年)为600755户,顺治初年(1644—1649年)为610054户,康熙十三年(1674年)为634255户。参见梁方仲:《中国历代户口、田地、田赋统计》,中华书局2008年版,第595—597页。

② [元]潘应武:《潘应武言决放湖水》,载《浙西水利书校注》,农业出版社1984年版,第66页。

③ [清]裴大中等修,秦湘业等纂:光绪二年《无锡金匮县志》,卷3,《水利》,江苏古籍出版社1991年版,第63下页。

④ 参见张仲清:《越绝书译注》,人民出版社2009年版,第47页。

膏腴”[①]。吴江一带的平沙滩,在17世纪还是盛产芦苇的地方,而到了乾隆年间(1736—1795年),已被围垦为种植水稻的农田,水稻“黄茂万顷,土人谓之‘平沙熟’”[②]。乾隆二十九年(1764年)《震泽县志》中提道:“今七十二溇……向时湖塘之外,即为太湖,今塘外浮涨成田,近者一里,远者三里,始则为茭芦之地,久则为种稻之田。”[③]另外,太湖一带围湖造田的情况还可以从所上报的新增科税农田数中看到。如吴江县在康熙十年(1671年)上报新增农田六十四顷六十四亩,康熙五十四年(1715年)上报四十二顷五亩,乾隆年间则一共上报九十余顷;而震泽县在雍正七年(1729年)和雍正十年(1732年)分别上报一十四顷七十亩和三十九顷四十一亩[④]。足见当地的围湖造田活动之兴盛情况。

围江造田活动主要是对吴淞江等淤塞河道的围垦。如归有光之子归子宁提道:“继而开江(指吴淞江)者以江三分之而起税,而浚其一为江身,是与水争尺寸之利,而不知所害者多矣,名为开江而实以塞江也。”[⑤]其内容指的就是官府默认百姓在吴淞江河滩淤塞地区围垦生产,以图从此收取额外税金。围涂造田就是将海岸滩涂围裹起来并开垦为农田。这种情况在宋代虽已出现[⑥],但在太湖地区内还并不常见。从元代以来,由于海岸线外伸迅速,这类围田活动也多了起来。在明清两代,南汇嘴一带海岸线由于向海洋延伸,以北围垦出几十万亩的农田[⑦]。而在奉贤、川沙两地,围垦滩涂的现象也有出现。如奉贤县百姓于道光至咸丰年间(1821—1861年),就在原来雍正年间(1723—1736年)修筑的土塘之外,加筑两道分别被称为“内小圩

---

① [明]王鏊:《震泽集》,卷4,《诗·游湖》,吉林出版社2005年版。

② [清]沈彤等纂:乾隆《震泽县志》,卷2,《疆土二·水》,江苏古籍出版社1991年版,第31上页。

③ [清]沈彤等纂:乾隆《震泽县志》,卷2,《疆土二·水》,江苏古籍出版社1991年版,第27页。

④ [明]沈岱撰,[清]黄象曦辑:《吴江水考增辑》,卷2,《水蚀考》,沈氏家藏本。

⑤ [明]归子宁:《三吴水利附录·论东南水利复沈广文》,中华书局1985年版。

⑥ 南宋乾道年间在今上海东南一带唐开元塘外30多里修筑的里护塘,就曾使两塘之间的滩涂地得以被开发。参见汪家伦、张芳:《中国农田水利史》,农业出版社1990年版,第371页。

⑦ 汪家伦、张芳:《中国农田水利史》,农业出版社1990年版,第410页。

塘”和“外小圩塘”的圩塘,目的就是保护此前在雍正土塘之外新围垦的涂田;川沙县在乾隆初年(1736 年)在成化老塘和钦公塘外再筑新塘也是为了保护之前新辟的涂田①。

但气候变化对本区农田水利的影响并非仅此而已。大约自 13 世纪 30 年代以来,江南地区气候是在一个相对湿润的水平上波动,气候干旱期少且持续时间短的态势②(见表 2-3)。这意味着相比宋代的气候总体干旱状态,江南地区在元、明、清三代的气候是以湿润状态为主旋律,降水充沛成为常态。

**表 2-3　13 世纪以来江南地区的气候干旱期与湿润期③**

| 湿润期 | 干旱期 |
|---|---|
| 1211—1421 年 | 1431—1470 年 |
| 1471—1510 年 | 1511—1550 年 |
| 1551—1640 年 | 1641—1700 年 |
| 1701 年至今 | |

由于太湖地区在一般年份中的梅雨季节以及台风期间,便往往会出现大雨、暴雨以及久雨情况,并成为本区水涝灾害多的根本原因④;所以可以想象,在气候转湿降水量增多的条件下会更加不利于江南水乡的发展,成为加剧本区水患的一个非常重要的因素。再加上围田活动在一定程度对本区水网的干扰,以及各排水通道不畅,最终导致在高海平面影响已经基本消失的背景下,元、明、清三代太湖地区的水涝灾害发生数量相比宋代不减反增,仍是本区影响粮食生产的第一大害(见表 2-4)。

① [清]李庆云辑:《江苏海塘新志》,卷 4,《形势》,广陵书社 2006 年版。

② Jingyun Zheng, Wei-Chyung Wang, Quansheng Ge, et al.,“Precipitation Variability and Extreme Events in Eastern China during the Past 1500 Years”, *Atmopheric and Oceanic Science*, 2006, p.3.

③ 资料来源: Jingyun Zheng, Wei-Chyung Wang, Quansheng Ge, et al.,“Precipitation Variability and Extreme Events in Eastern China during the Past 1500 Years”, *Atmopheric and Oceanic Science*, 2006, p.3.

④ 郑肇经:《太湖水利技术史》,农业出版社 1987 年版,第 240 页。

表 2-4　宋代至清代太湖地区水灾发生情况①

| 朝代 | 统治时间/年 | 水灾发生次数 | 水灾发生频率（每几年一次） |
|---|---|---|---|
| 宋 | 290（980—1270 年） | 62 | 4.68 |
| 元 | 97（1270—1367 年） | 49 | 2 |
| 明 | 277（1367—1644 年） | 144 | 1.9 |
| 清 | 267（1644—1911 年） | 130 | 2 |

以元代情况为例，据《吴江水考》记载，在至元二十三年（1286 年）“六月，平江属县，水坏民田一万七千二百顷”。至元二十七年（1290 年）长兴县“五月连雨四十日，浙西之田尽没无遗，农家谓尤甚于丁亥岁，虽景定辛酉亦所不及也。幸而不没者，则大风驾湖水而来，田庐村落，顷刻而尽，名之曰湖翻，农人皆相与结队往淮南趁食，于太湖买舟十余”②。至治二年（1322 年）苏州“十一月大水，损民田四万九千六百顷”③。吴江一带从后至元三年到后至元六年（1337—1340 年）连续四年发大水，“田半淹”④。

对于无论在水患发生数量还是灾情均高于元代的明清两代来说，粮食生产所受影响更大。据统计，明清时期出现特大水灾的年份共计 7 次，分别是公元 1510 年、1561 年、1587 年、1608 年、1624 年、1823 年和 1849 年⑤。例如在明正德五年（1510 年），昆山县“春夏霪雨，水势更大于己巳。民皆乏食，饿殍满路，积尸盈河”；太仓州“霪雨，秋成已虚，民久乏食，骨肉弗保，颠沛流离，饿殍载道，兹土之民耗半。所望者今有年尔，二麦将登，积雨为霪，节枯穗调，蒸郁内腐。田畴既治，盗水泛滥，插莳维时无可施功，秧始发生，随即黄萎。乏食之民，上湿下涂，不能转展输贩，谋生无门，待死而已”；吴

① 资料来源：江苏省水利厅水利史研究小组：《太湖水利史》（讨论稿），1964 年，第 11—12、15、34、50 页。

② ［清］赵定邦修，周学浚、丁宝书纂：同治《长兴县志》，卷 143，《祥异》，上海古籍出版社 2005 年版。

③ ［清］李铭皖等修，冯桂芬纂：同治《苏州府志》，江苏古籍出版社 1991 年版。

④ ［明］沈启：《吴江水考》，广陵书社 2006 年版。

⑤ 郑肇经：《太湖水利技术史》，农业出版社 1987 年版，第 245—246 页。

江县"春雨连注,至夏四月横涨滔天,水及树杪,陆沉连海,官塘市路弥漫不分,吴江长桥之不没者尺余耳。浮尸积骸,塞途蔽川,凡船户悉流淮、扬、通、泰之间,吴江田有抛荒,自此始";秀水县"夏五月,大水害稼";平湖县"大水伤稼,民苦饥,流移者半";桐乡县"夏五月,大水,霪雨连月不止,低乡成浸,高乡倍收"。而在此前的正德四年(1509年),太湖地区的粮食生产就已经遭受了雨涝灾害的威胁,例如在宝山一带"春夏,霪雨弥月,水势益涨,民皆乏食,老者填死沟壑,幼者委弃街衢,久则壮者亦相枕而死矣。……七月七日,大雨一昼夜,高低皆成巨浸,小民流离,死亡者不可胜计";苏州府"秋七月七日,大雨一昼夜,连雨至二十三日,田成巨浸,无秋";吴江县"七月,连雨十七日,吴中成巨浸,农田无刈获";秀水县以及平湖县基本记载相同,均为"七月七日,雨骤至如注,下至十月方止,禾多腐烂。岁大饥"。[①]

在清道光二十九年(1849年)松江"夏四月初起阴雨,至五月尽止,晴仅五六日。至四月十七、十八两日两夜大雨,水于平地高二三尺,六畜生有没死者甚多,中田以下花、稻殆尽。……全荒者十有其七,少有收者十存其三";嘉定县钱门塘乡"道光己酉大水,……父老谓较癸未尤甚。自四月二十九日始,霪雨六十日,钱门塘市坐落嘉邑西北乡最低洼之区,惟浦塘岸稍高,其西无地不水,民叹其鱼。西北二里曰柴荡,以其仅出柴草故名,与镇洋、昆山接壤,比年渐次垦辟,而黄茅白苇尚有二三千亩未垦,至是汪洋若巨浸然。厥初霪雨不止,乡民为救护青苗计,筑堤捍水,昼夜巡视,有罅必补,或钲或铳,警声四起。迨雨甚而势不可支矣,屋宇多倒塌,相率移居高岸,啼哭之声,惨不忍闻";苏州府周庄镇"闰四月,霪雨三旬不止,河水泛滥,居民朝夕数迁,甚至以船为家,镇中街衢积水,深者可以荡舟,视癸未之水加尺许。时二麦甫收,猝经淹渍,因多朽腐,秧田亦漂没殆尽";昆山县"夏五月大雨倾注,昼夜不息,河水暴涨丈余,田庐街巷在巨浸中,水甚于癸未年。……是年高下田无收,米价昂贵,每石值钱六千,遍地饥民,惨不忍眼";常熟"自四月二十七日雨,至闰四月五日。自闰月十六日雨,至五月,

① 张德二:《中国三千年气象记录总集》第二册,凤凰出版社2004年版,第858—859、863—864页。

低田成浸，十二日大水至。六月初大晴，而水益涨，自上流来也，田庄市中皆水”，“自秋至冬势弥漫，民田不能种麦”；吴江县“闰四月，霪雨三旬不止，河水横溢，居民朝夕数迁，甚至以船为家。江震农田渰没殆尽，米石每五千四百”；江阴县“五月至六月，霪雨数昼夜，海潮溢，田禾淹没，民大饥”；溧阳县“夏霪雨，田麦尽没，两月始平，水乡饥”；金坛县“大水，夏四、五月间霪霖不止，二麦朽坏，禾苗被淹”；武进县“雨连春夏，五月大水。闰四月己卯夜，天赤如血，俄大雨如注，田禾尽淹”；宜兴县“夏大霖雨。五月己酉大涨，溢圩岸，数百里田禾尽平”；杭州府所辖地区“夏大水，余杭、临安、富阳田地水冲、沙压、石积”；嘉兴府梅里村“自春徂夏霪雨不止，泛滥堤岸，禾不能插”；嘉善县“五月霪雨浃旬，水骤涨，田禾淹没，米腾贵”；平湖县“夏霪雨积旬，东湖三水如自东门，久不退。田禾被淹者不及补种，民艰于食”；海盐县“夏，大雨连旬，平地水深数尺，田禾尽淹”；乌程县“霪雨大水，田禾尽没”；湖州府双林镇“五月大雨，田圩尽淹，舟行入市，较（道光）三年水势更增二尺。六月始退，禾不及种”；长兴县“霪雨大水，田禾尽没，比道光三年水高三尺许。按是年夏霪雨绵延，至七月初大雨倾注，平地水高四五尺，梅溪、四安、合溪诸山之水奔流倒峡，漂没田禾，县东北之平定、白乌、安化三区俱成泽国，西南各区堤防冲决崩溃。延至七月补种，无可复施”。①

为保障粮食生产，元代以来太湖地区的农田水利事业更加偏重于防洪、排水工作，首先就是不厌其烦地整治各排水通道。例如在“大德八年（1304年），前海道千夫长任仁发以吴淞江故道湮塞，使震泽之水，失其就下性，为浙西诸民害，垂二十年。上疏条其利弊疏导之法”，中书省“特命平章彻里公董其役。始于大德八年十一月望前二日，西至上海县界吴淞旧江，东抵嘉定石桥洪，迤逦入海，长三十八里一百八十一步三尺，深一丈五尺，阔二十五丈，……至九年二月晦毕工。复置闸窦，复开东西河道，置木闸”。② 在“泰定元年（1324年）十月十九日”，先是“右丞相旭迈杰等奏，江浙省言，吴淞

① 张德二：《中国三千年气象记录总集》第四册，凤凰出版社2004年版，第3082—3084页。

② 武同举：《江苏水利全书》引嘉庆《松江府志》载名臣事略吴淞江记，南京水利实验处，1950年。

江等处河道壅塞,宜为疏涤,仍立闸以节水势",后行省"准拟疏治,江浙省下各路发夫入役,至泰定二年(1325年)闰正月四日工毕"。① 在至顺元年(1330年),当时因为"大雨连绵,湖泖水涨,其当湖平江、嘉兴、杭州诸处之水,积于下缘诸港,闭塞闸内,不能急缓,致将田禾一概淹没","推原其由,盖因石闸启闭有时,水势不能直达下流故也",又因为"其乌泥泾闸内旧有河身,径直下流入浦,拟合趁此农隙,权将旧河直道开挑,以导宿水归海";后"起工于次年春二月十六日,开浚河长五百一十步,阔五丈,深一丈五尺,凡旬有三浃";又有松江"府人刘廷玉请于张泾盘车二堰置闸,深浚外河,导水归海,从之,发民疏浚置斗门焉"。② 至正二十四年(1362年),"时(白茆)塘以为芦苇所塞,涓流不通,(张)士诚起兵十万,以芝塘为行府,驻节于山泾口,命吕珍督浚,堑其地为冈港,长亘九十里,广三十六丈"③。除此以外,元人尤其重视对围(圩)堤的修筑和养护④。如据同治《上海县志》记载:"元至大初(1308年),江浙行省督治田圩之岸,岸凡五等,高止七尺五寸,低止三尺,以水与田相等,地分高下为差";"围岸体式,以水为平,平水田为一等,围岸高七尺五寸,田高于水,则围岸高度以次递减,田高水四尺为五等,围岸高三尺"⑤。又据崇祯《松江府志》记载:"五等围岸体式,以水为平为第一等,高七尺五寸,底阔一丈,面阔五尺;田高一尺为第二等,高六尺五寸,底阔九尺,面阔四尺五寸;田高二尺为第三等,高五尺五寸,底阔八尺,面阔四尺;田高三尺为第四等,高四尺五寸,底阔七尺,面阔三尺五寸;田高四尺为五等,止添备水高三尺,底阔六尺,面阔三尺。若水原落围岸迫近诸湖去处,自愿增者听。"⑥由此可见,元代对围堤的要求是十分严格的。

明代在太湖地区所实施水利工程达一千多次,仍主要是筑围堤、浚河、

① [明]宋濂:《元史》,卷65,《河渠二》,中华书局1976年版,第1637页。

② 武同举:《江苏水利全书》引嘉庆《松江府志》,南京水利实验处,1950年。

③ [清]李铭皖等修,冯桂芬纂:同治八年《苏州府志》,卷9,《水利一》,江苏古籍出版社1991年版,第267上页。

④ 江苏省水利厅水利史研究小组:《太湖水利史》(讨论稿),1964年,第117页;中国农业科学院、南京农业大学中国农业遗产研究室太湖地区农业史研究课题组:《太湖地区农业史稿》,农业出版社1990年版,第84页。

⑤ [清]应宝时修,俞樾纂:同治《上海县志》,成文出版社1974年版。

⑥ 崇祯《松江府志》,卷18,《水利三》,国家图书馆,2011年,第524—525页。

建闸三类工程①,其在防洪、排水方面所做工作不逊于元代。在浚河方面,早在洪武九年(1376年)明人就曾开浚“白茆四近昆承湖南诸泾,及至和塘北港汊”②。在永乐元年(1403年),“时浙西大水,有司治不效,帝命原吉治之,发民丁,凿吴淞江,疏昆山县夏界浦,掣吴淞江水北达娄江。永乐二年(1404年)冬挑嘉定县西顾浦,南引吴淞江水,北贯吴塘,亦由娄江入海。又浚常熟县白茆塘福山塘耿泾,导昆承阳城诸湖水入扬子江。浚上海范家浜,接黄浦引湖泖水入海。又浚昆山葫芦等河。”③天顺二年(1458年)“起自大盈浦,东至吴淞江寻司,计二万二千丈。又自新泾西南至蒲汇塘入江,计四千丈,阔皆十四丈,深皆二丈,而低乡之潦可泄。东北则自曹家河平地凿至新场,计三万余丈,深阔皆与江同”④。弘治七年(1494年)“以吴江万六千人,开浚长桥水窦及诸茭芦地,疏太湖之水,由吴淞江入海。以常州、吴县、昆山、常熟、嘉定等县十万五千人,开浚白茆港并斜堰七浦塘,共二万四千余丈。又东开盐铁塘十八里,西浚尤泾七里。……由是诸泾港皆由白茆达海。”⑤正德十六年(1521年)“发民夫,起常熟县东仓至双庙,浚白茆故道一万二千八百二十丈。……凿新河三千五百五十余丈。又浚尚湖、昆承、阳城等湖支河一十九道,凡四阅月功成,农田得稳。”⑥嘉靖元年(1522年)“督同苏州、松江知府开浚吴淞江下流,自夏驾口起至龙王庙旧江口止;又督同湖州知府浚大钱、小梅等港并七十二溇,以通太湖之上流,苏州通判浚赵屯、大盈、道褐等浦,使上流下委,递相容泄。”⑦隆庆三年(1569年)“海瑞大开吴

① 张芳:《明清农田水利研究》,中国农业科技出版社1998年版,第101页。

② [清]李铭皖等修,冯桂芬纂:同治八年《苏州府志》,卷10,《水利二》,江苏古籍出版社1991年版,第269下页。

③ [清]李铭皖等修,冯桂芬纂:同治八年《苏州府志》,卷10,《水利二》,江苏古籍出版社1991年版,第269下页。

④ [明]钱溥:《钱文通公〈浚松江蒲汇塘记〉》,载《浙西水利书校注》,农业出版社1984年版,第96页。

⑤ [清]李铭皖等修,冯桂芬纂:同治八年《苏州府志》,卷10,《水利二》,江苏古籍出版社1991年版,第272上页。

⑥ [清]李铭皖等修,冯桂芬纂:同治八年《苏州府志》,卷10,《水利二》,江苏古籍出版社1991年版,第274下页。

⑦ [清]李铭皖等修,冯桂芬纂:同治八年《苏州府志》,卷10,《水利二》,江苏古籍出版社1991年版,第274下—275上页。

淞江,查勘旧迹,共计长一万一千五百七十一丈,原阔三石余丈,议半开河面阔一十五丈,底阔七丈五尺,深一丈五尺六寸,共用夫工银六万余两,两月告成。"①万历十六年(1588 年)"浚过七浦、杨林、湖川、练祁、盐铁、许浦、梅林、鸡鸣、朱泉、走马、光福、凤溪等塘,千墩、道褐、小虞、大石、大瓦、夏驾、徐公、沙湄台、艾祁等浦,苏团鲁、堰清培、长山、宝堰、沙腰、吕渎、萧帝、荫风等河,丁家、张墓、伯渎、油榨、桃花、毛沙、太平、大庙、山北、减水、黄田等港"②。

在修筑围堤方面,"洪武二十三年(1309 年),谕工部,仰该府州县提调官,常川体勘境内应有圩岸堰坝坍缺,陂塘沟渠壅塞,务要趁时修筑坚完,疏浚流通,以备旱涝。"此后修筑圩堤成了当地农田水利主要活动。据雍正《江南通志》载:"正统十一年(1414 年),吴中大水,巡抚周忱增修低圩岸塍";成化十一年(1475 年)毕亨"责成县令兴筑田围,堤延亘数里,用木为橛,橛之内编以竹,甃石为址,而高于土等,上广八尺,而下加三之一。堤外种萑苇茭芦,以杀水势"③。据嘉庆《松江府志》载:"万历十年(1582 年),松江通判刘师召修筑淀泖黄浦等处堤岸";据同治《上海县志》载:"万历三十六年(1608 年),巡抚周公教檄修圩岸,并定浚筑成规。"明代的围岸规格已高于元代水平。据姚文灏的《修筑圩坦事宜》所记载的五等围岸规格为"田低于水者底阔已丈五尺,田与水平者底阔一丈四尺,田高于水一尺者底阔一丈二尺,田高于水二尺者底阔一丈,田高水三尺者底阔九尺;面阔比底各减半,高亦以水为准,外面各离水八尺。若溪湖冲激去处,愿增者听"。不但如此,耿橘在《常熟县水利全书》中还强调堤岸要"能比往昔大潦之水高出一尺",并明确提出了"畔岸"或"子岸"的作用和规格。《常熟县水利全书》明确提道:"子岸者围岸之辅也,较围岸又卑一、二尺。盖虑外围水浸易坏,故内作此以固其防。筑法与围岸同脚异顶,如围岸顶宽六尺,子岸顶

① [清]李铭皖等修,冯桂芬纂:同治八年《苏州府志》,卷 10,《水利二》,江苏古籍出版社 1991 年版,第 274 下—279 下页。

② [清]李铭皖等修,冯桂芬纂:同治八年《苏州府志》,卷 10,《水利二》,江苏古籍出版社 1991 年版,第 282 页。

③ [清]李铭皖等修,冯桂芬纂:同治八年《苏州府志》,卷 10,《水利二》,江苏古籍出版社 1991 年版,第 271 下页。

宽八尺,方为坚固,其脚基总宽二丈,须一齐起筑为妙。”在围岸的日常养护方面,明代还建立了整套严格的制度。不但设塘长、圩长专门负责管理,还要求“每年县官于农隙时诣看坍损,督塘长、圩甲(长)修之”①。所维护的内容即为“岸之漏者塞、疏者实、冲着捍、坍者缮、低者崇、隘者培”②。考虑到小围堤岸无法抵御大洪水,常熟知县耿橘于万历三十三年(1605 年),依据水道形势采用“联搭筑岸”的方式,“随河做岸,连搭成围,大者合数十圩,数千百亩共筑一圩”③,以图增加农田的御洪能力(见图 2-5)。

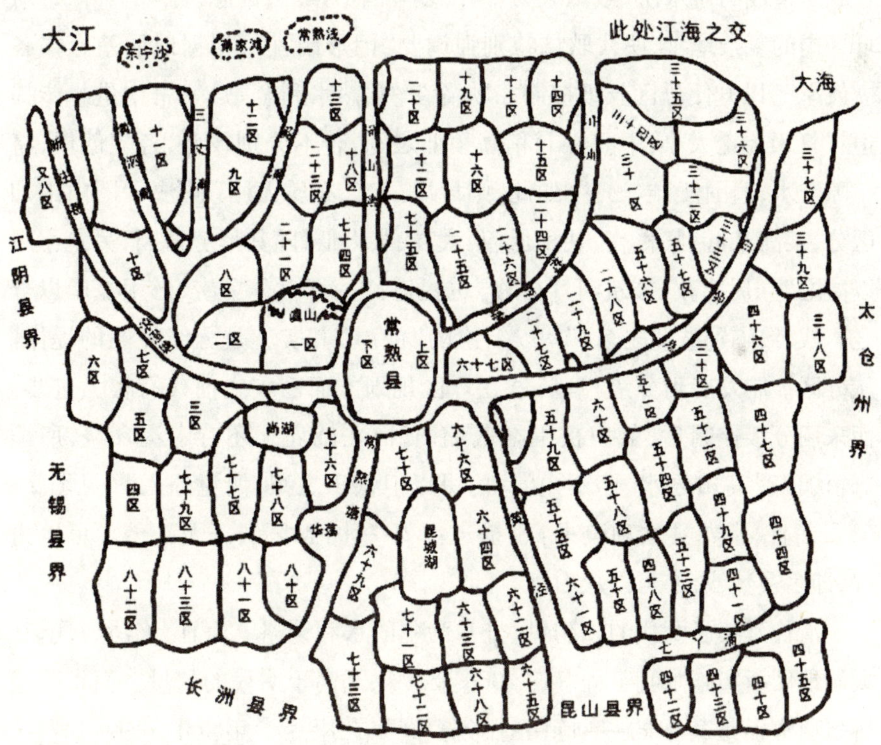


**图 2-5　明代常熟县农田规划图④**

① [明]沈启:《吴江水考·堤水岸式》,广陵书社 2006 年版。

② [明]沈启:《吴江水考·水蚀考》,广陵书社 2006 年版。

③ [明]耿橘:《常熟县水利全书》,明万历刻本。

④ 资料来源:[明]耿橘:《常熟县水利全书》,明万历刻本。

再者,明代对于围内分区分级控制方面也有突出贡献。如明代何宜的《水利策略》总结了前人修筑“径塍”的经验,以及分区控制的效益。书中提道:“凡围内有径塍者,遇涝易于车戽,是以常年有收;其无径塍者,遇涝难以车戽,是以常年无收。”因而提倡“凡大围有田三、四百亩者,须筑径塍一条;五、六百亩者,须筑径塍二条;七、八百亩者,皆加数增筑可也”①。此后,径塍的布局又更为稠密。如在明代范碛的《水利管见》中即提出“每田五、六十亩或百亩,即筑一大塍,间隔彼此”的建议,以防止由于圩大而不多筑径塍所造成的遇水涝“或因人力不齐,多至因甲累乙”的恶果。② 另外,针对圩区内的复杂地貌,明代耿橘特别强调要“因形制宜”,根据地形差异,“各立戗岸”,以方便分区分级控制。耿橘在《常熟水利全书》一书中进一步提道:“圩田无论大小,中间必有稍高稍低之别,若不分别彼此,各立戗岸,将一隙受水,遍围汪洋。……如此,则圩岸虽筑,亦属无用”;“法于围内细加区分,某高某低、某稍高、某稍低、某太高、某太低,随其形势截断,另筑小岸以防之”。周孔教《浚筑河圩公移》也提道:“一圩自分旱涝,必用戗岸以分之。戗者,隔别彼此之名。”③以上说的“戗岸”其实就是分级控制的堤岸。从分区控制发展到分级控制,这在圩区规划方面已较之前代有很大进步。而采用分级控制后,低田被围在戗堤内,而在戗堤外还有水沟环绕,所谓“外沟以受高田之水,使不内浸,内堤以卫低田之稼,俾免外入”(见图2-6)。而且《常熟县水利全书》也提道:“万一水溃外围,才及一戗。可以力戽,即多及数戗,亦可以众力戽。”

清代延续了明代的以防洪、排水为主的水利策略。而且,终清一代,在太湖地区所实施水利工程多达2000余次④,远高于明代的数量。而且疏浚排水通道仍是其中的一项重要任务。例如在康熙十年至十一年(1671—1672年),巡抚马祐主持疏浚吴淞江、浏河。工程结束后使“浏河自盐铁口

---

① [明]何宜:《何布政宜〈水利策略〉》,载《浙西水利书校注》,农业出版社1984年版,第98页。

② [清]姚时亮、何国祥修:康熙《归安县志》,引范碛《水利管见》,清康熙十二年(1673年)刻本。

③ [明]方越贡修,陈继儒纂:崇祯《松江府志》,书目文献出版社1991年版,第452页。

④ 武同举:《江苏水利全书》,南京水利实验处,1950年。

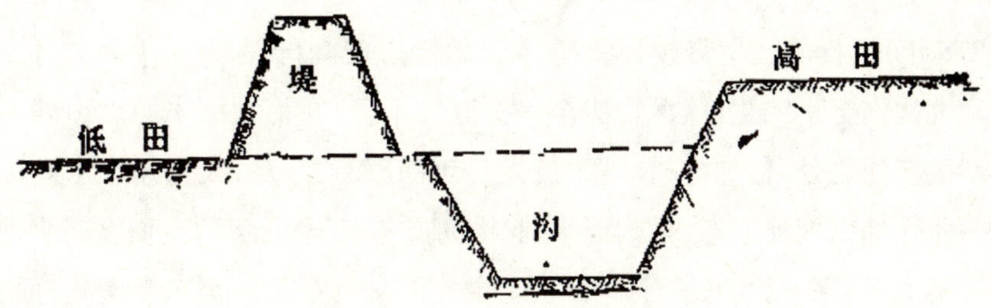


**图 2-6　分组控制戗岸示意图①**

起，至航船港以达海口，长五千一百八十丈，河面阔十一丈，底阔六丈六尺，深一丈"；"吴淞江自黄浦东口起至新泾口施家港止，长一万四百九十一丈，河面阔一十五丈，底阔七丈五尺，深一丈五尺"；另在"浏河造大闸一座，分别三洞泄水"，在"吴淞江于黄浦口建大闸一座"②。"雍正五年(1727 年)诏，发帑兴修江南水利，遣副都统李淑德会同江苏巡抚陈时夏、总河齐苏勒、两广总督孔毓珣详勘，继遣郎中鄂礼、同陈世倌督理开浚昭文县白茆港梅里塘，常熟县福山塘及太仓州刘河。"其中，"白茆河支塘盐铁桥起至海口四十二里长七千七百七十丈，新开河面十二丈、河底六丈，挑深八尺"；"梅李塘河自小虹桥起至时泾口桥共长三千五百六十九丈，新开河面五丈，底宽二丈五尺，深八尺。""乾隆十九年(1754 年)十二月，浚白茆塘，自支塘起至海口止，长八千七百余丈，除支塘第一段撩浅外，浚面宽六丈，深八尺，次年三月浚工。"③"乾隆二十八年(1763 年)巡抚庄有恭奏修三江水利，拟清理太湖出水诸口，浚治吴淞江、娄江浅狭阻滞之处，凡植芦插笼及冒占之区，尽数铲除，并加培圩岸，改移闸座"④；同年"二月建白茆滚坝，又开新河，自白龙庙

---

① 根据《常熟县水利全书》绘制。资料来源：郑肇经：《太湖水利技术史》，农业出版社1987 年版，第 122 页。

② ［清］李铭皖等修，冯桂芬纂：同治八年《苏州府志》，卷 11，《水利三》，江苏古籍出版社 1991 年版，第 294 下页。

③ ［清］李铭皖等修，冯桂芬纂：同治八年《苏州府志》，卷 11，《水利三》，江苏古籍出版社 1991 年版，第 300 上页。

④ 武同举：《江苏水利全书》，南京水利实验处，1950 年。

起,割湾作直,径达海口,约长五六百丈,四月完工"①。"嘉庆二十三年(1818年)巡抚陈桂生督浚吴淞江,自黄渡至万安渡,长一万一千余丈,估挑口宽九丈许至十二丈许,深一丈至一丈五尺不等,并将太湖来源庞山湖、大小斜港淤浅之处,估加挖捞。"②"道光三年(1823年)夏,太仓州大水淹田,知州张作楠以刘河淤塞,抽沟泄水,起横沥口冬东至军工厂止,面宽三丈,底宽一丈五尺,深七尺,长五千一百八十余丈。又自军工厂至东墅沟止,面宽四丈,底宽二丈,长七百丈。又展挑闸口北岸五十余丈";道光十四年(1834年)"三月浚刘家港,起吴家坟港口,至白家厂基东止,工长七千三百余丈,面宽八丈至十丈不等,平水浚深九尺。又自盐铁东杨家浜起,至吴家坟港止,工长七百九十余丈,面宽八丈至九丈不等,平水浚深七尺,又议取开挑,省工二千三百余丈,四月底完工。又建滚水涵洞石坝一道,御浑泄清,至八月完工。"③道光二十九年(1849年)"昭文知县章惠厍白茆淤泥,以消积水,会巡抚奏请疏浚福山河、白茆河。白茆于明年正月兴工,自支塘起至海口止,工长五千五百余丈。又浚徐六泾自塘桥起,至范孝思基止,工长四千九百余丈。又浚许浦,自许浦桥起至南桥止,工长一千七百余丈。又浚高浦自西坛起至马桥止,工长一千九百余丈,旁浚支河六十八道,移建白茆老新闸,于近内之柏家桥,名苏常新闸,其徐六泾、许浦、高浦各于海口筑坝,蓄清拒浑,以时启闭,至五月竣工。"④

除了频繁疏浚河道外,清人还吸取了明代"低田患水,以围岸为存亡也。有田无岸,与无田同,岸不高厚,与无岸同"⑤的历史经验,不但同明代一样要求堤岸高度"总照极大水年之水痕,再高一尺"⑥,而且围岸边坡标准

① [清]李铭皖等修,冯桂芬纂:同治八年《苏州府志》,卷11,《水利三》,江苏古籍出版社1991年版,第301上页。

② [清]博润修,姚光发等纂:光绪《松江府续志》,卷7,《水利》,上海书店1991年版。

③ 武同举:《江苏水利全书》,南京水利实验处,1950年。

④ [清]李铭皖等修,冯桂芬纂:同治八年《苏州府志》,卷11,《水利三》,江苏古籍出版社1991年版,第304上页。

⑤ [明]童时明:《三吴水利便览·筑岸法程》。

⑥ [清]黄象羲:《吴江水考增辑》,卷2,引载《严作霖条例》。

也略高于明代①。对于畔岸也比明代有更深刻的认识。如据《筑圩图说》记载:"低区所珍惜者泥土,下塘围抢诸岸,通体高厚,泥土莫给;畔岸事半功倍,易于措手,抑且高阔之岸,岸址必松,松则衅泄,猝救不效;畔岸卑下,人众践踏,牛羊蹂躏,故得岸址坚实,无衅水渗漏之虑。"另外,在对堤岸修治力度方面也有所加强。如在"雍正十二年(1734 年),总督赵弘恩普修江南渠港时,逐一兴修圩坝涵洞";"乾隆二十八年(1763 年),巡抚庄有恭奏修三江水利,拟清理太湖出水诸口,浚治吴淞江娄江浅狭阻塞之处,凡植芦插篼及冒占之区,尽数铲除,并加倍圩岸,改移闸座。"②

清代通过分级控制处理围内水涝问题的水平相比前代也有发展。特别是对于围内地形中间低四周高的"仰盂圩",其中处于中心的"锅底田"往往排涝困难问题有着较为显著的成绩。嘉庆十八年(公元 1813 年)青浦人孙峻写著的《筑圩图说》中通过总结前人经验系统阐述了这个问题的解决办法。即在外围堤岸坚实、高厚的基础上,首先按照地势高低,将圩内田地划分为"高塍田"、"中塍田"和"下塍田"三级,并在各级间各筑岸塍,使各级塍田形成独立的区段,再在各级内加筑小塍岸施行分格控制。这样就使"高低围截"的大纲与"大小分抢"的细目有机结合起来,达到水不乱行的目的(见图 2-7)。

在此基础上,进而采用分级分区排水的方式。具体而言,裹在下塍田外围的堤岸要两面培筑"畔岸","既截上塍内泻,又断上塍暗衅,有铁桶之团"。而且不在下塍田外围开缺口,只从内部低洼处凿溇沼以通外河,并溇口设闸门。这样下塍田围内的积水只能通向溇沼的闸口排出,即所谓"疏消下塍水"。处于高塍田和下塍田之间的中塍田,其中的积潦既不排入下塍区,也不经下塍区排泄,而是通过在上塍区开挖倒沟排出圩外,即所谓"倒拔中塍水"。高塍区也不向中塍区和下塍区排水,而是从外围上开挖的缺口排泄,故而称为"撤除上塍水"。这一办法一经实施效果立现。所谓

① 郑肇经:《太湖水利技术史》,农业出版社 1987 年版,第 137 页。
② 武同举:《江苏水利全书》,南京水利实验处,1950 年。

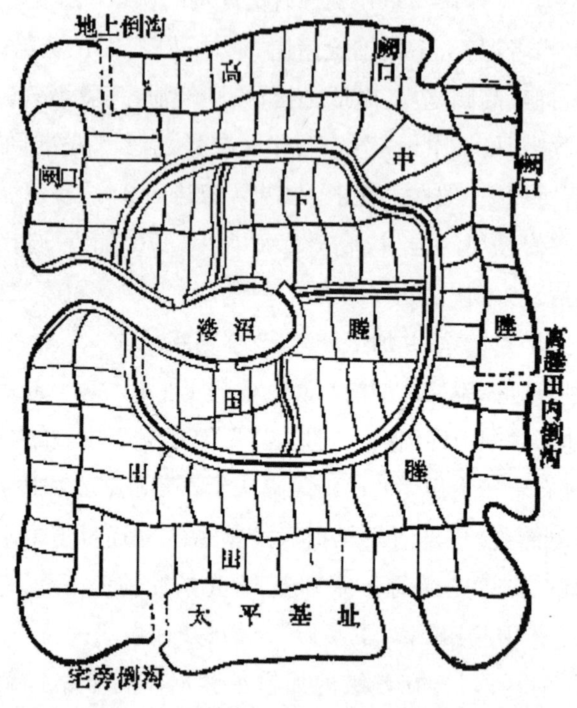


图 2-7 仰盂圩分级分区控制示意图①

"始则免其赔荒,继而渐臻成熟,得丰收焉"②。推行于青浦全县后,更使"青邑无水患者几三十载"③。另外,农田排水活动在组织协调方面形成了所谓的"圩戽水体制",即在"遇大雨连绵,河水泛滥,则集合圩之车戽水以救,谓之大棚车"④。南浔一带更是以被称为"车埠头"的人来管理水车,并对违反车戽规矩者进行惩罚⑤。经过不懈努力,尽管在清代江南地区的气

① 根据《筑圩图说》绘制。资料来源:郑肇经:《太湖水利技术史》,农业出版社 1987 年版,第 123 页。

② [明]耿橘、[清]孙峻撰,汪家伦整理:《筑圩图说及筑圩法》,农业出版社 1980 年版,第 15 页。

③ [明]耿橘、[清]孙峻撰,汪家伦整理:《筑圩图说及筑圩法》,农业出版社 1980 年版,第 1 页。

④ [明]严辰纂:光绪《桐乡县志》,卷 7,《食货志下 · 农桑》,上海书店 1993 年版。

⑤ [日]森田明:《清代水利社会制度史研究》,国书刊行会 1990 年版,第 227—228 页。

候湿润程度远高于明代①，但太湖地区水涝灾害发生频率已稍低于明代水平②。

元、明、清三代虽以气候湿润状态为主，但期间也存在若干气候干旱期，加上极端干旱天气不可避免，所以在此间太湖地区的粮食生产仍会面临旱魃所带来的威胁（见表2-5）。

**表2-5　元代至清代太湖地区旱灾发生情况③**

| 朝代 | 统治时间/年 | 水灾发生次数 | 水灾发生频率（每几年一次） |
|---|---|---|---|
| 元 | 97（1270—1367） | 13 | 7.5 |
| 明 | 277（1367—1644） | 81 | 3.4 |
| 清 | 267（1644—1911） | 89 | 3 |

特别是在明清时期，太湖地区出现特大干旱灾害的年份有7次，分别是公元1544—1545年、1589年、164l—1642年、1679年、1785年、1814年、1856年④，对粮食生产造成了毁灭性破坏。例如在嘉靖二十三年至二十四年（1544—1545年）间，上海县"甲辰、乙巳连岁大旱赤地。米价腾涌，每石一两六钱，前此未有"；青浦县因"夏旱，五月至六月小雨"，致使粮食歉收，"斗米百钱，死者载道"；吴县"四月至八月大旱，日色如火，沟洫扬尘，禾苗腾贵，每石一两八钱"，次年继续"大旱，太湖水缩，稻麦全荒，人食草根树皮"；太仓州也是"夏秋大旱，沟洫扬尘，禾苗尽槁。米石一两七钱，称大凶年"；杭州府"是年大旱，田无麦禾。石价一两八钱，富者食半菽，饿莩载道"；嘉善县"夏秋大旱，河底皆坼。斗米二百文，禾稼不秀，较十八年尤

① 其中的1791—1890年为过去1500年来江南地区最为湿润的百年。参见Jingyun Zheng, Wei-Chyung Wang, Quansheng Ge, et al., "Precipitation Variability and Extreme Events in Eastern China during the Past 1500 Years", *Atmopheric and Oceanic Science*, 2006, p.3.

② 江苏省水利厅水利史研究小组：《太湖水利史》（讨论稿），1964年，第34、50页；郑肇经：《太湖水利技术史》，农业出版社1987年版，第255页。

③ 资料来源：江苏省水利厅水利史研究小组：《太湖水利史》（讨论稿），1964年，第11、15、34、50页。

④ 郑肇经：《太湖水利技术史》，农业出版社1987年版，第246页。

甚”;秀水县“夏秋大旱,斗米二百文,禾稼不秀”;海宁县“(四月)麦粟无收,吴蚕尽死。六七月大旱,米贵,民不堪命,苗皆槁死,颗粒无全”;海盐县因“禾皆槁死,谓之牛沉,颗粒无收”,导致“荐饥,人死徙转鬻者不胜计”,至第二年“春,澉民食草根树皮,黄豆大麦价石皆一两一钱,米石二两”①。

在乾隆五十年(1785年),松江府城一带“岁旱,自五月二十五日雨后,至八月初一日始雨。民饥”;宝山县“夏大旱,禾槁。石米四千余文,各郡闭籴,民食杂粮。里耆邵斗文吁宪弛禁,以资接济”;无锡县“夏秋大旱,长广溪点滴无水,禾苗枯槁。斗米五百文”;江阴县“五月至八月不雨,河流涸绝,高下俱灾,民无食。堪报六分、五分灾田六十七万九千五百三亩三分”;荆溪县(原属宜兴县,清代从中分出)“秋被旱灾较重,通县灾田十居其九。蠡塘河、东西溪涸流五月。岁全不登,斗米银五钱,钦奉恩旨蠲振”;杭州府于潜县“大旱,高下田禾皆槁死,无收,民饥甚,各乡殷户助赈”;嘉兴府梅里村“夏大旱,秋禾歉收,次年正月饥民满道,群聚向富家索食”;秀水县“大旱,歉收。支河叉港皆涸”;海盐县“阖郡大旱,南乡河皆涸,无收。次年春饥民群掠富室,米价腾贵,斗米钱五百文”;海宁县“是年赤旱千里,田无粒收”;桐乡县“被旱,十分成灾共田三万五千九百九十亩”;湖州府南浔镇“夏大旱,自五月至七月不雨,溪港尽涸,苗尽槁。至七月始得雨寸许”;长兴县“自五月至七月不雨,溪港皆涸,(禾)尽槁”②。

对此,古人想尽办法以缓解旱魃所带来的威胁。圩田内沟渠池荡所具有的蓄水灌溉作用也被较为充分地利用,其中便有对农田蓄水标准的说明。如明代金藻在《三江水利论》一书中提出十分之一的蓄水比例,即“大约有田十亩,开池一亩,有田一顷,开潭十亩,平时可以养鱼,旱月可以救稻”;并要求“沟洫深利”,这样“可防五六分旱”③。此后俞汝为又提出了十分之二的蓄水比例要求,即“每十亩之中,用二亩为积水沟,才可救五十日不雨”,

① 张德二:《中国三千年气象记录总集》第三册,凤凰出版社2004年版,第1044—1046、1054页。

② 张德二:《中国三千年气象记录总集》第三册,凤凰出版社2004年版,第2598—2601页。

③ [明]金藻:《三江水利书》,载《天下郡国利病书》原稿第四册,苏上。

并要求"沟中常有五、六尺之积"。他解释这样做的原因为"大抵水田稻苗，全赖水养。炎日消水甚易，以十日消水二寸计之，五十日该消去田间水一尺，即二亩沟中，亦不免于消水"。此外，他还建议"于山原上势相视洼下可蓄水处，筑围大泽，或环数里，或环数十里，上流之水，涓涓不息，庶足救济全旱矣"。① 除此以外，耿橘建议"于河口要处，建闸一座或数座"，这样才能"旱涝有救，高下俱熟，乃称美田"②。但金藻认为必须在"沟洫既深，浦渎既通"的基础上，才能使开江置闸有所成效，从而可"水涸则引江水以入沟"。康熙皇帝也曾下旨："酌量建闸，多蓄一二尺水，既可灌高一二尺之田。多蓄四五尺水，即可灌高四五尺之田"③。耿橘提出要"附干河者少，而附支河者多"，因为圩田外的支河对圩田的引灌作用较大，如果只疏浚干河，而不浚支河，到干旱时，干河中的河水就很难逆流而上进入支河；他还说："盖河有枝干，譬之树焉，千百枝皆附一干而生，是干为重矣，然敷叶、开花、结子，功在于枝，不可忽也"④。对于灌溉所用水源，古人也有过考虑。如耿橘认为："利用湖不用江为第一良法"，这是因为他觉得"湖水清，灌田田肥，其来也无一息之停"；而"江水浑，灌田田瘦"，况且江水"其来有时，其去有候，来之时虽高于湖水，而去则泯然矣"。他还指出用湖水或江水灌溉农田的利与弊，即"江水灌田，沙积田内，田日薄，一遇大雨，浮沙渗入禾心，禾日枯"，"江水浮沙日积于河，而不可取以为用，徒淤其河"。对于私自建坝拦水一事，耿橘建议"若大旱之年，湖水竭，江水盛"时，"不妨决坝以济之"⑤。明清两代在滨海有条件地区较普遍利用潮水顶托潮灌农田。例如在"崇明则诸沙之在南者，与扬子江、白茅塘、吴淞、黄浦诸江衔接，其水江

① [明]徐光启撰，石声汉校注：《农政全书》，卷16，《浙江水利》，上海古籍出版社1979年版，第393—394页。

② [明]耿橘、[清]孙峻撰，汪家伦整理：《筑圩图说及筑圩法》，农业出版社1980年版，第18页。

③ [清]康基田、王昶等纂修：嘉庆《直隶太仓州志》，卷1，《恩旨》。

④ 马宗申校注：《授时通考校注》第一册，卷18，《水利四》，农业出版社1991年版，第372页。

⑤ [明]耿橘、[清]孙峻撰，汪家伦整理：《筑圩图说及筑圩法》，农业出版社1980年版，第22—23页。

多而海少,故民得以资灌种”[①]。而在冈身地带由于“多高仰之田,非资海润,莫适灌溉”。例如太仓州“自州境至崇明,海水清驶,盖上承西来诸水,奔腾宣泄,名虽为海而实江水,故味淡不可以煮盐,而可以灌田”,所以在明代“太仓环州境皆水道,纵则有浦,横则有塘,门、堰以堤防之,泾、沥以流泄之。小而曰浜,曰漕、曰沟、曰潭,布列其间,不可胜记,莫非海潮贯澈。如血脉之流通,经纬之联络,周流无滞者也”,在这样优越的农田水利系统条件下,当地“田无涝潴必因潮之盈缩,其导引汲取,家至户到,则备物致用之无穷”[②]。在宝山的江湾,“其濒近蕴藻河一带之田,辄利用海潮灌入,种稻不需戽水,人工省而便利多。”[③]

针对本区西部山地丘陵地区高田的灌溉困难问题,元明清三代基本都有自己的办法。例如清人黄印就指出:因为“高田去通河远”,所以“高田惟赖于陂塘”,必须要“浚池积水以灌田”,“苟池水既竭,而欲引通河之水,则必用桔槔数十重,先戽水入池,历数池以至田。”[④]在各地实际所采取的措施方面,由前人所修筑的余杭南湖、北湖以及丹阳练湖,在元明以后尽管逐渐淤浅,但仍发挥着调蓄作用。元代在金坛县增筑南坝灌溉,乾隆《金坛县志》载:“县南水关下有县南坝,元顺帝至元间(1335—1340年),耆旧张桂等言,本县河道,西北高仰,东南低洼,水势趋下,实难灌输,宜于大虚观前置坝,白于官,从之。至今便焉。”另据乾隆《临安县志》记载:“临邑地高水泻,盈涸不常”,“惟设堰一事,庶资灌溉”。同治《安吉县志》对于堰坝的做法和运用,讲得比较清楚,即“坝所以潴水,水自高而下处,直泻易涸,故先下木桩,再以柴草积叠而成,盖横溪而筑,至田事毕,始于中间开缺通流也”;并提道“沟引溪水以灌田,需水时筑坝载水入沟”,说明了坝与沟之间相辅相成的联系。乾隆《临安县志》中还提出了一套严格的堰坝启闭制度。即“地出炭薪香纸竹木,结筏转输必以时,堰闭于四月朔,开于九月朔,定例也”,这样就很好地兼顾了农业灌溉与漕运之间的关系。另外,诸如溧阳、宜兴等

① [清]康基田、王昶等纂修:嘉庆《直隶太仓州志》,卷18,《水利上》。
② [明]周士佐修,张寅纂:嘉靖《太仓州志》,卷2,天一阁藏明代方志选刊本。
③ 钱淦等纂:民国《江湾里志》,卷5,《实业志·农业》。
④ [清]黄印:《锡金识小录》,卷1,《备考上·地亩等则》,清光绪二十二年刻本。

山地丘陵广泛分布地区的地方志中也多记载有塘、沟、坝、堰等农田水利设施。

乾隆《震泽县志》记载当地虽然是“当江湖之中,最为洼下”,但“苟遇亢旱,则支渠干涸,禾根龟拆”,在“明正统中,周文襄巡抚时,令概县排年里长,每名置官车一辆”,若遇“旱则用连车递引溪河之水,传戽入田,俗呼打缠”。① 这就是说,在明代,人们已开始通过集体协助的方式利用水车灌溉农田,以缓解旱情。这表明农田水利灌溉活动在组织协调方面越趋完善。

① ［清］沈彤等纂修:乾隆十一年《震泽县志》,卷25,《风俗一·生业》,江苏古籍出版社1991年版,第232下—233上页。

# 第三章　气候变化对太湖地区稻麦两熟的影响

现代太湖地区地处北亚热带与中亚热带的过渡地带，存在一年两熟有余，一年三熟不足的状况。在古代，这种情况很有可能同样存在，从而直接影响本区各种复种制度发展。

复种制度，即一年内在同一田地上连续种植两季或两季以上作物的种植方式。它在中国的历史至少可以追溯到战国时期。如据《荀子·富国》中记载："今是土之生五谷也，人善治之，则亩益数盆，一岁而再获之。"①《管子·治国》则提道："常山之东，河汝之间，蚤生而晚杀，五谷之所蕃熟，四种而五获。"②后人也曾对复种制度评价道："种莳之事，各有攸叙。能知时宜，不违先后之序，则相继以生成，相资以利用，种无虚日，收无虚月，一岁所资，绵绵相继。"③即复种制度不但可以增加一年收成，又能通过前后茬作物搭配，来改善土壤结构，增加肥力；还能充分利用地力和太阳能。在此后，复种逐渐成为中国农业生产的基本种植制度。如在汉代，《氾胜之书》一书在谈到区种麦时曾提道"区大小如'中农区'。禾（这里指粟）收，区种"④，即粟—麦一年二熟制；《淮南子》所记载的"禾春生秋死，豆夏生冬死，麦秋生夏死"，则是描写禾—豆—麦二年三熟的生产情况⑤。

---

① 荀子著，安继民注译：《荀子》，中州古籍出版社 2006 年版，第 142 页。

② 颜昌峣：《管子校释》，岳麓书社 1996 年版，第 393 页。

③ ［宋］陈旉撰，万国鼎校注：《陈旉农书校注》，农业出版社 1965 年版，第 30 页。

④ 万国鼎辑释：《氾胜之书辑释》，农业出版社 1980 年版，第 21 页。

⑤ ［汉］刘安等著，陈广忠译注：《淮南子译注》，吉林文史出版社 1990 年版，第 201 页。

## 第一节　太湖地区稻麦两熟发展状况

作为我国主要复种制度之一的稻麦两熟也有着悠久的历史。关于它产生于何时，并无确切记载。但东汉张衡《南都赋》中有“冬稌夏穱，随时代熟”①的记载。按《集韻》的解释：“稌，稉稻也”；“穱，稻下种麦”。如果《集韻》的解释成立，则稻麦两熟复种制度可能至迟在东汉时就已产生于今南阳地区②。太湖地区的稻麦两熟生产是到唐代才有记载。白居易的《答白太守行》一诗中提道：“去年到郡日，麦穗黄离离。今年到郡日，稻花白霏霏。”③该诗反映的是白居易于唐宝历元年(825年)农历五月到苏州任刺史至第二年八月卸任时，苏州农业生产的情况。从这句意思上看，很有可能描写的就是苏州一带稻麦两熟生产的场景。至于土壤耕作技术，王建革认为用于稻麦两熟的起垅技术早在唐代就已经具备了④。在陆龟蒙《小雪后书事》一诗中就谈到了江南麦陇，即“时候频过小雪天，江南寒色未曾偏。枫汀尚忆逢人别，麦陇唯应欠雉眠”⑤。

### 一、宋元时期稻麦两熟的初步发展

相比唐代，宋元时期文献中有关稻麦两熟生产的记载更为丰富。在反映太湖地区的诗词、地方志当中，都能找到相关记载。从这些记载可以看出，稻麦两熟复种较之前代有了初步发展，除了苏州一带的双季稻种植继续发展外，在今上海、苏州、杭州、湖州、嘉兴所辖区域也都已出现了稻麦两熟

① ［汉］张衡：《南都赋》，载《昭明文选》(上)，京华出版社2000年版，第106页。

② 郭文韬：《中国复种制的历史发展》，《世界农业》1986年第3期。

③ ［唐］白居易：《白香山集》，卷22，《答白太守行》，文化古籍出版社1954年版。

④ 王建革：《水乡生态与江南社会(9—20世纪)》，北京大学出版社2013年版，第465页。

⑤ ［唐］陆龟蒙著，宋景昌、王立群点校：《唐甫里先生文集》，卷8，《小雪后书事》，河南大学出版社1996年版，第98页。

生产(见表3-1)。

**表3-1 宋元太湖地区稻麦两熟生产的部分文献记载**

| 时代 | 地区 | 文献内容 | 文献出处 |
|---|---|---|---|
| 北宋 | 苏州 | 昨闻熙宁四年大水,众田皆没,独长洲尤甚,昆山、陈、新、顾、晏、淘、湛数家之圩高大,了无水患,稻麦两熟 | 范成大:《吴郡志》卷19引赵霖奏 |
| | 苏州 | 吴中地沃而物伙,其原隰之所育,湖海之所出,不可得而殚名也。稼则刈麦种禾,一岁再熟 | 朱长文:《吴郡图经续记》卷上 |
| 南宋 | 苏州 | 五月江吴麦秀寒,移秧披絮尚衣单 | 范成大:《石湖诗集》卷27《夏日田园杂兴十二绝》 |
| | 苏州 | 梅花开时我种麦,桃李花飞麦丛碧。多病经旬不出门,东陂已作黄云色。腰镰刈熟趁晴归,明朝雨来麦沾泥。犁田待雨插晚稻,朝出移秧夜食麦 | 范成大:《石湖诗集》卷11《刈麦行》 |
| | 苏州 | 小麦连湖熟……妇姑插秧归……;麦地宜秧谷 | 周南:《山房集》卷1《山家》、《山居》 |
| | 嘉兴 | 晚禾未割云样黄,荞麦花开雪能白,田家秋日胜春时,原隰高低分景色……牧童牧童罢吹笛,领牛下山急归吃,菜本未移麦未种,尔与耕牛闲未得 | 许纶:《涉斋集》卷4《田家秋日词》 |
| | 杭州 | 雨余乾鹊报新晴。晓风清……麦陇黄云堆万顷,收刈处,有人耕 | 曹冠:《燕喜词》《江神子·南园》 |
| | 湖州 | 腰镰刈晚禾,荷锄种新麦 | 虞俦:《尊白堂集》卷1《和姜总管喜民间种麦》 |
| | 松江 | 今华亭稼穑之利,田宜麦禾,陆宜麻豆,其在嘉禾之邑又最腴者也 | 杨潜:绍熙《云间志》 |
| | 太湖平原 | 吴中之民,开荒垦洼,种粳稻,又种菜、麦、麻豆耕无废圩,刈无遗陇 | 吴泳:《鹤林集》卷39《兴隆府劝农文》 |
| 元 | 吴兴 | 其东则涂泥膏腴,亩钟之田,麦粟再收 | 赵孟頫:《吴兴赋》 |

另据景定二年(1261年)《建康志》记载,太湖以西南京地区的慈幼庄已经实行二造收租,即"本庄田地立为上、中、下三等收租。上等每亩夏收小麦五斗四升军斗,秋纳米七斗二升军斗";"田中等每亩夏纳小麦三斗合军斗,秋纳米伍斗四升军斗";"田下等每亩夏纳小麦贰斗叁升肆合军斗,秋

纳米贰斗柒升军斗”。[①] 这说明当地稻麦两熟已经较为常见，已经开始记为租税。

此外，宋元时期的农书当中，也有对南方稻麦两熟生产技术的详细介绍。例如在宋代《陈旉农书》（成书于绍兴十九年，1149年）以及元代《王祯农书》（成书于1300年左右[②]）均分别提及南方采用“耕治晒曝”或“开沟作畻”的方法解决水旱轮作问题，属于较早介绍水旱轮作技术的珍贵资料。由于这一技术也决定了稻麦两熟生产是否能够正常进行，属于这一复种制度中的核心技术之一，该技术的明确记载说明宋元时期的稻麦两熟种植技术已逐渐形成和发展。[③]

## 二、明清时期稻麦两熟基本地位的确立

到明清时期，太湖地区的稻麦两熟得到进一步发展，不但在各个区域都有种植（见表3-2），并且已成为太湖地区的主要种植制度之一[④]。诚如在19世纪30年代，两江总督陶澍在为《江南催耕课稻编》作序时所说“吴民终岁树艺一麦一稻。麦毕刈，田始除，秧于夏，秀于秋，及冬乃获”[⑤]，稻麦两熟至此已经在太湖地区基本确立其在复种生产中的地位。

---

① ［宋］马光祖修，周应合纂：景定二年《建康志》，卷23，《慈幼庄》，中华书局1990年版，第1705下—1706上页。

② 董恺忱、范楚玉：《中国科学技术史·农史卷》，科学出版社2000年版，第460页。

③ 稻麦两熟中的水旱轮作技术介绍可见本章第三节第三部分。

④ 特别要说明的是，这里并不是说稻麦两熟在太湖地区已经得到普及。李伯重分析指出江南到19世纪中叶，以稻麦两熟为代表的一年二作制的普及过程才告完成；王加华则对李伯重的说法提出了质疑，并认为，直到民国时期，一年两熟制在江南地区也未取得主导地位。而在新中国成立之初的第一个和第二个五年计划中，仍然在苏南几个老稻区推广稻麦两熟制一事也说明直到新中国成立后，太湖地区稻麦两熟依然没有普及。参见李伯重：《宋末至明初江南农业技术的变化——十三、十四世纪江南农业变化探讨之二》，《中国农史》1998年第1期；王加华：《一年两作制江南地区普及问题再探讨——兼评李伯重先生之明清江南农业经济史研究》，《中国社会经济史研究》2009年第4期；江苏省农林厅：《江苏农业发展史略》，江苏科学技术出版社1992年版，第54页。

⑤ 陈祖椝：《中国农学遗产选集：甲类第一种·稻（上编）》，中华书局1958年版，第374页。

**表 3-2 明清时期太湖地区稻麦两熟生产的部分文献记载**

| 朝代 | 地区 | 文献内容 | 文献出处 |
|---|---|---|---|
| 明代 | 苏州府 | 五谷《朱氏续记》云:其稼则刈麦、种禾 | 洪武十二年(1379 年)《苏州府志》卷 42《土产》 |
| | 吴县 | 旱稻收割毕,……将田锄成行垄,……下种以灰粪盖之,谚云:无灰不种麦。① | 邝璠:《便民图纂·耕获类种大麦》 |
| | 江南 | 江南地暖,八月种麦,麦芽初抽,为地蚕所食,至立冬后方无此患。吾乡近来种麦不为不广,但妨早禾,纵有早麦,亦至四月中方可收获,抵及中禾,若六七旱,中禾多受伤,不若经种晚禾 | 万表:《灼艾余集》 |
| 清代 | 太仓州 | 西水就平,低洼之区塍岸尽出,刈稻筑场,民享丰熟,仲冬水涸,栽麦遍野 | 《太仓州新浏河志》正集 |
| | 嘉兴县 | 冬十二月种麦,至四月获,五月种稻,秋九月获。 | 康熙二十四年(1685 年)《嘉兴县志》 |
| | 余杭县 | 原田宜晚熟,故多晚种。……而原田又宜麦、宜豆,岁可二登焉。 | 康熙二十四年(1685 年)《余杭县新志》卷 2 |
| | 乌青镇 | (稻)岁既获,即播菜、麦。 | 康熙二十七年(1688 年)《乌青文献》卷 3 |
| | 常州府 | 秋分刈早禾,霜降刈晚禾,刈后随时播种二麦。 | 康熙三十三年(1694 年)《常州府志》卷 9 |
| | 平湖县 | 湖田,……入夏刈麦,遂垦田,……浸谷莳秧。……九月刈稻,即获垦为稜,种豆、麦。 | 乾隆四十五年(1780 年)《平湖县志》卷 6 |
| | 长兴县 | 刈早稻则反土作垄种麦;麦多种于田,获稻毕,遂坆其土而沟,以洩其水,打潭下子,以泥复根。交春渐长,四月收成,所谓麦秋也。 | 乾隆十四年(1749 年)《长兴县志》 |
| | 震泽县 | 岁既获(稻),高田即播菜、麦,至夏初,……耕以艺稻,至秋乃等,周而复始,迄无宁日。 | 乾隆十一年(1746 年)《震泽县志》卷 25 |
| | 吴江县 | 又刈稻之后,得以广种菜、麦、蚕豆,以为春熟。……故号曰"两熟田"云。 | 乾隆二十八年(1763 年)《儒林六都志·土田》 |
| | 松江府 | 凡田来年拟种稻者可种麦 | 褚华:《木棉谱》 |
| | 嘉兴县 | (稻)既获,复垦田为稜,下豆、麦诸菜种 | 嘉庆四年(1799 年)《嘉兴县志》卷 16 |
| | 苏州府 | 田有宿麦,遂废春耕,而大概莳秧在刈麦后 | 潘曾沂:《潘丰预庄本书》 |
| | 松江府 | "刈稻后,……然所种(冬菜、蚕豆)不过十之二、三,余皆栽麦" | 奚诚:《畊心农话》 |

① 这里是指大麦与水稻的轮作。

由于水稻育秧移栽具有可以延长生育期、提高产量、节约用水等好处，所以中国古代的水稻生产很早就开始采取移栽方式。如东汉崔寔（公元103—170年）在《四民月令》提道："三月可种秔稻"，"是月（即五月）也，可别种稻及蓝。"①这里的"别种"即移栽，别种稻就是移栽水稻秧苗。与水稻普遍采用育秧移栽方式不同，小麦栽培虽然历史悠久，产生过诸如漫撒、条播、撮子等多项播种方式，但主要采取的是直接播种方式。所以在稻麦两熟生产中，也一直采用水稻育苗移栽与小麦直播栽培的方式进行耕种。

作物的生长发育需要足够的光、热、水、肥。如果无法满足，农业生产将无法正常进行。所以说，自然环境既为农业生产提供了条件，也给出了限制。唐代以来，稻麦两熟在太湖地区的持续发展表明，本区具有从事稻麦两熟生产良好的自然条件。

当然，自然条件为农业生产提供了可能，但要把可能变成现实也需要人的艰苦努力。所谓"天、地、人，万物之本也；天生之，地养之，人成之"②。只有经历人的农事劳作，农业才能为人类提供农副产品。依此来看，稻麦两熟生产能够顺利进行，不仅意味着需要有优越的自然条件，更意味着需要有巨大的劳动付出。特别是水稻和小麦由于生长习性不同，所以生产环境也不相同。一方面水稻生产需水量较大，要求田间长期有水，故而在收获以后土壤会比较黏重。加之太湖大部分地区虽然土壤肥沃，但地势低洼，土质本就黏重，易受涝渍危害，肥效不易发挥，通透性及耕性不良③，经历了水稻栽培后这一状况更会加剧。但小麦作为旱地作物，"最忌水湿"④，若土壤含水量过多，就会使小麦根系长期处于缺氧状态，根系活力衰退，影响麦株正常吸收水分和养分。此外，湿粘的土壤还会产生大量还原性有害物质，毒害根

① ［汉］崔寔著，石声汉校注：《四民月令校注》，中华书局1965年版，第26、43页。

② 曾振宇注说：《春秋繁露》，河南大学出版社2009年版，第199页。

③ 闵宗殿：《明清时期浙江嘉湖地区的农业生态平衡》，《中国农业科学》1982年第2期；中国农业科学院、南京农业大学中国农业遗产研究室太湖地区农业史研究课题组：《太湖地区农业史稿》，农业出版社1990年版，第6页。

④ ［明］徐光启、石声汉校注：《农政全书校注》，上海古籍出版社1979年版，第653页。

系,造成小麦烂根死亡①。旱田变水田难度相对不大,但要将水田整治为旱田,在南方潮湿的环境中则颇费周折。所以在《陈旉农书》、《王祯农书》以及下文将要提到的《补农书》中都有对稻麦两熟中收稻整地种麦这一环节的重点论述。

简而言之,要想不影响稻麦两熟生产正常进行,就要在一年之内调整前后茬作物的土壤环境。既要在小麦收割以后,把旱地马上改造成为土细、泥烂、田平、保水的水稻田;又要在水稻收割以后,马上将水田通过挖沟排水、晒田等方式改造成适合旱作的麦田。加之在整地前后,还要分别进行割麦、插秧以及割稻、播麦等工作,所以这两个环节均需要花费大量劳动量和劳动时间。所以,收麦插秧以及收稻种麦两个时段往往也是一年之中的农忙时节。李曾伯在《山中即事》一诗中所提到的"晚稻才收种麦忙"②以及杨万里《江山道中麦熟》诗中的"却破麦田秧晚稻,未教水牯卧斜晖",③描写的就是这两个农忙时节的场景。

## 第二节 稻麦两熟存在严重季节矛盾

### 一、严重季节矛盾的表现

考察太湖地区稻麦两熟的发展历史,虽然有两个农忙季节,但历经了唐、宋、元几百年时间,似乎并不存在人力无法克服的困难。直到明清时期,情况有所改变,出现了人力无法克服的严重季节矛盾。这种严重的季节矛盾在历史上仅出现过两次,一次是在17世纪,另一次是在19世纪。两次季

① 南京农学院、江苏农学院:《作物栽培学(南方本)》,上海科学技术出版社1979年版,第219—221页;赵荣:《明清时期太湖地区农业生态模式研究》,南京农业大学硕士学位论文,2008年。

② [宋]李曾伯:《山中即事》,载《全宋诗》,北京大学出版社1991—1998年版,第3248页。

③ [宋]杨万里:《诚斋集》,卷13,《西归集·江山道中蚕麦大熟》。

节矛盾都非常严重，以至于影响到传统稻麦两熟种植的技术体系，甚至动摇了古人发展稻麦两熟种植的信心。从文献上看，17世纪的季节矛盾情况主要是在反映嘉、湖地区农业生产技术的《沈氏农书》、《补农书》等文献当中记载。19世纪的季节矛盾情况主要是在反映江南农业生产的《江南催耕课稻编》《耕心农话》《潘丰豫庄本书》等农书中记载。

生活在嘉兴桐乡县的地主阶级知识分子张履祥在写于顺治十五年(1658年)的《补农书》中提道："农叟有言：'禾历三时，故杆三节，麦历四时，故四节。'种稻必使'三时'气足，种麦必使'四时'气足，则收成厚。吾乡种田，多在夏至后，秋尽而收，所历二时而已；种麦多在立冬后，至夏至而收，所历三时而已。欲禾历三时，麦历四时，胡可得焉？"①在张履祥看来，以17世纪太湖地区的自然条件，要想让小麦丰产，需要经历"四时"，即四个季节；水稻丰产则需要经历"三时"，即三个季节。如果仍采用水稻育苗移栽以及小麦直播栽培这种传统的稻麦两熟栽种方式，已不能满足稻麦两熟生产对季节的需要。张履祥还特别指出，南方单季稻之所以产量高，是因为其种的早而收获迟；北方一年一熟的小麦之所以高产，除了土壤较南方干燥之外，也和它生育期长有密切关系。说明在17世纪，太湖地区稻麦两熟生产之所以不能获得高产，原因在于生长发育所需的季节时间不足，不能满足稻、麦的习性。

面对17世纪中的严重季节矛盾，一方面为提高劳动效率以尽可能地争取时间，许多有条件的农户选择成本较高的牛耕来完成整地工作，这使得在清代前期稻麦两熟地区牛耕变得较为普遍②；而没有条件的百姓则干脆将稻麦两熟改种单季稻。诚如顾炎武的《日知录》卷10《苏松二府田赋之重》载："(吴中)岁仅秋禾一熟"。但毕竟单季稻是"一亩之收不能至三石，少则不过一石有余"。除了这些以外，时人还主张改变稻麦两熟传统的栽种方式，在对水稻实施育秧移栽的同时，也对小麦实施育苗移栽。诚如张履祥所

① [清]张履祥辑补，陈恒力校释：《补农书校释》(增订本)，农业出版社1983年版，第105页。

② 李伯重：《江南农业的发展(1620—1850)》，上海古籍出版社2007年版，第51—52页。

说:“惟有下秧及早,可补事力之不逮。谷雨浸种,立夏前下谷,稍备春气,至插青之日,秧老而苗易长,且耐风日,所谓‘秧好半年田’也。中秋前下麦子于高地,获稻毕,移秧于田,使备秋气,虽遇霖雨妨场功,过小雪以种无伤也。”①时人是想通过采用水稻、小麦双移栽的方式,来延长水稻、小麦的在田时间,从而满足水稻、小麦充分生长发育所需要的季节条件。

在19世纪,太湖地区稻麦两熟生产的季节矛盾也很严重,如同治十三年(1874年)《湖州府志》就曾用“畚金取宝月,言收获之忙也”来形容当时稻麦两熟收获季节的紧张场面。而在道光九年(1829年)《苏州知府批示》中也提道“今常田夏始种稻,秋后种麦,……两者俱失,虽无水旱,常患敛收”②。这个世纪的季节矛盾之严重,一方面让松江等地区也出现了“频年不见春熟”,即放弃了稻麦两熟种植;一方面则引发了社会有识之士关于是否要放弃种麦的争论。参与这场讨论的代表人物有林则徐、李彦章、奚诚、潘曾沂等人。

在19世纪30年代,林则徐在为《江南催耕课稻编》作序言时称“江南泽国,其谷宜稻,本非如西北土性之宜麦”③。在他看来,当时江南的自然环境适宜水稻生长,而不适宜种植麦类。可是“吴俗以麦予佃农,而稻归于业田之家”,致使“佃农乐种麦”。稻麦两熟生产因而也得以发展。但“古者于耜举趾,必以春时”,“按二十四节气而释其义,窃谓谷雨者艺早稻时也,芒种者艺晚稻时也”。在稻麦两熟生产中,前茬小麦不但不适应江南环境致使产量不高,更因迟种、迟收而严重妨碍了后茬水稻的正常农时,使“江南之稻,辄以夏至始艺之,其获乃不于秋而于冬。是时严霜苦雾饕风虐雪之厉,岁所恒有,故有垂成而不得下咽者”④。林则徐另以“尔农贪种麦,麦刈

① [清]张履祥辑补,陈恒力校释:《补农书校释》(增订本),农业出版社1983年版,第105—106页。

② 陈祖槼:《中国农学遗产选集:甲类第一种·稻(上编)》,中华书局1958年版,第371页。

③ 陈祖槼:《中国农学遗产选集:甲类第一种·稻(上编)》,中华书局1958年版,第377页。

④ 陈祖槼:《中国农学遗产选集:甲类第一种·稻(上编)》,中华书局1958年版,第375—377页。

方莳禾,欲两得之几两失,东作候岂同南北"[①]一句来总结当时因种植稻麦两熟而造成的不利结果。

奚诚在《畊心农话》中也强调了类似情况。他先评价称:"扬州[②]、荆州,其谷宜稻,本非二麦之所宜。今为麦收迟,而反误其种稻之时","江南隰土,雪少种迟,不能久历四时,变其物性[③]"。对于当时太湖地区农业生产情况则认为,"吾吴农务之坏,系春花而稽迟种稻。见小弃大,古法尽废,以致民贫而田瘠"。并称如若继续进行稻麦两熟生产,不但会使"麦息甚薄",还将妨碍水稻生产。所谓"夫种田当以稻为主,……(文后注:农贵及时。二月乘土膏发动而耕作,三月即可播种矣。若迟至五、六月莳秧者,未免烈日狂雨之患。早稻至夏已发棵,日烈正所以长养,雨大正所以资生。今夏至前后莳秧,将命根拔断,插种再伤,以重伤之弱苗,值其酷暑,叶已焦黄,如遇狂雨,则内伤于冷,外伤于损,卤莽灭裂已甚,而欲望其早成多获,不亦难乎?此昔人之所以忧,而今人之故蹈其覆辙也)及至获时,(文后注:今农以四、五月起工,其莳也,必过夏至,竟有迟至六月者。其获也,必至十月,且有迟至十一月者)则严霜冷雾苦雨饕风之厉,岁所恒有,故有垂成而不得下咽者。嗟呼!"[④]此段虽是部分引述林则徐的话,但比林则徐的解释更为详细,除说明由于小麦迟收致使晚稻不能早获,易受早霜早雪侵害外,还说明了由于小麦收迟导致水稻在酷暑高温时栽秧,而对水稻的损伤很大。

而早在林、奚二人之前,潘曾沂就已指出江南应以水稻种植为主,在当时环境条件下若再在稻田种麦,势必造成"贪多务得,广种薄收",不但使麦类生产"收获寥寥",也会让水稻因收获过晚而遭受"恶雾风潮"[⑤]。

正是因为种麦所造成的不利局面,让潘、林、奚等人均认为应放弃种麦,

---

① 林则徐:《云左山房诗钞》,卷2,《区田歌为潘功甫舍人作》。

② 这里的"扬州"即古扬州,包括太湖地区。

③ 这里指麦类的物性。

④ 陈祖椝:《中国农学遗产选集:甲类第一种·稻(上编)》,中华书局1958年版,第467—471页。

⑤ 陈祖椝:《中国农学遗产选集:甲类第一种·稻(上编)》,中华书局1958年版,第363页。

或主张区种单季稻以替代稻麦两熟生产①,或是“易麦而为早稻”,大力推行连作双季稻②以及间作双季稻③。

自20世纪以来,稻麦两熟依旧是太湖地区的一项基本种植制度,已经不存在之前的严重季节矛盾,并有进一步发展的趋势。特别是20世纪中期以来,稻麦两熟不仅没有明显的季节矛盾,而且生长季节还很富裕。如苏南地区在20世纪60年代及之前,还主要实行稻麦两熟复种,此后由于季节条件允许,继而还大力发展了麦—稻—稻三熟制,种植面积迅速展开。在苏南一些重点县,施行双季稻三熟制④的农田面积竟然达到农田总面积的80%—90%⑤。

另外,小麦育苗移栽技术自17世纪出现后,便在太湖地区传承下来。如在道光年间(1821—1850年)成书,记载湖州南浔一带农业技术的《农事幼闻》中就曾提道:“刈稻之后,垦田为高稜,旁界小沟,或撒麦令自出,或栽麦苗。”⑥进入20世纪,杭嘉湖地区农业生产中仍然多有采用小麦移栽技术进行生产的。如在1960年由嘉兴专区农业科学研究所、桐乡县农业局等单位所做的《嘉兴地区移植小麦栽培经验的调查》中指出:在桐乡、海宁及嘉兴南汇一带,采用小麦移栽技术的农田面积比重仍很大;其中,桐乡县屠甸公社移栽麦面积占小麦总栽培面积的59.9%,海宁县斜桥公社则高达92%⑦。不过与前代情况不同,这时的小麦育苗移栽也已是被应用在双季稻三熟制中的一项技术。此后,这种以小麦育苗移栽为技术核心的双季稻

① 潘曾沂在《潘丰豫庄本书》中提倡区种单季稻。参见陈祖槼:《中国农学遗产选集:甲类第一种·稻(上编)》,中华书局1958年版,第360—367页。

② 李彦章、林则徐等人在《江南催耕课稻编》中提倡发展连作双季稻。参见陈祖槼:《中国农学遗产选集:甲类第一种·稻(上编)》,中华书局1958年版,第375页。

③ 奚诚在《畊心农话》中倡导种植间作双季稻。参见陈祖槼:《中国农学遗产选集:甲类第一种·稻(上编)》,中华书局1958年版,第375页。

④ “双季稻三熟制”即双季稻加一季小麦等春花作物的三熟制。

⑤ 江苏省地方志编纂委员会:《江苏省志·农业志》,江苏古籍出版社1997年版,第49—50页。

⑥ “栽麦苗”是指移栽麦秧。参见周庆云等辑:民国《南浔志》,卷30,《农桑》,民国十一年吴兴周氏刊本。

⑦ 嘉兴专区农业科学研究所、桐乡县农业局、桐乡县屠甸公社农业技术推广站:《嘉兴地区移植小麦栽培经验的调查》,《浙江农业科学》1960年第5期。

三熟制又进一步推广至杭州市[①]等更广大地区。从原来的一年两熟改成了一年三熟，说明20世纪特别是20世纪中期以来太湖地区生长季节的充裕程度。

## 二、与严重季节矛盾相关的问题

### （一）17世纪：移栽麦播种过早及育秧期过长问题

小麦育苗移栽技术是从17世纪就开始被应用在稻麦两熟复种当中。而考察史料，最早记载小麦移栽技术的是万历三十九年（1611年）《崇德县志》。该书《丛谈》篇中谈道："凡接德清、归安之壤者，田势低下弗殖，今农急近利毕作无旷田。春雨多则耗，梅涝盛则乌有。插秧[②]宜早而反缓……今塘右遍种小麦以面食、浆、酱食用最切，或移秧或下种，俱不妨田。"[③]只是这处记载过于简略，无法从中查明小麦移栽技术的具体操作过程。想要了解这项技术的大致情况，还得看稍晚成书的《沈氏农书》。

《沈氏农书》成书于崇祯末年（约1640年前后），作者沈氏的具体名字不详，但他生活的地方基本可以定位在今浙江省吴兴县东境的双林、涟市两镇之间的某个村庄。在《沈氏农书》中，当地方言是把播种称为"沈种"，移栽则被称为"种"或"移种"。《沈氏农书》中的《运田地法》篇提道，可在"八月初先下麦种，候冬垦田移种[④]，每颗十五、六根，照式浇两次，又撒牛壅，锹沟盖之，则杆壮麦粗，倍获厚收"。[⑤] 该书既说明了移栽麦种植的大致细节，也明确指出通过移栽小麦能使产量大幅度提高。随后出版的《补农书》则进一步补充了实施小麦移栽技术的时间环节内容，即"中秋前下麦子于高地，获稻毕，移秧于田，使备秋气，虽遇霖雨妨场功，过小雪以种无伤也"。

---

① 杭州市农科所栽培组：《育苗移栽是实现小麦早熟高产的一个重要途径》，《浙江农业科学》1976年第6期。

② 这里所指的"插秧"应该是插水稻秧。

③ ［明］靳一派纂修：万历《崇德县志・丛谈》，万历三十八年刊本。

④ 这里便是指稻田经垦治后，在上面移栽小麦秧苗。

⑤ ［清］张履祥辑补，陈恒力校释：《补农书校释》（增订本），农业出版社1983年版，第39—40页。

并间接说明采用稻麦双移栽后,既可使水稻"'三时'气足",又可使小麦"'四时'气足",从而达到水稻、小麦均能"收成厚"的目的。

从《补农书》的内容可看出,之所以能够提高产量,最根本原因还是和采用双移栽后,水稻、小麦生育期被相应延长,从而克服了季节矛盾有关。按照张履祥在《补农书》中的说法,在采用稻麦双移栽前,水稻夏至插秧,秋尽而收,在大田中的生育期大约为135天,加上育秧期大约为40—50天,则全生育期为175—180天;小麦按立冬播种夏至收获计算,全生育期约为225天。采用小麦移栽技术以后,张履祥强调水稻"下秧及早",于谷雨和立夏间播种,成熟期仍是"秋尽而收",则水稻全生育期约为188天。小麦由于中秋前播种,仍然"至夏至而收",则全生育期长达270天。与采用小麦移栽前相比,稻麦两熟生育期共延长了55天左右(见表3-3)。

**表3-3 小麦移栽延长稻麦在田时间效果(单位:天)①**

| 作物 | 采用小麦移栽技术前的生育期 | 采用小麦移栽技术后的生育期 | 延长天数 |
| --- | --- | --- | --- |
| 水稻 | 175—180天 | 188天 | 8—13天 |
| 小麦 | 225天 | 270天 | 45天 |

《沈氏农书》除了在《运田地法》篇中提到移栽麦要在农历八月初播种,"候冬垦田移种"外,在《逐月事宜》篇中甚至要求将移栽麦提前到农历七月播种。说明沈氏的移栽小麦播种期比张履祥还要早。这样,沈氏所要求的移栽麦全生育期会比张履祥的还要长一些。

照此看来,在采用稻、麦双移栽后,稻、麦的生育时期已比未采取双移栽前延长了55天甚至更多,这样就可以大大缓解因季节不足所造成的矛盾。而且,经现代科技研究表明采用麦移栽技术确实会对小麦产量提高有很大帮助。原因在于:首先,由于移栽麦冬前生育期较长,形成壮苗后,能够积累

① 资料来源:[清]张履祥辑补,陈恒力校释:《补农书校释》(增订本),农业出版社1983年版,第105—106页。

更多的有机营养物质,为状秆大穗准备了较好的物质基础①;其次,麦的茎秆在绿色时有光合能力,并且是抽穗前后有机质的主要储存器官,因而粗壮的茎秆有利于产量提高②。对移栽麦来说,在生长后期,由于其单株营养面积③大,分布均匀,通风透光条件和光合吸收能力好,以及同化能力强,有利于利用光能制造更多有机质,为籽粒灌浆创造了良好条件,因而能够长成穗大粒多的状株④。再加上古人精心整地,合理施肥,细心管护等精耕细作措施,自然能够提高小麦产量。另外,虽然在实施小麦移栽过程中,会增加劳动强度;但由于移栽麦的移栽时间具有一定弹性,“过小雪以种无伤也”⑤,这样就可在一定程度上缓解农忙季节的劳动力紧张问题。可见,采用小麦移栽确实有诸多好处。但结合现代自然科学,其中还是存在两个问题值得商榷。

首先,适时播种当然是农业生产的基本要求,只有选择一个恰当的播种期,才能满足小麦对生长发育的需要。虽然冬小麦的播种期是具有相对“弹性”的,可以延后⑥,当然也可提前,古人根据经验适当调整冬小麦的播种期无可厚非。但是早播或晚播都必须适度,过早或过晚都不行,所以浙江地区才会有“早播旺,迟播弱,适期播种麦苗壮”的农谚。放在现代,如果小麦播种过早,由于气温较高,往往在冬前生长过旺、徒长,后期早倒伏并致败苗,导致穗小、粒少;如果是春性强的品种,年内还会拔节,易遭受冻害威胁⑦。如果小麦播种过迟,气温较低,就会出苗晚,发棵差,苗不足,穗形短

① 南京农学院、江苏农学院:《作物栽培学》(南方本),上海科学技术出版社 1981 年版,第 238 页。

② 王世之、方成梁、赵微平:《小麦移栽》,人民出版社 1975 年版,第 12 页。

③ 单株营养面积主要指叶片和茎干的面积。

④ 延安市枣园大队科研站等:《冬小麦栽培技术的三项改革》,《陕西农业科学》1977 年第 9 期;王世之、方成梁、赵微平:《小麦移栽》,人民出版社 1975 年版,第 11—12 页。

⑤ 这里是指移栽麦秧。参见陈恒力:《补农书校释》,农业出版社 1983 年版,第 105—106 页。

⑥ 李根蟠:《长江下游稻麦复种制的形成和发展——以唐宋时代为中心的讨论》,《历史研究》2002 年第 5 期;李伯重:《明清江南种稻农户生产能力初探——明清江南农业经济发展特点探讨之四》,《中国农史》1986 年第 3 期。

⑦ 浙江农业大学农学系作物栽培教研组:《大小麦栽培》,浙江人民出版社 1978 年版,第 44 页。

小,造成产量低的结果;如果出苗时气温在6℃以下,当年就不发生分蘖;播种越晚,则气温越低,出苗越差,成苗率也较低①。通过试验测定,在相同条件下,于公历11月9日播种的冬小麦,每亩的基本苗为24.52万株;如果晚到11月22日播种的,基本苗只有19.54万株,两者相差5万株苗②。基本苗少,每亩的穗数就会少。而且如果播种迟,颖花分化的时间就短,这样每穗的粒数就会少。穗数和粒数均少,产量当然会降低。所以在17世纪由于小麦迟播,影响产量,原因也大致在此。但同样也需注意到,在《沈氏农书》的《运田地法》篇中,沈氏主张移栽麦在农历八月初播种,在《逐月事宜》篇中甚至主张在农历七月播种;张履祥在《补农书》中则主张在"中秋前下麦子于高地"。设定如此早的播种期是否合适?

关于太湖地区小麦的适宜播种期,浙江大学农学院曾于1947—1948年在杭州作过试验,当时的试验结果是,杭州地区移栽麦的播种期以10月下旬到11月上旬最为适宜③。在20世纪70年代,浙江省大部分平原地区是在立冬前后一周左右,为大小麦适宜播种期。但由于地区环境差异,各地适宜播种期又有所不同,如在杭嘉湖及宁绍平原的稻麦两熟生产中的小麦播种期是以10月下旬至11月中旬这段时间为最佳④。在20世纪80年代,南京农学院等单位编写《作物栽培学》(南方本)时称,移栽麦的播种期一般比当地直播麦的适宜播种期提前15—20天即可⑤。但如果把20世纪40、70年代浙江杭嘉湖地区的适宜播种期与17世纪沈、张二人的播种期作一比较,则沈、张二人的播种期比前者整整提早了50—60天。即便按当时情况,移栽麦播种期也比直播麦提前了至少40—50天,远超现代所要求的20天上限。以现代农学理论来看,沈、张二人的播种期确实有问题,所设定的播

① 浙江农业大学农学系作物栽培教研组:《大小麦栽培》,浙江人民出版社1978年版,第44页。

② 浙江农业大学农学系作物栽培教研组:《大小麦栽培》,浙江人民出版社1978年版,第44页。

③ 陈锡臣:《浙大农场小麦移植试验报告》,《农业科学通讯》1950年第9期。

④ 浙江农业大学农学系作物栽培教研组:《大小麦栽培》,浙江人民出版社1978年版,第44—45页。

⑤ 南京农学院、江苏农学院主编:《作物栽培学》(南方本),上海科学技术出版社1981年版,第238页。

种期实在太早了，放在现在会出现冬前旺长、徒长，后期早倒伏、败苗等诸多不利状况。

其次，在移栽小麦早播的前提下，移栽小麦的秧苗期是否过长也是一个值得商榷的问题。浙江大学农学院20世纪40年代在杭州所作的试验结果指出，小麦的移栽时间以播种后40—45天、秧苗高4—5寸，并且出现2—3个分蘖时为准，结合前面的播种期推之，移栽麦的移栽时间当放在12月中旬为最佳。《作物栽培学》（南方本）中则认为，江苏等南方的移栽麦移栽时应保持2—3个分蘖，秧龄在30—40天左右较好①。可是在17世纪，沈、张二人将播种期提前到公历8—9月份，而移栽时间却放在了小雪、大雪、冬至节气，即11月下旬到次年1月上旬。这使得育秧期长达2—3个月（见表3-4）。曾对《沈氏农书》《补农书》两部农书有过精深研究的陈恒力据此评价称，这样大的苗是否能否安全越冬，春化处理又怎样完成，都值得怀疑②；学界也普遍质疑称沈、张二人是过于尊崇"麦历四时"之说，不符合当地实际情况③。

**表3-4　杭嘉湖地区移栽麦栽培时间古今对比**

| 时代 | 播种期 | 插秧期 | 育秧期 |
|---|---|---|---|
| 17世纪 | 8月、9月间 | 11月下旬到次年1月上旬 | 2—3个月 |
| 20世纪40年代 | 10月底至11月初 | 12月中旬 | 40—45天 |

照上述试验结果，陈恒力等人的质疑是很有道理的。但相信沈、张二人的主张也应该有他们的理由。因为沈氏和张履祥既是嘉湖地区的地主、土地经营者，也是农学家。他们亲自参加过农业生产，熟悉家乡的农事活动，具有较高的农学造诣。《沈氏农书》《补农书》两部农书中描述的整地、管水、看苗施肥等技术都是合理的，且超越了前人。虽不能保证他们的论述都

① 南京农学院、江苏农学院主编：《作物栽培学》（南方本），上海科学技术出版社1981年版，第238页。

② 陈恒力：《补农书校释》（增订本），农业出版社1983年版，第42页。

③ 中国农业科学院、南京农学院中国农业遗产研究室：《中国农学史（初稿）》下册，科学出版社1984年版，第138—139页。

真实、准确,但如果将书中的播种期和育秧期也看作是荒谬且脱离实际的内容,则无论如何这是说不通的。这里只能说,沈、张二人所记载的小麦播种期和育秧期应当是符合 17 世纪的真实情况。至于为何会这样,一定另有原因。

**(二)19 世纪:阶级利益并非弃麦种稻的根本原因**

在 19 世纪这个稻麦两熟季节矛盾突出的时期里,由于认为小麦不适合江南环境,又妨碍了水稻的正常种植,时人主张弃麦种稻。持这一主张的代表人物中,林则徐是在江苏、浙江等地历任江苏巡抚、布政使、按察使,为官多年,又是"睁眼看世界的第一人",对这些地方的农业、水利等事业都做过贡献,尤重提倡改进农耕技术。李彦章时任江苏按察使,"其官粤西时,尝以是课农,著有成效"①。潘曾沂本是吴县(今苏州)人,为嘉庆、道光年间历任工、户、吏部尚书,军机大臣潘世恩的长子,长期在家乡经营农业,还组织过"课农会"②,因而对农业生产和经营领会颇深。奚诚也是苏州本地的著名农学家。依此看来,认为 19 世纪稻麦两熟复种存在严重季节矛盾且无法克服的人当中,既有地方官员,也有地主和知识分子,可谓阵容强大。

先不论改制的结果如何,前文已提及 19 世纪改制者所指出的稻麦两熟生产中存在的严重季节矛盾确属事实,这一点本应该是无法辩驳的。但现代有些学者却并不这样认为。诸如《中国农学史》和《清代江南地区的农业改制问题》均指出,冬小麦是适宜江南地区环境的,只是因为当地水稻需要交地租,而麦类等春花作物不用交租;所以林则徐、李彦章、潘曾沂等人从自身的地主阶级利益出发,故意将稻麦两熟的季节矛盾严重化,以方便通过改制来弃麦种稻③。对于这样的说法,笔者不能完全赞同,理由有以下两点:

首先,《中国农学史》《清代江南地区的农业改制问题》关于 19 世纪江南环境是否还适合冬小麦生长的论据过于薄弱。其中的一条主要理由引自

① 李彦章在粤西推广双季稻方面卓有成效。参见陈祖椝:《中国农学遗产选集:甲类第一种 · 稻(上编)》,中华书局 1958 年版,第 378 页。

② "课农会"是学习研讨农业的组织,类似现在的农学会。

③ 中国农业科学院、南京农学院中国农业遗产研究室:《中国农学史(初稿)》下册,科学出版社 1984 年版,第 171—172 页;李长年:《清代江南地区的农业改制问题》,《中国农业科学》1962 年第 7 期。

《王祯农书》中的一段话，即“南方惟用撮种，故所种不多；然粪而锄之，人功既到，所获亦厚”①。《清代江南地区的农业改制问题》一文中借“所获亦厚”来证明江南地区是适宜小麦生长的。事实上，撮种是一项低产种植技术。即便在17世纪，沈、张二人对撮种也均持明确的否定态度。如张履祥称：“惰农苦种麦之劳，耽撮子之逸，甘心薄收，甚至失时，春花绝望，愚矣哉！”陈恒力在注释此句时指出，点播有两种方法：一种是用麦桩在垄上直接戳洞播种，这样虽很省事，但戳洞之后，土壤坚硬，麦根难于舒展，生长不旺，导致产量较低；另一种是用锄头开潭播种，这样可以使土松软，麦根易于舒展，生长旺，产量因此较高。所以，沈、张二人均主张采用开潭播种的方法。如沈氏提道：“沈麦，盖潭要满，撒子要匀，不可惜工。”②当时只有惰农才用第一种方法③。这样看来，王祯所说撮种小麦“所获亦厚”的产值是要重新考量的。况且，王祯是元代人，他说元代南方小麦“所获亦厚”，未必就能证明在19世纪苏州一带种植小麦依然产量丰厚。

其次，林则徐、李彦章等人虽说都是地主阶级，但他们还是正直的知识分子，这些人关心国计民生的态度恐怕也不能完全否定。不能因为是地主就否定他们所指出的问题。当然，在19世纪确实是“吴俗以麦予佃农，而稻归于业田之家，故佃农乐种麦，不乐早稻”④。种麦对佃农有利，从提高收益出发，地主阶级有反对种麦的可能性。但春花不交租全归佃农不是清代才有的习惯，而是从宋代就已出现。成书于南宋绍兴年间(1131—1162年)的《鸡肋篇》中提到，在两宋之际，由于喜食面食的北方人大量南渡，致使南方的麦价因面食需求量增多而大涨，所谓“绍兴初，……佃农输租，只有秋课；而种麦之利，独归客户”⑤。不仅是《鸡肋篇》，在宋元时期诸如黄震《咸

① [元]王祯撰，缪启愉译注：《东鲁王氏农书译注》，上海古籍出版社1994年版，第511页。

② [清]张履祥辑补，陈恒力校释：《补农书校释》(增订本)，农业出版社1983年版，第39页。

③ [清]张履祥辑补，陈恒力校释：《补农书校释》(增订本)，农业出版社1983年版，第107页。

④ 陈祖槼：《中国农学遗产选集：甲类第一种・稻(上编)》，中华书局1958年版，第377页。

⑤ [宋]庄季裕撰，萧鲁阳点校：《鸡肋篇》，卷上，中华书局1983年版，第36页。

淳七年中秋劝麦文》、方大琮《将邑丙戌(宝庆二年,1226 年)秋劝种麦》、方回《续古今考》等文献也都记载了种麦不用交租,全归佃农所有的情况①。纵观历史,南方在各朝代多为劝民种麦,为何唯独 19 世纪的清代官员要主张弃麦种稻呢?既然把林则徐等人主张弃麦种稻单纯归结为阶级利益显然缺乏说服力,但又是什么原因造成如此严重的季节矛盾,以至于时人非得弃麦种稻呢?

## 第三节　气候变化是影响稻麦两熟的重要因素

### 一、导致严重季节矛盾的可能性因素分析

农业生产是自然再生产和社会再生产相互交叉所形成的复合系统,它既受社会因素的影响,也受自然因素的制约。社会因素包括政策、人地关系、科技状况等,自然因素则有地形、气候、土壤等因素。笔者认为在这些因素中,劳动力资源、稻麦品种,以及气候因素最有可能成为导致稻麦两熟严重季节矛盾的主要原因。

首先,稻麦两熟生产牵涉到年内的水旱轮作。无论是收麦栽稻,还是收稻种麦,都要需要付出大量的劳动,如果劳动力不足就无法及时完成农事操作。所以,各时期劳动力资源的稀缺有可能导致季节矛盾突出。而考察 17 世纪会发现,由于正处于明末清初改朝换代之时,受战乱波及,太湖地区人口确实出现大量减损状况。如在清军南下时,对嘉定实施所谓的"嘉定三屠"。"城内外死者二万余人。"②农村人口被杀戮更是不计其数。昆山由于在当时反清积极,清军破城后,随之屠城,顾炎武《归庄年谱》称"死者四

① 方大琮《铁庵集》卷 30《将邑丙戌(宝庆二年,1226 年)秋劝种麦》说:"故禾则主佃分之,而麦则农专其利。"黄震《黄氏日钞》卷 78《咸淳七年中秋劝种麦文》说:"唯是种麦,不用还租,种得一石是一石,种得十石是十石。"元初方回在《续古今考》卷 18《行宜少近古限名田》中谈到宋末情形为"今民贫耕主家田,田佃户率中分……大小谷麻粟豆不等,惟种麦、荞麦则每户自得"。

② 朱子素:《嘉定屠城纪略》,中国历史资料研究丛书本,第 264—268 页。

万人”。江阴在被屠城后，城内外死者达 17.2 万人以上，城内仅剩“大小五十三人”①，所谓“一望极目，田地荒凉，四顾郊原，社灶烟凉”，“一户之中只存一、二人，十亩之田只种一、二亩。”②据李伯重估计，在 1620 年江南人口为 2000 万左右，经历改朝换代人口已下降到 2000 万以下，直至 17 世纪 80 年代中期甚至 17 世纪 90 年代才恢复到 2000 万③。

但是万历《崇德县志》和《沈氏农书》等记载在稻麦两熟生产中引进小麦移栽技术的文献都是成书于战乱之前，说明严重的季节矛盾在此前就已经存在，所以战乱造成人口减少并不能说明整个 17 世纪的情况。况且 19 世纪是中国传统社会人口最多的时代，太湖地区人口远远高于之前的任何世纪④。这样也无法说明是劳动力不足加剧了 19 世纪稻麦两熟的季节矛盾。另外，《补农书》《江南催耕课稻编》《耕心农话》等农书在谈及严重季节矛盾时也都没有提及劳动力不足的问题，而是明确地把严重季节矛盾归结为自然因素，归因于生长季不足。即便《沈氏农书》虽谈到当时劳动力价格贵的问题，但也并未把它作为季节矛盾突出的原因来看⑤。所以说，把历史上稻麦两熟严重季节矛盾归因为人口因素，显然是不合适的。

那么 17 世纪和 19 世纪季节矛盾突出是否与时人在品种选用上出现了问题呢？答案也是否定的。这是因为，首先，几部农书的作者在谈到季节矛盾的时候都没有提到稻麦品种的问题，似乎稻麦品种既不是导致严重季节矛盾的重要因素，也不是克服季节矛盾可供选择的手段。

其次，中国传统社会农业生产上应用的稻、麦品种具有一定稳定性和继承性。据游修龄统计，在 16 世纪吴县（今苏州）人黄省曾编撰的《理生玉镜·稻品》中所录的 35 个水稻品种，其中有 77.14%，即 27 个水稻品种是

① ［清］韩菼撰：《江阴城守纪》，卷下，神州国光社 1936 年版，第 78 页。

② 金性尧校译：《清世祖实录》，卷 12，陕西师范大学出版社 2005 年版。

③ 李伯重：《江南农业的发展（1620—1850）》，上海古籍出版社 2007 年版，第 22 页。

④ 关于 19 世纪人口增长详见本书第四章第二节第二部分。

⑤ ［清］张履祥辑补，陈恒力校释：《补农书校释》（增订本），农业出版社 1983 年版，第 76 页。

在宋代地方志中就已经记录在案的①。到清代,道光《苏州府志》物产篇中所记载的当时苏州地区所种植的水稻品种38个;这其中的68.4%,即26个品种都是与宋代地方志以及《理生玉镜·稻品》中的品种相一致的,只有另外的12个是在几百年时间里先后增加的新品种②。这至少说明了苏州地区水稻品种的稳定性。就整个太湖地区而言,据统计,明代水稻品种比宋代增加了2倍,清代则比明代增加了近1倍③,可见从宋代一直到清代,当地确实培育出了不少新品种。但游修龄根据19世纪末20世纪初的太湖周边的7个地方志材料④考察发现,这其中有32个品种是与《理生玉镜·稻品》相同,占7个地方志所记稻作品种的91.43%⑤。这至少也可以说明,在明清时期太湖周边的稻作品种都是比较稳定的。有些世代相传的品种,传承时间最短诸如三朝齐、师姑秔等也在600多年;而对于白稻、香稻等传承时间甚至长达1600年以上⑥。而且被经常种植的应该还是那些因品质好、产量高而广受百姓欢迎的优质水稻品种。据闵宗殿统计,太湖地区在清代所种植的38个优质水稻品种中,有22个品种是明代就已经在种植的品种,有9个是从宋代就已经开始种植的品种,分别占总数的58%和23%⑦。说明整个太湖地区的水稻优质品种也具有稳定性和继承性。再通过记载这些优质品种的最早文献以时代划分会发现,太湖地区明代比宋代新增加的优质品种有24个,其中有15个是在17世纪前就已经出现,而在17世纪中出现

---

① 游修龄:《我国水稻品种资源的历史考证》,《农业考古》1981年第2期;游修龄:《我国水稻品种资源的历史考证(续完)》,《农业考古》1982年第1期。

② 游修龄:《我国水稻品种资源的历史考证》,《农业考古》1981年第2期;游修龄:《我国水稻品种资源的历史考证(续完)》,《农业考古》1982年第1期。

③ 中国农业科学院、南京农业大学中国农业遗产研究室太湖地区农业史研究课题组:《太湖地区农业史稿》,农业出版社1990年版,第119页。

④ 这7个地方志材料分别是:嘉庆(嘉庆二十二年,1817年)《松江府志》、同治(同治十年,1871年)《上海县志》、光绪(光绪五年,1879年)《川沙县志》、光绪(光绪七年,1881年)《归安县志》、光绪(光绪十二年,1886年)《平湖县志》、光绪(光绪二十年,1894年)《嘉善县志》,以及1898年由上海农学会印刷的《江震(吴江、震泽)物产》。

⑤ 游修龄:《我国水稻品种资源的历史考证》,《农业考古》1981年第2期;游修龄:《我国水稻品种资源的历史考证(续完)》,《农业考古》1982年第1期。

⑥ 肖汝其、董耀龄:《太湖晚粳稻》,浙江科学技术出版社1993年版,第46页。

⑦ 闵宗殿:《太湖地区历史上的优质水稻品种资源》,《古今农业》1994年第1期。

的优质品种中，又有 1 个属于籼稻品种；清代相比明代新增加的 16 个优质品种，有 6 个是在 18 世纪已经出现了，有 9 个是到 19 世纪后半叶才出现，只有一个出现于 19 世纪前半叶①（见表 3-5）。因而从 17 世纪和 19 世纪新出优质水稻品种情况来看，很难将稻麦两熟的严重季节矛盾与水稻品种变化相联系。既然作为太湖地区主要粮食作物的水稻主要品种这样稳定，小麦的品种情况更是如此。有学者就曾指出，自北宋以来小麦就没有再出现过新品种供小麦品种更新之用了②。依据水稻、小麦品种的继承性和稳定性，可以大致推测，季节矛盾严重时期和季节矛盾不严重时期农业生产者所使用的稻、麦主要品种是基本相同的，不会有太大变化。

**表 3-5　太湖地区优质水稻品种③**

| 品种名称 | 类型 | 种植时间 | | | 最早记录文献 |
|---|---|---|---|---|---|
| | | 宋 | 明 | 清 | |
| 十里香 | 粳 | √ | | | 嘉泰元年（1201 年）《吴兴志》 |
| 红莲稻 | 粳 | √ | √ | √ | ［唐］陆龟蒙：《别墅怀局》 |
| 香粳 | 粳 | √ | √ | √ | 《新唐书 · 地理志》 |
| 香子 | 粳 | √ | √ | √ | 淳祐十一年（1251 年）《玉峰志》 |
| 雪里拣 | 粳 | √ | √ | √ | 宝祐二年（1254 年）《琴川志》 |
| 天落黄 | 粳 | | √ | √ | 崇祯十五年（1642 年）《吴县志》 |
| 云南稻 | 粳 | | √ | √ | 嘉靖三十七年（1558 年）《吴江县志》 |
| 白花珠 | 粳 | | √ | √ | 崇祯四年（1631 年）《松江府志》 |
| 光头黄粳 | 粳 | | √ | | 弘治十二年（1499 年）《常熟县志》 |
| 软颈黄粳 | 粳 | | √ | √ | 弘治十二年（1499 年）《常熟县志》 |
| 香黄莲 | 粳 | | √ | √ | 崇祯十五年（1642 年）《太仓州志》 |
| 瓜熟稻 | 粳 | | √ | √ | 弘治四年（1491 年）《湖州府志》 |
| 上稈青 | 粳 | | √ | | 洪武十二年（1379 年）《苏州府志》 |
| 中秋稻 | 粳 | | √ | √ | 正德元年（1506 年）《姑苏志》 |

① 闵宗殿：《太湖地区历史上的优质水稻品种资源》，《古今农业》1994 年第 1 期。

② 赵冈、刘永成、吴慧：《清代粮食亩产量研究》，中国农业出版社 1995 年版，第 148 页。

③ √表示所在时期的文献中记载有该品种。资料来源：闵宗殿：《太湖地区历史上的优质水稻品种资源》，《古今农业》1994 年第 1 期。

续表

| 品种名称 | 类型 | 种植时间 | | | 最早记录文献 |
|---|---|---|---|---|---|
| | | 宋 | 明 | 清 | |
| 乌儿稻 | 粳 | | √ | √ | 洪武十二年(1379年)《苏州府志》 |
| 银杏白 | 粳 | | √ | √ | 嘉靖二十八年(1549年)《仁和县志》 |
| 薄十分 | 粳 | | √ | | 崇祯十五年(1642年)《吴县志》 |
| 芋艿黄 | 粳 | | | √ | 乾隆十二年(1747年)《苏州府志》 |
| 一秬馨 | 粳 | | | √ | 光绪九年(1883年)《扬舍堡城志》 |
| 长黄稻 | 粳 | | | √ | 光绪九年(1883年)《扬舍堡城志》 |
| 李子红 | 粳 | | | √ | 光绪十五年(1889年)《罗店镇志》 |
| 罗汉黄 | 粳 | | | √ | 光绪三十年(1904年)《常昭合志稿》 |
| 河泥黄 | 粳 | | | √ | 嘉庆七年(1802年)《太仓州志》 |
| 晚白 | 粳 | | | √ | 乾隆十一年(1746年)《震泽县志》 |
| 箭子 | 籼 | √ | √ | √ | 元丰七年(1084年)修《吴郡图经续记》 |
| 百日种 | 籼 | | | √ | 乾隆十二年(1747年)《苏州府志》 |
| 银条籼 | 籼 | | | √ | 嘉庆二年(1797年)《宜兴县旧志》 |
| 乌籼 | 籼 | | √ | | 天启元年(1621年)初刻《群芳谱》① |
| 青稈糯 | 糯 | √ | √ | √ | 宝祐二年(1254年)《琴川志》 |
| 金钗糯 | 糯 | √ | √ | √ | 嘉泰元年(1201年)《吴兴志》 |
| 赶陈糯 | 糯 | √ | √ | √ | 淳祐十一年(1251年)《玉峰志》 |
| 鹅脂糯 | 糯 | √ | √ | √ | [唐]张方平诗 |
| 芦黄糯 | 糯 | | √ | √ | 洪武十二年(1379年)《苏州府志》 |
| 乌香糯 | 糯 | | √ | | 弘治四年(1491年)《湖州府志》 |
| 香子糯 | 糯 | | √ | √ | 嘉靖十七年(1538年)《昆山县志》 |
| 羊脂糯 | 糯 | | √ | | 正德元年(1506年)《姑苏志》 |
| 团头糯 | 糯 | | √ | | 弘治十二年(1499年)《常熟县志》 |
| 细叶糯 | 糯 | | √ | | 弘治十二年(1499年)《常熟县志》 |
| 白壳糯 | 糯 | | √ | √ | 天启七年(1627年)《平湖县志》 |
| 水晶糯 | 糯 | | √ | | 嘉靖十七年(1538年)《昆山县志》 |
| 血糯 | 糯 | | √ | √ | 万历三十九年(1611年)《崇德县志》 |

① 乌籼在太湖地区的最早记载是出现在《群芳谱》中,但就南方地区而言,这一品种最早出现可能要追溯到宋代。详见本书第四章第一节第二部分。

续表

| 品种名称 | 类型 | 种植时间 | | | 最早记录文献 |
|---|---|---|---|---|---|
| | | 宋 | 明 | 清 | |
| 枣子糯 | 糯 | | | | 万历四十五年(1617 年)《常熟县私志》 |
| 禾绿糯 | 糯 | | √ | | 天启七年(1627 年)《平湖县志》 |
| 茄糯 | 糯 | | | √ | 乾隆二十六年(1761 年)《元和县志》 |
| 碧绿身 | 糯 | | | √ | 乾隆三十年(1765 年)《武进县志》 |
| 葡萄糯 | 糯 | | | √ | 同治十一年(1872 年)《安吉县志》 |
| 鳗鲡糯 | 糯 | | | √ | 光绪六年(1880 年)《周庄镇志》 |
| 呕血糯 | 糯 | | | √ | 光绪九年(1883 年)《扬舍堡城志》 |
| 红糯 | 糯 | | | √ | 光绪九年(1883 年)《扬舍堡城志》 |
| 落霜青 | 糯 | | | √ | 光绪三十年(1904 年)《常昭合志稿》 |

最后,粮食产量来源于作物光合作用所积累的碳水化合物,早熟品种生育期短,光合产物积累的时间有限,所以产量一般较低;晚熟品种虽然生育期长,光合产物积累的时间也长,但产量往往较高。因此,在农业生产上人们往往是根据各地的资源条件选择适合的品种,并且为了充分利用当地的光热条件,会尽可能选用相对晚熟的品种。农业生产者不可能在季节矛盾严重时期选用晚熟而高产的品种,却在季节矛盾不严重时期则选用早熟而低产的品种。过去学界曾错误地认为:中国古代的稻麦两熟生产经历了一个由早稻与冬小麦的轮作形式向晚稻与冬小麦轮作的转变过程①。但是,从生育期上看,早稻一般是在农历二月到三月播种,三月下旬到四月下旬插秧,这样就与在四月到五月才能收获的冬小麦存在严重冲突,因此早稻不可能与冬小麦构成稻麦轮作制。所以李根蟠认为,在中国古代的稻麦两熟制形成初期,采用的就是晚稻与冬小麦轮作的耕作模式②。而在江南地区,晚

① 中国农业科学院、南京农业大学中国农业遗产研究室太湖地区农业史研究课题组:《太湖地区农业史稿》,农业出版社 1990 年版,第 123—124 页。

② 李根蟠:《长江下游稻麦复种制的形成和发展——以唐宋时代为中心的讨论》,《历史研究》2002 年第 5 期;李根蟠:《再论宋代南方稻麦复种制的形成和发展——兼与曾雄生先生商榷》,《历史研究》2006 年第 2 期。

稻一般对应的是粳稻而非籼稻,所谓古人或称:“秈(籼)之熟也早,故曰早稻;稉(粳)之熟也晚,故曰晚稻”;或曰“早稻,籼也;晚稻,粳也”①。所以只有晚粳稻才能与冬小麦搭配构成稻麦轮作制。依照沈氏的说法,17世纪嘉湖地区的主要水稻品种之一,便是被称为“黄稻”的晚粳稻品种②,这也从实例上肯定了李根蟠等人的说法。也就是说,太湖地区稻麦两熟生产中选用晚粳稻品种也是相当稳定的。

既然稻麦两熟所选用的主要品种一直都未发生重大变化,就难以证明品种变化造成严重季节矛盾的事实。所以把17世纪和19世纪稻麦两熟的季节矛盾突出归因为品种变化也是不合适的。

## 二、气候寒冷造成稻麦两熟严重季节矛盾

在前两个可能性因素都无法成为造成稻麦两熟严重季节矛盾的情况下,就只剩气候这一个因素了。葛全胜等人对过去2000年以来中国东部地区的冬半年温度变化研究的结果表明:历史上东部地区气候确实经历了较大幅度的冷暖变化,从宋代以来的时间里,东部地区最暖30年(1231—1260年)与最冷30年(1651—1680年)间的平均温差可达2℃③。这样显著的气温变化,必定会对农业生产造成严重影响。

因为在农业生产中,温度是作物生长发育的一个十分重要的基础条件。该条件对作物的生长表现为:首先,在日平均气温方面,日平均气温≥0℃的开始和结束时间,正是是土壤解冻和开始冻结,也是农事活动开始和结束的日子。日平均气温≥5℃的开始和结束时间则是喜凉作物开始生长和停止生长的时间。日平均气温≥10℃是诸如水稻、谷子、玉米、甘薯等喜温作物开始发芽生长,以及喜凉作物开始积极生长的界限温度。日平均气温达到

---

① 陈祖椝:《中国农学遗产选集:甲类第一种·稻(上编)》,中华书局1958年版,第103、377页。

② [清]张履祥辑补,陈恒力校释:《补农书校释》(增订本),农业出版社1983年版,第38—39页。

③ 葛全胜:《中国历朝气候变化》,科学出版社2011年版,第68—69页。

15℃时，则是诸如棉花、花生等对低温特别敏感的喜温作物的安全播种温度，也是大部分热带作物组织分化的临界温度。日平均气温≥15℃期间是喜温作物的安全生长期。

其次，气温变化会对生长季①、物候期以及作物生长所需积温造成影响。据研究表明，如果年平均气温增加1℃，则生长季可延长5天，相当于>10℃积温增加300℃②，如果降温则情况相反。积温是决定种植制度形式以及作物生长发育和产量的重要条件③。现代稻麦两熟制适宜分布区≥10℃的必需积温为4200℃—5000℃④。如果年平均气温降幅在1℃左右，积温降幅会达300℃左右，这必然会严重影响稻麦两熟生产。物候期是一年中生长季开始或结束的重要指标，而物候期对气温的响应是非线性的。这表现在同等升降温幅度情况下，因降温而导致的物候期推迟幅度，较因升温而导致物候期提前幅度大；以及因升温导致物候期提前天数的变化率随着升温幅度的增大而减小，因降温而导致物候期推迟天数的变化率随着降温幅度的增大而加大⑤。可见，降温会通过对生长季、物候期以及积温的干扰，进而对稻麦两熟生产造成重大影响。

最后，气温变化还会影响作物生育期。年平均气温变化1℃，会使各季作物的熟级⑥相应变化二级⑦。具体来说，当温度升高时，植被生长发育会加快，生育期会缩短；温度降低时，生长发育减缓，生育期延长。例如，气候每升高1℃，水稻一季生育期平均缩短7—8天，冬小麦平均缩短17日；当

① 生长季（Growing season）并非生育期，它是指某地一年内适宜作物或植物生长的时间段。生长季是以农业微气候的气温条件做依据，该气温条件可指出某地一年内能保持容许作物生长所需足够温度的天数。参见刘雅星、范广洲、朱叶玉等：《中国木本植物生长季的变化特征分析》，载《第27届中国气象学会年会现代农业气象防灾减灾与粮食安全分会场论文集》，2010年。

② 张丕远：《中国历史时期气候变化》，山东科技出版社1996年版，第414页。

③ 崔读昌：《中国农业气候学》，浙江科学技术出版社1999年版，第123、323、532页。

④ 曹敏建：《耕作学》，中国农业出版社2005年版，第27页。

⑤ 郑景云、葛全胜、郝志新：《气候增暖对我国近40年植物物候变化的影响》，《科学通报》2002年第20期。

⑥ 即从早熟品种到中熟品种，或从中熟品种到晚熟品种。

⑦ 张家诚：《气候与人类》，河南科学技术出版社1988年版，第123页。

气温增高2℃时,长江流域冬小麦生育期会缩短24—26天,其中仅越冬期就可缩短8—18天①。而当气温降低时,作物生育期的反应正好相反,呈延长趋势。在温带地区,降温1℃,会使水稻延迟7—11天成熟②;冬小麦随冬季气温的降低,它的播种期会逐渐提前,成熟期渐次推迟,继而也表现出生育期延长的状况③。

依据上述理论并结合对历史气候变化的分析成果来看,历史上明显的冷暖变化应当会对粮食生产造成重大影响。表现在气候温暖期,生长季延长,积温增加,作物生育期缩短,复种的季节矛盾缓解;在气候寒冷期,生长季缩短,积温减少,作物生育期延长,复种的季节矛盾加剧,最终导致复种指数④减小。

由葛全胜等人的研究成果已知,稻麦两熟生产出现严重季节矛盾的17世纪正处在气候冷谷状态,当中的1651—1680年是东部地区过去2000年中寒冷程度排名第二的30年;而17世纪50年代和60年代则是其间最冷的10年,均较1951—1980年低1.3℃⑤。对此,多数学者也持类似观点。如竺可桢所推算出的中国过去5000年温度变化就显示,大致在1620—1720年间处在寒冷气候期,最冷的时候约在1650—1700年之间⑥;王绍武在分析小冰期气候时也指出,华东和华北地区在小冰期有两个寒冷期,1560—1699年即为其一⑦;陈星等人则认为在小冰期中,中国东部地区第一个寒冷期在1550—1720年⑧。尽管上述观点稍有出入,但有个基本共识就是整个17世纪的气候基本处在寒冷期当中。由于气候寒冷,在1599—

① 崔读昌:《中国农业气候学》,浙江科学技术出版社1999年版,第532—533页。

② 翟乾祥:《清代气候波动对农业生产的影响》,《古今农业》1989年第1期。

③ 南京农学院、江苏农学院:《作物栽培学(南方本)》上册,上海科学技术出版社1981年版,第214页。

④ 复种指数是指一年内农作物总播种面积与耕地面积之比,用百分数表示,是反映耕地利用程度的指标。

⑤ 葛全胜、郑景云、方修琦等:《过去2000年中国东部冬半年温度变化》,《第四纪研究》2002年第2期。

⑥ 竺可桢:《中国五千年来气候变迁的初步研究》,《考古学报》1972年第1期。

⑦ 王绍武:《小冰期气候的研究》,《第四纪研究》1995年第3期。

⑧ 陈星、刘健、王苏民:《东亚地区小冰期气候的模拟》,《气象科学》2005年第1期。

1644 年间，苏、宁、杭等地区的春季植物物候期平均较 20 世纪 60—80 年代晚了至少 3 天以上[①]。由于春季物候是一年中生长季开始的重要指标，春季物候期的推迟其实就意味着生长季开始的推迟甚至是整个生长季的缩短。《沈氏农书》和《补农书》都是成书于 17 世纪，特别是《补农书》更是成书于气候最为寒冷的 17 世纪 50 年代，所以书中所描述的内容应当反映了 17 世纪寒冷气候对农业生产的影响。

与 17 世纪经历相似，19 世纪也正处在气候冷谷中[②]。在潘曾沂[③]和林则徐等人要求改制的 19 世纪 30 年代，东部地区冬半年平均温度比 1951—1980 年低 0.8℃，比 1981—1999 年低 1.3℃；在奚诚要求弃麦种稻的 19 世纪 50 年代，东部地区的冬半年平均温度也较 1951—1980 年低 0.3℃，并且稍后便是东部地区过去 2000 年中寒冷程度排行第三的 30 年（1861—1890 年）[④]。多数学者也持类似观点。如竺可桢即认为，过去 500 年来，19 世纪是中国仅次于 17 世纪的一个最为寒冷的世纪[⑤]；王绍武认为 1790—1899 年是华北和华东地区在小冰期中的又一个寒冷期[⑥]；陈星等人认为，在中国东部地区的小冰期中，1810—1920 年为第二个寒冷期[⑦]。上述各观点基本肯定了 19 世纪整个世纪都是处在气候寒冷期当中这一事实。受寒冷气候影响，太湖地区在 1834—1893 年间的春季物候严重推迟；如在 1834 年，苏州的紫藤开花末期在 5 月 7 日，已比 1977—1996 年的平均情况推迟了 9 天；而 1893 年的春季物候更是比 1977—1996 年平均水平推迟了 27 天[⑧]。

---

① 葛全胜：《中国历朝气候变化》，科学出版社 2011 年版，第 503 页。

② 郑景云、王绍武：《中国过去 2000 年气候变化的评估》，《地理学报》2005 年第 1 期；葛全胜、郑景云、方修琦等：《过去 2000 年中国东部冬半年温度变化》，《第四纪研究》2002 年第 2 期。

③ 潘曾沂的观点记载在他的《潘丰豫庄本书》一书中，该书刊行于 1834 年。

④ 葛全胜、郑景云、方修琦等：《过去 2000 年中国东部冬半年温度变化》，《第四纪研究》2002 年第 2 期。

⑤ 竺可桢：《中国五千年来气候变迁的初步研究》，《考古学报》1972 年第 1 期。

⑥ 王绍武：《小冰期气候的研究》，《第四纪研究》1995 年第 3 期。

⑦ 陈星、刘健、王苏民：《东亚地区小冰期气候的模拟》，《气象科学》2005 年第 1 期。

⑧ 郑景云、葛全胜、郝志新：《过去 150 年长三角地区的春季物候变化》，《地理学报》2012 年第 1 期。

这就意味着19世纪内各年份生长季很有可能已经严重缩短。

葛全胜也指出,在1650—1699年及1850—1899年是南方自1650年以来冷冬年①发生最为频繁的时段,这一论调并不为过,因为在这两个时段冷冬出现次数几乎是1950—1999年的2倍;即便在1800—1849年的冷冬发生次数也比20世纪后半叶多50%②。受此影响,1650—1720年和1860—1900年两个时段也均是过去500年来长江中下游地区柑橘冻害年份的高发期③。另外,文献中有关太湖结冰的明确记载在明清时期已经较为频繁有11次之多,而其中记载最集中的时段就是在17、19世纪④。在1976—1977年冬,太湖封冻长达9天⑤,苏南当时最低气温达到-12.4℃—-8.3℃⑥。而在17、19世纪太湖冰冻时间多数长达两旬以上,说明在这两个时段太湖地区最低气温当低于-12.4℃—-8.3℃。

由此可见,17、19世纪太湖地区的气候确实极度寒冷。从文献所记灾害情况看,在这两个世纪,太湖地区在农历三月、九月,甚至六月都有降雪⑦。由于在春、秋两季,稻、麦生长分别进入关键阶段,所以这两个季节的寒冷天气对稻、麦生产尤为严重。如在17世纪,据乾隆《上海县志》记载:"自顺治五、六年(1648—1649年)间,晚种之种,竟秀不实,西风一起,连叶累陌,一望如白荻花,颗粒无收,……地气变迁,今昔大异"⑧,说明由于17世纪气候变冷热量不足,连确保晚秋时节水稻安全齐穗都很困难。而在19世纪,李彦章曾提道"来驻吴门,适值苏、松各郡告灾,查由秋后雨雪过多所

① 按葛全胜的定义,冷冬年需具备3个特点:一是出现大范围、持续性的严重雨雪冰冻灾害;二是大湖、大河出现冻结现象;三是大范围柑橘和其他热带、亚热带果蔬受严重冻害影响。参见葛全胜:《中国历朝气候变化》,科学出版社2011年版,第608页。

② 葛全胜:《中国历朝气候变化》,科学出版社2011年版,第608—611页。

③ 葛全胜:《中国历朝气候变化》,科学出版社2011年版,第636页。

④ 根据满志敏统计,明确记载明清时期太湖冰冻的年份是1454、1476、1513、1580、1654、1665、1683、1690、1861、1877、1892年,即17世纪和19世纪分别占36%和27%。参见满志敏:《中国历史时期气候变化研究》,山东教育出版社2009年版,第265页。

⑤ 江苏省吴县果树科研所:《洞庭山1976—1977年柑橘冻害与气象因素关系的研究》,载《柑橘防冻抗寒资料》,1980年。

⑥ 江苏省吴县果树科研所:《柑橘冻害研究和分析》,载《柑橘防冻抗寒资料》,1980年。

⑦ 详细记载可见本书第一章第二节第一部分。

⑧ [清]范廷杰等纂:乾隆四十九年《上海县志》,卷1。

致”;“今江南近年春多雨雪,麦虽种矣,而既伤且萎”①,也说明了19世纪春、秋季低温天气对稻、麦的影响情况。

对于每一个作物的生命过程来说,都有所谓的三基点温度,即最低温度、最适温度和最高温度。在最适温度条件下,作物生长迅速且发育良好;在最低或最高温度条件下作物会停止生长发育,但仍能维持生命体征。当温度高于最高温度或低于最低温度时,作物开始受到不同程度的危害,甚至死亡。对小麦来说,其分蘖期最低温度、最适温度、最高温度分别为2℃—4℃、13℃—16℃、19℃;拔节期的三基点温度为10℃、12℃—16℃、24℃—25℃;开花期为9℃—11℃、18℃—20℃、32℃;灌浆期为12℃、20℃—22℃、25℃。② 在苗期(分蘖期)气温处于最低温度2℃—4℃时,小麦会停止生长发育,尽管此一时期小麦仍能存活,但由于不能生长发育,只能是无效生长期。在气候变冷的条件下,气温处在2℃—4℃时间再长,之前已进入苗期的小麦都将只能进行无效生长,并不会出现疯长、拔节等现象。而当气温低于最适温度,但高于最低温度时,小麦虽然可以生长发育,不过生长速度会很缓慢,且越接近最低温度,生长速度越慢。所以,当气温接近最低温度或与最低温度持平时,不管持续时间有多长,都不会对小麦生长发育有多大贡献。

另外,冬小麦播种期的气候条件选择是依生长发育与温度条件的关系决定的,一般是根据当年的具体气候来选择播种期最为合理,只有这样,才能满足小麦高产生长发育的需要。即便是移栽麦,育秧期也是根据当地的气候条件来确定③。

所以,经试验获得的最适播种期也是根据现代正常年份中的气候条件来确定的④。在现代农业生产中,小麦播种期之所以不能太早,是因为现代秋、冬两季的气温较高,小麦在秋天和早冬会很快完成分蘖,进入拔节期。

---

① 陈祖槼:《中国农学遗产选集:甲类第一种·稻(上编)》,中华书局1958年版,第388—389、429页。

② 刘玉凤:《作物栽培》,高等教育出版社2005年版,第82页。

③ 南京农学院、江苏农学院:《作物栽培学》(南方本)上册,上海科学技术出版社1981年版,第238页。

④ 郑大玮、刘中丽:《小麦抗旱防冻增产技术》,农业出版社1993年版,第128页。

由于拔节期小麦的最低温度为10℃,处在拔节期的小麦如果遇到一年中最寒冷的季节,很容易遭遇冻害。因此,在20世纪中后期,浙江杭嘉湖地区小麦播种期是以10月下旬到11月中旬最为适宜。而且,冬小麦从播种到出苗需要≥0℃积温100℃—120℃,越冬前需要≥0℃积温480℃①。在17世纪的极度低温环境下,积温的降幅应已远大于300℃,再加上气温长期处于接近小麦生长发育的最低温度状态,小麦生长极其缓慢,甚至处在无效生长阶段,不但不会在严冬到来前进入拔节期,还会由于热量供给不足而无法保证在冬前达到必需的生育阶段,结果往往会在生长后期由于颖花分化的时间短,而导致穗粒数减少,最终影响产量。另外,一般增温所导致的冬小麦生育期缩短,主要体现在越冬期的缩短方面②;反之,由于气温降低而导致的小麦生育期延长则主要表现在越冬期延长上。17世纪的寒冷气候自然也会造成冬小麦越冬期延长。而在气候变冷且越冬期延长的情况下,如果不能在冬前培育壮苗,麦苗就很容易因苗瘦高且羸弱、冬前无分蘖、根浅量少、养分积累少等原因,而在越冬期内死亡③。所以在17世纪,能否培育壮苗使麦苗能够安全越冬就成为关注的焦点。现代科学一般认为,如果移栽麦适当早播,就可使播种至出苗、出苗至分蘖的时间缩短,使分蘖至拔节时间相应拉长,以便利用冬前气温较为适宜的环境来满足麦苗营养生长,让小麦早发多发,增多年前有效分蘖,让其长成分蘖和新根增长潜力大的苗子,让弱苗变壮苗④。况且,一般小麦移栽后还有一段缓苗期,让麦苗不致因为苗龄过长而降低抗寒性能⑤。由此看来,《沈氏农书》、《补农书》所要求的将移栽麦播种期提前并使育秧期延长的做法,不但不会造成不良后果,反而成为在当时极度寒冷气候条件下的必要措施。

相同的道理还可以用来说明19世纪的情况。一方面由寒冷气候环境所引发的低温天气影响了稻麦的正常耕作。所谓"乃者自去秋以逮今春,

① 崔读昌:《中国农业气候学》,浙江科学技术出版社1999年版,第319页。

② 崔读昌:《中国农业气候学》,浙江科学技术出版社1999年版,第532页。

③ 郑大玮、刘中丽:《小麦抗旱防冻增产技术》,农业出版社1993年版,第127页。

④ 嘉兴专区农业科学研究所、桐乡县农业局、桐乡县屠甸公社农业技术推广站:《嘉兴地区移植小麦栽培经验的调查》,《浙江农业科学》1960年第5期。

⑤ 王世之、方成梁、赵微平:《小麦移栽》,人民出版社1975年版,第10页。

雨雪多而田水积，二麦既不能播矣”①。但这都还只是表象。诚如陶澍在为《江南催耕课稻编》作序时所说，水稻歉收，其原因并“非江湖淤塞所致，亦非雨雪之不宜于冬令”，而是因为受小麦种植影响，使水稻收获期“已愆于豳风、月令之期也”②。这一现象的本质正是19世纪的常年低温环境，使生长季缩短；热量不足不但让小麦生长缓慢，收获期推迟；进而妨碍了水稻适时播种，让同样生长缓慢的水稻在收获前便提前遭遇冷冬，严重影响了水稻产量，这才是林则徐等人主张放弃种麦的根本原因。然而林则徐等人没有也不可能认识到，他们所提倡的连作双季稻对温度的要求远高于稻麦两熟，这就注定了他们的失败。③ 所以在后来，奚诚在《畊心农话》总结林则徐等人双季稻推广情况为“迩年少穆林公抚吴时，与同乡署臬之李公兰卿，携来之四十日籽至六十日籽（文后注：即宋之占城种），曾赁地雇工，课种两熟稻，著有江南催耕课稻编可证，然而或者之疑犹未释，终以泽土阴寒，两熟稻决非江南之所宜，虽有一、二成效，尚谓偶然得之”。④

太湖地区的稻麦两熟尽管很有可能在唐代就已经出现，但从文献的记载数量看，稻麦两熟在太湖地区的发展历程是要到宋元时期特别是南宋以来才算真正开始。

前人在分析这个时期稻麦两熟的发展原因之时，往往是将原因与当时的社会、政策、经济以及技术条件相联系。首先是认为稻麦两熟发展是利益的驱使。当时主要有两方面经济利益刺激南方百姓种麦。一方面由于两宋之际大批北人南渡，出于饮食习惯的需要，南方对麦类需求大增，致使“绍兴初，麦一斛至万二千钱，农获其利，倍于种稻”；另一方面“佃户输租，只有秋课。而种麦之利，独归客户”，有如此丰厚的利益，自然能够促使百姓乐

① 陈祖椝：《中国农学遗产选集：甲类第一种·稻（上编）》，中华书局1958年版，第377页。

② 陈祖椝：《中国农学遗产选集：甲类第一种·稻（上编）》，中华书局1958年版，第374页。

③ 详见本书第四章。

④ 陈祖椝：《中国农学遗产选集：甲类第一种·稻（上编）》，中华书局1958年版，第470页。

于进行麦作生产,“于是竞种春稼[①],极目不减淮北”[②]。

其次,宋代特别是南宋政权也较为重视在南方推广麦作,这从多次下劝农令便可看到。早在北宋刚刚建立后的端拱年间(988—998年),朝臣曾谏言:“江北之民杂植诸谷,江南专种粳稻,虽土风各有所宜,至于参植以防水旱,亦古之制”;结果宋太宗表示支持,继而诏令江南诸州“益种诸谷,民乏粟、麦、黍、豆种者,于淮北郡给之。”[③]后到南宋时,朝廷又多次下诏令鼓励种麦。如在隆兴七年(1169年)朝廷诏令“江东西、湖南北、淮东西路帅漕,官为借种及谕大姓假贷农民广种,依赈济格推赏”[④];乾道七年(1171年)再诏“江东西、湖南北帅漕臣,日下措施,官为借种,责守令劝谕招诱大姓,假贷农民,与依赈粜赈济赏格推恩,趁时广行种麦”[⑤];淳熙七年(1180年)“复诏两浙、江、淮、湖南、京西路漕臣,督守令劝民种麦,务要增广。自是每岁如之。……于是,诏诸路帅漕、常平司以常平麦贷之”[⑥]。所以,政策上的支持也算是南方稻作发展的推动力之一。

最后,就是有关南方稻田水旱轮作技术在宋元时期的形成和发展。《陈旉农书》最早提出了解决水旱轮作的问题,即所谓的“早田获刈才毕,随即耕治晒曝,加粪壅培,而种豆、麦、蔬茹。因以熟土壤而肥沃之,以省来岁功役,且其收又足以助岁计也”[⑦]。从内容上看,这一措施包括三个层面意思,其一是“耕治”,即整地环节,通过整地以消除田中的前茬余蘖,并借以疏松土壤;其二是“晒曝”,主要是为排干田间的水分,兼带具有消灭害虫和杂草的目的;其三是“加粪壅培”,即施肥环节,这是多熟制能够实施的一个基本原则,即所谓的用地养地相结合。但宋代关于水旱轮作的技术毕竟尚处在刚刚形成阶段,《陈旉农书》中也没能提及解决田中积水问题的具体办

① “春稼”主要是指麦类。参见中国农业科学院、南京农业大学中国农业遗产研究室太湖地区农业史研究课题组:《太湖地区农业史稿》,农业出版社1990年版,第37页。

② [宋]庄季裕撰,萧鲁阳点校:《鸡肋篇》,卷上,中华书局1983年版,第36页。

③ [元]脱脱等撰:《宋史》,卷173,《食货上一》,中华书局1977年版,第4159页。

④ [元]脱脱等撰:《宋史》,卷173,《食货上一》,中华书局1977年版,第4157页。

⑤ [清]徐帆辑:《宋会要辑稿》,中华书局1957年版,第4824下页。

⑥ [元]脱脱等撰:《宋史》,卷173,《食货上一》,中华书局1977年版,第4176页。

⑦ [宋]陈旉撰,万国鼎校注:《陈旉农书校注》,农业出版社1965年版,第26页。

法。而到了元代,从《王祯农书》中所反映的情况看,相比宋代水旱轮作技术已有很大进步,特别是农田积水问题得到较好的解决。《王祯农书》提到了所谓的“开沟作疄”办法,即“南方水田泥耕,其田同下阔狭不等,一犁用一牛挽之,作止回旋,惟人所便。高田早熟,八月燥耕而熯之,以种二麦。其法,起坺为疄,两疄之间,自成一畎,一畎耕毕,以锄横截其疄,泄利其水,谓之‘腰沟’。”①虽然在表面上看,《王祯农书》中方法与《陈旉农书》中的一样,都是“耕治晒曝”。但王祯所谓的“耕治”已不仅是一般的翻耕,而是兼有开沟起垅的环节,这样就能够很好地解决农田积水问题。而且起垅实际上抬高了地面,降低了地下水位,开沟则排除了田中积水和土壤浅层中的水分,经过处理,原先田低土烂的水田,就改造成了田高土爽的旱地,从而让麦免受渍还威胁。不仅如此,《王祯农书》中还提到水田变旱田的方法,即“二麦既收,然后平沟畎,蓄水深耕,俗谓之再熟田也”。这也是前代未曾说明的环节。

宋元时期,太湖地区人口不断增加,人地矛盾开始显现②。出于古人对土地利用率以及单位粮食产量的追求,以及上述技术条件的支持,麦作在太湖地区的进一步发展实际也就意味着稻麦两熟生产规模的进一步扩大③。

另外,宋代以来太湖地区的水患严重,没有健全的农田水利系统保障也是无法正常进行稻麦两熟生产的;相反在农田水利设施的保障下,稻麦两熟至少不会受到水患的干扰,这在宋代文献中就有比较清楚的记载。如在“熙宁四年(1071 年)大水,众田皆没”,而昆山一带因为有“陈、新、顾、晏、淘、湛数家之大圩”,所以“了无水患,稻麦两熟,此亦筑岸之验”④。受水患影响,太湖地区在宋代的防洪排水工程修筑工作一直未曾停歇,特别是南宋政权对南方水利设施的修建力度确实相比前朝有所提高。据冀朝鼎统计,

① [元]王祯撰,缪启愉译注:《东鲁王氏农书译注》,上海古籍出版社 1994 年版,第 468 页。

② 关于宋元时期太湖地区的人口增加情况可参见本书第二章第一节第二部分。

③ 中国农业科学院、南京农业大学中国农业遗产研究室太湖地区农业史研究课题组:《太湖地区农业史稿》,农业出版社 1990 年版,第 37 页。

④ [宋]范成大撰,陆振岳点校:《吴郡志》,卷 19,《水利上》,江苏古籍出版社 1986 年版,第 290 页。

南宋时期江苏、浙江两省水利设施修筑数量已达到271处,高于北宋时期129处一倍之多①。另据统计,在北宋熙宁年间,太湖地区所处的两浙路修筑水利工程数量多达2294处,这一数字已跃居全国之首;而在南宋淳熙年间前后,仅太湖地区所处的两浙西路的水利工程兴建数量就已经达到2100多处②。由于两浙西路是从原两浙路划分出来,所辖面积远小于两浙路,所以水利工程的修筑密度应当远大于北宋时期。任仁发评价南宋太湖地区农田水利状况为"亡宋南渡,全籍苏湖常秀数郡所产之米,以为军国之计。当时尽心经理,使高田、低田各有制水之法。……凡利害之可以兴除者,莫不备举。又复七里为一纵浦,十里为一横浦,田连阡陌,位位相乘,悉为膏腴之产"③。元代对防洪排水工程非常重视。这些农田水利设施对于稻麦两熟发展能够起到一定的保障作用。

笔者并不否认上述各因素的影响作用,但还有一个因素不可忽视,那就是气候。由气候研究成果可知,在931—1320年这个近400年时间里,我国东部地区气候总体温暖,平均气温比1951—1980年高出0.18℃④。以现在情况作为参考⑤,当时的热量条件应当能够满足稻麦两熟生长需求。因而至少可以说,宋元时期大部分时段内的温暖气候环境是太湖地区稻麦两熟开始发展的一个非常重要的基本条件。

到明清时期,稻麦两熟水旱轮作环节技术更为成熟。如在《农政全书》中提道:"南方种大小麦,最忌水湿,每人一日,只令锄六分,要极细,作垄如龟背";"冬月宜清理麦沟,令深直泻水,即春雨易泄,不侵麦根";并且清理麦沟时要"令深直泻水,即春雨易泄,不浸麦根。理沟时,一人先运锄将沟中土耙垦松细;一人随后持锹。锹土匀布畦上。沟泥既肥,麦根益深矣"⑥。

---

① 冀朝鼎:《中国历史上的基本经济区与水利事业的发展》,朱诗鳌译,中国社会科学出版社1981年版,第29页。

② 虞云国:《略论宋代太湖流域的农业经济》,《中国农史》2002年第1期。

③ [元]任仁发:《水利集》,卷2,上海师范大学图书馆藏明钞本。

④ 葛全胜、郑景云、方修琦等:《过去2000年中国东部冬半年温度变化》,《第四纪研究》2002年第2期。

⑤ 详见下文。

⑥ [明]徐光启、石声汉校注:《农政全书校注》,上海古籍出版社1979年版,第653页。

《沈氏农书》中提道："垦麦棱，惟干田最好。如烂田，须垦过几日，待棱背干燥，方可沈种。"①而在《补农书》中则提道："种麦又有几善。垦沟揪沟，便于早：早则脱水而墒燥，力暇而沟深，沟益深则土益厚；早则经霜雪而土疏，麦根深而胜壅，根益深则苗益肥，收成必倍。墒燥、土疏、沟深，又为将来种稻之利"②；另外还强调"垦沟揪沟亦宜早，俗谓：'冬至垦为金沟，大寒前垦为银沟，立春后垦为水沟。'揪至两遍更好，沟深则棱厚而脱水尽，田底亦愈熟故也。"③由此看出，龟背垄、早开沟、早清沟、开深沟等整地技术能够保证田地排水通畅和脱水干净。这一技术因素加上其他因素共同作用，使太湖地区的稻麦两熟在明清时期能够进一步发展，并确立其在复种生产中的基本地位，只是在 17 世纪和 19 世纪，由于气候过于寒冷才出现了严重季节矛盾，动摇了时人种植稻麦两熟的信心。

自 19 世纪末以来，中国东部地区温度又呈快速上升趋势，这使 1921—1999 年已较 1951—1980 年高出 0. 2℃④。由于气候迅速增暖，在 19 世纪末至 20 世纪初的时间里，长江三角洲地区的春季物候较之前突然出现了明显提前的状况，当中的 1902 年已经比 1977—1996 年的平均水平提早了 11 天之多；之后由于物候期继续提前，到 1920—1949 年间已平均较 1977—1996 年提早约 2 天，到 2003—2010 年则提早了约 9 天时间⑤。而春季物候的提前就意味着生长季开始时间的提前甚至延长。因此在 20 世纪以后，太湖地区的稻麦两熟之所以能够发展顺利，再未出现严重季节矛盾，甚至还能够发展麦—稻—稻一年三熟制，这与气候变暖背景下，热量和生长季时间恢复富裕状态有着脱不开的关系。

---

① ［清］张履祥辑补，陈恒力校释：《补农书校释》（增订本），农业出版社 1983 年版，第 39 页。

② ［清］张履祥辑补，陈恒力校释：《补农书校释》（增订本），农业出版社 1983 年版，第 106 页。

③ ［清］张履祥辑补，陈恒力校释：《补农书校释》（增订本），农业出版社 1983 年版，第 114 页。

④ 葛全胜、郑景云、方修琦等：《过去 2000 年中国东部冬半年温度变化》，《第四纪研究》2002 年第 2 期；葛全胜：《中国历朝气候变化》，科学出版社 2011 年版，第 70 页。

⑤ 郑景云、葛全胜、郝志新：《过去 150 年长三角地区的春季物候变化》，《地理学报》2012 年第 1 期。

# 第四章　气候变化对太湖地区双季稻的影响

双季稻，古称“再熟稻”，是指同一块稻田中一年之内有两次收成①。而“再熟”一词在古代包括了三层意思，一是指收获后再种的“再熟”，即现在所谓的连作双季稻（continuous cropping rice）；二是指早晚间作稻的“再熟”，即今所谓的间作双季稻（intercrop rice）；三是指水稻收割后由根部再生而获得的“再熟”，即所谓的再生双季稻（reborn rice）。②

作为一种耕作制度，双季稻与稻麦两熟制一样，长期以来一直都是南方重要的粮食生产方式，并在南方稻作生产体系中占有一定比重。太湖地区也不例外，如今在杭嘉湖地区的平原水田和圩区水田中，施行双季稻三熟制的耕地面积已占90%左右③。上一章已经论及气候冷暖变化对于太湖地区稻麦两熟生产造成过重大影响，那么同为复种生产方式的双季稻也当有可能受此影响。为了更好地了解气候变化对于太湖地区粮食作物生长发育以及复种制度的影响情况，很有必要将气候变化对太湖地区双季稻生产的影响问题做一探讨。

---

① 曾雄生：《宋代的双季稻》，《自然科学史研究》2002年第3期。

② 双季稻中还有一类被称为混作双季稻，也叫“夹根稻”。就是把早稻与晚稻谷种混合播种育秧，并一同插秧，早稻成熟后与没有抽穗的晚稻一起收割，让晚稻从禾蔸上重新长出新的茎叶，抽穗结实。由于这种种植模式是在清代后期才在广西容县首创，又主要分布于粤南、闽中及赣南等部分地区，与太湖地区的双季稻无关，所以本书不作说明。参见叶乐士：《混作和间作双季稻》，《植物杂志》1984年第3期；王达：《双季稻的历史发展》，《中国农史》1982年第1期。

③ 太湖网：http://www.tba.gov.cn:90/art/2008/11/11/art_70_5845.html。

## 第一节　太湖地区双季稻发展状况

双季稻在中国有着悠久的历史，以现有史料看，最早记载双季稻种植的是东汉杨孚的《异物志》一书，书中提道“稻，交趾冬又熟，农者一岁再种”①。不过，这一内容反映的是广东等地的情况。太湖地区及周边的双季稻种植可追溯到西晋（265—316 年）时期。西晋人左思在《吴都赋》中曾提道：“国税再熟之稻”，唐人李善对该句的注解为“农者一岁再种”；同时代的“张铣注云：南人种稻，一岁再熟”。清人李彦章“由此观之，此邦再种再熟，事最古矣”②。李善是今江苏江都人，吴都即今苏州③，而江都又离苏州不远，所以李善的注解是比较可信的。以“一岁再种”推测，苏州至迟在西晋时很可能已出现了连作双季稻，既然西晋统治者已把其作为财政收入的重要来源，说明连作双季稻在当时的苏州稻作生产中也已占有一定比重④。到刘宋时（420—479 年），山谦之在《南徐州记》中提道：“江乘县南半阳泉，……民种稻则溉热水，一年再熟。”⑤南徐州即今江苏镇江，江乘县旧址是在今镇江句容县境内⑥。据王达分析，该句的“一年再熟”指的也是连作双季稻⑦，不过是在利用温泉水提供热量的特殊条件下进行的连作双季稻生产。至唐代，双季稻仍然存在于太湖地区及周边。如在开元十九年（731

---

①　吴永章编：《异物志辑佚校注》，广东人民出版社 2010 年版，第 225 页。

②　陈祖槼：《中国农学遗产选集：甲类第一种·稻（上编）》，中华书局 1958 年版，第 427 页。

③　《文选》卷 5《吴都赋》刘渊林注：“吴都者，苏州是也。”

④　参见游修龄：《中国稻作史》，中国农业出版社 1995 年版，第 222 页；中国农业科学院、南京农业大学中国农业遗产研究室：《中国古代农业科学技术史简编》，江苏科学技术出版社 1985 年版，第 98 页。

⑤　［宋］张敦颐著，张忱石点校：《六朝事迹编类》，卷 5，《江河门·半阳湖》引《南徐州记》，上海古籍出版社 1995 年版，第 65 页。

⑥　王达：《双季稻的历史发展》，《中国农史》1982 年第 1 期。

⑦　王达：《双季稻的历史发展》，《中国农史》1982 年第 1 期。

年),“扬州奏穞生稻二百五十顷,再熟稻一千八百顷,其粒与常稻无异。”① 因《文献通考》以及康熙《扬州府志》等文献中都有相同记载,所以此处内容基本可信。“穞生稻”指的是野生稻,与之区别的一千八百顷“再熟稻”很有可能就是指连作双季稻②。

## 一、宋元时期双季稻的继承与发展

到宋代,太湖地区的双季稻也未曾消亡,而且还有所发展。在文献中出现许多有关双季稻的记载。如苏辙之孙苏籀(1091—1164 年)提道:“吴地海陵之仓,天下莫及,秔稻再熟”③;吴泳(约 1224 年前后在世)也提及“吴中厥壤沃,厥田腴,稻一岁再熟”④。说明不论是两宋之际还是南宋后期,苏州地区均存在双季稻种植。

而且在这个时期,不论是再生双季稻还是连作双季稻的相关文献记载都较之前有所增多。在再生双季稻记载方面,北宋时曾安止在《禾谱》(成书于 1094 年以前)一书中曾提道:“今江南之再生禾,亦谓之女禾,宜为可用”⑤,说明当时江南地区有再生双季稻种植。南宋时,范成大在《吴郡志》中称:“再熟稻,一岁两熟,《吴都赋》:‘乡贡再熟之稻。’蒋堂《登吴江亭》诗云:‘向日草青牛引犊,经秋田熟稻生孙。’注云:‘是年有再熟之稻。’细考之,当在皇祐间。今田间丰岁已刈,而稻根复蒸苗,极易长,旋复成实,可掠取,谓之再撩稻,恐古所谓再熟者即此。”⑥后来在淳祐十一年(1251 年)《玉峰(今江苏昆山)志·土产》中也出现了再生双季稻的记载,即“再熟稻,田家遇丰岁,苗根复蒸长,旋复成实,可掠取,俗谓之:再撩稻。《吴都赋》云:

---

① [宋]李昉、李穆、徐铉等:《太平御览》,卷 839,引《新唐书》,中华书局 1960 年版。

② 参见陈志一:《江苏双季稻历史初探》,《中国农史》1983 年第 1 期。

③ [宋]苏籀:《务农札子》,载《中华传世文选·南宋文范》,吉林人民出版社 1998 年版,第 220 页。

④ [宋]吴泳:《鹤林集》,卷 39,《隆兴府劝农文》,上海古籍出版社 1987 年版。

⑤ 曹树基:《〈禾谱〉校释》,《中国农史》1985 年第 3 期。

⑥ 范成大:《吴郡志》,江苏古籍出版社 1999 年版,第 443 页。

国税再熟之稻"[1]。另外,该书还记载昆山有一种"软秆青"的水稻品种。后据弘治十六年《温州府志·土产》记载:"软秆,色白,粒大而味甘,以八月获,获后其根复苗,无异初稻,谓之'孕稻',亦曰'二稻'。以十月获,佃者先获入租,而以后获自赡及偿他负。其实出于一根,而有早晚之异,盖非土力有余沃不能全也。"由此看出,淳祐《玉峰志》所记载的"软秆青"很可能也属于再生稻品种。虽然不论是《吴郡志》还是淳祐《玉峰志》均以偏概全,以再生双季稻掉换了"再熟稻"的概念,但至少可以说从皇佑年间(1049—1054年),经历《吴郡志》成书的绍熙三年(1192年),直到淳祐年间,太湖地区长期存在再生双季稻种植[2]。

连作双季稻方面,在北宋大中祥符五年(1012年)统治者向"江淮、两浙"地区大面积推广耐旱品种——占城稻。游修龄依据《宋会要辑稿》的记载估计占城稻的生育期为100—110天左右[3],在宋代属于名副其实的早稻品种[4]。占城稻的引进可能为双季稻在南方的发展提供了品种支持。所以在后世,林则徐在《江南催耕课稻编》序言中才会提道:"占城之稻,自宋时流布中国。至今两粤、荆湘、江右、浙东皆艺之。所获与晚稻等,岁得两熟";李彦章在同书中也称:"真宗以占城早稻种给江淮,遂与晚稻先后并种"[5]。除了占城稻,曾安止在《禾谱》一书中曾提到一种叫作"黄穋禾"的水稻品种,称:"江南有黄穋禾者,大暑节刈早稻种毕而种,霜降节末刈晚稻而熟"[6]。"黄穋禾"其实上就是农史界有名的黄穋稻。由于它可放在早稻收获后种植,所以较为适合作为连作晚稻种植。曾雄生指出,黄穋稻的出现

---

① 中华书局编辑部:《宋元方志丛刊》第一册,中华书局1990年版,第1081页。

② 曾雄生:《宋代的双季稻》,《自然科学史研究》2002年第3期。

③ "南方地暖,二月中下旬至三月上旬,用好竹笼周以稻秆,置此稻于中,外及五斗以上,又以稻秆覆之,入池浸三日,出置宇下,伺其微热,如甲拆状,则布于净地,俟其萌于谷等,即用宽竹器贮之,于耕了平细田,停水深二寸许,布之。经三日,决其水,至五日,视苗长二寸许,即复引水浸之一日,乃可种莳。如淮南地稍寒,则酌其节候下种,至八月熟。"参见[清]徐帆辑:《宋会要辑稿》,中华书局1957年版,第4810页。

④ 游修龄:《占城稻质疑》,《农业考古》1983年第1期。

⑤ 陈祖椝:《中国农学遗产选集:甲类第一种·稻(上编)》,中华书局1958年版,第376、427页。

⑥ 曹树基:《〈禾谱〉校释》,《中国农史》1985年第3期。

说明在宋代,长江中下游地区可能出现了以黄穋稻为后季稻的连作双季稻栽培①。此外,在淳祐《玉峰志》以及宝祐二年(1254年)《琴川(今常熟)志》中均出现了乌口稻这一稻种。其中,淳祐《玉峰志》称"其谷色黑,稻米最晚者"②,《琴川志》则称其"再莳晚熟,米之最下者"③。"再莳"即再次插秧,反映的是两插两获的连作双季稻种植形式。因而"再莳晚熟"即明确说明此品种用于连作晚稻。地处北亚热带的太湖地区,受环境条件影响,不是任何一个品种都可以充当后季稻的,可用作后季稻品种的黄穋稻、乌口稻出现,表明宋人经过实践已经培育出了适合当地条件的品种,也肯定了当时太湖地区连作双季稻的存在④。另外,在常熟还有既能作为早稻又能作为晚稻种植的"野稻""白稻""红莲"等品种,这些品种的出现可能也和连作双季稻有一定关系⑤。这是因为早稻收获后,也可以直接利用早稻稻种作晚稻进行直播,这样就满足了连作双季稻的要求。有学者指出:宋代的双季稻(主要是指连作双季稻)种植范围为明清乃至以后中国连作稻发展奠定了地理基础⑥。后来到元代,江南文人刘诜(1267—1350年)在《秧老歌》中写道:"三月四月江南村,村村插秧无朝昏。红妆少妇荷饭出,白头老人驱犊奔。"⑦该诗反映了元代苏南地区早稻的栽秧季节,符合连作早稻的种植时间,由此记载也说明当时的太湖地区也具有种植连作双季稻的可能⑧。

尽管间作双季稻在太湖地区还未出现,但据宋嘉定十六年(1223年)《赤城(今浙江台州)志》记载:"以次言之:则献台、相连、寄生、第二遍之类

---

① 曾雄生:《宋代的双季稻》,《自然科学史研究》2002年第3期。

② 王达、吴崇仪、李成斌:《中国农学遗产选集:甲类第一种·稻(下编)》,农业出版社1993年版,第93页。

③ 王达、吴崇仪、李成斌:《中国农学遗产选集:甲类第一种·稻(下编)》,农业出版社1993年版,第98页。

④ 曾雄生:《宋代的双季稻》,《自然科学史研究》2002年第3期;陈志一:《江苏双季稻历史初探》,《中国农史》1983年第1期。

⑤ 曾雄生:《宋代的双季稻》,《自然科学史研究》2002年第3期。

⑥ 曾雄生:《宋代的双季稻》,《自然科学史研究》2002年第3期。

⑦ [元]刘诜:《秧老歌》,载《元诗选注》,中州古籍出版社1991年版,第214—215页。

⑧ 陈志一:《江苏双季稻历史初探》,《中国农史》1983年第1期。

是也。”这里的“寄生”据考证就是间作双季稻①。

但就整体发展而言，不得不承认，宋元时期太湖地区的双季稻虽一直存在，却不普遍，普及程度远不及同时期的浙东、福建、江西等地②，也不如差不多同时期发展的稻麦两熟复种③。如作为连作晚稻的乌口稻，因品质为“米之最下者”，多数时候只能作为“潦后补种”的救荒作物使用④。而且在太湖地区仍存在休闲耕作制度，如据《吴郡志》记载“吴人以一易，再易之田，谓之‘白涂田’，所收倍于常稔之田。而所纳租米亦依旧数，故租户乐于间年淹没也”⑤。所以后人才错误地认为“宋时江南，又止一收”⑥。

而且，宋元时期还存在有双季稻衰退的迹象。这一衰退迹象主要发生于 12 世纪和 14 世纪前中叶。能够证明在 12 世纪太湖地区存在双季稻种植的资料仅有苏籀的《务农札子》和范成大的《吴郡志》。其中，《吴郡志》中明确说明是再生双季稻种植。而苏籀在《务农札子》一文中虽提到苏州一带存在“税稻再熟”，但依据淳祐《玉峰志》以及《吴郡志》中均将再生双季稻以“再熟稻”称呼来看，“税稻再熟”很可能指的也是再生双季稻。虽然在《陈旉农书》中记载：“夏至小满至芒种节，然后以黄绿谷种之于湖田。则是有芒之种与芒种节候二义可并用也。黄绿谷自下种至收刈，不过六七十日，亦以避水溢之患也”，有学者推测这里所指的“黄绿谷”与黄穋稻是同一品种。但是从《禾谱》记载黄穋稻是“大暑节刈早稻种毕而种，霜降节末刈晚稻而熟”来看，不论是在插秧期还是在生育期上，两者均有很大差别，这说明“黄绿谷”并不是黄穋稻，也再次否定了 12 世纪可能存在连作双季稻的可能。这样一来，12 世纪太湖地区只存在再生双季稻而无任何连作双季

① 游修龄、曾雄生：《中国稻作文化史》，上海人民出版社 2010 年版，第 195 页。

② 曾雄生：《宋代的双季稻》，《自然科学史研究》2002 年第 3 期。

③ 范金民：《江南社会经济研究（宋元卷）》，农业出版社 2006 年版，第 549 页。

④ 曾雄生：《宋代的双季稻》，《自然科学史研究》2002 年第 3 期。

⑤ ［宋］范成大撰，陆振岳点校：《吴郡志》，卷 19，《水利上》，江苏古籍出版社 1986 年版。

⑥ 陈祖椝：《中国农学遗产选集：甲类第一种 · 稻（上编）》，中华书局 1958 年版，第 427 页。

稻的记载①;较之前的 11 世纪以及之后的 13 世纪太湖地区均有连作双季稻记载来看,在 12 世纪连作双季稻确实在太湖地区出现衰退迹象。但毕竟 12 世纪还有再生双季稻的记载,而到了元代后期(1320—1370 年),双季稻种植的记载竟而完全消失了。

## 二、明清时期双季稻的发展

到明清时期,随着所存文献增多,包括太湖地区在内的整个南方地区的双季稻记载又陡然增多。从各地方志记载上看,双季稻广泛分布于两广、云南、福建、台湾、江西、湖南、湖北、浙江、江苏、安徽、四川等省,整个长江中下游都有了双季稻分布②。似乎可以说,明清时期是南方双季稻的大发展时代。在 14 世纪,洪武十二年(1379 年)《苏州府志》中提到当地人以占城稻作再生双季稻生产,即所谓"早稻即占城稻,其法:南方地暖,二月中下旬至三月上旬,用好竹笼周以稻秆,置稻种其中,约五斗许,又覆以秆,入池浸三日,伺微熟如甲拆状,则出而布于地,及苗与谷等,别用宽竹器贮之于耕过田,细土、停水许二寸许,布之三日,决去水,至五日视苗长二寸许,复引水浸一日,乃插莳。至八月熟,刈后若频得雨,往往再生,所谓再熟稻是也"。③

在 15 世纪,弘治元年(1488 年)《吴江志》以及弘治十二年(1499 年)《常熟县志》也都在《土产》中提到有乌口稻④。在 16 世纪,苏州人黄省曾(1490—1540 年)编撰的《理生玉镜稻品》中提到了再生双季稻,称"其以刈而根复发苗再实者,谓之再熟稻,亦谓之再撩";同时也提到乌口稻,称其为"再莳而晚熟者","在松江色黑而耐水与寒,又谓之冷水结,是为稻之下品"⑤。上述对乌口稻的介绍内容在正德元年(1506 年)《姑苏志》以及正德

① 曾雄生:《宋代的双季稻》,《自然科学史研究》2002 年第 3 期。

② 闵宗殿:《从方志记载看明清时期我国的水稻分布》,载《农业历史论文集》,江西人民出版社 2000 年版,第 250 页。

③ [明]卢熊纂修:洪武《苏州府志》,卷 42,《土产》。

④ 弘治《吴江志》,《土产》;弘治《常熟县志》,卷 1,《土产》。

⑤ [明]黄省曾:《理生玉镜稻品》,中华书局 1985 年版,第 4 页。

七年(1512 年)《松江府志》中也均有记载。而在弘治十七年(1504 年)《上海县志》、嘉靖十八年(1539 年)《常熟县志》、万历四年(1576 年)《昆山县志》中也均将乌口稻归入本地物产中①。另外在正德《姑苏志》卷 14《土产》中还记载有一种被命名为"再熟稻"的品种,称其可"一岁两熟","丰岁稻已刈而根复发,苗再实"。这一品种在万历四年(1576 年)《昆山县志》以及万历二十四年(1596 年)《秀水县志》中均有提及。说明在 16 世纪,苏州、松江以及嘉兴三府存在连作和再生双季稻。

直到 17 世纪初,仍有资料证明太湖地区存在双季稻种植。如王象晋撰写的《群芳谱》中(该书初刻于天启元年,1621 年)除了再次提到作为连作晚稻的乌口稻外,还提到一种被命名为"乌和"的连作早稻品种,称其"早稻也,粒大而芒长。秸柔而韧。可织屦。饭之香美。浙中以供宾客及老疾孕妇。三月种,七月收,其田以莳晚稻,可再熟②"。在光绪六年(1880 年)《定海厅志》卷 24《物产》中称:乌籼稻"宝庆志作乌糤,亦作乌撒,《谷谱》:粒大而芒长,秸柔而韧。可织屦"③。由此可见,《定海厅志》中所指的乌籼稻与《群芳谱》中的"乌和"是同一品种。而翻阅宝庆三年(1227 年)《四明(浙江宁波)志》卷 4《叙产》确实有"乌糤"这个水稻品种④,说明这个品种至迟在南宋时就已经出现了,并有可能在宋代的宁波地区已经被作为连作早稻种植。此外,万历四十五年(1617 年)《常熟县志私志》、崇祯十五年(1642 年)《吴县志》在介绍本地物产时也提到了乌口稻⑤。而宋应星在《天工开物》(初刊于崇祯十年,1637 年)中曾提道:"凡秧既分栽后,早者七十日即可收获(文后注:粳有救公饥、喉下急,糯有金包银之类,方语百千,不可殚述)最迟者历夏及冬二百日方收获。……南方平原,田多一岁两栽两获者。其再

① 弘治《上海县志》,卷 3,《土产》;嘉靖《常熟县志》,卷 4;万历《昆山县志》,卷 2,《土产》。

② 陈祖椝:《中国农学遗产选集:甲类第一种 · 稻(上编)》,中华书局 1958 年版,第 121—122 页。

③ 王达、吴崇仪、李成斌:《中国农学遗产选集:甲类第一种 · 稻(下编)》,农业出版社 1993 年版,第 217 页。

④ [宋]胡矩修,方万里纂:宝庆三年《四明志》,卷 4,《叙产》,宋元方志丛刊本,中华书局 1990 年版,第 5040 上页。

⑤ 万历《常熟县志私志》,卷 4;崇祯《吴县志》,卷 29。

插秧俗名晚糯,非粳类也。”①这段话一方面说明包括太湖地区在内的南方平原地区连作双季稻种植具有一定规模,另一方面也说明当时可用于连作双季稻前后作品种已相当丰富②。

在18世纪,双季稻在太湖地区仍有一定种植规模,如在雍正五年(1727年)皇帝在诏书中提道:“朕闻江南、江西、湖广、粤东数省,有一岁再熟之稻”③;乾隆《元和县志》中介绍当地物产有“百日种”品种,称其“三月中,五月熟,一岁两收……康熙五十五年颁种,葑门外二十四都六、七两图常佃之”④;乾隆《震泽县志》提到当地“占城稻”品种收割后还可自行再熟,成为再生双季稻⑤。

在19世纪初,《齐民四术》提道:“南土多收两熟者,上熟厚,下熟薄。上熟移秧栽耘如他处早稻,六月中旬获。先十日撒种禾下,获去上熟,下熟秧长四五寸,以锄芸之,如治旱种法。”⑥描述的是江南地区⑦种植间作双季稻的情况。道光六年(1826年)《昆新两县志》卷8《物产》中也提到昆山一带仍有“乌口稻”和“再熟稻”种植⑧。另外,李彦章的《江南催耕课稻编》中提及当时在苏州双季稻“尚有艺之者”,并称:“兹查江苏通省地方,……其中非无早稻之种、再熟之田。”⑨后来《释谷》(成书于1840年)中记载:“李

---

① [明]宋应星著,潘吉星译注:《天工开物》,上海古籍出版社1993年版,第230页。

② 陈志一:《江苏双季稻历史初探》,《中国农史》1983年第1期。

③ 陈祖椝:《中国农学遗产选集:甲类第一种·稻(上编)》,中华书局1958年版,第380页。

④ 王达、吴崇仪、李成斌:《中国农学遗产选集:甲类第一种·稻(下编)》,农业出版社1993年版,第87页。

⑤ [清]沈彤等纂:乾隆《震泽县志》,卷4,《物产》,江苏古籍出版社1991年版,第49上页。

⑥ [清]包世臣著,潘竟翰点校:《齐民四术》,卷1上,《农一上·农政》,中华书局2001年版,第3页。

⑦ 包世臣曾在苏州等地任职,他所说的“南土”当指长江流域以南地区。参见梁家勉:《中国农业科学技术史稿》,农业出版社1989年版,第497—498页。

⑧ [清]张鸿、王汝缘修,王学浩等纂:道光《昆新两县志》,卷8,《物产》,江苏古籍出版社1991年版,第100下页。

⑨ 陈祖椝:《中国农学遗产选集:甲类第一种·稻(上编)》,中华书局1958年版,第427、429—430页。

君榕园彦章曰：今湖南、湖北、安徽、江西、广东、广西、福建等省，皆有两熟稻。"①

总之，明清文献有关双季稻记载的增多，让后人能够更为清晰地了解到双季稻在明清两代的发展脉络。但正是由于脉络逐渐清晰，其发展中存在的不稳定性内容也浮出水面。这一不稳定性表现为在明清南方双季稻大发展时代中，15 世纪、17 世纪和 19 世纪太湖地区的双季稻种植却出现了衰退状况。其中，15 世纪的情况既表现为有关双季稻的记载突然中断了，对于介绍这个世纪的文献当中几乎不存在对本区存在双季稻种植的记载，只是到 15 世纪末期才零星地有几处可能的双季稻记载。而比起 15 世纪，在 17 世纪和 19 世纪，由于记载更为详细、系统，反映出更为清晰的双季稻衰退过程。所以本书将 17 世纪和 19 世纪称为太湖地区双季稻种植的两个显著衰退期。

## 第二节　双季稻的显著衰退

### 一、显著衰退的基本情况

在这两个衰退时期中，17 世纪双季稻则是逐渐消亡的。17 世纪初，太湖地区还存在有双季稻种植，但随着时间发展，有关双季稻记载逐渐减少。《群芳谱》中提到的乌秈也仅供"宾客及老疾孕妇"食用，可见由其搭配的连作双季稻面积只是小规模种植。到 17 世纪中后叶，顾炎武（1613—1682 年）说："吴中之民，……岁仅秋禾一熟，一亩之收不能至三石，少则不过一石有余"②，以此来说明当时太湖地区已不再种植双季稻。顾炎武的评价其实并不为过，同时代的《沈氏农书》《补农书》中也均未提及有双季稻

① 陈祖椝：《中国农学遗产选集：甲类第一种 · 稻（上编）》，中华书局 1958 年版，第 436 页。

② ［清］顾炎武著，黄汝成集释：《日知录集释》，卷 10，《苏松二府田赋之重》，岳麓书社 1994 年版，第 369 页。

种植,且《沈氏农书》中介绍湖州的早稻是在农历九月才收获[①],显然已无法继续进行后季稻种植。不单是太湖地区,整个江南都与此情况类似,所以后人用“江南地方,从前止一次秋收”[②]来形容18世纪之前的稻作生产情况。

19世纪的情况与17世纪类似。在19世纪初年,太湖地区以及江北的里下河地区虽然种植双季稻的稻田面积有限,可至少仍有种植。但此后,先是“江北下河州县……一年一收,已不可再种双季稻”;苏州“葑门外二十四都六七图”所种双季稻也是“惜不多耳”。据嘉庆十三年(1808年)刊行的《方舆类纂》记载,“在江宁府东北四十里”的半阳湖一带,虽然还能种植双季稻,却是需要“引(半阳湖中的)热水以溉田”[③]。道光《昆新两县志》虽记载当地仍有“再熟稻”这一稻作品种种植,但还提道:“今稻孙虽长久未闻有成实者”[④];说明由于再生稻无法结实,昆山一带在当时实际上已无法完成再生双季稻生产。后来,林则徐在任江苏巡抚期间(1832—1835年)曾试图在江苏大力推广双季稻,于“官廨前后,赁民田数亩,具缓锄袯襫,举所闻树艺之法,与谷种之可致者,咸以老农谋以试之,以示率作兴事之义”;并在考察学子学习之时,分别出题而以《再熟稻赋》为通场考题,以向士人阶层宣扬双季稻的好处[⑤];还让时任江苏按察使、曾在粤西地区推广双季稻“著有成效”的李彦章“博征广采”各种双季稻种植经验,写著《江南催耕课稻编》以便推广此种技术。这一推广活动还得到时任两江总督陶澍的支持,其下令“印发催耕课稻编,通饬各府州厅率属劝种早稻、再熟稻扎”,“务令各乡早耕早种”。但结果却是“令农种之,然竟不成”[⑥],“虽有一二成效,尚谓偶

① [清]张履祥辑补,陈恒力校释:《补农书校释》(增订本),农业出版社1983年版,第20页。

② 这里的“以前”是指在18世纪10年代以前。故宫博物院明清档案部:《李煦奏折》,中华书局1976年版,第182页。

③ [清]顾祖禹:《方舆类纂》,卷9,《江南·附纪》,嘉庆十三年文畲堂刊本。

④ [清]张鸿等纂:道光《昆新两县志》,卷8,《物产》,江苏古籍出版社1991年版。

⑤ [清]林则徐著,中山大学历史系中国近代现代史教研组、中山大学历史系中国近代现代史研究室编:《林则徐集·日记》,中华书局1962年版,第131页。

⑥ 王达、吴崇仪、李成斌:《中国农学遗产选集:甲类第一种·稻(下编)》,农业出版社1993年版,第91页。

然得之”[①]。19世纪50年代，苏州吴县人奚诚又曾力图推广适应性更强的间作双季稻，但也未能成功，终成空谈[②]。此后，太湖地区双季稻基本消失。

直至光绪三十年（1904年）的《常昭合志稿》中才又出现了乌口稻。而到宣统三年（1911年）的《吴长元三县合志》介绍苏州水稻品种时才又提到“再熟稻”、“百日种”这两种用于双季稻种植的水稻品种[③]。而苏北的兴化一带到20世纪30年代才重新有了双季稻栽培的报道[④]。新中国成立以后，太湖地区双季稻出现了史无前例的大发展。如吴江县在新中国成立前还没有双季稻种植[⑤]，到50年代，当地已经有了一定规模的再生双季稻种植[⑥]。1954年农业部提出“南方水稻地区单季改双季、间作改连作、籼稻改粳稻”[⑦]方针后，吴江县双季稻种植规模进一步扩大。其中，连作双季稻的投入水平、播种面积和产量又远高于其他双季稻。20世纪60年代又进一步废除了间作双季稻，全面推广连作稻[⑧]。在松江一带，自1956年开始推广双季稻种植，到1960年已发展双季稻田9.3万亩，占稻田总面积的10.7%；而且产量骄人，平均产量比同期单季晚稻增产31%[⑨]。此外，苏北的兴化、东台以及淮北、鄂北等地在1956年也都试种双季稻获得成功，这已大大超出了历史上双季稻的种植北界[⑩]。可以说，南方地区的双季稻自新中国成立以来基本上一直发展顺利。

---

① 陈祖椝：《中国农学遗产选集：甲类第一种·稻（上编）》，中华书局1958年版，第470页。

② 中国农业科学院、南京农学院中国农业遗产研究室：《中国农学史（初稿）》下册，科学出版社1984年版，第171页。

③ 王达、吴崇仪、李成斌：《中国农学遗产选集：甲类第一种·稻（下编）》，农业出版社1993年版，第88、101页。

④ 陈志一：《江苏双季稻历史初探》，《中国农史》1983年第1期。

⑤ 王建革：《太湖东部的湖田生态（15—20世纪）》，《社会科学》2012年第1期。

⑥ 吴江县人民政府农建科：《城厢区南库乡再生稻调查报告》，吴江市档案馆，农林局档案，2011—1—11。

⑦ 李印先：《“双杂”间作稻在开发冬水田中的效果》，《资源开发与保护》1992年第2期。

⑧ 吴江县农林局：“因地制宜，改制多种，年年增产。”1961年2月5日，吴江市档案馆，农林局档案，2011—2—41。

⑨ 中共松江县委员会：《松江水稻》，上海科学技术出版社1962年版，第169页。

⑩ 桑润生：《长江流域栽培双季稻的历史经验》，《农业考古》1982年第2期。

既然连现代双季稻都能顺利发展,但为什么在重农思想根深蒂固的明清时期,在南方双季稻大发展过程中,太湖地区会在15世纪、17世纪、19世纪出现衰退状况呢?15世纪的情况由于文献记载有限,无法进行深入探究。在探究17世纪、19世纪显著衰退过程中却发现了一些值得商榷的问题,这里先将它们提出,并尝试进行分析、解答。

## 二、与显著衰退相关的问题

### (一)17世纪:前季稻播种期推迟及后季稻育秧期过长问题

17世纪前期太湖地区还有双季稻种植。例如宋应星的《天工开物》曾以"南方平原,田多一岁两栽两获者"来说明这点。但紧接着书中还提道:"六月刈初禾(即连作早稻),耕治老稿田,插再生秧。其秧清明时已偕早秧撒播。早秧一日无水即死,此秧历四五两月,任从烈日旱干无忧。"[①]这句意思就是让连作晚稻与连作早稻一起播种育秧,等到早稻收获后,再将秧龄长达三个月左右的晚稻秧苗移栽在本田中。这一举措看起来是一件很奇怪的事情,以至于连宋应星本人也以"此一异也"来评价。后来,游修龄称这一记载在明清时期的其他农书及地方志中皆无所见,仅《天工开物》中有,"弥足可贵"[②]。游修龄继而解释说,之所以使用这一技术,主要是因为连作晚稻的品种来自单季晚稻,改作连作晚稻后,在本田的生育期就会大大缩短,进而会影响产量,如果栽培技术上通过延长秧龄的手段就可以克服晚稻迟栽的季节矛盾[③],可以说,这是缓解连作双季稻季节矛盾的一项措施。

然而《中国农学史(初稿)》的作者认为,虽然为了弥补由于季节矛盾而造成的连作晚稻在本田营养生长的不足问题,可以适当延长秧龄,增加秧苗在秧田的生长时间,但长达三个月的秧龄未免太长,也没有必要。书中还引

---

① [明]宋应星著,潘吉星译注:《天工开物》,上海古籍出版社1993年版,第230页。
② 游修龄:《〈天工开物〉的农学体系和技术特色》,《农业考古》1987年第1期。
③ 游修龄:《中国稻作史》,中国农业出版社1995年版,第226页。

用两个清代的例子[①]来说明后人已在这方面有所改进，使连作双季稻第一季的秧龄不超过一个月，第二季的秧龄也保持在一个多月。并说明清代改进后的育秧期已与现代科技所要求的双季稻中的早稻要培育嫩壮秧，晚稻要培育老状秧不谋而合[②]。从现代科技角度来看，《天工开物》中所提到的这个技术确实存在问题。如浙江省现今双季连作晚稻的晚粳品种一般是在公历6月6日播种，7月31日插秧，浙北杭嘉湖地区的移栽期要在7月底前进行[③]。上海松江一带的连作晚稻一般也是6月初播种，7月底至8月初移栽[④]。而在华中地区，连作晚稻基本是在芒种后播种，大暑前后插秧[⑤]；即便是宋应星的家乡江西，当地连作晚稻也是6月初播种，到7月底8月初移栽[⑥]。这些证据说明，各地的双季连作晚稻的育秧期顶多两个月时间。相比较而言，《天工开物》中的连作晚稻育秧期确实未免过长了。这种情况放在现代，由于秧龄长，加上生长期间气温高以及措施不当，其结果不是秧苗徒长，就是变成老而不壮的秧苗[⑦]。但是，古人也是通过把握作物生长与自然环境之间的内在联系来认识作物的生长习性的，被记录进书籍中的技术毕竟是经历千百次实践后获得的宝贵经验，必然有其合理的成分，所以也不能轻易去否定。但为何会出现这种情况？只能通过进一步分析才能作出解答。

---

① 这两个例子，其一是《江南催耕课稻编》中的广西思恩府初种早稻之法，即“春分前期乃浸谷种，三日之后，撒于秧田。……计将谷雨，秧长六、七寸，拔取成束，随手分栽。……一过小暑，便可成熟，此一造也。先兹夏至，禾在田，晚禾种已茁。六月早稻既获，……于是接栽晚稻”；其二是光绪《广西郁林县志》中记载，即“春分播谷，清明分秧，四月耘草、五月播晚谷种，六月刈早稻，……大暑后插田”。

② 中国农业科学院、南京农学院中国农业遗产研究室：《中国农学史（初稿）》下册，科学出版社1984年版，第168页。

③ 王如海、吴本忠、屠家骥等：《双季稻栽培技术》，浙江人民出版社1958年版，第24页。

④ 中共松江县委员会：《松江水稻》，上海科学技术出版社1962年版，第11页。

⑤ 农业部粮食作物生产局：《水稻改制技术经验参考资料》，农业出版社1958年版，第54—55页。

⑥ 农业部粮食作物生产局：《水稻改制技术经验参考资料》，农业出版社1958年版，第84页。

⑦ 桑润生：《长江流域栽培双季稻的历史经验》，《农业考古》1982年第2期。

另外,稍早于《天工开物》的《群芳谱》曾介绍当时浙江“乌籼”这个连作早稻品种的栽培时间①,是“三月种,七月收”②。以此推算,乌籼的生育期为120天左右。而在现今浙江地区的连作早稻在3月底4月初播种,7月中下旬收割,生育期为110天左右③。由此看来,17世纪的乌籼生育期已比现代一般的连作早稻长了10天时间。尽管17世纪乌籼的播种期大致也放在了农历三月份④,与现代连作早稻的播种期相仿。但由于生育期相对较长,使收获期被推迟至农历七月(8月上旬),与古代一般连作早稻在农历六月就能收获存在一定差距⑤。这样它的收获时间就成了问题。因为经过科学试验证实,浙江地区连作晚稻的产量会随移栽期延迟而递减,迟于立秋的,则减产更为显著⑥。这是因为当地连作晚稻在立秋前后已进入圆秆拔节期,而水稻植株在圆秆拔节后,一般就不能再产生有效分蘖,移栽后新根生长能力较差,并影响到幼穗发育,导致产量不高,为了获得较高产量,连作晚稻的移栽极限期应在幼穗分化期以前。所以在浙北地区恰当的移栽期最迟应在立秋前三天。具体在嘉兴地区的连作晚稻在立秋前两三天就已经结束插秧。⑦ 但是乌籼作为连作早稻,其收获时间已经推迟到农历七月,此后农民既要收割早稻,又要重新整治稻田,这样肯定会使后季晚稻无法在立秋前按时插秧,严重影响到晚稻的生长发育以及最终产量。难怪乌籼尽管口

---

① “乌籼”稻的栽培时间记载最早出现于《群芳谱》,后来对这一品种的生育期介绍均是引自《群芳谱》中的内容。

② 陈祖椝:《中国农学遗产选集:甲类第一种·稻(上编)》,中华书局1958年版,第121页。

③ 王如海、吴本忠、屠家骥等:《双季稻栽培技术》,浙江人民出版社1958年版,第1页。

④ 如果按播种期为农历三月初,即为3月下旬至4月上旬。

⑤ 从现有历史文献看,各地连作双季早稻收获期基本是在农历六月。例如在17世纪,《天工开物》即提到南方平原在农历六月可以收获早稻;后面将要提到的康熙年间苏州试种双季早稻也多是在六月收获,乾隆四十八年(1783年)《广信府(今江西省上饶市信州区)志》卷2介绍当地“早稻获于夏六月,……唯早稻春种夏收,又再下种,十月获,谓之‘两番’”;道光七年(1827年)《桐城续修县志》卷22记载:“早稻三月下种,四月拔秧栽插,六月收割,米曰早米。其田复种晚稻,至十月乃收割,米曰晚米。”其中,广信府和桐城县均与太湖地区同纬度。

⑥ 农业部粮食作物生产局:《水稻改制技术经验参考资料》,农业出版社1958年版,第22页。

⑦ 王如海、吴本忠、屠家骥等:《双季稻栽培技术》,浙江人民出版社1958年版,第1、49页。

味香美,但它和后作加起来的产量也仅供“宾客及老疾孕妇食用”。但这也就产生疑问了,首先,是什么原因造成乌秈这一早稻品种的生育期会比现代长10天时间;其次,既然乌秈过长那为什么当时人们不采取措施将乌秈提前播种,以便于使它能够在较早时间收获,而让后作晚稻也得以按时播种呢?这仅仅是因为古人没有现代科技支持而造成的结果吗?

**(二)19世纪双季稻推广失败的问题**

在19世纪中叶,一个最值得关注的双季稻问题就是在19世纪前期,由林则徐等人领衔的双季稻推广活动,该活动是以各种宣传形式被隆重推出,却以失败告终。这在当时不仅让很多人扼腕叹息,还产生了“两熟稻决非江南之所宜”①的念头。相比而言,18世纪初的康熙朝也在太湖地区推广过双季稻,但推广活动获得的结果却与19世纪大相径庭。为了与19世纪的情况做对比,以更好地说明问题,有必要将18世纪的推广活动以及之后的状况做大致说明。

先是康熙皇帝培育出了早熟的御稻品种。后因康熙皇帝认为“南方气温,其熟必早于北地,当夏秋之交,麦禾不接,得此早稻利民非小,若更一岁两种,则亩有倍石之收,将来盖藏渐可充实矣”②。所以在康熙五十二年(1713年)派李英贵携御稻至苏南,以御稻试种连作双季稻(既作为前作也作为后作),并获得成功。康熙五十四年(1715年)命苏州织造李煦在苏州试种双季稻,这一年因没有掌握好时令,后作稻因迟栽而几近失收。康熙五十五年(1716年)经重新改进,李煦在苏州扩大种植面积后再次试种双季稻,并获得了丰收;同年,江宁织造曹頫、江苏巡抚吴存礼等在南京试种双季稻也取得成效。在康熙五十六年(1717年),遵照朝廷旨意,苏州、南京等地种植面积进一步扩大。到康熙六十一年(1722年)苏州双季稻面积已发展至百余亩,在试种的8年(1715—1722年)中,有5年为丰年,2个平年,只有

① 陈祖椝:《中国农学遗产选集:甲类第一种·稻(上编)》,中华书局1958年版,第470页。

② [清]爱新觉罗·玄烨著,李迪译注:《康熙几暇格物编译注》,1993年,第112—113页。

第一年因没有掌握好时令为歉年①。并且,陈志一依据《李煦奏折》推算,当时前季稻在正常年景每亩为4—4.23石,后季稻的正常年景亩产量为2—2.6石,前后两季总计亩产为6—6.81石,而单季稻"一亩可收谷三、四石";如果以4石为准,则双季稻的实际亩产量较单季稻增加60%左右②。说明由于种植得当,双季稻的亩产水平已远超单季稻。时人评价称:"南方气暖,其熟必早于北地。当夏秋之交,麦禾不接,得此早稻(即御稻),利民非小,若更一岁两种,则亩有倍石之收,将来盖藏,渐可充实矣。"③除苏州外,南京等地也有很好的收成,并且成功推广至苏北里下河地区④以及浙江、安徽、江西等地区⑤。期间,康熙皇帝和李煦分别用"闻两省(江苏、浙江)颇有此米(御稻)"⑥以及"江南地方,从前止一次秋收,今得变为两次成熟"⑦来评价此次推广的成效;后世人更是用"今广被炎方,一岁两熟"⑧来加以肯定。

此次推广对太湖地区双季稻产生了较为长远的影响,致使在18世纪大部分时间里,双季稻在太湖等地区有着稳定的发展。除在雍正朝江南、江西等地有双季稻种植外,在乾隆十一年(1746年)《震泽县(今吴江市震泽镇)志》中再次出现了利用占城稻进行再生双季稻栽培的记载⑨;乾隆十二年(1747年)苏州仍有连作双季稻种植⑩。直到19世纪初,江北里下河及苏

① 陈志一:《江苏双季稻历史初探》,《中国农史》1983年第1期。

② 陈志一:《江苏双季稻历史初探》,《中国农史》1983年第1期。

③ 陈祖椝:《中国农学遗产选集:甲类第一种·稻(上编)》,中华书局1958年版,第229—230页。

④ 里下河地区包括今淮安、扬州、盐城、泰州、南通的部分地区。

⑤ 参见陈志一:《康熙皇帝与江苏双季稻》,载《农史研究》第五辑,农业出版社1985年版。

⑥ [清]爱新觉罗·玄烨著,李迪译注:《康熙几暇格物编译注》,1993年,第112—113页。

⑦ 故宫博物院明清档案部:《李煦奏折》,中华书局1976年版,第182页。

⑧ 《江南催耕课稻编》引《皇朝通志》,载《中国农学遗产选集:甲类第一种·稻(上编)》,中华书局1958年版,第391页。

⑨ [清]沈彤等纂:乾隆《震泽县志》,卷4,《物产》,江苏古籍出版社1991年版,第49上页。

⑩ "百日种(文后注:一名喇嘛稻,又名西番籼。三月种,五月熟,一岁两收)"乾隆十二年(1747年)《苏州府志》,卷12,引自《中国农学遗产选集:甲类第一种·稻(上编)》,中华书局1958年版,第83页。

州两地还在种植双季稻①。总之,18 世纪初的双季稻推广活动是非常成功的,这与 19 世纪林则徐等人的推广结果形成了鲜明反差。至此又产生了两个疑问。一是为什么 19 世纪的双季稻推广会失败?二是究竟什么原因导致 18、19 两个世纪的双季稻推广结果会形成如此大的反差?

## 三、导致显著衰退的可能性因素分析

尽管双季稻不牵涉稻麦两熟那样的水旱轮作,但是由于进行双季稻耕作需要大量的劳动力,特别是连作双季稻在前作收割以及后作插秧这段时间的农作极为繁重,对劳动力需求量很大,所以劳动力资源的稀缺问题仍会成为阻碍双季稻推广的因素之一②。然而从 17 世纪情况来看,记载双季稻问题的《群芳谱》和《天工开物》均成书于 17 世纪二三十年代,此时还未经历明末清初的改朝换代,更谈不上由于战乱而导致的劳动力锐减问题。而且在 1620 年,江南人口已达 2000 万,其中的农村人口也在 1500 万③。在此前又一直处于增长过程中(见表 4-1),所以无法通过劳动力变化来解释 17 世纪前后的情况。另一方面,在第三章已经谈到太湖地区水稻品种具有继承性和稳定性,况且从宋代至清代近千年时间里,太湖地区所培育出的 617 个水稻品种绝大多数属于中、晚类型的粳稻④,在 17 世纪能用作双季稻种植的新增水稻优质品种数量又极为有限⑤。所以也无法通过品种变化来说明 17 世纪双季稻存在的问题。

① 陈祖槼:《中国农学遗产选集:甲类第一种·稻(上编)》,中华书局 1958 年版,第 428 页。

② [美]德怀特·希尔德·珀金斯著,宋海文等译,伍丹戈校:《中国农业的发展(1368—1968)》,上海译文出版社 1984 年版,第 53 页。

③ 李伯重:《江南农业的发展(1620—1850)》,上海古籍出版社 2007 年版,第 22、26 页。

④ 闵宗殿:《宋明清时期太湖地区水稻亩产量的探讨》,《中国农史》1984 年第 3 期。

⑤ 可参见本书第三章第三节第一部分表 3-5。

**表 4-1　1491 年和 1578 年太湖地区四府户口数及增长数①**

| 行政区 | 弘治四年(1491 年)户口 | 万历六年(1578 年)户口 | 增长数 |
|---|---|---|---|
| 苏州府 | 535409 | 600755 | 65346 |
| 松江府 | 200520 | 218359 | 17839 |
| 镇江府 | 68344 | 69039 | 695 |
| 常州府 | 50121 | 254460 | 204339 |

对于 19 世纪双季稻推广出现的问题,至今很多人仍认为,那次双季稻推广活动失败和当时的经济以及技术有密切联系。首先,当时太湖地区长期习惯于稻麦两熟为主的复种制度,加之“吴俗以麦予佃农,而稻归业田之家。故佃农乐种麦,不乐早稻”②。尽管由林则徐等人代表的地方官府大力宣传双季稻的好处,但从生产习惯上讲,很难轻易改变长期存在于百姓头脑中的固有观念。其次,长期以来当地的税收政策是“江南输粮,以秔不以籼,虽种之不足供赋”③。但双季早稻品种多是籼稻,当时官府虽劝民种早稻和双季稻,却没有改变这一税收政策,自然会受到百姓的重重阻力。另外,尽管太湖地区环境优越,但碍于双季稻生产存在季节紧张问题,需要大量劳动力来支持农作。而且双季稻生产对生长所需养分要求较高,一旦水、肥条件缺乏就会影响产量导致产量不稳定致使“两熟之利未必胜一熟”④,这一问题即使放在现代也无法解决⑤,更何况是在清代。再加上早籼稻不易保存、米质差等因素,这些往往被后人当作是此次推广活动失败的

① 资料来源:梁方仲:《中国历代户口、田地、田赋统计》,中华书局 2008 年版,第 275 页。

② 陈祖椝:《中国农学遗产选集:甲类第一种 · 稻(上编)》,中华书局 1958 年版,第 377 页。

③ 陈祖椝:《中国农学遗产选集:甲类第一种 · 稻(上编)》,中华书局 1958 年版,第 377 页。

④ 陈祖椝:《中国农学遗产选集:甲类第一种 · 稻(上编)》,中华书局 1958 年版,第 377 页。

⑤ 如 20 世纪 70 年代,太湖地区就是声称因为肥料、栽培技术等原因导致双季稻亩产下降,所以缩小双季稻种植规模。参见江苏省农林厅:《江苏农业发展史略》,江苏科学技术出版社 1992 年版,第 100 页。

原因。

当然，这些说法都有其道理，可是如果与康熙朝推广双季稻的情况做一对比，这些说法似乎就有点站不住脚了。因为在18世纪初，同是在太湖地区，在税收制度、百姓的生产习惯等因素同样都未发生变化，甚至生产技术水平应该还低于19世纪的条件下，推广工作却成功了，这就讲不通了。

另外，笔者查阅文献发现，在19世纪前期李彦章经实地调查后，曾在《江南催耕课稻编》中谈及江北里下河地区在嘉庆九年（1804年）前“罕水灾，种稻皆一年二熟”，但“（嘉庆）九年以后，湖水秋涨，五壩辄开，田惟恐淹。故但倖其一收，而不可以再种。此乃信由水患之相阻”①。这就是说，李彦章认为1804年以后频发的水灾是造成江北里下河地区不再种植双季稻的直接原因。考察1804年及之后的灾害记录会发现，1804年以及之后的几年中，确实存在比较频繁的水涝灾害。如在距李彦章所考察的召伯埭不远的江都在“（嘉庆）九年、十年、十一年水，荷花塘口决”；嘉庆十三年（1808年）又是“水，荷花塘又决”②。但是在林则徐等人推广双季稻之时，虽然里下河地区只有小部分区域仍时有水涝灾害发生，其他大部分区域却未曾遭遇这类灾害③。再来看18世纪10年代康熙朝推广双季稻之时，里下河地区也是水灾多有发生。如康熙五十四年（1715年），江都、泰州、宝应、兴化、高邮、东台等多地发生水灾；康熙五十七年（1718年），盐城、泰州、宝应、兴化、高邮、东台等地再遭水灾侵袭④。此后水涝灾害在里下河区域也经常出现。但在18世纪双季稻被推广后，里下河地区的双季稻种植却未因水灾而中断。可见水涝灾害至少不是影响里下河地区双季稻种植的主要

---

① 陈祖椝：《中国农学遗产选集：甲类第一种・稻（上编）》，中华书局1958年版，第428页。

② ［清］陈观国修，李保泰纂：嘉庆《甘泉县续志》，卷1，《祥异》，嘉庆十五年刻本。

③ 如在道光十四年（1834年）里下河地区没有水灾记载；道光十五年（1835年）除阜宁县有水灾发生外，其他区域均无水灾记载，有的地方甚至是不涝反旱。如宝应县、泰县、盱眙县、东台县都有比较严重的旱灾发生。参见张德二：《中国三千年气象记录总集》第4册，凤凰出版社2004年版，第2971页。

④ 参见施和金、张海防、杨峻：《江苏农业气象气候灾害历史纪年：公元前190年—公元2002年》，吉林人民出版社2005年版，第109—110页。

原因,李彦章所做定论与事实情况有所出入。即便是在苏州,在林则徐等人推广双季稻之时,这一带并没有水涝灾害发生,紧邻的吴江县甚至出现了"是秋倍收"、"连岁大稔"的记载[①]。相反在康熙末年李煦推广双季稻期间,苏州地区雨涝灾害却未有停息。如在康熙五十四年(1715年),"苏州六月十六日以前雨水颇多,在高田无害,而低洼区处禾苗不无伤损,……七月初一日起至初四日,又连日多雨,低田又有水蓄。"[②];康熙五十五年(1716年),吴江县"四月十五日至二十六日连雨九日。五月初四日水浮于岸,初九日有风潮,禾秧俱没"[③]。这样的反差说明雨涝灾害也不大可能是造成苏州19世纪推广双季稻失败的主要原因。

那么劳动力是否是影响18、19世纪两次双季稻推广活动成败的主要原因呢?乾隆四十一年(1776年)当时正处在所谓的"康乾盛世"晚期,正经历着人口增长的高峰期。据统计,全国人口在康熙十八年(1679年)为16000万人,乾隆四十一年(1776年)增至31150万,嘉庆二十五年(1820年)又增至38310万人[④]。所以1776年的人口数量当远超于18世纪10年代的水平。由于人口继续增长,到嘉庆二十五年(1820年)太湖地区人口较1776年又增长了396.9万[⑤](见表4-2)。此后人口增长继续,以至于到咸丰元年(1851年)全国人口又增至43610万人[⑥],而江南地区在道光三十年(1850年)已达3600万[⑦]。照此推之,19世纪30年代太湖地区人口数量当远大于18世纪10年代,较之18世纪10年代更不会出现劳动力不足问题。所以,劳动力稀缺导致双季稻推广失败的说法也解释不了问题。

---

① [清]柳树芳纂:道光《分湖小识》,卷6,《灾祥》,江苏古籍出版社1992年版。

② 故宫博物院明清档案部:《李煦奏折》,中华书局1976年版,第180页。

③ [清]王前修,包咸等纂:《康熙〈吴江县志续编〉》,卷8,《灾祥》,清抄本。

④ 曹树基:《中国人口史(第五卷)·清时期》,复旦大学出版社2001年版,第832页。

⑤ 参见曹树基:《中国人口史(第五卷)·清时期》,复旦大学出版社2001年版,第87—88、113页。

⑥ 曹树基:《中国人口史(第五卷)·清时期》,复旦大学出版社2001年版,第832页。

⑦ 李伯重:《江南农业的发展(1620—1850)》,上海古籍出版社2007年版,第22页。

**表 4-2　1820 年和 1776 年太湖地区各府人口数及增长数①**

（单位:万人）

| 行政区 | 乾隆四十一年(1776 年)人口 | 嘉庆二十五年(1820 年)人口 | 增长数 |
|---|---|---|---|
| 苏州府 | 511.1 | 590.8 | 79.7 |
| 松江府 | 227.7 | 263.2 | 35.5 |
| 镇江府 | 177 | 219.5 | 42.5 |
| 常州府 | 311.5 | 389.6 | 78.1 |
| 太仓州 | 142.3 | 177.2 | 34.9 |
| 杭州府 | 268.2 | 319.7 | 51.5 |
| 嘉兴府 | 235.3 | 280.5 | 45.2 |
| 湖州府 | 215.3 | 256.8 | 41.5 |

那么是否和所用的水稻品种以及栽培技术有一定关系呢？经过分析后看来也未必如此。虽然林则徐也从福建、里下河、湖北等地引进早稻品种，并利用所谓的“闽中法”、“江右法”和“荆湘法”在他自己设立的试验田中进行早稻及双季稻试种②，但林则徐等人在各地推广双季稻时重点参考的仍是康熙朝的种植经验③。况且在 19 世纪初，康熙时期所用的双季稻品种依然存在，例如李彦章在《江南催耕课稻编》中就特别指出：“查吴中有再熟之稻，自古已然。近有早稻名曰百日种，一岁两收。考诸志书，知我朝康熙五十五年钦颁之稻种”，“民间惟十存四、五”，并建议用此稻种“如果早栽得法，固无虑收获过时，若能刈而复栽，更大可倍收获利”④。而且林则徐也提

① 参见曹树基:《中国人口史(第五卷)·清时期》，复旦大学出版社 2001 年版，第 87—88、113 页。

② ［清］林则徐著，中山大学历史系中国近代现代史教研组、中山大学历史系中国近代现代史研究室编:《林则徐集·日记》，中华书局 1962 年版，第 145 页；林则徐全集编辑委员会:《林则徐全集》第 7 册《信札卷》，海峡文艺出版社 2002 年版，第 3377 页；陈祖槼:《中国农学遗产选集:甲类第一种·稻(上编)》，中华书局 1958 年版，第 378 页。

③ 《江南催耕课稻编》中曾重点谈到康熙朝推广双季稻的情况。参见陈祖槼:《中国农学遗产选集:甲类第一种·稻(上编)》，中华书局 1958 年版，第 428 页。

④ 陈祖槼:《中国农学遗产选集:甲类第一种·稻(上编)》，中华书局 1958 年版，第 419、429 页。

道:《江南催耕课稻编》中"所列江南早稻诸种,皆今之苏州、松江、太仓府州志及长洲、吴县、昆山、常熟、上海诸县志所详载者。则诚物土之宜,而此邦父老之所传习"①。说明到19世纪前期,由前代流传下来的早稻品种以及种植方法仍然在本区继续传承。既然林则徐等人是提倡利用前人留传下的稻种以及经验来种植双季稻,说明不可能是在品种和技术上的问题。

## 第三节 气候变化是影响双季稻的重要因素

### 一、气候寒冷造成双季稻显著衰退

既然和水涝灾害、劳动力稀缺、品种以及技术无太大干系,那又是何种原因影响双季稻推广呢?李彦章等人推广双季稻目的是替换稻麦两熟复种,根本原因是气温变冷导致稻麦两熟生产季节矛盾异常紧张。当时人们也提到当时寒冷气候与双季稻推广间的关系。例如奚诚于咸丰二年(1852年)总结林则徐等人推广双季稻成果时称其"终以泽土阴寒,虽有一二成效,尚谓偶然得之"②。从"泽土阴寒,两熟稻非江南所宜"来看,奚诚也是把失败的原因归咎为当时江南地区气候寒冷不适宜种植双季稻。19世纪气候寒冷是不争的事实,18世纪情况则相反为偏温状态,两者存在明显差异,以至于18世纪10年代与19世纪30年代间的平均温度差高达0.8℃③。

从现代科技角度来讲,气温对双季稻的影响是比较大的。因为温度是双季稻生长发育的基本条件,只有达到一定温度条件才能保持稳定的生长

① 陈祖槼:《中国农学遗产选集:甲类第一种·稻(上编)》,中华书局1958年版,第378页。

② 陈祖槼:《中国农学遗产选集:甲类第一种·稻(上编)》,中华书局1958年版,第470页。

③ 郑景云、王绍武:《中国过去2000年气候变化的评估》,《地理学报》2005年第1期;葛全胜、郑景云、方修琦等:《过去2000年中国东部冬半年温度变化》,《第四纪研究》2002年第2期。

发育状态。例如，对于连作晚稻中的晚籼品种以及晚粳品种来说，只有温度分别达到15℃、13℃—14℃时才能够安全成熟①。

全年的温度状况对于双季稻的生长发育更为关键。因为积温是双季稻是否能够完成生长发育的重要保障。一般≥0℃积温在5300℃—7000℃的地区就适宜种植双季稻②。具体对连作双季稻来说，完成全生育期需要≥10℃积温4900℃—5200℃，≥0℃积温5400℃以上③；对于再生双季稻来说，早熟品种最适区需≥10℃积温≥4900℃，中熟品种最适区需≥10℃积温≥5100℃，而迟熟品种则需要≥10℃积温≥5300℃④；对于间作双季稻来说，尽管由于两季作物共生时间较长，因而可以节省积温600℃—700℃⑤，但≥0℃积温最少也需要>4000℃—4200℃⑥。可见，双季稻特别是连作双季稻，对积温的要求是很高的，所以现代科学将≥10℃积温5300℃看作是双季稻分布的安全北界⑦。另据研究表明，双季稻种植区气候最适宜分布区的气候条件需要满足一年中最暖月份的平均气温达到28.4℃—29.1℃，全年稳定通过18℃的持续日数能够达到158—266天⑧。这样的条件即便是现代太湖地区也很难达到。而且，双季稻是在一年内进行两次水稻生产，这需要有足够的生长季以供给生长所需的时间。但在第三章中曾提到，如果年平均气温降低1℃，会使>10℃年积温降幅达300℃左右，生长季缩短超过5天以上。加上气温变化还会影响作物的生育期，温带地区平均气温每降低1℃，由于热量不足，作物生长发育迟缓，一季水稻的生育期会被相应延长7—11天⑨。所以，年平均温度降幅如果接近1℃或更多，会对双季稻

① 王如海、吴本忠、屠家骥等：《双季稻栽培技术》，浙江人民出版社1958年版，第23页。

② 宋艳玲：《气候变化对中国农业影响研究》，气象出版社2012年版，第91—92页。

③ 崔读昌：《中国农业气候学》，浙江科学技术出版社1999年版，第647页。

④ 施能浦、焦世纯：《中国再生稻栽培》，中国农业出版社1999年版，第29—30页。

⑤ 崔读昌：《中国农业气候学》，浙江科学技术出版社1999年版，第326页。

⑥ 崔读昌：《中国农业气候学》，浙江科学技术出版社1999年版，第327页。

⑦ 中国农业科学院：《中国稻作学》，农业出版社1986年版，第85—122页。

⑧ 段居琦、周广胜：《中国双季稻种植区的气候适宜性研究》，《中国农业科学》2012年第2期。

⑨ 翟乾祥：《清代气候波动对农业生产的影响》，《古今农业》1989年第1期。

生产造成极其恶劣的影响。表现在:一方面,因年平均气温下降导致生长发育所需积温不足,进而造成产量下降;另一方面,生长季缩短,前后季稻的生育期却延长,势必使年内双季稻生长所需时间更为紧张,季节矛盾严重,影响后季稻按时移栽以及产量稳定。

考察气候状况会发现,早在19世纪初,东部地区平均气温已比1951—1980年低0.6℃①,纬度偏北的江宁府一带率先出现热量不足状况,所以需要靠引灌湖中温泉水以补充当地双季稻生产所必需的热量条件。而到19世纪20年代,由于平均气温已低于1951—1980年0.9℃②,昆山一带的再生稻在热量不足条件下,生长发育受到严重影响,因而已无法正常结实。

在林则徐等人推广双季稻的19世纪30年代,气候寒冷状况依然较为严峻。有学者分析指出,华东地区大致在1816—1840年间曾经历过以气温剧降为主要特征的气候剧变③。其中,上海气温在1831年达到气温谷底④。而东部地区在19世纪30年代的冬半年平均温度比1951—1980年低0.8℃⑤。气候寒冷已使苏州在1834年紫藤的开花末期比现代晚了9天时间⑥,这一物候推迟现象说明当年的生长季很可能较之现代已经大幅缩短。而气候转冷也使得低温灾害频繁出现且灾情严重。例如在道光十二年(1832年),吴县"严寒多雪";吴江县"冬多雪,寒甚";江阴县"冬大雪";嘉善县"五月恒寒。……冬不雨,多雪,寒甚";平湖县"夏五月恒寒"。道光十三年(1833年),宝山县"八九月间天气阴寒";娄县"十月淫雨,后复继以

---

① 葛全胜、郑景云、方修琦等:《过去2000年中国东部冬半年温度变化》,《第四纪研究》2002年第2期。

② 葛全胜、郑景云、方修琦等:《过去2000年中国东部冬半年温度变化》,《第四纪研究》2002年第2期。

③ 李伯重:《"道光萧条"与"癸未大水"——经济衰退、气候剧变及19世纪的危机在松江》,《社会科学》2007年第6期。

④ 张德二、朱淑兰:《近五百年来我国南部冬季温度状况的初步分析》,载《全国气候变化学术讨论会文集》,科学出版社1981年版。

⑤ 葛全胜、郑景云、方修琦等:《过去2000年中国东部冬半年温度变化》,《第四纪研究》2002年第2期。

⑥ 郑景云、葛全胜、郝志新:《过去150年长三角地区的春季物候变化》,《地理学报》2012年第1期。

雪,禾稻不登”;武进县“秋深阴寒”;湖州“三伏天不热,阴雨连绵少晴日……秋分前十日,严霜一夜飞山头,老农朝来泪不止,忍见嘉禾冻将死”。道光十四年(1834 年),江苏无锡“正月,大雪深数尺”;湖州“正月初二日大雪”。① 另外,李彦章所反映的苏南“近年冬春多雨雪”②其实就是对这个时段低温灾害偏多的总结。这些低温灾害对农业生产影响严重,李彦章提到的“适值苏、松各郡告灾,查由秋后雨雪过多所致,虽转丰为歉,不及料者本系天时”③;以及陶澍描写的“稻将熟矣,忽雨雪交加,既实而空,岁以大歉”④,这些都是对 19 世纪 30 年代寒冷气候严重影响太湖地区水稻生产的真实写照。

照此情况看,19 世纪 30 年代的寒冷气候环境势必也会影响双季稻的生长发育,并加重季节矛盾,进而影响产量。例如林则徐在自己的日记中谈到道光十四年(1834 年)试种早稻的经过。当年气候较为寒冷,林则徐日记中频繁出现寒冷天气的内容,更有甚者在农历六月因“天凉,有著棉衣者”(见表 4-3)。

**表 4-3　《林则徐日记》中有关道光十四年的寒冷天气记载⑤**

| 日期(农历) | 寒冷天气记载 |
|---|---|
| 3 月 10 日 | 阴寒,东风,夜有月 |
| 3 月 11 日 | 大晴,东北风,尚寒 |
| 4 月 24 日 | 阴,早晨雨一阵即晴,天气凉 |
| 5 月 2 日 | 早晨微雨,阴凉 |

① 张德二:《中国三千年气象记录总集》第 4 册,凤凰出版社 2004 年版,第 2926、2947—2948、2959 页。

② 陈祖椝:《中国农学遗产选集:甲类第一种 · 稻(上编)》,中华书局 1958 年版,第 388—389 页。

③ 陈祖椝:《中国农学遗产选集:甲类第一种 · 稻(上编)》,中华书局 1958 年版,第 429 页。

④ 陈祖椝:《中国农学遗产选集:甲类第一种 · 稻(上编)》,中华书局 1958 年版,第 374 页。

⑤ 资料来源:[清]林则徐著,中山大学历史系中国近代现代史教研组、中山大学历史系中国近代现代史研究室编:《林则徐集 · 日记》,中华书局 1962 年版,第 134—168 页。

续表

| 日期(农历) | 寒冷天气记载 |
|---|---|
| 5月15日 | 是日天气甚凉 |
| 5月16日 | 东风,微阴,甚凉,可著棉衣 |
| 5月20日 | 阴,微风,东风,凉 |
| 5月24日 | 半阴晴,西北风稍凉 |
| 5月25日 | 早晨东风,凉,午后南风,热,夜凉 |
| 6月3日 | 早晨雨一阵,旋即开晴,天气颇凉 |
| 6月4日 | 夜甚凉 |
| 6月7日 | 阴,东风,甚凉,可著夹衣 |
| 6月8日 | 密雨竟日,东北风,天凉,有著棉衣者 |
| 6月15日 | 天阴,微雨数点即止,东风,颇凉 |
| 6月17日 | 昨夜刮风,晨起阴凉 |
| 6月18日 | 东风大,早晚甚凉 |
| 6月20日 | 晴,早晚凉,仍大风 |
| 7月26日 | 天气凉似深秋,可著重棉 |
| 8月15日 | 早晨微阴,天始凉 |
| 9月25日 | 早晚天寒,气甚正 |
| 12月10日 | 西北风,严寒,泽腹皆坚 |
| 12月23日 | 晴。子刻大寒。黎明过丹阳城,仍敲冰行 |

在此条件下,早稻是到农历四月初五,即当年谷雨时节(农历三月十二)之后的第23天才插秧,六月初二早稻秀齐,但六月又遇凉夏,所种水稻六月初七"因日来遇凉,未能升浆,有成为瘪谷者";即便是灌浆者也是到六月十五后才进行完毕,到七月初七,即当年立秋节气后的第3天才陆续开始收获①。而依据康熙朝李煦试种双季稻的情况来看,如此种植早稻,插秧期及收获期过迟,必然会影响后季晚稻生产。例如在康熙五十四年(1715年),李煦初次在苏州试种连作双季稻之时,由于经验不足,在四月初十,即当年谷雨节气(农历三月十八)后的第23天早稻才插秧,收获过迟,不但使

① [清]林则徐著,中山大学历史系中国近代现代史教研组、中山大学历史系中国近代现代史研究室编:《林则徐集·日记》,中华书局1962年版,第136、143、144、145、148页。

早稻亩产偏低,也耽误了晚稻生产,使晚稻在当年立秋(农历七月初十)节气后的第18天才开始插秧,造成后季晚稻也因失期减产。此后经过调整,将早稻插秧期控制在谷雨节气或之前,晚稻插秧期则控制在立秋之前,这样才获得了较好的产量。也正是由于林则徐所试种的早稻因插秧期及收获期较迟,其单位面积产量“约计一亩可得米二石”①,实则一亩产稻米1.7—1.8石②,这样的产量已低于李煦试种双季早稻的一般水平(见表4-4)。

**表4-4 1715—1722年苏州连作双季稻耕作时间(农历)及稻谷亩产量(石)③**

| 年份 | 早稻 | | | 晚稻 | | |
|---|---|---|---|---|---|---|
| | 插秧期 | 收割期 | 亩产量 | 插秧期 | 收割期 | 亩产量 |
| 康熙五十四年(1715年) | 4月10日 | 7月13日 | 2.8 | 7月28日 | 缺 | 1 |
| 康熙五十五年(1716年) | 3月28日(谷雨) | 6月4日 | 3.7 | 6月16日(立秋)前 | 9月15日 | 1.5 |
| 康熙五十六年(1717年) | 3月9日(谷雨) | 6月21日 | 4.1 | 6月29日(立秋)前 | 10月2日 | 2.5 |
| 康熙五十七年(1718年) | 3月20日(谷雨)前 | 7月3日 | 4.15 | 7月12日(立秋)前 | 9月20日 | 2.6 |
| 康熙五十八年(1719年) | 3月1日(谷雨)前 | 6月15日 | 4.23 | 6月23日(立秋)前 | 10月3日 | 2.2 |
| 康熙五十九年(1720年) | 缺 | 6月24日 | 4 | 7月4日(立秋)前 | 9月28日 | 2 |
| 康熙六十年(1721年) | 缺 | 闰6月6日 | 4 | 闰6月16日(立秋)前 | 缺 | 缺 |
| 康熙六十一年(1722年) | 3月5日(谷雨)前 | 6月16日 | 3 | 6月25日(立秋)前 | 缺 | 缺 |

每种作物通常只有在全生育期间的总体温度比常年明显偏低时,才会

① [清]林则徐著,中山大学历史系中国近代现代史教研组、中山大学历史系中国近代现代史研究室编:《林则徐集·日记》,中华书局1962年版,第148页。

② 林则徐全集编辑委员会:《林则徐全集》第7册《信札卷》,海峡文艺出版社2002年版,第3376页。

③ 资料来源:故宫博物院档案部:《李煦奏折》,中华书局1976年版,第177—289页。

出现成熟期延迟现象①。可见,正是19世纪30年代的常年气温偏低,让连作早稻的生长发育滞后;继而又在此后遭遇低温天气影响,最终导致减产甚至绝产。十几年后,奚诚的总结是比较准确的,正是因为气候寒冷,造成双季稻未能达到预期的增产效果,其推广工作自然无法得到百姓认可。道光二十四年(1844年)《光福志》卷4《土产》中在介绍"再熟稻"时明确指出:"吴中气候非如台湾、闽、蜀,故难再熟";并紧接着提道"道光十一二年间,林中丞则徐抚吴,值旱涝频苦,乃仿闽蜀之法,令农种之,然竟不成"。这一方面肯定了在19世纪前期的气候条件已经不能再如过去一样满足双季稻生长;另一方面也肯定了本章所证实的林则徐等人推广连作双季稻失败是和气候有关这一事实。

此后,奚诚曾长期致力于在太湖地区提倡发展间作双季稻②。本来间作双季稻是具有很多优势的。首先,间作双季稻的产量一般高于普通一季稻和再生双季稻③;其次,由于间作晚稻的播种、移栽期都比连作晚稻早,生育期也比连作晚稻长,所以产量不会像连作晚稻因生育期缩短而受到很大影响④,而且最为关键的是,由于其早晚稻共生时间长,这样就可以节省完成整个生育期所占用的生长季时间,以及600℃—700℃的积温⑤;再次,由于间作双季稻早晚稻的插秧与收获期彼此不衔接相错开,这让收种双季稻时的劳动量减少很多,大大缓解了农忙季节的劳动强度与劳动力不足问题⑥;最后,间作双季稻抗逆能力出色,在旱、涝多发地区仍能保证产量,且

---

① 崔读昌:《中国农业气候学》,浙江科学技术出版社1999年版,第123页。

② 《畊心农话》本来已经在咸丰二年(1852年)写成。而在光绪元年(1875年),奚诚又以75岁高龄重新对《畊心农话》中的"自序"做了修订,可见奚诚对于推广书中包括间作双季稻在内的各项农业技术的决心。参见农书和农史人物编辑组编:《农百·农史卷(农书和农史人物分支)》,1991年,第70页。

③ 韩茂莉:《中国古代农作物种植制度略论》,《中国农史》2000年第3期。

④ 王如海、吴本忠、屠家骥等:《双季稻栽培技术》,浙江人民出版社1958年版,第42页。

⑤ 崔读昌:《中国农业气候学》,浙江科学技术出版社1999年版,第326页。

⑥ 韩茂莉:《中国古代农作物种植制度略论》,《中国农史》2000年第3期。

由于间作晚稻成熟较早,可避免在9月中下旬的冷空气袭击①。除了这些,它还具有无须翻治田地,省肥、省种子、省秧田等诸多优点②。

但即便优点众多,即便能够在现今节省积温以及缓解季节矛盾,但在后来,这项推广活动却也是收效甚少,草草收场。反观之前林则徐推广双季稻时,情况却有所不同。例如在道光十四年七月二十一(1834年8月25日)林则徐在致陶澍的信件中称所试种的"晚稻参稴者现亦勃然兴发"③。他于同年至潘曾沂的信中也提道:"崧畴所种于南园者较逊,其参稴晚稻未能有成,弟(即林则徐本人)所种参稴则皆可活,或工力有不同耳。"④这两句均提到"参稴"一词,《江南催耕课稻编》解释为:"向于春分后十余日浸种,又半月,早稻已耘已粪,晚稻即于此时参插早稻之隙,谓之参稴。"⑤这说明林则徐等人还在试种间作双季稻,其中尽管也有失败的情况,但经过精心栽培,间作双季稻的试种工作还是能够获得较为满意的效果。这比起奚诚经努力获得的结果已有很大差别。究其原因,这和气候继续变冷也有很大关系。奚诚试图推广间作双季稻是在19世纪50—70年代这二十年间。其中,前十年正处在1831—1860年这30年中,东部地区冬半年平均温度比1951—1980年低0.8℃,由于气候寒冷,19世纪50年代长三角地区的春季物候期最晚时已比现代推迟了14天,⑥说明在这个年代生长季的缩减幅度比之前更大。而在推广间作双季稻的后十年,已经进入19世纪最冷的30

① 《宁绍、温黄平原提高间作稻产量的几个技术环节(1962年浙江省粮食作物技术会议资料)》,《浙江农业科学》1963年第5期。

② 《宁绍、温黄平原提高间作稻产量的几个技术环节(1962年浙江省粮食作物技术会议资料)》,《浙江农业科学》1963年第5期。

③ 林则徐全集编辑委员会:《林则徐全集》第7册《信札卷》,海峡文艺出版社2002年版,第3377页。

④ 林则徐全集编辑委员会:《林则徐全集》第7册《信札卷》,海峡文艺出版社2002年版,第3376页。

⑤ 陈祖椝:《中国农学遗产选集:甲类第一种·稻(上编)》,中华书局1958年版,第400页。

⑥ 郑景云、葛全胜、郝志新:《过去150年长三角地区的春季物候变化》,《地理学报》2012年第1期。

年(1861—1890年)①。上海在1840—1880年期间的冬季月平均气温也常常下降至0℃以下②。极为寒冷的气候也伴随有频发的低温灾害。例如在咸丰十年(1860年),松江府“立夏,寒如冬令”;嘉定县“三月十三日,雨雪深寸余。……立夏日寒”;宝山县“闰三月大雪,积二三尺”;武进县“立夏大雪”;丹徒县“三月十一日雹雪杂下,十四日清明,积雪数存,寒。闰三月十五日立夏,又微雪”③。对于太湖地区来说,积雪达几尺说明当时降雪之大;而在清明、立夏下雪更说明该年时令的紊乱。早在20世纪70年代有学者就通过分析指出:上海在1873—1919年比1960—1974年的≥10℃日数缩短9天,≥10℃积温减少240℃;而镇江在1873—1919年的≥10℃积温也仅有4500℃—4800℃④。而且由于当时采用的数据与现今有一定出入,所以1873—1919年比现今的实际积温减少幅度应比上述分析更大。在极度寒冷的气候条件下,即便是间作双季稻也难以忍受,双季稻种植推广不开也是大势所趋。而在此后的很长一段时间,太湖地区不论是再生、间作还是连作双季稻都不再种植,在文献中的记载也就此消失。

相反在18世纪,1701—1770年被认为是东部地区的相对偏暖期⑤。暖冬记载也随之出现,如在乾隆五十一年(1786年)昆山县就出现了“冬暖”现象⑥。而杭州、苏州、南京三地在18世纪20年代至70年代的平均终雪期比20世纪50—70年代早7—13天⑦,也说明由于气温升高很可能已使生长季延长。在这样的气候条件下,发展双季稻当然有先天的环境优势,其顺利推广也是水到渠成的事情。而且由于气温条件与现代接近,所以在18

① 葛全胜、郑景云、方修琦等:《过去2000年中国东部冬半年温度变化》,《第四纪研究》2002年第2期。

② 刘昭民:《中国历史上气候之变迁》,(中国台湾)商务印书馆1994年版,第166页。

③ 张德二:《中国三千年气象记录总集》第4册,凤凰出版社2004年版,第3194—3195页。

④ 龚高法、陈恩久:《论生长季气候寒暖变化与农业》,《大气科学》1980年第1期。

⑤ 葛全胜、郑景云、方修琦等:《过去2000年中国东部冬半年温度变化》,《第四纪研究》2002年第2期。

⑥ [清]张鸿、王汝缘修,王学浩等纂:道光《昆新两县志》,卷39,《祥异》,江苏古籍出版社1991年版。

⑦ 龚高法、张丕远、张瑾瑢:《十八世纪我国长江下游等地区的气候》,《地理研究》1983年第2期。

世纪双季稻也能被最大限度地推广到处于现代双季稻种植最北界的里下河地区。

直到18世纪80年代以后，情况开始变化。18世纪90年代气温曾迅速下降，已比1951—1980年冬半年平均温度低1.1℃，19世纪最初十年也比1951—1980年平均温度低0.6℃①。由于气候转冷，使生长季缩短，杭州、无锡等地的春季物候期已比现今晚了9天②。由于热量不足，江北里下河地区双季稻种植消失就不足为奇了。

回过头再来看17世纪。17世纪被认为是自1400年以来最为寒冷的时期③。其中，17世纪50年代与之后的18世纪最初十年温差达1℃④。与东部地区的气候发展同步，长江三角洲在17世纪为历史上最为寒冷的一个世纪⑤；浙北地区在17世纪也是近500年来最冷的时段⑥。由于气候寒冷，17世纪黄浦江出现结冰现象的年份数量达近500年来最高⑦。

对于《群芳谱》以及《天工开物》两书问世的17世纪20—30年代来说，当时气候已处在寒冷期，而且寒冷程度已高于18世纪。其中17世纪20年代比1951—1980年的平均温度低0.3℃；17世纪30年代则比1951—1980年低0.1℃⑧。伴随寒冷气候的是严重的低温灾害。例如在天启七年（1627年），吴县“正月二十一日晨起严寒，忽雷电晦冥，霰雪交集，是夜雪盈尺，后

---

① 葛全胜、郑景云、方修琦等：《过去2000年中国东部冬半年温度变化》，《第四纪研究》2002年第2期。

② 葛全胜：《中国历朝气候变化》，科学出版社2011年版，第413页。

③ 李克让：《中国的气候变化、可能原因及其影响》，载《气候变化对中国农业的影响》，北京科学技术出版社1993年版。

④ 葛全胜：《中国历朝气候变化》，科学出版社2011年版，第592页。

⑤ 17世纪长江三角洲的冷冬年为32年，比19世纪还多了4年。参见张天麟：《长江三角洲历史时期气候的初步研究》，《华东师大学报》1982年第4期。

⑥ 17世纪浙北地区的严寒大雪天气出现频繁，共有25年出现此类天气，比19世纪多4年。参见夏越炯、刘为纶：《近一千年来浙北平原的冷暖变化》，《杭州大学学报》1982年第3期。

⑦ 17世纪中有7年黄浦江出现结冰，而16世纪有2年，18世纪有1年，19世纪有3年。参见陈家其、姜彤、许朋柱：《江苏省近两千年气候变化研究》，《地理科学》1998年第3期。

⑧ 葛全胜、郑景云、方修琦等：《过去2000年中国东部冬半年温度变化》，《第四纪研究》2002年第2期。

三日雷雪复作。……十二月十四日大雪,连二昼夜,积三尺余”;江阴县“(正月)十九日迄二十一日,风雨雷电,随大雪雨雹。二十二日臭雾四塞,鸟雀多冻死”。在崇祯五年(1632年),镇江府及丹阳县“六月,天甚寒,人多衣棉”;杭州“大雪三日,(西)湖中人鸟声俱绝。雾淞沆砀”①。崇祯九年(1636年),川沙“九月骤寒。十二月极寒,黄浦冰”;松江府“十二月极寒,黄浦、泖湖皆冰”;江苏金坛“十二月十五日乙酉日,大风吹人堕地,大寒,有冻死者”②。由于气候寒冷,在17世纪30年代杭州、苏州两地的物候期最晚比现代推迟了11天,推迟幅度最小的也达4天③。

连作双季稻是双季稻中对温度要求最高的类型④,特别是连作早稻属于喜温作物,较高的温度条件下才会有利其生长,只有当气温稳定在10℃以上时才能保证其发芽。所以浙北地区选择在3月下旬至4月初日平均气温稳定上升到10℃以上为适宜播种期。⑤ 受17世纪20年代的低温环境影响,整个生育期热量供给不足,乌秈这一连作早稻品种生长发育迟缓,虽按时播种,但因为生育期延长,收获期被推迟到农历七月,晚稻插秧继而也受到影响,从而导致早、晚稻产量均不高,仅能供“宾客及老疾孕妇食用”。稍后,沈氏在《奇荒纪事》中曾提到湖州当地“曩自崇祯十一、二年(1638、1639年)以来,虽无水旱为灾,然连年薄收”⑥,既然“无水旱为灾”,但却“连年薄收”,其根本原因应该还是与长期低温环境有关。

同小麦一样,水稻在生长阶段也有三基点温度(即最低温度、最适温度和最高温度)。水稻种子发芽时的三基点温度分别为10℃—12℃、18℃—33℃、45℃;幼苗生长时的三基点温度分别为12℃—14℃、20℃—32℃、40℃;移栽时分别为13℃—15℃、25℃—30℃、35℃;灌浆结实时分别为13℃—15℃、

① 张德二:《中国三千年气象记录总集》第2册,凤凰出版社2004年版,第1531页。

② 张德二:《中国三千年气象记录总集》第2册,凤凰出版社2004年版,第1557页。

③ 葛全胜:《中国历朝气候变化》,科学出版社2011年版,第505页。

④ 这从其生育期所需积温最高就可看到。

⑤ 王如海、吴本忠、屠家骥等:《双季稻栽培技术》,浙江人民出版社1958年版,第1、4页。

⑥ [清]张履祥辑补,陈恒力校释:《补农书校释》(增订本),农业出版社1983年版,第169页。

23℃—28℃、35℃①。对于连作双季稻来说，其连作早稻发芽时的最低温度为10℃以上②；连作晚稻的晚籼品种安全成熟的最低温度为15℃，晚粳品种为13℃—14℃③。对于再生双季稻其再生芽萌发时的最适温度为24.5℃—27℃④；对于再生双季稻粳稻品种来说，它的安全齐穗最低温度为20℃，籼稻品种则为22℃—23℃⑤。当气温处在最低温度时，水稻会停止生长，进入无效生长期，即使持续时间再长也只会停留在原始状态而不会发生旺长；当高于最低温度但低于最适温度时，气温越接近最低温度，则水稻生长越缓慢。

可见，由于17世纪初的年平均气温较低，长期保持在接近水稻生长各阶段的最低温度状态，即便经历时间再长，水稻也只能生长缓慢甚至无效生长。所以《天工开物》中提到的连作晚稻即便育秧期长达3个月，也不会出现如今日这种因气温高而造成的秧苗徒长或老而不壮的情况。而从当时太湖地区的文献看，时人也未曾担心水稻秧龄过长的问题，反倒是存在“秧好半年田”这种对于培育老状秧的急切需求。在现在看来，一方面由于连作晚稻生育期比一季晚稻少30天左右，如果播种晚使秧龄过短、秧苗羸弱，移栽时就很容易发生败苗；另一方面由于生育期缩短导致连作晚稻积累的养分不足，也容易影响产量。例如华中农业科学研究所在1953—1955年针对华中地区双季晚稻产量低问题调查发现，其产量之所以低且不稳定，除了秋旱、螟害等因素外，在栽培技术上主要是嫩秧插迟生育期不足的问题⑥。为防止上述问题发生，需要增加秧苗在秧田的营养生长效果，当今仍比较惯用的办法就是培育老状秧，即利用早播适当延长秧龄，使稻秧历经春夏气候适

---

① 程延年：《气候变化对中国水稻生产的影响》，载《气候变化对中国农业的影响》，北京科学技术出版社1993年版。

② 王如海、吴本忠、屠家骥等：《双季稻栽培技术》，浙江人民出版社1958年版，第4页。

③ 王如海、吴本忠、屠家骥等：《双季稻栽培技术》，浙江人民出版社1958年版，第23页。

④ 王如海、吴本忠、屠家骥等：《双季稻栽培技术》，浙江人民出版社1958年版，第24页。

⑤ 任昌福、刘保国：《再生稻栽培技术》，农业出版社1993年版，第11页。

⑥ 中华人民共和国农业部粮食生产总局：《水稻改制技术经验参考资料》，财政经济出版社1958年版，第54页。

宜期,在具有良好生长条件的秧田中弥补生育期营养生长的不足①。这样培育出的老状秧一方面不但可以解决季节矛盾,还能够抗得住风吹日晒。即便移栽时间较迟,仍能获得一定产量,可以避免嫩秧迟插所导致的产量骤降或失收危险②。另外,老状秧往往能够提早成熟,对于躲避秋季低温灾害也有显著效果③。可见,在 17 世纪低温环境中,百姓自发延长水稻秧龄的做法是符合当时实际环境情况的明智选择。

况且,还有两方面因素也让我们大可不必担心 17 世纪连作晚稻秧龄过长所可能产生的问题。首先,《天工开物》介绍这个长秧龄连作晚稻时还提到一种通过控制水分供给以抑制连作晚稻秧苗生长的办法④,即所谓的"任从烈日暵干无忧"。这一措施很像现在稻作生产的烤田法⑤,这种方法既能够有效抑制地上部分茎叶徒长,培养老壮苗;又能促进地下部分根系的伸展,提高根系的吸肥能力;还能改善土壤理化性状,加速有机养分的分解,为水稻正常的生长发育创造良好条件⑥。总之,这项技术即便在现在也是育秧过程中技术含量很高的工作⑦,它对水稻生产的功效是值得肯定的。其次,《天工开物》中提到晚稻"其秧清明时已偕早秧撤播",并在收获早稻后"插再生秧"。这处描写比较含糊,既可理解为收获早稻后,移栽与早稻同时播种的连作晚稻秧苗;也可理解为是采用了"寄秧"技术。所谓"寄秧",其实就是水稻秧苗的一种假植方法。是在水稻的前作收获太晚不能及时整地插秧,以致后作秧苗在秧田里生长的时间过长的情况下,为控制秧苗生

① 中华人民共和国农业部粮食生产总局:《水稻改制技术经验参考资料》,财政经济出版社 1958 年版,第 11、22 页。

② 中华人民共和国农业部粮食生产总局:《水稻改制技术经验参考资料》,财政经济出版社 1958 年版,第 57 页。

③ 中华人民共和国农业部粮食生产总局:《水稻改制技术经验参考资料》,财政经济出版社 1958 年版,第 83 页。

④ 游修龄:《中国稻作史》,中国农业出版社 1995 年版,第 226 页。

⑤ 江南地区在水稻生育过程中将稻田排水干田的措施。

⑥ [清]张履祥辑补,陈恒力校释:《补农书校释》(增订本),农业出版社 1983 年版,第 35 页。

⑦ [清]张履祥辑补,陈恒力校释:《补农书校释》(增订本),农业出版社 1983 年版,第 67—68 页。

长，会将秧龄25—30天的秧苗掘起，暂时移栽入早稻田或空闲地中，等到前作稻收获后再移栽到大田中。如果真是采用了“寄秧”技术，那么秧苗过长问题就更不必担心了。因为“寄秧”技术本身也是培育老壮秧的方法之一，经该技术培育出的连作晚稻可以比不寄秧的增产16.5%—69.2%，即便适当迟插，也不会减产，可缓解双季稻夏收夏种农忙季节中的劳力不足问题。更为关键的是，采用了“寄秧”技术的稻秧因为在移栽大田前已经历一次移栽，所以秧龄可比普通连作晚稻秧龄长很多，一般原来生育期长的晚稻品种采用寄秧后秧龄可延长至60天甚至100天左右①。依此来看，《天工开物》中所介绍的3个月秧龄的晚稻如果是采用了寄秧技术，在现在看来也是不成问题的。

依据上述分析看来，作物的播种期、育秧期等都是根据不同时期各地具体环境条件来决定的。《中国农学史(初稿)》引用19世纪广西地区的双季稻种植时所采用的育秧期来解释17世纪南方连作晚稻秧龄过长的问题，显然是不合适的。

而且，由于1651—1680年是东部地区自宋代以来最为寒冷的30年，特别是自17世纪50年代以来气候越趋寒冷；到17世纪60年代已处在17世纪的低温谷底②。寒冷气候造成极端低温天气频发，使东中部地区在1650—1700年每10年中约有4.3个冷冬年③。极寒天气也导致低温灾害频发。例在顺治十年(1653年)，苏州府“十一月冬至后，河冰断舟”；江阴县“十一月大雪，木冰”。在康熙四年(1665年)，上海县“十一月二十六日大寒，河底冰结，经月不解。十二月十八日大雪，积河冰上，两岸不辨”；无锡县“冬大寒，太湖冰，官河绝舟楫者匝月”④。在这种低温环境中，就连对热量要求相对不高的稻麦两熟生产也受到严重影响，或被抛弃改种一季稻

① 中华人民共和国农业部粮食生产总局：《水稻改制技术经验参考资料》，财政经济出版社1958年版，第57页。

② 葛全胜、郑景云、方修琦等：《过去2000年中国东部冬半年温度变化》，《第四纪研究》2002年第2期。

③ 张丕远、龚高法：《十六世纪以来中国气候变化的若干特征》，《地理学报》1979年第34期。

④ 张德二：《中国三千年气象记录总集》第3册，凤凰出版社2004年版，第1812页。

或改变传统种植方式采用水稻、小麦双移栽。这样看来,对热量要求较高的双季稻就更加难以适应这种低温环境,所以在17世纪后半叶,双季稻种植的记载消失也成为必然趋势。直到18世纪气候升温[①]达到一定温度条件以后,双季稻种植才得以复苏。

分析到此可发现,其实双季稻在17世纪的情况与稻麦两熟极为相似。在第三章中提到,由于气候在17世纪50年代已接近17世纪的气温低谷,热量不足,太湖地区的稻麦两熟生产受到严重影响。参与稻麦两熟复种的水稻"多在夏至后,秋尽而收,所历二时而已",生育期中积累的热量已无法供给水稻自身完成生产,所以当时提倡"禾历三时,故杆三节",通过延长生育期的方式蓄积足够的热量以满足生产需要。桐乡一带为此改变了传统技术采用水稻、小麦双移栽,除小麦育秧期被增加至远超于现代所要求的育秧期长度外,水稻的全生育期也被人为延长了8—13天。从中说明寒冷气候对于各种复种生产都有着类似的影响。

## 二、气候变化与双季稻的发展

当然气候冷暖变化对双季稻的影响并非仅发生在17、19世纪,太湖地区双季稻在历史发展过程中出现多次种植盈缩状况可能都与气候冷暖变化有一定关系。

首先是在《吴都赋》记载西晋时期(265—316年)苏州一带已有大面积连作双季稻种植。据傅璇琮考证,《吴都赋》成书于太康元年(280年)之前[②]。这样看来,这里记载的苏州地区大面积种植连作双季稻当在280年之前。而联系气候状况会发现,在241—270年正是一个相对温暖的时段,东部地区冬半年平均气温比1951—1980年高出0.2℃[③]。当时文献记载中

① 东部地区在17世纪90年代才开始大幅升温,到18世纪初平均气温才达到1951—1980年水平。参见葛全胜、郑景云、方修琦等:《过去2000年中国东部冬半年温度变化》,《第四纪研究》2002年第2期。

② 傅璇琮:《左思〈三都赋〉写作年代质疑》,《中华文史论丛》1979年第2期。

③ 葛全胜:《中国历朝气候变化》,科学出版社2011年版,第222页。

也有证据表明当时的温暖状况。如据《晋书·五行志》记载，在吴神凤元年(252年)，长江下游地区"九月，桃李花"，即出现了桃树二次开花的状况，这在现在也是不多见的；另据晋人习凿齿的《襄阳耆旧传》卷2《人物·李衡传》记载，在吴太平三年(258年)"江陵千树橘，亦当比封侯"，而江陵基本上就是现代柑橘的种植北界；另有成书于268—280年的《临海水土异物志》记载临海(今浙江台州)"杨桃似南方橄榄子。其味甜。五月十日熟。谚言：'杨桃无蹙。一岁二熟'。"①而现代浙江台州地区基本上是不见杨桃种植的。既然温暖的气候条件已经影响到柑橘和杨桃的种植范围，那么太湖地区双季稻借助富裕的热量条件得以发展也是有可能的。

在刘宋政权统治时期(420—479年)，山谦之于《南徐州记》中提到江苏镇江句容县的半阳湖一带虽然仍有连作双季稻种植，但那也是与1400多年后《方舆类纂》所反映的情况相同，是借助地理优势，利用当地特产的温泉水为水稻生长提供热量。除此以外，并没有仅靠自然环境就能完成双季稻种植的记载。而且考察气候条件会发现，当时的气温条件确实无法满足双季稻生长需要。在421—450年东部地区平均气温已比1951—1980年低0.1℃；在此后的451—540年中，东部地区气候正处在一个明显的冷谷当中，其中451—480年比1951—1980年低0.7℃，接近481—510年这个东部地区过去2000年气温第一低的30年②。这个阶段史料中所记载的冬季寒冷状况堪比明清小冰期。如在元嘉二十九年(452年)南京一带"自十一月霖雨连雪，太阳罕耀"，次年又是"正月大风拔木，雨冻杀牛马"③；大明六年(462年)，在南京玄武湖畔"置凌室，修藏冰之礼"④；建元三年(481年)的十一月"雨雪，或阴或晦八十余日，至四年二月乃止"⑤。可以说，在当时低温环境下，镇江百姓只能借助其他技术手段补充生长所需热量，以保证双季稻顺利生产。

① [吴]沈莹撰，张崇根辑校：《临海水土异物志辑校》(修订本)，农业出版社1988年版，第42页。

② 葛全胜：《中国历朝气候变化》，科学出版社2011年版，第222页。

③ [梁]沈约撰：《宋书》，卷34，《五行五》，中华书局1974年版，第984页。

④ [梁]沈约撰：《宋书》，卷6，《孝武帝》，中华书局1974年版，第129页。

⑤ [梁]萧子显撰：《南齐书》，卷19，《五行志》，中华书局1972年版，第371页。

而在开元十九年(731 年),东部地区气候尚处在 712—740 年这个持续温暖期中,冬半年气温比 1961—2000 年高 0.3 ℃[①]。《新唐书·地理志》当中明确记载了吴郡(苏州一带)、襄阳郡(治今湖北襄城)等属于向朝廷上贡柑橘的地区。据推测,这一上贡制度大约是在天宝元年(742 年)之前的情况。而据研究,这一柑橘贡地北界已比现代柑橘种植北界偏北[②]。没有气候条件作为保障,柑橘种植界限是无法通过其他途径北移的,这正说明了当时气候的温暖情况。在此背景下,长江北岸的扬州地区才能够大面积种植再生双季稻和连作双季稻。

到宋元时期,太湖地区长期保持一定规模的双季稻种植,这与 931—1320 年东部地区气候总体处在温暖期[③]应当是有很大关联的。然而在 12 世纪大部分时间却属例外,属于气候暖期中一个冷阶段。原本在太湖湖内洞庭东西二山上种植的柑橘因被水汽保护较难受到霜冻危害,但在这个时段的寒冷气候条件下,也出现了"皆冻死"的状况;而对热量条件要求最高的连作双季稻表现出衰退迹象也合乎情理。而在元代后期,太湖地区双季稻的记载完全消失也应该与当时的气候状况有一定关系。从气候角度讲,1321—1380 年东部地区正处在冷谷当中,其平均气温又比 1111—1200 年低了 0.17℃[④]。由于气候寒冷,这个时期不单"洞庭山柑橘冻死几尽",南方其他地区的柑橘也多遭冻害危害,致使柑橘种植带较之前大幅退缩。而且从当时杭州一带桃树盛花期已推迟至清明时节看,这个阶段的生长季也有所缩短。气候寒冷程度大于 12 世纪的情况,所以双季稻自然无法种植而在文献中消失匿迹。

到明清时期,除 17—19 世纪双季稻在太湖地区的种植盈缩状况与气候冷暖变化关系密切外,其他阶段应当也与气候冷暖变化有关。在 14 世纪末

① 葛全胜:《中国历朝气候变化》,科学出版社 2011 年版,第 305 页。

② 张德二:《我国中世纪温暖期气候的初步研究》,《第四纪研究》1993 年第 1 期。

③ 葛全胜、郑景云、方修琦等:《过去 2000 年中国东部冬半年温度变化》,《第四纪研究》2002 年第 2 期。

④ 葛全胜、郑景云、方修琦等:《过去 2000 年中国东部冬半年温度变化》,《第四纪研究》2002 年第 2 期。

叶,即 1381—1410 年明朝建立之初,东部地区尚处在相对偏暖期①。自然环境所提供的热量条件能够达到双季稻基本生产需求,所以在此阶段苏州出现再生双季稻的记载就可以理解了。但到 15 世纪,气候又转寒冷②,低温灾害出现频繁且灾情严重。因而可以说,15 世纪的寒冷环境不利于太湖地区的双季稻种植,所以双季稻在这个世纪出现了明清时期的第一次衰退。而从 15 世纪末到 16 世纪初,气温再度回升。由于温度条件充裕,在现代柑橘种植北界以北的太仓一带也出现了柑橘种植;而苏州、松江等地有关连作双季稻以及再生双季稻的记载增多也应当和热量条件能够满足生长有直接关系。

进入 20 世纪后,气候又朝温暖方向发展。1921—1999 年东部地区的平均气温比 1951—1980 年还高 0.2℃③。在适宜的气温环境下,太湖地区双季稻得到很大发展,甚至从 20 世纪 70 年代开始大规模发展春花(主要是麦)与连作双季稻搭配的双三熟制④。例如苏州地区的 8 个县,双季稻种植规模由 1965 年的 35 万亩发展到 1975 年的 436 万亩,占稻田总面积的 76%;1976 年达则 84.5%,其中双三熟制中的稻占双季稻的 80%,而且双三熟制面积已经达到 1337.7 万亩,占苏州地区稻作面积 86.5%⑤。从积温角度来讲,双三熟制对积温要求更高,一般≥0℃的积温,早三熟全年需 5440℃以上,中三熟需 5650℃以上,迟三熟则需要 5800℃以上⑥。例如上海在 20 世纪 80 年代种植一年三熟(从大麦播种至后季稻成熟)实际需要≥0℃积温 5500℃—5600℃⑦。而据学者分析,上海在 1960—1980 年比

① 葛全胜、郑景云、方修琦等:《过去 2000 年中国东部冬半年温度变化》,《第四纪研究》2002 年第 2 期。

② 葛全胜、郑景云、方修琦等:《过去 2000 年中国东部冬半年温度变化》,《第四纪研究》2002 年第 2 期。

③ 葛全胜、郑景云、方修琦等:《过去 2000 年中国东部冬半年温度变化》,《第四纪研究》2002 年第 2 期。

④ 江苏省农林厅:《江苏农业发展史略》,江苏科学技术出版社 1992 年版,第 12 页。

⑤ 江苏省农林厅:《江苏农业发展史略》,江苏科学技术出版社 1992 年版,第 100 页。

⑥ 肖汝其、董耀龄:《太湖晚粳稻》,浙江科学技术出版社 1993 年版,第 6 页。

⑦ 上海市农业区划办公室:《上海农业气候》,学林出版社 1985 年版,第 152 页。

1873—1919 年>10℃积温要高 250℃,生长季也比后者足足多了 10 天左右①。到 20 世纪 90 年代,东部地区平均气温已比 1951—1980 年高 0.9℃②。全年气温高使江南地区≥0℃积温已达到 5900℃—6900℃,已经达到适合一年三熟种植的温度条件③。有学者分析指出:在 1951—2007 年气候升温,积温增加条件下,浙江省境内双季稻三熟制的适宜种植范围已向北移动了 47 千米,到达浙北杭嘉湖地区(见图 4-1)④。

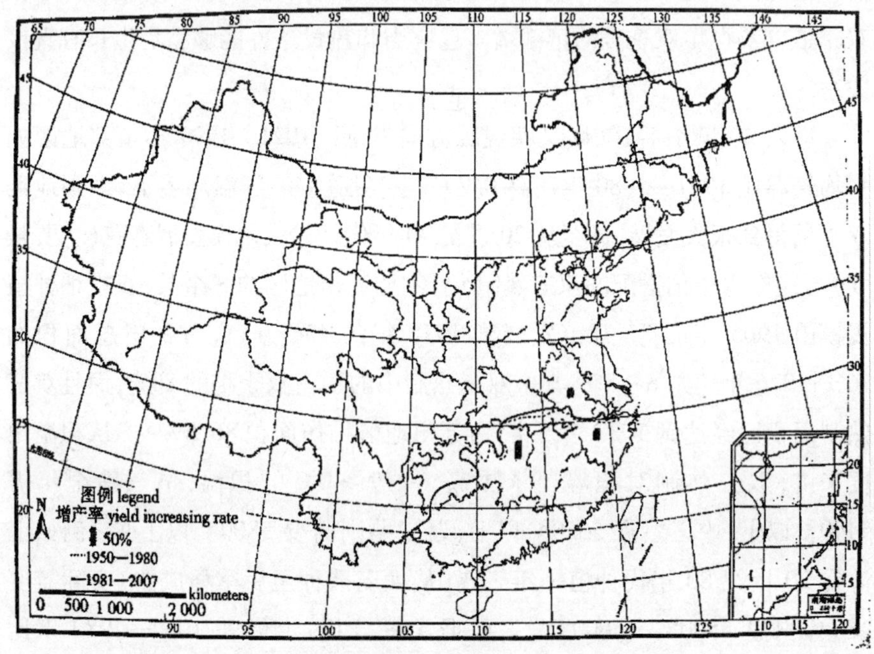


**图 4-1 中国双季稻三熟制种植北界的变化情况⑤**

---

① 张丕远:《中国历史气候变化》,山东科技出版社 1996 年版,第 413 页。

② 葛全胜、郑景云、方修琦等:《过去 2000 年中国东部冬半年温度变化》,《第四纪研究》2002 年第 2 期。

③ 崔读昌:《中国农业气候学》,浙江科学技术出版社 1999 年版,第 329 页。

④ 杨晓光、刘志娟、陈阜:《全球气候变暖对中国种植制度可能影响Ⅰ·气候变暖对中国种植制度北界和粮食产量可能影响的分析》,《中国农业科学》2010 年第 2 期。

⑤ 资料来源:杨晓光、刘志娟、陈阜:《全球气候变暖对中国种植制度可能影响Ⅰ·气候变暖对中国种植制度北界和粮食产量可能影响的分析》,《中国农业科学》2010 年第 2 期。

不过也有例外,这就是在20世纪70年代后期。当时认为是肥料、栽培技术、劳动强度大以及成本高等原因,一些地区的双三熟制产量不如稻麦两熟制,还有一些地方的双季稻亩产量不如一季稻;而且在收获早稻移栽晚稻时节季节矛盾紧张,所以缩小了双季稻(主要是双三熟制)的种植面积①。但其实原因并非这么简单。据分析,1977年江苏全省>10℃积温平均比1949—1978年减少约500℃,比1976年还少约200℃②。就太湖地区而言,这一区域在20世纪50年代以来,热量已出现下降的趋势;不过在1956—1959年平均≥0℃以上年积温还能达到5840℃,60年代平均为5760℃,70年代已降至5710℃;夏秋季热量不足的几率达到10年4週,秋季早霜和低温相应提前③。另据郑景云、葛全胜等人分析,在有观测记录期间,1970年前后长三角地区的春季物候最迟,其中的1968—1972年平均较1977—1996年平均值推迟约10天;由于长三角地区的春季物候期变化与当地冬春两季的气温水平高度相关,④这就意味着在20世纪70年代冬春两季气温也偏低。从各地情况看,苏州在20世纪60年代的≥0℃积温以及≥10℃积温分别为5725.3℃和3234.7℃,但在20世纪70年代的≥0℃积温以及≥10℃积温则分别降至5699.2℃和3104.4℃⑤。而在南京,20世纪70年代比20世纪40年代的积温平均相差至少80℃,而且由于寒露风到来比20世纪40年代提前,使双季稻的适宜生长期平均缩短4天左右⑥。这样的积温降幅,使对双季稻的热量供给略显不足,生长发育迟缓,加之生长季缩短,造成季节矛盾严重,最终减产也是难免的。从我国双季稻气候适宜区在20世纪60—90年代的位移变化上更能说明这个阶段的问题。据研究表明:20世纪70年代与20世纪60年代相比,双季稻低气候适宜区在江苏、安徽、河南、

① 江苏省农林厅:《江苏农业发展史略》,江苏科学技术出版社1992年版,第100页。

② 张丕远:《中国历史气候变化》,山东科技出版社1996年版,第413页。

③ 江苏省农林厅:《江苏农业发展史略》,江苏科学技术出版社1992年版,第12页。

④ 郑景云、葛全胜、郝志新:《过去150年长三角地区的春季物候变化》,《地理学报》2012年第1期。

⑤ 沈小英、陈家其:《太湖地区的粮食生产与气候变化》,《地理科学》1991年第3期。

⑥ 范淦清:《长江下游栽培双季稻的热量条件及其展望》,《上海农业科技》1981年第3期。

湖北一带有南移的趋势;20 世纪 80 年代与 20 世纪 70 年代相比,双季稻低气候适宜区在江苏、安徽、河南、湖北一带有北移的趋势,基本又回到 60 年代的位置;而到 20 世纪 90 年代,低适宜区北界基本稳定在 20 世纪 80 年代水平①。

从地域上看,现今太湖地区恰好处在中国双季稻适宜种植区的最北界边缘②,属于我国双季稻种植的气候低适宜区(见图 4-2),处在由麦稻两熟种植适宜区向双季稻种植适宜区的过渡地带③。现在这里虽然可以种植双季稻,但碍于生长季中供给的热量偏少,生长季节矛盾以及产量不稳定仍会是本区必须要面对的问题。如果气候转为偏寒冷状态,后季稻减产甚至绝收将会是难免的情况,即使用现代科学技术也无法解决④。

既然在农业生产中人为干扰力度相对较大的当代,气候变化仍会对本区的双季稻生产带来很大影响,那么由此可想而知,在人为干扰力度相对较小的古代,气候的影响作用就更为显著了。

通过气候变化对双季稻影响的模拟分析表明:若气温变暖,双季稻种植北界向更北地区推进,部分原产地可施行双季稻三熟制;若气温降低,种植北界并向南退缩,部分地区双季稻被迫改种单季稻⑤,这些情况在历史时期的太湖地区已经出现。由于未来气温将处在增暖条件下,太湖等南方地区的热量资源会更加丰富,这对双季稻种植是非常有利的。近年来气候变暖已使双季稻三熟制的理论种植界限在浙江、安徽、湖北和湖南境内北移了 34—60 千米⑥。从理论上讲,如果气温升高 2℃, 两熟制一般可北移至少

① 段居琦:《我国水稻种植分布及其对气候变化的响应》,中国气象科学研究院、南京信息工程大学博士学位论文,2012 年。

② 江苏省农林厅:《江苏农业发展史略》,江苏科学技术出版社 1992 年版,第 58 页。

③ 程延年:《气候变化对中国水稻生产的影响》,载《气候变化对中国农业的影响》,北京科学技术出版社 1993 年版。

④ 20 世纪 70 年代后期的情况便是一个典型例子。

⑤ 气候变化与作物产量编写组:《气候变化与作物产量》,中国农业科技出版社 1992 年版,第 104 页。

⑥ 杨晓光、刘志娟、陈阜:《全球气候变暖对中国种植制度可能影响 Ⅰ · 气候变暖对中国种植制度北界和粮食产量可能影响的分析》,《中国农业科学》2010 年第 2 期。

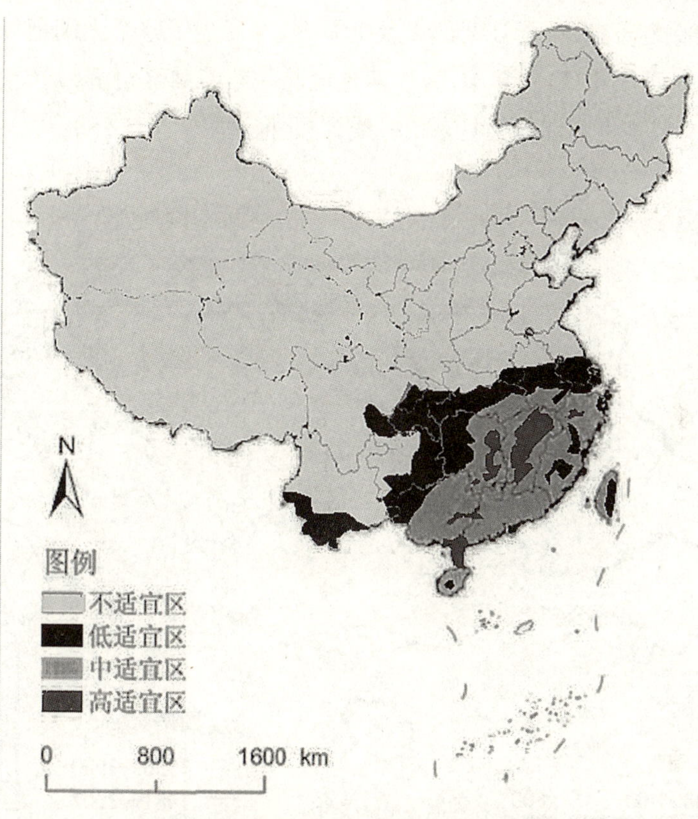


图 4-2　中国双季稻种植区的气候适宜图①

1°—4°,约合 50—400 千米②。对于气温变化反应敏感的双季稻来说,平均气温增加 1℃则意味着种植北界可向北移甚至 500 公里之多③。有学者分析了从 1951—1980 年至 1981—2007 年两个时段中国南方地区在气候变化背景下,种植制度一级区界限的变化情况。结果显示:江淮平原丘陵麦稻二熟区(Ⅷ区)整体向北推移,北界平均向北移动了约 81 千米,其南界平均向北移动了约 64 千米;长江中下游平原丘陵水田三熟二熟区(Ⅹ区),北界(即二熟与三熟的分界线)平均向北移动了约 64 千米,进而使该区包含了

① 段居琦:《我国水稻种植分布及其对气候变化的响应》,中国气象科学研究院、南京信息工程大学博士学位论文,2012 年。

② 崔读昌:《中国农业气候学》,浙江科学技术出版社 1999 年版,第 532 页。

③ 张丕远:《中国历史气候变化》,山东科技出版社 1996 年版,第 414 页。

安徽东部、江苏南部、浙江北部以及上海,基本涵盖了整个太湖地区及其周边区域①(见图4-3)。其中,一年两熟区与一年三熟区分界线在太湖地区由杭州一线推进到江苏吴县东山一线,向北推进了约103公里②。

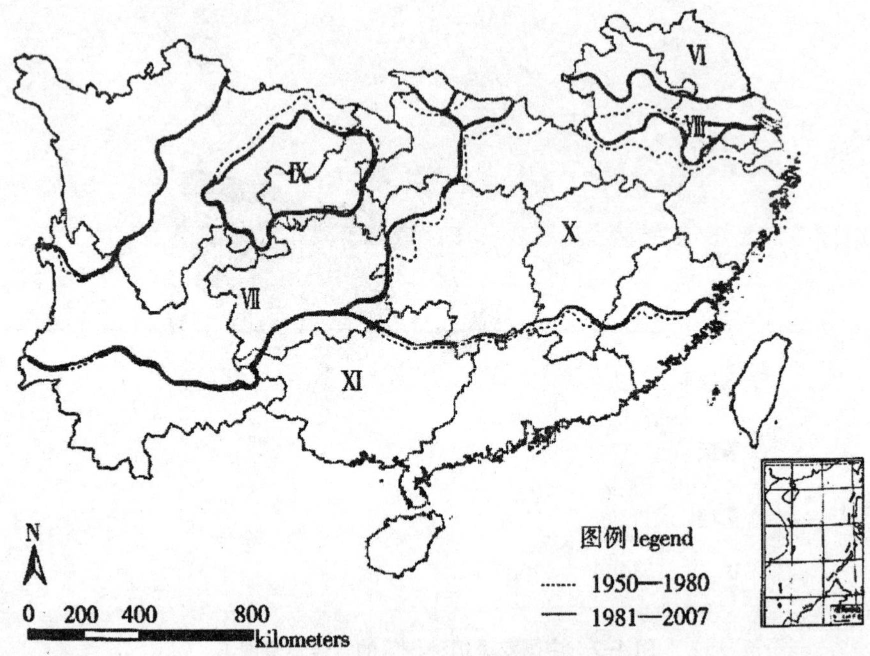


**图4-3 种植制度一级区界限的变化情况③**

如果气候变化继续按照这样的发展趋势进行下去,包括太湖地区在内的长江以南亚热带广大区域将具有更加适宜的条件朝一年三熟方向发展,届时将有更多的农田采用双季稻加越冬作物的种植模式进行生产④。

---

① 赵锦、杨晓光、刘志娟等:《全球气候变暖对中国种植制度可能影响Ⅱ·南方地区气候要素变化特征及对种植制度界限可能影响》,《中国农业科学》2010年第9期。

② 杨晓光、刘志娟、陈阜:《全球气候变暖对中国种植制度可能影响Ⅰ·气候变暖对中国种植制度北界和粮食产量可能影响的分析》,《中国农业科学》2010年第2期。

③ 资料来源:赵锦、杨晓光、刘志娟等:《全球气候变暖对中国种植制度可能影响Ⅱ·南方地区气候要素变化特征及对种植制度界限可能影响》,《中国农业科学》2010年第9期。

④ 张厚瑄:《中国种植制度对全球气候变化响应的有关问题Ⅰ·气候变化对我国种植制度的影响》,《中国农业气象》2000年第1期。

# 第五章 气候变化对太湖地区稻作亩产量的影响

在第三、四章中，探讨了气候变化对稻麦两熟、双季稻两种主要种植制度以及稻、麦两种作物生长发育的影响情况。然而气候变化对粮食生产的直接影响并非仅体现在粮食作物的生长发育和复种制度两方面，仅由前两章分析问题时所提到的稻麦两熟以及双季稻受寒冷气候影响造成产量下降一事已可以间接了解到，气候变化还会对粮食收成有显著影响。鉴于水稻自古以来一直都是太湖地区的主要粮食作物，是维系当地百姓生存和发展的命脉。前两章尽管对水稻产量有所提及，但主要还是复种生产中的情况，而且介绍的也不够清晰。而有人也谈道“气候变化对水稻生产的影响最为核心的还是对产量的影响”①，因而有必要详细探讨一下历史气候变化对太湖地区包括单季稻在内整个稻作亩产量的影响情况。②

## 第一节 太湖地区历代稻作亩产量变化情况

长期以来，由于水稻在太湖地区百姓的生产、生活中占有至关重要的地位，水稻的收成往往是当地百姓关注的焦点。古人在稻作生产中的各项投入，无疑是为了保障水稻收成的稳定和发展。而在古人的努力下，历代太湖

---

① 孙雯：《气候变暖对中国水稻生产的影响》，南京农业大学博士学位论文，2011 年。

② 鉴于麦、豆等旱地粮食作物在太湖地区出现时间较晚，又一直处于水稻的从属地位，且相关文献记载连贯性较差，为了能够较为透彻地说明问题，本章仅探讨水稻，而对其他旱地粮食作物不再深究。参见中国农业科学院、南京农业大学中国农业遗产研究室太湖地区农业史研究课题组：《太湖地区农业史稿》，农业出版社 1990 年版，第 93 页。

地区的稻作亩产量确实有所发展,唯有清代出现了下降。

## 一、宋元时期稻作亩产量在波动中提升

据前人研究,在唐代,南方的稻田亩产量大约为 3 石稻谷[①],由于唐代的每亩标准约合现今的 0.783 市亩,唐代的 1 石大约相当于现今的 6 市斗[②];稻谷 1 石重 120 斤,可出糙米 4 斗 9 升[③]。照此换算,唐代南方水稻亩产约合现今亩产稻谷 276 市斤[④]。

到宋代,太湖地区水稻亩产量又发生了新变化。在北宋庆历三年(1043 年),范仲淹在上仁宗皇帝的《答手诏条陈十事》一文中提道:“臣知苏州日,点检簿书,一州之田,系出税者三万四千顷。中稔之利,每亩得米二石至三石,计出米七百余万石。”[⑤]也就是说在中等年份,太湖地区稻田可亩产稻米 2—3 石。此后一直到南宋末年,当地的稻田亩产量大体上未能逃出这一范围。如在 13 世纪中叶的南宋末年,宁国府知府高斯德在其撰写的《宁国府劝农文》提道:“及来浙间,见浙人治田,比蜀中尤精。……其熟也,上田一亩收五六石。”[⑥]这里的“五六石”指的是稻谷的亩产量[⑦],折为米也是在 2.5—3 石之间;同样生活于南宋后期并长期寓居于嘉兴的方回(1227—1305 年)也提道:“余在秀…望吴侬之野。……一农可耕今田三十亩,假如亩收三石或二石,姑以二石为中”,并指出“吴中田,今佳者岁一亩

① 余也非:《中国历代粮食平均亩产量考略》,《重庆师范学院学报》1980 年第 3 期;李伯重:《唐代江南地区粮食亩产量与农户耕田数》,《中国社会经济史研究》1982 年第 2 期。

② 胡戟:《唐代度量衡与亩里制度》,《西北大学学报(哲学社会科学版)》1980 年第 4 期。

③ 李遵义:《垦余闲话》,载《中国农学遗产选集:甲类第一种·稻(上编)》,中华书局 1958 年版,第 502 页。

④ 闵宗殿:《宋明清时期太湖地区水稻亩产量的探讨》,《中国农史》1984 年第 3 期。

⑤ [宋]范仲淹著,李勇先、王蓉贵点校:《范仲淹全集》,四川大学出版社 2002 年版,第 534 页。

⑥ 他在后面紧接着便提道“故谚曰:‘苏湖熟,天下足’”,说明这里提到的产量应当是指太湖地区的情况。[宋]高斯德:《耻堂存稿》,卷 5,《宁国府劝农文》。

⑦ 闵宗殿:《宋明清时期太湖地区水稻亩产量的探讨》,《中国农史》1984 年第 3 期。

丰年得米三石；山田好处，或一亩收大小谷二十秤，得米两石，皆百合斗。”① 照此看来，宋代的水稻亩产量基本上保持在 2—3 石，平均亩产稻米 2. 5 石。由于宋代计量单位又与唐代不同，宋代一亩合现今的 0. 896 市亩②，一石合今天的 0. 6641 市石③。如此计算，宋代稻田亩产稻米一石，约相当于现在亩产稻谷 180 市斤，当时亩产 2—3 石，约合现在亩产稻谷 360—540 市斤；而平均亩产 2. 5 石则约合现今的 450 市斤稻谷④。可见，宋代太湖地区水稻亩产量已比唐代提高 174 市斤，整整提高了 63%⑤。当然，对于宋代太湖地区水稻亩产量学界仍存在争议，上文也只是主要依据了闵宗殿的观点；不过，学术界在宋代江南粮食亩产量比前代有明显提高这一点上还是有普遍共识的。例如余也非估计唐代江南亩产稻米 1. 5 石，宋代亩产 2 石，比唐增产 22. 1%⑥。吴慧认为宋代亩产量 2 石，折合为现今 381 市斤/市亩，比汉代亩产 2. 777 石（合现今 250. 1 市斤/市亩），增长了 54. 4%；比唐代的亩产 3. 81 石也增长了 12. 5%⑦。总之，随着亩产量的提高，太湖地区在全国粮食生产中的分量越来越重。宋人薛季宣于绍兴二十年（1160 年）所作《策问》中首次引用当时的农家谚语称：“淮浙当承平之世，非惟国用之所仰赖。‘苏湖熟，天下足’，则又发于闻家之谚。今也行都所在，内奉万乘，外供六师而水利之讲不详。”⑧自此，“苏湖熟，天下足”这句千古名言便流传开来。

到元代，虽然记载稻田产量的相关文献不多，但从这些文献中仍能看到当时南方地区水稻亩产量继续有所增长。如在《金华黄先生文集》卷 10“义田”条中就提道：“为田一亩，岁可得米二石”⑨。《两浙金石志》所载《湖州

---

① ［元］方回：《续古今考》，卷 18，《附论班固计井田百亩岁入岁出》，载《四库笔记小说丛书》，上海古籍出版社 1992 年版。

② 陈梦家：《亩制与里制》，《考古》1966 年第 1 期。

③ 吴承洛：《中国度量衡史》，商务印书馆 1984 年版，第 229—234 页。

④ 闵宗殿：《宋明清时期太湖地区水稻亩产量的探讨》，《中国农史》1984 年第 3 期。

⑤ 闵宗殿：《宋明清时期太湖地区水稻亩产量的探讨》，《中国农史》1984 年第 3 期。

⑥ 余也非：《中国历代粮食平均亩产量考略》，《重庆师范学院学报》1980 年第 3 期。

⑦ 吴慧：《中国历代粮食亩产研究》，农业出版社 1985 年版，第 160 页。

⑧ ［宋］薛季宣：《浪语集》，卷 28，《策问二十道 · 问水利》。

⑨ ［元］黄溍：《金华黄先生文集》，卷 10，“义田”条。

报恩寺光孝禅师碑》中也提到湖州一带“其田每亩租米一石”[1];至顺《镇江志》记载镇江路所属金坛县的下等农田同样亩纳租米1石[2]。按对半租,即亩产2石稻米。余也非依据元代是以“二百四十步为一亩,六尺为步”[3]推算,元代的一亩共计8440平方尺,大致相当于现今7472.7平方尺,为今市亩的124.5%,为宋亩的1.44倍;而元代的容量单位又比宋代大一倍,元代的1石相当于今制1.2市石;依此推算元代亩产稻米2石,相当于现今亩产1.927市石稻米,其实已比他所推算的宋代亩产增产38.9%[4]。另外,尽管计算方法不同,但珀金斯所推算的元代江苏省亩产量为347市斤,这比他推算的宋代亩产量的326市斤又多出21市斤[5]。亩产量的提升也带动太湖地区粮食生产能够继续向前发展。这种情况仅从粮食输出增大就可看出。当时整个江浙行省[6]的税粮已达4494783石,约占全国税粮总数的37.10%,居全国首位[7]。而“浙右之地,若苏、湖、常诸郡,土壤肥沃,民务细作,岁赋租米数百万石,潜海以供京师”[8]。在至元年间(1264—1294年)平江路(今苏州)岁办粮高达88万余石,已是南宋时当地税粮28万余石的数倍。其中,昆山州“岁办秋粮八十余万石”[9];长洲每岁也可输出“秋粮四十万石”[10]。松江府的华亭、上海两县岁输粮竟高达“一百五十余万石”[11]。

---

① [清]阮元:《两浙金石志》,卷14,《湖州报恩寺光孝禅师碑》。

② [元]脱因修,俞希鲁纂:至顺《镇江志》,卷6,《赋税·秋租》,宋元方志丛刊本,中华书局1990年版,第2698下页。

③ [清]沈彤撰:《周官禄田考·田制考》。

④ 参见余也非:《中国历代粮食平均亩产量考略》,《重庆师范学院学报(哲学社会科学版)》1980年第3期。

⑤ [美]德怀特·希尔德·珀金斯著,宋海文等译,伍丹戈校:《中国农业的发展(1368—1968)》,上海译文出版社1984年版,第23页。

⑥ 元代的江浙行省包括今浙江、福建以及江苏、安徽、江西部分地区。

⑦ [元]宋濂撰:《元史》,卷93,《食货一·税粮》,中华书局1976年版,第2360页。

⑧ [元]苏天爵著,陈高华、孟繁清点校:《滋溪文稿》,卷3,《常州路新修庙学记》,中华书局1997年版,第40页。

⑨ [元]谢应芳:《龟巢稿》,卷11,《呈府侯书》,上海书店1936年版。

⑩ [元]郑元佑:《侨吴集》,卷1,《送刘长洲》。另外,洪武《苏州府志》卷36《人物·名宦》也提到当时“岁输粮四十余万石”。

⑪ [元]杨维祯:《东维子集》,卷3,《送华亭主簿张侯明善序》。

可见，在宋元时期本区的稻作产量总体上呈现上升趋势，但实际上通过对产量记载偏多的宋代情况考察，仍能发现其中存在一定程度的产量波动迹象，这一迹象是通过将各个世纪情况进行对比才得以显现出来。在11世纪，范仲淹提到苏州一带稻田可亩产稻米2—3石；到13世纪时，高斯德、方回二人也谈到太湖地区稻田亩产量为2—3石。此外，在嘉定二年（1209年），湖州知州王炎奏称："本州境内修筑堤岸，变草荡为新田者凡十万亩，亩收三石，则一岁增米三十万石。"①端平年间（1234—1236年），周弼《丰年行》一诗中称：湖州"长田（即上好的稻田）一亩三石收"②。由此可见，在11世纪和13世纪，太湖地区稻田亩产是可以达到3石水平的。但是在12世纪却不然。在乾道元年（1165年），《陈氏舍田告给公据碑记》中记载："宜兴县陈宗道状：情愿将本家管产砧基内善权乡、永丰乡常熟田一二二号，计二百零二亩伍十七步，逐年计收宅分米二佰石伍斗柒升，小麦苗捌石乙斗伍升，系一百丹五合斛子。舍入善权山广教寺禅院。"③这里的"宅分米"指的就是对半的分成租，202多亩的稻田收租米205多石，又因为租粮均是按105合斛子计量，由此算来宜兴县上好农田在常年间的平均亩产量约为2.1石稻米④。在12世纪末，南宋文学家岳珂也称苏州、湖州一带，"熙宁至今亦止百余年……今苏湖间上田每岁收主租一石折糙而计亦止得八斗如江乡田上色（田）可收谷四石……而四石之田固不多见也"，由于"二石舂而为米亦止一石"⑤，就连土地最为肥美的苏州、湖州两地的上好稻田亩产量也只及2石稻米，而且这样的水平还并不多见，说明12世纪太湖地区的稻田亩产水平相比11、13世纪已有所下降。

---

① ［清］徐帆辑：《宋会要辑稿》，中华书局1957年版，第4894上页。

② ［宋］周弼：《端平诗隽》，卷1，《丰年行》。

③ ［明］释方策：《善权寺古今文录》，卷3，《陈氏舍田告给公据》，载《古籍珍本丛刊》，书目文献出版社影印清抄本，第118册，第712—713页。

④ 这202多亩农田有近半数施行的是稻麦两熟复种。参见方健：《南宋农业史》，人民出版社2010年版，第325页。

⑤ ［宋］岳珂：《愧郯录》，卷15，《祖宗朝田米值》，中华书局1985年版，第136页。

## 二、明清时期稻作亩产量在波动中下滑

从总体上看,多数学者也认同明代的亩产量大体上仍好于前代。就全国平均亩产量来看,吴慧认为明代中后期全国南北平均每市亩产原粮346市斤,比北宋时期的325.8市斤增长20.2市斤①;唐启宇也认为明代较宋代亩产提高50%②。珀金斯估算明代江苏亩产量为450市斤,比他估算的元代亩产量增长103市斤③。就太湖地区而言,闵宗殿根据各种历史文献统计,太湖地区在明代常年的亩产量是在1.5—3石之间,平均为2.2—2.3石;由于明代一亩相当于今制0.911市亩,明代一石约相当于今制1.0737市石;以此推算,明代亩产稻米一石,约相当于今亩产稻谷289市斤,亩产平均值2.3石约相当于今667市斤,比宋代增长了217市斤,即提高了48%④。所以,在明代大部分时间里,太湖地区依然占据着全国粮食生产的重要地位⑤,如邱浚在《大学衍义补》中谈道:"韩愈谓赋出天下,而江南居十,以今观之,浙东西又居江南十九,而苏、松、常、嘉、湖又居两浙十九也。……今国家都燕,岁增江南米四百余万石以实京师,而此五府者,几居江西湖广、南直隶之半。"⑥

照此发展态势,至清代,在人均粮食占有量不变的条件下,随着劳动力数量、技术等因素继续发展,太湖地区的稻作亩产量应当也会相应提高。但学者们的分析却与之恰恰相反。如闵宗殿通过对相关文献统计分析后指出,清代太湖地区亩产量大约为2石稻米,由于清代1亩约相当于现今0.921市亩,1石约相当于现今1.0355市石;这样清代亩产稻米1石,约相

① 吴慧:《历史上粮食商品率商品量测估》,《中国经济史研究》1998年第4期。

② 唐启宇:《中国农史稿》,农业出版社1985年版,第799—800页。

③ [美]德怀特·希尔德·珀金斯著,宋海文等译,伍丹戈校:《中国农业的发展(1368—1968)》,上海译文出版社1984年版,第23页。

④ 闵宗殿:《宋明清时期太湖地区水稻亩产量的探讨》,《中国农史》1984年第3期。

⑤ 明末产量地位下降,粮食生产地位开始动摇。

⑥ [明]丘濬著,蓝田玉、王家忠、许山河等点校:《大学衍义补》,卷24,《经致之义·下》,中州古籍出版社1995年版,第368页。

当于现今亩产稻谷 275 市斤,亩产稻米 2 石即相当于今 555 斤稻谷;这样反倒比明代的亩产 667 斤减少了 127 斤,下降幅度达 19%①。

为何明清时期会出现亩产量下降的状况?考之原因,这很有可能是与各阶段亩产量存在的波动情况有关。

早在 15 世纪②,太湖地区的稻田亩产量似乎就已经很不理想了。顾炎武《日知录》援引洪熙元年(1425 年)周干的话说:"如吴江昆山等田,亩旧税五升,小民佃租富室田,亩出私租一石。"这里应该是按分成租的形式,而地租一般涉及的就是稻谷,这意味着在 15 世纪前期水稻亩产只有 2 石稻谷,虽然这属于稻麦两熟复种中的水稻产量③,但是这和清代雍正、道光年间苏州地区稻麦复种的水稻亩产量是无法相比的,甚至连南宋乾道年间宜兴地区的水平都达不到④。

在 16 世纪,松江西乡在正德年间(1506—1521 年)"每亩岁收米或三石余者有之";只是在农田品质较差的中乡,其丰年"每亩岁收或一石五斗不足者有之"⑤。何良俊(1506—1573 年)亦提到,嘉靖年间(1522—1566 年)"(松江)西乡田低水平,易于车戽,夫妻二人可种二十五亩,稍勤者可至三十亩,且土肥获多。每亩收三石者不论,只说收二石五斗,每岁可得七、八十石矣",东乡"若年岁丰熟,每亩收一石五斗"⑥。上海县在正德六年(1511 年)农田上等的"西乡"也是"亩岁收米或三石余者有之","中乡""每亩收或一石五斗不足者有之"⑦。照此看来,当时松江府大致亩产量在 1.5—3 石稻米。由于明清两代计量标准差距不大⑧,就意味着这样的亩

① 闵宗殿:《宋明清时期太湖地区水稻亩产量的探讨》,《中国农史》1984 年第 3 期。

② 由于 15 世纪之前的太湖地区稻作亩产量没有清晰记载,所以本章节不做讨论。

③ 吴慧:《中国历代粮食亩产研究》,农业出版社 1985 年版,第 169 页。

④ 经换算,乾道年间宜兴地区稻麦两熟中的水稻亩产量为 378 市斤稻谷;而洪熙元年的亩产量只有 289 市斤稻谷。

⑤ 吴馨等纂:民国《上海县续志》,卷 30,成文出版社 1970 年版。

⑥ [明]何良俊撰:《四友斋丛说》卷 14,《史十》,中华书局 1959 年版,第 125 页。

⑦ 吴馨等纂:民国《上海县续志》,卷 30,成文出版社 1970 年版。

⑧ 按吴慧推算,明代与清中期的一亩(240 步)均为今制 0.9216 市亩;而明代 1 石合今制 1.0225 市石;清前中期 1 石合今制 1.0355 市石。参见吴慧:《中国历代粮食亩产研究》,农业出版社 1985 年版,第 169 页。

产水平超过了 17 世纪以及 19 世纪的亩产水平，仅比 18 世纪的水平略低。

到 17 世纪稻作亩产量又一次出现下降。如在明末，顾炎武提到松州府“岁仅秋禾一熟，一亩之收不能至三石，少者不过一石有余”①。另外据李伯重推算，在 1620 年，江南(这里主要是指太湖地区)人口约为 2000 万，稻田面积约为 4240 万亩；按每年食用稻米 6000 万石，酿酒用米 280 万石，用作种子的有 150 万石，加上各种税租 1000 万石，合计一共产米约为 7400 万石；以此算得明代末年江南水稻亩产量约为 1.7 石稻米②。这些均比 16 世纪的亩产 1.5—3 石减少很多。到康熙十七年(1678 年)松江府上海县一带“上好不过收米二石，次者一石五斗，甚者止收石许”③。单靠对比上海县上田亩产的最高上限就可看出，此时较 16 世纪的亩产水平有更为明显的下降。在湖州，《沈氏农书》提到在明朝末年，这里的稻田每亩还可产稻米 3 石 2 升 5 合④；到顺治、康熙年间，已变成了“以一夫十亩之家论之，一夫经岁勤功可耕十亩，一亩米二石，亦称有年”⑤。嘉兴府海盐县在 17 世纪初“亩可得米二石五斗”，并且是“常年则不足此数”⑥；到清初“下路湖田⑦，有亩收四、五石者”；但这只是少数“田宽而土滋”地区情况；桐乡一带“况田极熟，米每亩三石、春花一石有半，然间有之，大约共三石为常耳”⑧。极熟的情况并非常有，而常年稻麦两熟一共亩产为三石，算来水稻亩产也只有 2 石。在崇祯十三年(1640 年)桐乡一带遭遇大水，虽“之后买秧补种”，但“上农所收一石六斗，中户数斗”；崇祯十四年(1641 年)桐乡一带先后遭遇干旱和低温天气影响，“晚稻力勤而早种者，间收一石五、六斗，次亦不过石

① [清]顾炎武著，黄汝成集释：《日知录集释》，卷 10，《苏松二府田赋之重》，岳麓书社 1994 年版，第 369 页。

② 李伯重：《江南农业的发展(1620—1850)》，上海古籍出版社 2007 年版，第 138 页。

③ [清]叶梦珠撰，来新夏点校：《阅世编》，卷 1，《灾祥》，中华书局 2007 年版。

④ 陈恒力：《补农书研究》，中华书局 1958 年版，第 27 页。

⑤ [清]郑元庆笺释：《石柱记笺释》，卷 1，《真隐斋稿》，中华书局 1985 年版，第 5 页。

⑥ [明]樊维城修，胡震亨等纂：天启《海盐图经》，卷 4，《方域篇》。

⑦ 指在嘉善、平湖一带的中小湖泊附近的农田。

⑧ [清]张履祥辑补，陈恒力校释：《补农书校释》(增订本)，农业出版社 1983 年版，第 101 页。

许,雨后迟种者,仅数斗而已。”①也是在清初的顺治、康熙两朝之交,杭州府海宁州的中等农田“遇极丰之年,亩获率不过二石”稻米;而在实行一年两熟轮作的农田中,也是“中田一亩,岁出米、麦、豆三石以上,腴田出四五石以上”②,说明这里的稻麦两熟生产中稻米亩产也在2—3石左右。在康熙三十年(1691年),康熙皇帝提道:“朕巡视南方,见彼处稻田,稔时一亩可收谷三四石”③,折合稻米为每亩1.5—2石。而时任河道总督(1677—1688年)的靳辅也称:“臣访之苏松嘉湖之民,知壮夫一丁止可种稻田十二三亩。其岁收粒米。肥地不过三十余石。瘠地亦可得二十石”④,照此算来,17世纪后期太湖地区的稻田亩产量基本定格在1.5—2.5石。

由此看出,在15—17世纪,太湖地区的稻作亩产量已经出现了较大幅度的波动,但受制于文献记载有限,所反映的情况还不够清晰。与之相反的是,由于相关文献记载的逐渐丰富,在此后的18—19世纪中,本区稻作亩产量存在的波动情况变得更为突出,这主要表现为19世纪相比18世纪出现显著的亩产量下降状况。

## 第二节　稻作亩产量显著下降

### 一、各地稻作亩产量显著下降情况

由珀金斯所列举的江苏省自宋代以来的稻米亩产量的评估中显示,19

---

① [清]张履祥辑补,陈恒力校释:《补农书校释》(增订本),农业出版社1983年版,第169页。

② [清]陈确:《陈确集》,卷11,《古农说》,卷15,《投当时揭》,中华书局1979年版,第269、366页。

③ 《清圣祖实录》,卷153,中华书局1985年版,第25页。

④ [清]靳辅:《生财裕饷第一疏》,载《皇朝经史文编》,卷26,《户政一·理财上》,第518页。

世纪稻谷单位面积产量为 501 斤/亩,已比 18 世纪的 550 斤/亩减少 49 斤①。如果认为这一数字可能受到长江以北地区产量影响,无法充分证明太湖地区也有类似情况的话,那么以苏州、常州、湖州、松江四府在 18—19 世纪的亩产量变化情况为切入点,相信能够说明问题。

苏州府在康熙末年(约 18 世纪 10—20 年代初)时,这里的单季稻亩产量为 3—4 石②。雍正年间(1722—1735 年),时人提到当地"春收豆麦,秋收禾稻,中年之入,概得三石"③。即稻麦或稻豆一年两熟总计亩产量大致 3 石,如果除去春花作物,苏州在中等年份复种中生产的稻米亩产量也当在 2 石。据乾隆二十八年(1763 年)修成的《儒林六都(今苏州吴江七都镇)志》记载,当地"土高而肥"的上等田地,"若遇丰年每亩可收三石余"的稻米,"年之次者,亩可收二石五六斗,年之下者,亦可收二石一二斗。"④而根据苏州沈氏《慎余堂租田簿》所记录的从乾隆十一年到二十年间(1746—1755 年)的田租内容推算,期间的亩产稻谷基本保持在 4 石以上(见表 5-1),平均值已达 4.12 石⑤。吴江和震泽两县在乾隆十一、十二年(1746—1747 年)的稻田亩产稻谷也在 1—3.6 石之间⑥。

**表 5-1　1746—1755 年苏州稻田亩产量⑦**

| 年份 | 1746 | 1747 | 1748 | 1749 | 1750 | 1751 | 1752 | 1753 | 1754 | 1755 |
|---|---|---|---|---|---|---|---|---|---|---|
| 亩产量/石 | 4.24 | 4 | 4.2 | 4.34 | 4.26 | 3.7 | 4 | 4.4 | 4.06 | 4.04 |

① [美]德怀特·希尔德·珀金斯著,宋海文等译,伍丹戈校:《中国农业的发展(1368—1968)》,上海译文出版社 1984 年版,第 23 页。

② 故宫博物院明清档案部:《李煦奏折》,中华书局 1976 年版,第 233 页。

③ 陈斌:《量行沟洫之利》,载《清经世文编》,卷 38,《户政十三·农政下》,中华书局 1992 年版,第 930 上页。

④ [清]孙阳顾等纂修:乾隆《儒林六都志》,《土田》,江苏古籍出版社 1992 年版。

⑤ 刘永成:《从租册、刑档看清代江苏地区的粮食亩产量》,《中国史研究》1994 年第 4 期。

⑥ [美]德怀特·希尔德·珀金斯著,宋海文等译,伍丹戈校:《中国农业的发展(1368—1968)》,上海译文出版社 1984 年版,第 426—427 页。

⑦ 根据《慎余堂租田簿》推算获得。资料来源:刘永成:《从租册、刑档看清代江苏地区的粮食亩产量》,《中国史研究》1994 年第 4 期。

照此发展速度，到19世纪亩产量本应该有新的提高，但19世纪的情况却并非如此。在嘉庆十年（1805年）新阳县（今昆山一带）稻田亩产甚至才1.1石稻谷①；在道光年间（1821—1851年），包世臣在他的《齐民四术》（出版于1844年）中提道："苏民精于农事，亩常收米三石，麦一石二斗，以中岁计之，亩米二石，麦七斗。"②可以看出，这是稻麦两熟复种中水稻的亩产量，在中等年份仍与雍正年间相仿。至少说明在19世纪前叶，稻麦两熟的稻米亩产量已出现了停滞不前的状况。而在此后，水稻亩产量更出现了下降状况。到19世纪后期的同治年间（1862—1874年），苏州府每亩可产稻谷不过2石左右，较贫瘠地区的产量只有1石2斗到1石3斗③；元和（今吴县）人陶煦也提到当时（1864—1884年）苏州单季稻亩产量不过2.4石④；他还着重提到当地稻田亩产量最多"不过收三石，少者止一石有余"⑤。而根据苏州秦氏《宝善堂收租册》所记录的光绪五年至九年（1879—1883年），秦氏《最详田租册》所记录的光绪八年至十二年（1882—1886年），秦氏《秦保善栈礼记田房总册》所记光绪二十五年（1899年），以及秦氏《宝记租册》所记宣统元年至民国二年（1909—1913年）所推算出的平均情况来看，苏州地区稻田亩产稻谷明显比18世纪下降，基本上再未达到4石水平，长期在3石左右徘徊⑥（见表5-2）。在民国十年（1921年）出版的《常熟乡土教科书》中介绍当地稻田亩产量也在2—3市石稻谷⑦，合清制的1.93—2.89石。

---

① 《嘉庆刑科题本》，引自刘永成：《从租册、刑档看清代江苏地区的粮食亩产量》，《中国史研究》1994年第4期。

② ［清］包世臣著：《齐民四术》，卷2，《农二·庚辰集著二》，载《安吴四种》，卷26，文海出版社1968年版。

③ ［清］王炳燮：《毋自欺室文集》，卷6，文海出版社1985年版。

④ 这里指稻谷亩产量。参见［清］陶煦撰：《租核》，载《中国文化精华全集16政治·经济卷》，中国国际广播出版社1992年版，第446—467页。

⑤ 这里指稻谷亩产量。参见［清］陶煦撰：《租核》，载《中国文化精华全集16政治·经济卷》，中国国际广播出版社1992年版，第448页。

⑥ 刘永成：《从租册、刑档看清代江苏地区的粮食亩产量》，《中国史研究》1994年第4期。

⑦ 《常熟乡土教科书·农业二》，引自王达、吴崇仪、李成斌：《中国农学遗产选集：甲类第一种·稻（下编）》，农业出版社1993年版，第35页。

**表 5-2 19 世纪末至 20 世纪初苏州平均亩产稻谷数量①**

| 时间 | 平均亩产量/石 | 资料来源 |
| --- | --- | --- |
| 1879—1883 年 | 3.32 | 《宝善堂收租册》 |
| 1882—1886 年 | 3.49 | 《最详田租册》 |
| 1899 年 | 3.44 | 《秦保善栈礼记田房总册》 |
| 1909—1912 年 | 3.51 | 《宝记租册》 |

在常州府,根据田租调查,康熙六十年(1721 年)武进县的亩产量为 5.2 石;乾隆十年(1745 年)宜兴县亩产量也达 4.38 石;江阴县在乾隆十八年(1753 年)亩产量为 3.6 石;金匮县(今无锡一带)在乾隆四十九年(1784 年)亩产量还在 4 石②。但是到嘉庆初年,常州府产量较高的无锡县其单季稻亩产量“丰收年岁不过收米一二石不等”③;嘉庆六年(1801 年)金匮县亩产量已下降至 1.4 石④。

地处浙江北部的湖州府也有类似情况。在康熙五十五年(1716 年),凌介禧提到湖州府的乌程、归安、德清三地水稻每亩最高可收稻米 2 石⑤。到乾隆年间,水稻产量又有所提高。如据乾隆十四年(1749 年)《长兴县志》记载“有名旱稻者⑥,春初即垦田下子,如种麦。每亩可收米六、七石不等,但一岁只可收稻一次,不能如他稻可再种春花,近日湖边一带及山田有水可蓄者多种之”⑦。这里是指长兴县单季稻亩产稻谷 6—7 石⑧。即便脱谷后

① 资料来源:刘永成:《从租册、刑档看清代江苏地区的粮食亩产量》,《中国史研究》1994 年第 4 期。

② 这些指的都是稻谷。参见《乾隆刑科题本》,引自刘永成:《从租册、刑档看清代江苏地区的粮食亩产量》,《中国史研究》1994 年第 4 期。

③ [清]钱泳撰,张伟点校:《履园丛话》上,卷 7,《种田》,中华书局 1979 年版,第 185 页。

④ 这里指的是稻谷。参见《嘉庆刑科题本》,引自刘永成:《从租册、刑档看清代江苏地区的粮食亩产量》,《中国史研究》1994 年第 4 期。

⑤ [清]凌介禧:《程安德三县田赋考》,卷 2,《程安德三县民困状》。

⑥ 这里指耐旱的水稻,非指真正的旱稻。

⑦ [清]谭肇基等纂修:乾隆十三年《长兴县志》,卷 10,乾隆十四年梦鼎堂刊本。

⑧ 这里如果按亩产稻米 6—7 石的话产量过高,已超过现代水平,看来不太可能,所以 6—7 石应该是指稻谷。参见闵宗殿:《宋明清时期太湖地区水稻亩产量的探讨》,《中国农史》1984 年第 3 期。

也有 3—3. 5 石稻米。另据乾隆十四年(1749 年)《安吉州志》记载,当地南乡农田“岁大稔”时,每亩可收稻谷 6 石①。但是到同治、光绪年间,湖州府的水稻亩产量又下落到 2 石稻米的水平②。

当然,上述三府的数据都是根据各阶段文献拼接而成,可能其中还存在一些与实际不符的问题。但松江府的情况则不然。这主要归功于成书于道光十四年(1834 年)的《浦泖农咨》。因为在该书中明确提到松江府出现亩产量下降的情况。即所谓“昔时田有三百个稻者,获米三十斗,所谓三石田稻是也。自癸未(即道光三年,1823 年)大水后,田脚遂薄。有力膏壅者所收亦仅二石,下者苟且插种,其所收往往获不偿费矣”;“上丰之岁,富农之田,近来每亩不过二石有零,则一石还租,一石去工本,所余无几,实不足以支持一切。况自癸未大水以后,即两石亦稀见哉!”③这两段话合起来的意思就是说在 1823 年以前,松江有些地方平均亩产量还能达到 3 石稻米。但自 1823 年开始一直到该书成书的 19 世纪 30 年代,就算遇上丰年,即便上好肥田的亩产充其量也只有 2 石,但即便是 2 石也不常有,下等田地的亩产往往还不到 2 石。《浦泖农咨》的作者——姜皋,是松江土生土长的文人,地方志称他“于农田水利尤留意焉”④。他在撰写《浦泖农咨》时,曾做过大量调查工作,所谓自“壬癸以来,见乡农之凋敝日甚也,遂吊之而细询其故。彼欺凌驳削,种种情事,如所谓报荒遭笞、纳粮无照者,恐不至若是之甚,余不之信。惟信所言人工贵,地力薄,天时不均,万农则如出一口,故录以告世之有心农事者”。细致的调查加上他又“生平好知农事”,因此该书摆脱了古代农书多只注重广征博引前代文献,而疏于考证实际情况的弊端,所以时人对这本书评价很高。秋圃叟为该书作跋时称:“《浦泖农咨》一册,凡于天时之寒燠,地利之高低,人力之勤惰,若何而丰收,若何而歉薄,以及近年困苦情形,详晰言之,巨细无遗,可补农政诸书之所未及。”白石生为其作序时

---

① ［清］刘蓟植等纂修:乾隆十四年《安吉州志》,卷 8,《物产》,乾隆十五年刊本。

② 中国人民大学中国历史教研室:《中国资本主义萌芽问题讨论集》上册,生活·读书·新知三联书店 1957 年版,第 274 页。

③ ［清］姜皋:《浦泖农咨》,道光十四年刻本,上海图书馆,1963 年,第 33 段。

④ ［清］杨开第修,姚光发等纂:光绪《重修华亭县志》,卷 16,《人物五》,上海书店 1991 年版。

亦称:“今此《浦泖农咨》,尤为切近时事,复以简要出之,弗为过激之言,足动倾听之耳。”由此可见,《浦泖农咨》所提供的19世纪信息是可信的,松江在19世纪20年代前后所发生的亩产量变化事件也应当是可靠的。从之前以及后来的文献中也能找到证据来支持《浦泖农咨》的说法。早在18世纪时,陆燿(1722—1785年)就提过康熙末年松江等地“壮丁一人,止可种稻田十二、三亩,其岁收粒米,肥地不过三十余石”①,以总产33石计,则肥田亩产也接近3石稻米②;另根据租额,奉贤县大致在乾隆三十年(1765年)的亩产也约为2.6石稻米③。这些与《浦泖农咨》所提1823年以前的情况基本相符。在1823年之后很长一段时间,松江亩产量一直维持在2石米以内水平未有增长,一直到光绪年间《松江府续志》称:“丰岁,富田近来每亩不过二石有零”④;光绪《华亭乡土志》中亦称:“谷属以秔米为大宗,本境熟田五十万亩有奇,植稻者四之三,中稔之岁,每亩约得糙米二石”⑤;在松江府一些较差的农田即使在常年“稻止收一石余矣”⑥。而在光绪《南汇县志》卷20《风俗志》中对光绪年间当地稻作亩产介绍更为详细,其中提道:“稻田遇大熟年,可收二石,中年只一石五六斗,歉则一石左右。”⑦另外,李伯重依据文献也推算得出松江一带在1823—1833年的稻米亩产量为1.7石⑧。但需要特别指明一点,即在嘉庆年间,松江府华亭人钦善曾提道:“(松江府)滨水耕田,稻花并植,潭污不捞土宜为逆,多棉百斤,少米二石”;若以“今夫平口计,人食米不及四石耳,松田四百万,松民二百万,即土孽不发,

① [清]陆燿辑:《切问斋文钞》,卷15,《财赋一》。

② 吴慧:《中国历代粮食亩产研究》,农业出版社1985年版,第176—177页。

③ “种金鼎绶二亩田,额租二石六斗”,按分成地租50%算,则每亩产量在2.6石稻米。参见中国第一代历史档案馆、中国社会学院研究所:《清代地租剥削形态》,中华书局1982年版,第779页。

④ [清]博润修,姚光发等纂:光绪《松江府续志》,卷1,《疆域志》,上海书店1991年版。

⑤ 顾莲编:光绪《华亭乡土志·物产》,民国四年刻《素心簃全集》本。

⑥ 《申报》,光绪六年正月初二日,载《中国近代经济史》,人民出版社1989年版,第962页。

⑦ [清]金福曾、顾思贤修,张文虎等纂:光绪《南汇县志》,卷20,《风俗志》,上海书店1991年版。

⑧ 李伯重:《一八二三年至一八三三年间华亭—娄县地区水稻亩产量——一种新研究方法的尝试》,《历史研究》2007年第6期。

多批厚糠,补短截长,犹不至困浮夷而死旱叹"①。按钦善的说法可知,松江府稻田平均亩产量早在嘉庆年间就已基本稳定在了 2 石稻米水平,说明松江一带的亩产量下降情况很有可能早在 18 世纪末至 19 世纪初就已存在,只是当时上等田地在较好年景还能有亩产 3 石稻米的生产能力,而经历癸未大水后,这种生产能力再未能出现罢了。而到 20 世纪 20—40 年代,华亭一带的稻田平均亩产量又提升至 1. 9—2. 5 市石稻米水平,特别在民国十三年(1924 年)丰年条件下的稻米亩产量更是达到了 3 市石,已接近 19 世纪 20 年代以前的最高水平②。

通过上述分析可知,大致从 19 世纪初年开始,太湖地区所属的许多区域发生了亩产量下降状况,而且不单是亩产量的问题,稻作总体收成也出现了恶化的状况。在这一点上,由于清代距离现代较近,保留下的历史文献也多,特别是清代保留了相当系统且完整的奏折档案,其中有关各个年份的农业信息对于了解 19 世纪太湖地区的水稻收成能够起到很好帮助。笔者通过对比 18、19 世纪的奏折中反映的收成情况的内容亦发现了一个问题。

这就是在 18 世纪的大部分时间里,太湖地区的水稻收成处于较好的状态,奏折中诸如收成七分以上、丰稔之类的词汇时常出现。如在康熙四十年(1701 年)李煦上奏称:"今年苏州地方,十分收成,早稻已割,至于晚稻,现在登场";康熙四十九年(1710 年)李煦又上奏说:"苏州、扬州田禾,现在收割,年景俱好,大抵有八九分收成";康熙五十九年(1720 年)李煦又奏称:"苏州乡绅所种御稻,亦皆收获,各有九分、十分不等。"③在乾隆元年(1736 年)十月初三,浙江提督李灿上奏称:"臣于八月十五日陛辞出京,……至江南之淮、扬、镇、常、苏各府,目击晚禾业已结实,将次刈获。访闻收成有八九分不等。……浙境杭、嘉、湖、绍、宁等府一带晚禾俱皆结实,颗粒饱绽,

---

① ［清］钦善:《松问》,载《魏源全集》第 14 册《皇朝经世文编》,卷 28,岳麓书社 2004 年版,第 612、614 页。

② 按清代 1 石约相当于现今 1. 0355 市石计算,1. 9—2. 5 市石和 3 市石折合为清石分别为 1. 83—2. 41 石和 2. 9 石。参见上海市松江县地方史志编纂委员会:《松江县志》,上海人民出版社 1991 年版,第 324 页;戴鞍钢、黄苇:《中国地方志经济资料汇编》,汉语大词典出版社 1999 年版,第 819 页。

③ 故宫博物院明清档案部:《李煦奏折》,中华书局 1976 年版,第 275 页。

现在刈获。询之乡农皆云今岁禾穗甚好,收成八分、九分、十分不等";在乾隆二十三年(1758 年)九月十九日,江苏布政使常亮奏称:"江省自八九月来雨旸时若,河海安澜。早稻已尽登场,晚禾亦皆刈获,大江南北处处丰收",同年九月二十四日江苏巡抚陈弘谋奏称:"经扬州、镇江、常州、苏州一带,所见两岸田稻俱结穗饱湛,大半黄熟,次第刈获,趁晴晒晾,甚为相宜";乾隆五十三年(1788 年)九月初八浙江巡抚奏称:"浙江省城本年夏秋以来,早禾收九分,中晚二稻长发畅茂,业经具折奏报在案。……杭州省城地方所种早禾已经刈获竣事,中禾亦皆成熟,渐次登场,晚禾俱已秀齐结实,中晚二禾丰收已定";乾隆六十年(1795 年)九月初一的奏报称:"大江以南……当节交寒露,早稻渐次刈获,晚稻结穗繁盛,颗粒饱满,秋成又属丰盈。"①

而从 18 世纪末到 19 世纪的头二十年时间里,奏折中有关水稻收成偏差的记载开始逐渐增多,已经是喜忧参半了。例如在乾隆五十九年(1794 年),浙江巡抚吉庆奏称:"杭州府属之仁和县八月初旬阴雨连绵,晚禾受伤,计田二万三百九十余亩";嘉庆十二年(1807 年)江苏巡抚奏称:"江宁、苏州、松江、常州、镇江、淮安、扬州、徐州、太仓、海州、通州、海门等十二府州厅惟骤寒骤热,……收成不无少减。"而在嘉庆十四年(1809 年)九月十八日浙江巡抚奏称:"浙西三府田畴近水,早稻少而晚稻多。……今秋雨润日暄,田功顺适,晚稻可期一律稔收",同年九月二十五日江苏巡抚汪日章奏曰:"江苏省入夏以来,苏州等属雨水调匀,秋禾丰获";嘉庆十七年(1812 年)九月二十八日江苏巡抚朱理奏称:"本年江苏省秋成,雨水调匀之处均属丰稔",同年十月十九日浙江巡抚高杞奏称:"浙江省本年各属所种晚禾,现俱一律成熟,农民乘时刈获,陆续登场。"②

从 19 世纪 20 年代开始,奏折中有关太湖地区水稻收成的内容几乎全是偏差,再无好的情况出现。如在道光三年(1823 年)九月二十八日江苏巡

① 中国科学院地理科学与资源研究所、中国第一历史档案馆:《清代奏折汇编—农业、环境》,商务印书馆 2005 年版,第 8、170、309—310、327 页。

② 中国科学院地理科学与资源研究所、中国第一历史档案馆:《清代奏折汇编—农业、环境》,商务印书馆 2005 年版,第 324、357、362、373—374 页。

抚奏称:“苏、松等属自夏徂秋霖雨连绵,低洼各处禾苗被淹,收成均属歉薄,未能一律普收”;道光二十七年(1847 年)九月十四日浙江巡抚奏称:“嘉兴府属之嘉兴、秀水、海盐、平湖、桐乡,湖州府属之乌程、归安、德清、武康等县,低洼田禾均被淹浸,秋收难免歉薄”;道光二十九年(1849 年)十月初五日奏称:“苏、松、太三府州,……其高阜田地可望有秋者不及十之一二”,稍后又有地方大员上奏言:“恭报秋禾约收分数。……本年江苏省被水较广,收成歉薄。……(收成)分有余者江宁、常州、镇江三府,三分有余者松江、太仓二州府,一分有余者苏州一府,通省合计约收四分有余。”①这里所列举的还仅是被称为“勘不成灾”的情况,另有相当数量因灾绝收的情况对收成的影响就更不必说了。

总之,与 18 世纪相比,19 世纪太湖地区的水稻收成有明显的下降趋势。龚高法、葛全胜等人在此前根据历史文献编绘了江淮流域的秋收收成②序列图(见图 5-1)。图中表明,在 18 世纪一直处于较高收成水平,大致在 1810 年附近出现恶化迹象,此后便在波动过程中逐渐下降③。这与本章所分析的太湖地区情况在时间上基本一致。

由于水稻的亩产量、收成下降,太湖地区普遍出现了本地供粮不足状况,需要外地运粮以支应。例如在 19 世纪 40 年代,包世臣就称:“苏州无论丰歉,江、广、安徽之客米来售者,岁不下数百万石。”④光绪年间情况依然严重。嘉兴府“田收仅足支民间八个月之食,其余月类易米以供”⑤;无锡、金匮两县“乡民食于田者,惟冬三月,……以布易米而食,家无余粒也”⑥;连崇

---

① 中国科学院地理科学与资源研究所、中国第一历史档案馆:《清代奏折汇编—农业、环境》,商务印书馆 2005 年版,第 414、470、475 页。

② 此江淮流域为一个广义的概念,包括太湖地区在内;而江淮流域的秋收主要是指水稻。

③ 这里收成类型的数值越高,表明收成越好。参见张丕远:《中国历史气候变化》,山东科技出版社 1996 年版,第 420 页。

④ 包世臣:《齐民四术》,卷 2,《农二 · 庚辰杂著二》,中华书局 2001 年版,第 58 页。

⑤ 李文治:《中国近代农业史资料》第一辑,生活 · 读书 · 新知三联书店 1957 年版,第 85 页。

⑥ 彭泽益:《中国近代手工业史资料》第一卷,中华书局 1962 年版,第 231 页。

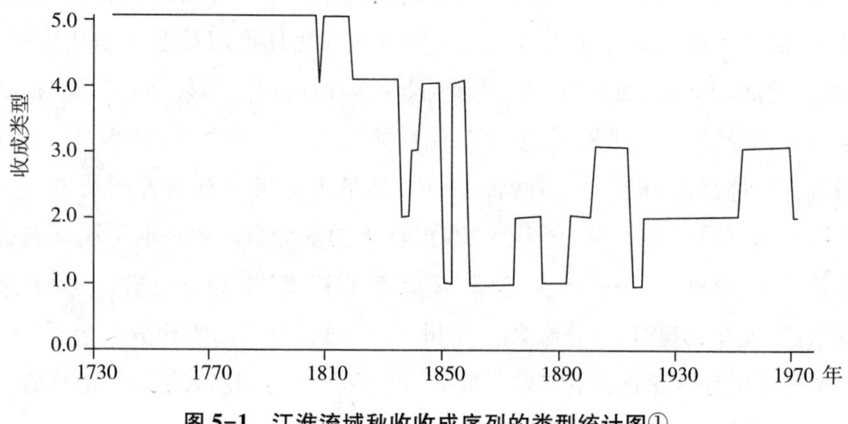


**图 5-1 江淮流域秋收收成序列的类型统计图①**

明县也是“本地粮食不足”,而赖赴“上江采买运济”②。

## 二、导致亩产量显著下降的可能性因素分析

是什么因素导致产量显著下降呢？部分学者认为,亩产量下降与肥源不足有关。天野元之助对松江县华阳桥乡的调查发现,第一年稻作如果为亩产 2 石,此后不投入肥料则第二年减产 7—8 斗,第三年比第二年减产 5 斗③。明清以来,豆饼成为最有效的农肥,所谓“独豆饼之为物力最猛”④,特别在清代的江南地区,已经将其作为缓解本地肥料缺乏的主要手段。尽管还有学者称清代是在关外推广大豆种植,由于运费问题,内地省份农民无法支付由陆路运来肥料的高昂代价,所以用于农业生产的饼肥有限。但是太湖地区濒临大海,当时从营口经海路运来的肥饼成本小得多⑤。另据李伯重分析,在 19 世纪初,单从东北海运到上海的大豆,每年已达数百万石甚

① 资料来源:张丕远:《中国历史气候变化》,山东科技出版社 1996 年版,第 421 页。

② 李文治:《中国近代农业史资料》第一辑,生活 · 读书 · 新知三联书店 1957 年版,第 472 页。

③ [日]田野元之助等:《江苏省松江县农村实态调查报告书》,满铁上海事务所,1940 年,第 100—102 页。

④ [清]陶煦:《租核 · 重租申言 · 推原》。

⑤ 赵冈、刘永成、吴慧:《清代粮食亩产量研究》,中国农业出版社 1995 年版,第 151 页。

至接近1000万石，再加上从华北经运河输往江南的大豆及豆饼数百万石，总数量高达1000万石以上。而在19世纪二三十年代，从北方输入江南的大豆已大幅增至约2000万石，这些可制成2600万担豆饼。虽然豆饼多数用作猪饲料，不过之后也可转化为粪肥，而且一些是被直接用作饼肥。所以大豆和豆饼输入对于江南地区肥料供需平衡起到了非常重要的影响。据研究表明，3公斤的豆饼即相当于1公斤硫酸铵的肥量，而每公斤硫酸铵可使粮食增产6公斤。由此看来，2000万石大豆假设全部用作饼肥的话，将会使水稻增产4000万石，相当于每亩增产1石。而且，华北的大豆和豆饼顺大运河南下输入江南地区的数量也达百万石。可是东北、华北输入江南的豆饼也只占江南肥料使用总量的四分之一。[①] 也就是说，如果再加上当地所生产的饼肥，本区饼肥的实际占有量应当是很大的。况且在明清时期，松江等地区施肥流程较为精细，要施用三次肥，称为"三通"；一通为"红花草"，就是将绿肥翻压作为基肥；二通为自家厩肥或从别处购买的人畜粪便肥，一般做追肥使用；三通就是豆饼[②]。这样一来，土壤肥力就会相对稳定。另外据《沈氏农书》记载，湖州地区百姓还通过罱河泥、"窖垃圾"、"窖磨路"、"窖蚕沙梗"、"窖蚕豆拇"等方式来制作和积攒肥料[③]。而且经过鉴定，多数肥料都具有较强肥力，基本能够满足稻作生产需要（见表5-3、5-4）。总之，正如王建革所言："肥料的短缺，在许多时候并不是像北方那样无法解决，由于江南的资源丰富，通过精心收集，可以解决有机肥的短缺问题。"[④]所以太湖地区的肥料供应尽管会对稻作产量造成一定影响[⑤]，但

① 李伯重：《江南农业的发展（1620—1850）》，上海古籍出版社2007年版，第125、565页。

② ［清］姜皋：《浦泖农咨》，道光十四年刻本，上海图书馆，1963年。

③ "窖垃圾"是把垃圾下窖，加上牲畜粪便，使它腐熟快，肥效高；"磨路"是以碎草和土作为垫圈材料，经牛踩踏后与粪尿充分混合而成的一种厩肥，"窖磨路"就是窖藏堆积使之充分腐熟；"窖蚕沙梗"就是把蚕沙废叶等入窖腐烂；"窖蚕豆拇"就是把蚕豆角壳（拇）及茎叶入窖加工制作肥料。参见［清］张履祥辑补，陈恒力校释：《补农书校释》（增订本），农业出版社1983年版，第11—24页。

④ 王建革：《水乡生态与江南社会（9—20世纪）》，北京大学出版社2013年版，第552页。

⑤ 在明清时期，太湖地区棉业、桑蚕业的发展会对肥料需求量大增，这样就会出现粮食生产肥料供给的缺乏。

不会造成决定性影响。

**表 5-3　单季稻各部位三大营养元素含量①**　　(单位:g/kg)

| 部位 | 氮 | 磷 | 钾 |
|---|---|---|---|
| 籽 | 12.3 | 2.19 | 3.55 |
| 秸秆 | 7.42 | 0.903 | 15.1 |
| 茬 | 7.13 | 1.99 | 5.57 |
| 根 | 9.88 | 0.992 | 1.28 |

**表 5-4　各肥料主要养分含量②**　　(单位:%)

| 肥料种类 | 水 | 有机质 | N | $P_2O_5$ | $K_2O$ |
|---|---|---|---|---|---|
| 猪粪便厩肥 | 72.4 | 25.0 | 0.45 | 0.19 | 0.60 |
| 牛粪便厩肥 | 77.5 | 20.3 | 0.34 | 0.16 | 0.40 |
| 羊粪便厩肥 | 64.6 | 31.8 | 0.83 | 0.23 | 0.67 |
| 鸭粪 | 56.6 | 26.2 | 1.10 | 1.40 | 0.85 |
| 紫云英 | 88.0 | | 0.33 | 0.08 | 0.23 |
| 河泥 | | 5.28 | 0.29 | 1.36 | 2.82 |
| 塘泥 | | 2.45 | 0.20 | 0.16 | 1.00 |
| 沟泥 | | 9.37 | 0.44 | 0.49 | 0.56 |
| 湖泥 | | 4.46 | 0.40 | 0.56 | 1.83 |
| 大豆饼 | | | 7.00 | 1.32 | 2.13 |

那是否是因为当时稻麦两熟、双季稻等复种影响而造成的结果?答案也是否定的。这是因为:首先,稻麦两熟、双季稻等复种模式尽管在太湖地区有一定规模种植,但规模终归有限并非完全普及。据统计,清代南方单季稻田所占比重仍高达69%③。李伯重也指出,以稻麦两熟为代表的一年两

① 资料来源:洪璞:《明代以来太湖南岸乡村的经济与社会变迁——以吴江县为中心》,中华书局2005年版,第40—41页。

② 资料来源:洪璞:《明代以来太湖南岸乡村的经济与社会变迁——以吴江县为中心》,中华书局2005年版,第41页。

③ 赵冈、刘永成、吴慧:《清代粮食亩产量研究》,中国农业出版社1995年版,第55页。

作制在江南地区的普及过程是到19世纪中叶才告完成[①]。王加华则认为，直到民国时期，一年两熟制在江南地区也未能取得主导地位[②]。王建革也认为明清时期江南种植稻麦两熟的地区并不多，大多数地区只种一季水稻[③]。更何况因气候转冷，太湖地区的稻麦两熟以及双季稻生产在19世纪受到严重影响，双季稻种植几乎消失，而稻麦两熟也几近被时人所摒弃。所以至少可以说，19世纪太湖地区的复种规模是非常有限的。此外，从复种对水稻亩产量的贡献上看，如果将种植单季稻的亩产量假设为1，则双季稻的亩产量为1.2，稻麦两熟为1.33[④]。稻麦两熟亩产量虽高，但它是加上冬小麦后的情况，如果单论其水稻亩产量，又因为受季节矛盾影响，其水稻亩产量是不可能超过单季稻的。双季稻的亩产量尽管是加上前后两季水稻，但是受各种因素影响，双季稻亩产量有时还不及单季稻[⑤]，19世纪时亩产量可能会更低[⑥]，因此，林则徐在为《江南催耕课稻编》作序时称："地力不可尽，两熟之利，未必胜一熟。"所以，19世纪的亩产量下降问题，与复种也没有太大关系。

插秧密度也可能是影响稻田亩产量的一个因素。从史料记载来看，自明代后期以来，太湖地区的水稻生产方式就已定型，表现为主要生产环节上工作的规范化，其中的水稻插秧密度的规范化又是一个主要方面[⑦]。例如

---

① 李伯重：《江南农业的发展（1620—1850）》，上海古籍出版社2007年版，第31—33页。

② 王加华：《一年两作制江南地区普及问题再探讨——兼评李伯重先生之明清江南农业经济史研究》，《中国社会经济史研究》2009年第4期。

③ 王建革：《水乡生态与江南社会（9—20世纪）》，北京大学出版社2013年版，第610页。

④ 赵冈、刘永成、吴慧：《清代粮食亩产量研究》，中国农业出版社1995年版，第56页。

⑤ 如在康熙末年在苏州试种双季稻少数年份，苏州双季稻一般亩产为810斤，而在膏腴之田或丰年单季稻亩产也达到820斤。参见闵宗殿：《康熙和御稻》，《农史研究》1984年第4辑；闵宗殿：《宋明清时期太湖地区水稻亩产量的探讨》，《中国农史》1984年第3期。

⑥ 奚诚评价林则徐等推广双季稻为"虽有一二成效，尚谓偶然得之"，其中的意思也指当时双季稻亩产收获很少。参见陈祖椝：《中国农学遗产选集：甲类第一种·稻（上编）》，中华书局1958年版，第470页。

⑦ 李伯重：《一八二三年至一八三三年间华亭—娄县地区水稻亩产量——一种新研究方法的尝试》，《历史研究》2007年第6期。

在 17 世纪,著名理学家陆世仪称:江南地区“莳秧之法,每人莳一行,每行莳六稞,每稞相去八寸,此定法也”,“则一步之地,当得稞六十余。刈获之日,每人刈稻一行为六稞,又一行为十二稞,为一铺。”①又由于明清江南地区的稻田是“以二百四十步为一亩”,按此推之,每亩的水稻插秧密度是在 14400 株②,这也成为太湖地区普遍采用的插秧密度。尽管这个标准比当时湖州和海盐的插秧密度要低③,但延续至 19 世纪前期,姜皋在《浦泖农咨》中介绍松江府稻田插秧密度时,仍旧提到“俗以三百个稻为一亩,指田宽大者”,“其算个之法以六科为一把,两把为一铺,四铺为一个,合四十八科为一个。盖三百起亩者,每亩得种稻一万四千四百科也”,④说明每亩 14400 株的水稻插秧密度标准经历了两百多年时间未发生重大改变。至于为何要选用这个标准,姜皋解释为“以六科为一土大。其法,农人两足踏泥,退行而种,两足之中,插秧两科;两足左右各插两科;以秧科不落路而匀且直者为上,纵为土大,横为肋,肋不宜阔,阔则少种;又不宜窄,窄则挡板不能转侧,且秧长不通风,易致虫伤奥死之患”⑤,说明这一标准是从最有利于水稻生长和田间管理方面考虑的。但不论怎样,插秧密度标准在清代未有明显变化是史实,证明插秧密度对稻作亩产量的影响力度也不大。

还有学者认为“桑稻争田”、“棉稻争田”是太湖地区由“苏常熟,天下足”变为缺粮地区的原因之一。当时农家为提高经济收入可能会将良田让给桑、棉,而用较次的田地种植粮食作物,所以粮食产量难免降低⑥。但问题在于其实早在清代前中期,太湖地区就已出现了“桑争稻田”现象⑦。这

① [清]陆世仪:《陆桴亭思辨录辑要》,卷 11,商务印书馆 1936 年版,第 111—112 页。

② 60 株/步×240 步/亩 = 14400 株/亩。

③ 据天启二年《海盐县图经》记载:“凡田一亩,……颗六为肋,肋八为个,每亩获稻为个者三百六十”,这样每亩插秧 17280 株;《沈氏农书》载:湖州地区“其插种之法:行欲稀,须间七寸;段欲密,容荡足矣”,推之每亩插秧约为 20833—26040 株;民国《南浔志》卷 30 记载在清代初年,湖州南浔“下秧必界以绳……每一界为一埭,埭约广三尺,种秧六窠,层层相次,每层前后空八寸,谓之段”,推之每亩插秧密度为 16585 株。

④ [清]姜皋:《浦泖农咨》,道光十四年刻本,上海图书馆,1963 年,第 2 段。

⑤ [清]姜皋:《浦泖农咨》,道光十四年刻本,上海图书馆,1963 年,第 13 段。

⑥ 赵冈、刘永成、吴慧:《清代粮食亩产量研究》,中国农业出版社 1995 年版,第 151 页。

⑦ 李伯重:《江南农业的发展(1620—1850)》,上海古籍出版社 2007 年版,第 107 页。

在清代的奏折中已多有体现。如在乾隆六年（1741 年）四月初八，浙江巡抚在奏折中称："浙西三郡全赖蚕桑"①；同年十月初三，江南苏松镇总兵的奏文中提道："崇明地处海滨，沙浮土薄，少种禾稻，多植木棉。"②特别是对于棉花生产发展较早的松江府来说，其棉田大致经元、明两朝就已发展到了极限③。所以在乾隆四十年（1775 年）高晋巡视长江三角洲一带时，即察觉松江、太仓等地"种花者多，而种稻者少"，"务本种稻者不过十之二、三，图利种花者则十之七、八"④。既然在 18 世纪就已经有"桑稻争田"、"棉稻争田"现象，且有些地区桑棉种植早已在明清之前就已发展到了极限，那么 19 世纪亩产量差于 18 世纪这一问题就很难通过时人多种植桑、棉这一原因来解释了。另据李伯重分析，就太湖地区整体而言，在清中期（约 1736—1850 年）棉田、桑园所占比例终归有限，分别为 6.7% 和 3.3%，相比而言，稻田所占比重则高达 90%，常州等地棉田和桑园更少；并且棉田和桑园多只是占用了原先不适宜种植水稻的缺水高田以及低洼地带，是"合理利用江南平原水土资源的例证"⑤，根本谈不上是对优质稻田的侵占。所谓江南"各属沙地只宜种植木棉"⑥。例如在棉业较为发达的松江府"去东五十里许，曰乌泥泾。其地土田地土田硗瘠，民食不给，因谋树艺，以资生业，遂觅木棉之种种于彼"⑦；在植棉业同样发达的太仓州，本身也是"娄地滨海，冈身硗瘠……其种宜棉"，因此这里才是"州县地不下八千余顷，大率种木棉者十之七，种稻者十之二，豆菽杂粮十之一，而城内外弃地甚多"⑧。所以说，种

① 中国科学院地理科学与资源研究所、中国第一历史档案馆：《清代奏折汇编—农业、环境》，商务印书馆 2005 年版，第 49 页。

② 中国科学院地理科学与资源研究所、中国第一历史档案馆：《清代奏折汇编—农业、环境》，商务印书馆 2005 年版，第 62 页。

③ 马万明：《宋代以后太湖地区棉业兴盛的原因》，《中国农史》2002 年第 2 期。

④ ［清］高晋：《奏请海疆禾棉兼种疏》，载《皇朝经世文编》，卷 37，《户政十二 · 农政中》。

⑤ 李伯重：《江南农业的发展（1620—1850）》，上海古籍出版社 2007 年版，第 40、41、68 页。

⑥ 中山大学历史系中国近代现代史教研组、研究室：《林则徐集奏稿》上，中华书局 1965 年版，第 149 页。

⑦ ［元］陶宗仪：《南村缀耕录》，卷 24，《黄道婆》，辽宁教育出版社 1998 年版。

⑧ 王祖畬：民国《太仓州志》，卷 3，《风土》，民国七年刻本。

植桑、棉一事与亩产量下降也没有太大关系。

农田水利是水稻生产的重要保障,那是否单位产量显著下降与农田水利状况不尽如人意有关系呢?据考证,自13世纪以后,特别是在16—17世纪,太湖地区的水文环境确实发生了重大的变化。吴淞江在13世纪以后逐渐淤塞,在元明时期一度通畅的刘家港(今称浏河)也已于17世纪壅塞,黄浦江大致在16世纪末取代吴淞江成为太湖地区主要河流①,这使江南平原的潮汐地域也发生相应调整。以前在吴淞江口以北的沿海、沿江高田地带,长江淡潮常沿浏河等大小通江通海河道倒灌入内地,用这些资源可解决农田灌溉问题。吴淞江、浏河等河道淤塞后,淡潮不复深入内地,灌溉用水逐成为问题。例如,常熟在唐代还有三十二浦以泄蓄诸水,“旱则资潮汐以灌田,涝则分诸浦以入海,田常丰熟而民力有余,故谓之常熟”②。但是到清代初年,常熟沿江海地带已不宜种稻,“实有常荒之患”③。原因在于“白茅、七鸦诸浦已废矣,而独留福山港一线之道,亦淤塞,仅通舟楫,欲其常熟可乎!”④常州北部、松江东部,以及太仓的农田用水问题也日益加剧。常州情况稍好些,虽需车水人力灌田,但“土性受水,每农夫转水一日,则可停二三日”;太仓则不然,“高仰之地,日必打水二遍,若坑地则全不受水”;松江东部也是“田高岸陡,(水)车皆直竖,无异于汲水,水稍不到皆苗尽槁死”⑤。对于造成上述情况的主要原因,顾炎武说得很清楚,即“自三江微而田事艰,不惟患水而兼苦旱。于是方岳贡之守松,奏言上海有天绝地绝人绝,未几娄江竭而国亦以之”⑥。但水文环境及农田水利的一系列变化均在18、19世纪之前,同样不足以说明18、19两个世纪间亩产量的反差问题。况且在19世纪初,地方还进行了几次大规模的疏浚河道工程。如在嘉庆二十三

① 详见本书第二章第二节第二部分。

② [清]钱泳:《履园丛话》,卷4,《水学·水利》,中华书局1979年版,第97页。

③ [清]杨振藻等纂修:康熙《常熟县志》凡例,卷1,《物产》,江苏古籍出版社1991年版。

④ [清]钱泳:《履园丛话》,卷4,《水学·水利》,中华书局1979年版,第97页。

⑤ [明]何良俊:《四友斋从说》,卷14,《史十》,中华书局1959年版,第115页。

⑥ 《肇域志》云南省图书馆藏本第1册,引自李伯重:《明清江南农业资源的合理利用——明清江南农业经济发展特点探讨之三》,《农业考古》1985年第2期。

年(1818年)江苏巡抚陈桂生奏请督浚吴淞江,“自黄渡至万安渡,长一万一千余丈,估挑口宽九丈许至十二丈许,深一丈至一丈五尺不等,并将太湖来源庞山湖大小斜港淤浅之处,估加挖捞”①。之后在道光元年至三十年间(1821—1850年)也曾多次疏浚吴淞江、浏河、白茆河、黄浦等河道②。这些工程对于改善太湖地区农田水利状况是很有益处的,应当会更有利于水稻生产而不是阻碍其发展。例如在1834年前后,时任江苏巡抚的林则徐率领民众治理浏河和白茆河河道,结果在“此次工竣之后,适(1834年)七月二十三、四、五等日,苏、松一带;大雨倾盆,太湖附近诸山,陡发蛟水,处处盛涨,拍岸盈堤。当即飞饬太仓、镇洋二州县,将该坝涵洞全行启放”,“幸赖新河通畅,宣泄极灵。”“据禀:‘滔滔东注,两日之内消水二尺有余,而秋汛大潮仍无倒灌。’是刘河之容纳与涵洞之宣泄,实已著有成效”。“连岁被淹处所,皆幸得免沈灾。”③继而“岁仍大稔”、“吴田大熟”,虽“海啸风潮时作,亦不致倒浸内地,太仓、常熟、昭文沾溉数万顷”④。道光“十五年夏间之亢旱,幸赖吴淞、刘河、白茆等处挑浚宽深,蓄泄得力,故皆不致成灾”。此后,继续对苏州、松江、太仓三府州中各河道进行疏浚治理,到道光十六年(1836年)这项浩大的工程完工时,“合计挑竣土方共一百六十六万七千四百余方”,整治河道总长度约八万九千丈。经验收各整治河道“宽深如式。其中尤以上海之蒲汇塘等五河,常、昭之福山塘河,川沙之白莲泾等四河,太、镇之杨林各河,挑挖倍见深通,水势极畅顺”。由于农田水利能够做到排灌兼得,所以林则徐考察时“亲见遍地禾棉,皆已长发,弥望青葱,耰锄袯襫之民,皞皞熙熙,共冀岁登大有,较前此数年,景象迥乎不侔,胥由圣泽之渊涵,下普斯民之乐利”⑤。显然,单纯将农田水利状况不佳作为稻作亩产下降以及收成恶化的主要原因也是不合适的。

---

① [清]博润修,姚光发等纂:光绪《松江府续志》,上海书店1991年版。

② 江苏省水利厅水利史研究小组:《太湖水利史》(讨论稿),1964年,第93页。

③ 中山大学历史系中国近代现代史教研组、研究室:《林则徐集奏稿》上,中华书局1965年版,第170、184页。

④ [清]魏源:《魏源集》,中华书局1976年版,第394、397页。

⑤ 中山大学历史系中国近代现代史教研组、研究室:《林则徐集奏稿》上,中华书局1965年版,第338—340页。

除了这些之外,农业技术是对亩产量以及收成影响最直接的因素之一。但是江南的水稻栽培技术其实到明末就已经颇为完备。例如唐启宇以江南地区为主要对象,对比16世纪中期与19世纪中期的水稻栽培技术后,就曾指出清代已不再有新增的技术措施种类①。即使农业技术有可能会在深度方面有所发展,也将只会促进单位面积产量的提高,而不太可能造成其下降。另外,太湖地区水稻品种具有一定的稳定性和继承性,18世纪存在的优质水稻品种除了一些后来失传外,但主要受欢迎品种仍会在19世纪继续使用;即便从品种增加角度出发,也应该是19世纪丰富于18世纪②。所以用稻作品种变化来解释19世纪单位产量显著下降一事也似乎说不过去。

最后,19世纪中叶的极端不稳定社会因素也可能会造成粮食产量下降。当时中国相继爆发几次大的农民起义,导致连年灾荒,并可能会对包括太湖在内的东南广大地区农业收成造成威胁。但首先,太湖地区亩产量下降是在19世纪中叶以前就已经出现。其次,收成衰退在战乱未波及的其他中国广大地区也有发生③,这就无法解释了。所以不稳定社会因素也不是造成19世纪稻作单位亩产量显著下降的主要因素。

## 第三节　气候变化是影响稻作亩产量的重要因素

### 一、冷湿气候造成亩产量显著下降

中国传统农学认为,农业生产取决于"天""地""人"三大要素。明清之际的江南大学者陆世仪将这三大要素解释为:"水旱,天时也;肥瘠,地利也;修治垦辟,人和也"④。三要素共同作用,才能导致农作物产量的形

① 唐启宇:《中国作物栽培史稿》,农业出版社1986年版,第39页。

② 参见闵宗殿:《太湖地区历史上的优质水稻品种资源》,《古今农业》1994年第1期。

③ 龚高法、葛全胜等人分析指出在19世纪,华北、华南地区也均出现了秋收收成的下降情况。参见张丕远:《中国历史时期气候变化》,山东科技出版社1996年版,第421页。

④ [清]陆世仪:《陆桴亭思辨录辑要》,商务印书馆1936年版,第109页。

成。而三要素中“论其要则莫要于天时，而地利次之，人和又次之。故雨旸时若，则下地之所获与上地之所获等”①。即天时是三要素中最为重要的一个。徐光启曾指出：“水旱二灾，有轻有重，欲求恒丰，虽唐尧之世犹不可得，此殆由天之所设”②，说明天时无时无刻不对作物产量造成影响。可以看出，“天”很大部分是指现代所谓的“天气”“气象”，它不单有“水旱”方面的内容应当还有“冷暖”方面的内容。既然前面分析的“地”“人”等因素不是导致19世纪太湖地区水稻亩产量下降的主要原因，那么“天”这个因素是否是主要原因呢？

首先，从前文所罗列的清代奏折有关18、19世纪水稻收成的内容中可以看到，奏折中每当提及收成较好时往往与“雨旸时若”、“雨润日暄”或“雨水调匀”等词汇相联系；而提到收成较差时则往往与“雨水过多”、“缺雨滋培”以及“天气骤寒”等词汇相联系。这至少说明18、19世纪的水稻收成与天气关系密切，不容置疑。

在《浦泖农咨》中很明确地提到，松江是在经历了1823年的大水灾后，才由原来水稻亩产量3石下降到2石甚至不到2石的，说明奚诚认为松江水稻亩产下降的直接原因就是发生于1823年的大水灾。对此，地方志记载这一年华亭县“五月二十日大雨，平地水高二三尺，六畜有没死者，中田以下百谷殆尽，……（七月）初二、初八大风雨，拔木坏屋，八月初复然。水溢不退计四月余，夜不可寝，灶不可炊，米价顿贵，被灾田亩约过半焉。禾豆、木棉、瓜果皆不熟”③。证明华亭县当年的水灾系降水过多所致。而从其他地方志记载来看，不仅是华亭县，松江府所属的南汇、川沙、青浦等县，苏州府所属的吴县、昆山、常熟、吴江等县，太仓州所属的太仓、嘉定、宝山等县，以及嘉兴府所属的嘉兴、嘉善、平湖等县，几乎都出现了因降水异常而造成的水灾④。可见此次降水范围之广泛。考察气候变化会发现，这次降水异

① ［清］陆世仪：《陆桴亭思辨录辑要》，商务印书馆1936年版，第109页。

② ［明］徐光启、石声汉校注：《农政全书校注》，上海古籍出版社1979年版，第1299页。

③ ［清］杨学渊纂：《寒圩小志》，《祥异》，上海书店1992年版。引自张德二：《中国三千年气象记录总集》第4册，凤凰出版社2004年版，第2867页。

④ 张德二：《中国三千年气象记录总集》第4册，凤凰出版社2004年版，第2867—2869页。

常事出有因。据郑景云等人对1471年以来的气候状况研究表明,在1776—1820年长江、钱塘江三角洲地区还是一个偏旱时期,但到了1821年则开始迅速转变进入1821—1890年这个偏涝时期,两个气候期之间竟然没有一个过渡期衔接①。换句话说,1823年的太湖地区正处在气候干湿变化的突变过程中,当地的生产、生活不可避免会受到气候突变所带来的异常降水影响。

关于降水对作物亩产量的影响,竺可桢早在20世纪60年代就已指出雨量是影响我国现代农作物收获量的一个重要因素②。后来,张家诚通过进一步分析指出:在其他条件不变的情况下,年平均降雨变化100毫米,粮食亩产量会相应变化10%③。张家诚的理论是否也适用于19世纪的水稻生产,由于文献记载内容不够明确,无法考证。但降水与稻作亩产量间确实存在一定联系。

首先从水稻生理学角度讲,一方面一般空气相对湿度为70%—80%对水稻抽穗开花最为适宜。但湿度过大,其花药就不能正常开裂,从而形成空壳;在开花期遇上阴雨连绵天气,空气湿度接近100%,则花药不开裂,花粉黏性大,同样也会出现大量空壳,甚至还会发生褐变粒等水稻病害④。时任江苏巡抚的林则徐于道光十三年十二月二十五日向两江总督陶澍所写的书信当中反映当年苏、松、常三地"入秋以后,风雨阴寒,稻正扬花,秀而不实"⑤就是指这种情况。而且由于台风暴雨在太湖地区出现较为频繁,特别是每年的7、8、9三个月份出现台风暴雨的机会最多,占全年的86.2%,其中9月份出现频率占34.5%,但这个月份正是单季晚稻以及连作晚粳稻抽穗前后的时期,现代实践表明,凡是即将抽穗的晚粳稻遭遇台风雨,会使抽穗

① 满志敏:《中国历史时期气候变化研究》,山东教育出版社2009年版,第340页。

② 竺可桢:《论我国气候的几个特点及其与粮食作物生产的关系》,《科学通报》1964年第3期。

③ 张家诚:《气候变化对中国农业生产影响的探讨》,《地理学报》1982年第2期;张家诚:《气候与人类》,河南科学技术出版社1988年版,第123—124页。

④ 潘根兴主编:《应对气候变化200问》,中国农业出版社2012年版,第27页。

⑤ 林则徐全集编辑委员会:《林则徐全集》第7册《信札卷》,海峡文艺出版社2002年版,第88页。

期延迟；而且抽穗扬花期遇到暴雨会影响传粉受精，农谚所说的“雨打稻花心，好年无收成”正是指的这个情况。[①] 例如元人娄元礼提到在白露以后，水稻“当盛吐之时，暴雨忽至，卒收不及，遂至有白飒之患。圣人所谓秀而不实者，有矣夫”[②]；又如在道光十五年（1835 年）“七月初旬（8 月底 9 月初）大雨之中，连遇飓风猛烈，稻花间被吹损”，“收成总难免于减色”[③]。

另一方面一般水稻被水淹没 1—2 天对其影响不是很大，但不同生育期的耐涝能力有差异。据中国科学院上海植物生理研究所 1954—1955 年的试验结果看，水稻在苗期淹水 8—10 天，出水后虽能恢复生长，但叶片均出现干枯；在分蘖期淹水 6—10 天，地上部分会全部干枯，但分蘖芽和茎生长点尚未死亡，所以出水后还能长出新叶和分蘖，但淹水时间越长，生长受影响就越慢；在幼穗分化期耐涝能力已不及分蘖期，淹水 10 天，颖花分化就会受到抑制，幼穗不能抽穗，以后发生高节位分枝，虽能抽穗，但由于抽穗太迟而不能结实；在孕穗期间，特别是在花粉母细胞和胚囊母细胞减数分裂期间，是水稻一生中抗涝能力最弱的时期，一旦遭受雨涝环境影响就会出现烂穗、畸形穗等问题；暂时未死亡的幼穗颖花和枝梗严重退化，抽穗后白稃多，甚至出现没有小穗只有穗轴的畸形穗，不但抽穗期和成熟期推迟 5—15 天，而且每穗粒数减少，秕粒增多。孕穗期淹水超过 6 天的，大部分不能抽穗，以后形成的高节位分枝上部分抽穗也不会结实；在抽穗开花期淹水超过 6 天的，其花粉、花药会被破坏，虽能开花但不能授粉，穗子很快也会干枯。照此来看，淹水时间越长，损失会越大，减产越严重。例如浙江农科院在 1962 年调查晚粳稻品种“老来红”后发现，水稻长期处在水淹环境中会使茎叶遭到破坏，幼穗死亡增加，幼穗颖花和枝梗退化增多，结实率降低，千粒重下降等状况。一般在孕穗期淹水 2、4、6、7 天，分别比未淹水时减产 26.9%、37.1%、49.59%、81.75%。其次，一般水稻在淹水时间相同的条件下，淹水越深，受害越严重。如据浙江嘉兴地区农科所 1962 年调查，单季晚稻稻苗在最

① 肖汝其、董耀龄：《太湖晚粳稻》，浙江科学技术出版社 1993 年版，第 310—311 页。

② ［元］娄元礼撰，［明］茅樗增编：《田家五行》，《八月类》。

③ 中山大学历史系中国近代现代史教研组、研究室：《林则徐集奏稿》上，中华书局 1965 年版，第 292 页。

高水位处在胎肚以下基本不受淹的条件下,亩产可达275公斤,达到100%;在淹没稻苗半肚4天,每亩产量250公斤,减产9.1%;稻苗没肚4天,每亩产量185公斤,减产32.7%;稻苗没顶4天,每亩产量160公斤,减产41.9%。例如姜皋称:"曰禾长成未秀也,先有三眼,盖最上之三叶。其根皆有紫晕耳。……遇大水之年,水没第一眼者,逾三日不退,稻根即浮烂,没第二眼者,可二日,没第三眼者,一日不退堂肚中之嫩穗皆烂矣。但没第一眼虽当日即退而秀时往往苞谷不开穗,分旁茁,俗谓三丫枪,其穗尤短,瘪者尤多。"①综上可见,降水异常以及由其造成的雨涝环境对水稻亩产量会有很大影响。

再者,太湖地区是一个浅碟型地形,地势呈四周略高、中部略低的状态。地势偏低的平原面积占本区总面积的58.3%,水域面积又占了17.5%,丘陵山地面积只占24.2%;而且丘陵山地大多数集中在西部和西南一带,仅有很少数量零星散布在沿湖、沿江和平原之上②。正所谓"苏、秀、湖三州,地形益下"③。受地形条件影响,加之平原地区的农业开发最为便利,所以自古以来,太湖地区粮食生产是以低田生产为主。早在宋代,苏州一带就是"水田(指低田)多而高田少"④。后随着围田活动兴盛,对河湖的开发,致使"其田日增,大率围占江湖以为之者也"⑤,低田面积由此进一步扩充。元代成书的《田家五行》称吴中"余家所种低田数多"⑥。在明天启年间,时任右佥都御史的周起元上书提到因南直隶、浙江数郡低田遭遇水灾,"常州、吴江、常熟、昆山、嘉定、上海、青浦、无锡、宜兴等邑之间,荒田数万顷"⑦,从

① [清]姜皋:《浦泖农咨》,道光十四年刻本,上海图书馆,1963年。

② 中国农业科学院、南京农业大学中国农业遗产研究室太湖地区农业史研究课题组:《太湖地区农业史稿》,农业出版社1990年版,第3页。

③ [宋]杨炬:《重开顾全浦记》,载《浙西水利书校注》,农业出版社1984年版,第32页。

④ [宋]范成大撰,陆振岳点校:《吴郡志》,卷19,《水利》,江苏古籍出版社1986年版,第266页。

⑤ [清]胡渭:《书扬州田赋后》,载《魏源全集》第14册,《皇朝经史文编》,卷32,《户政七·赋役四》,岳麓书社2004年版,第791页。

⑥ [明]徐光启、石声汉校注:《农政全书校注》,卷11,《农事》引《田家五行》,上海古籍出版社1979年版,第198页。

⑦ [明]周起元:《请兴江南水利疏》,载《历代名臣上书录5·明代》,重庆出版社1999年版,第194页。

这里可以间接看出太湖地区低田分布之广泛以及面积之庞大。低田土肥水美,有着得天独厚的自然优势,再加上长期治理,被称为“天下之地,膏腴莫美于水田。水田利倍,莫盛于平江(即苏州)。……平江水田,以低为胜”①。所以自古以来,低田生产在太湖地区粮食生产中就占有至关重要的作用,例如在宋绍定年间(1228—1233年)金坛人刘宰称:“浙人所仰下田(即低田)”②;元代治水名家周文英称:“苏湖常秀四路,田土高下不等。田之得粮,十分为率,低田七分,高田三分。”③。但这片区域也是“天造泽国,众流所聚,或淫雨不能无灾”④。降水量增多势必引发水涝灾害,而水涝灾害首先危害且破坏最为严重的就是这些地势较低并分布广泛的低田。古人称:“三吴之田,虽有荒熟贵贱之不同,大都低乡病涝”⑤,特别是“近湖沿江地皆卑下,平時积水已多,一遇久雨众水必集常有水患”,“然以大较论之,畏潦者十之七,畏旱者十之三,高田少而治易,低田多而治难”⑥。若遇旱灾,“可以车戽”灌溉缓解旱情,还可以“一亩计分数半收、三分、二分”;但是“每当霉(梅)雨久淋,山洪暴发”,农田“倾刻沉于水底矣”、“一望汪洋”,“至于旬时,稍欲退浅,则稻本已腐,无可救药”,⑦致使收成全无。所以在低田尽被大水淹没后,百姓只能“就高田秧稻,以待水退”⑧。

张镡等人经统计分析后指出,在近千年的历史时期中,太湖地区水稻生产中出现的56个特大歉收年中有80%是由大水引起,因此,他们将太湖地

① [宋]范成大撰,陆振岳点校:《吴郡志》,卷19,《水利下》,江苏古籍出版社1986年版,第289页。

② [宋]刘宰撰:《漫塘集》,卷9,《回平江守吴秘丞渊》。

③ [明]归有光:《三吴水利录》,卷3,《周文英书》,中华书局1985年版,第39页。

④ [宋]朱长文撰,金菊林点校:《吴郡图经续记》,卷下,《治水》,江苏古籍出版社1999年版,第55页。

⑤ [清]钱泳:《履园丛话》,卷4,《水学》,中华书局1979年版,第102、103页。

⑥ [明]张内蕴、周大韶:《三吴水考》,卷10,《大理寺丞周凤鸣水利奏》。

⑦ [元]方回:《续古今考·续考》,卷18,《附论班固计井田百亩岁入岁出》;[清]孙阳顾等纂修:乾隆《儒林六都志》,《土田》,江苏古籍出版社1992年版;[宋]范成大:《范文穆公〈水利图序〉》,载《浙西水利书校注》,农业出版社1984年版,第40页。

⑧ [宋]苏轼:《东坡全集·续集》,卷11,《上执政乞度牒赈济及因修廨宇书》。

区的气候与水稻收成关系归结为“雨水少—丰年”和“雨水多—歉年”两种年型①。有学者通过对1951—2002年间中国各地区水稻产量与气候条件关系的研究结果显示,上海地区的水稻产量是与生长季降雨量呈负相关性,即水稻生长发育过程中的降水量越多则产量越低②;特别是在播种期和育秧期遭遇强降水天气,总雨量大于200毫米,就会影响常年平均亩产量6%③。还有学者指出:气候变化下的降水变化,除了可能直接制约着水稻生产的规模、效益以及稳定性外,其降水日数变化还可以通过影响水稻生长发育期间的温度、光照等气候因子来间接干扰水稻的生长发育以及产量④。

降水与水稻产量之间的负相关性在19世纪确有很明显的体现。在经历了19世纪20年代的气候干湿突变之后,太湖地区气候就此长时间处在湿润状态之中,以至于期间有41个年份出现降水异常状况⑤。异常降水首先影响的是稻作收成。例如在道光十三年(1833年),时任江苏巡抚的林则徐在奏折中称:他所管辖的“苏、松、常、镇、太仓四府一州”,“自道光三年水灾以来,岁无上稔,十一年又经大水,民力逾见拮据。”⑥这一方面说明1823年大范围降水所造成的水涝环境对广大受灾地区农业收成的影响较大,另一方面也说明此后的十年时间里异常降水⑦继续影响着农业生产。稍后,林则徐向上级反映道光十三年这一年常州情况为“迨十月以后,阴雨连绵,

① 张镡:《气候振动与作物产量系统分析》,载《气候变化对中国农业的影响》,北京科学技术出版社1993年版。

② Tao F., Yokozawa M., Liu J.et al.,“Climate-crop yield relationships at provincial scales in China and the impacts of recent climate trends”, *Clim Res*, 2008, p.38.

③ 肖汝其、董耀龄:《太湖晚粳稻》,浙江科学技术出版社1993年版,第289页。

④ 潘根兴主编:《气候变化对中国农业生产的影响分析与评估》,中国农业出版社2010年版,第143页。

⑤ 分别是1824、1826、1828、1830、1831、1832、1833、1834、1837、1838、1839、1840、1841、1847、1848、1849、1850、1851、1854、1856、1857、1858、1859、1860、1862、1865、1866、1868、1869、1875、1876、1877、1878、1881、1882、1883、1884、1885、1886、1888、1889年。参见张德二:《中国三千年气象记录总集》第4册,凤凰出版社2004年版,第2864—3484页。

⑥ [清]林则徐:《林文忠公政书》,卷10,《道光十三年十一月十三日江苏巡抚林则徐片奏》,清道光三山林氏刻林文忠公遗集本。

⑦ 经查实,道光十一年(1831年)的大水也均是因为异常降水导致。参见张德二:《中国三千年气象记录总集》第4册,凤凰出版社2004年版,第2923—2924页。

至十一月间，又五昼夜大雨不绝"，"其未收者（即水稻未收获的），漂落雨淖之中，率多腐烂"，经林氏"亲加察看，洵系一律成歉"①。在咸丰五年（1855年）江苏巡抚吉尔杭阿上奏称："惟因秋雨连绵，低洼田禾被水淹浸，……补种杂粮仍被浸淹，农佃人等分别宣泄保护，无如得雨过多，河水顶托，兼值山水下注急切，难以疏消，收成不免歉薄。"②同治八年（1869年）江苏巡抚丁日昌七月二十三日奏称："在田禾、棉、秫、豆、杂粮正当长发之际，望晴雨调匀，秋收可望丰稔，讵入夏以来，大雨连绵，晴日甚少，更兼上游水势下注，河湖泛涨，江潮顶托，遂致低洼各乡溃围决圩，田庐均被淹浸，禾、棉间有黄萎腐烂。时交秋令，节候已迟，深恐补种不及，致成灾歉。即高平之区亦因得雨过多，田禾受伤，收成难免减色。"③此外，这种降水异常频发状况也基本对应了苏州、常州、湖州、松江四府在19世纪中长期保持的较低单位产量状态。这些均说明19世纪的稻作收成确实受到气候干湿变化影响较大。

但松江、苏州、常州等地早在18、19世纪之交亩产量就已经出现下降的端倪，清代奏折中所反映的稻作收成也是在19世纪初已有下降的征兆，而这些均是在19世纪20年代气候发生干湿突变之前的事情。再者，在1821—1890年气候湿润期中，尽管异常降水所引发的水涝灾害较为频繁，但也并非年年都有，所以不可能对水稻亩产量及收成造成持续危害。即便当时还会存在年平均降水量增多这种持续性气候因素影响，但是从郑景云等人对18世纪的气候研究结果表明，长江、钱塘江三角洲地区大致在18世纪20年代也曾经历了一次突变性的旱涝转换过程，从之前1711—1725年的偏旱期突变转向1726—1775年的偏涝期④。但太湖地区稻作收成在气候突变前后均没有出现明显的变化。总之，如果将降水归结为是导致19世纪稻作亩产下降的主要因素，则无法全面解释问题。

① 林则徐全集编辑委员会：《林则徐全集》第7册《信札卷》，海峡文艺出版社2002年版，第88页。

② 中国科学院地理科学与资源研究所、中国第一历史档案馆：《清代奏折汇编—农业、环境》，商务印书馆2005年版，第467页。

③ 中国科学院地理科学与资源研究所、中国第一历史档案馆：《清代奏折汇编—农业、环境》，商务印书馆2005年版，第519—520页。

④ 满志敏：《中国历史时期气候变化研究》，山东教育出版社2009年版，第340页。

而通过重新查找癸未大水灾的相关记载发现,华亭县在1823年遭遇大水灾的同时,还出现了“七月天气如冬”一事;在“十二月二十四日”又出现了“大雾,木介”现象。紧邻松江府的嘉定县也在“腊月二十六日,大雾四塞,竹木间点滴如雨,俄而凝结成冰,缘枝而下,可二三寸,色皑白,仿佛檐溜间冰筋。《春秋》所记木冰,史家所谓木介,其殆是欤”①。在农历十二月甚至是七月相继出现寒冷天气,说明当年的气温偏低。那么,气温是否是决定19世纪稻作亩产量显著下降的主要因素呢?

温度对于作物生长发育至关重要,而只有作物完成了生长发育后,才能形成产量;温度过高或过低,不仅会影响生长发育,也会影响产量。因此,一年内的生长季积温情况、夏季温度的高低以及冬季的寒冷程度,往往会成为决定粮食产量高低的大前提②。所以张家诚也曾指出,在其他条件不变时,年平均温度变化1℃,粮食亩产量也会相应变化10%③。沈小英、陈家其二人经研究指出,由于太湖流域处于北亚热带向中亚热带的过渡区,历史时期的热量条件变化会引起粮食产量发生较大幅度变化,因此热量条件成为影响太湖流域粮食产量的敏感性因子④。另有学者通过对1981—2005年间我国22个农业气象实验站、20个县和22个省的水稻产量数据与气候条件之间关系研究中,也发现绝大多数地区的水稻产量与温度呈正相关关系⑤,即水稻产量是随温度升高而相应提升。张镡等人也指出:长江三角洲水稻年景低谷除了对应雨水偏多外,还与气温冷谷相对应;特别是晚稻气象产量的第一主要因子的主成分就是9月秋季低温,这一因素会导致晚稻产量大

① 张德二:《中国三千年气象记录总集》第4册,凤凰出版社2004年版,第2867页。

② 气候变化与作物产量编写组:《气候变化与作物产量》,中国农业科技出版社1992年版,第15页。

③ 张家诚:《气候变化对中国农业生产影响的探讨》,《地理学报》1982年第2期;张家诚:《气候与人类》,河南科学技术出版社1988年版,第123—124页。

④ 沈小英、陈家其:《太湖地区的粮食生产与气候变化》,《地理科学》1991年第3期。

⑤ Zhang T., Zhu J., Wassmann R., “Responses of rice yields to recent climate change in China: An empirical assessment based on long-term observations at different spatial scales (1981—2005)”, *Agicultural and Forest Meteorology*, 2010, p.150.

幅度波动①。而且除了常年温度偏低会对水稻产量造成影响外,突发的低温天气也会威胁产量。归纳起来,低温天气对水稻所造成的冷害共有三种类型:第一种被称为延迟型冷害,是指水稻从播种到成熟各生育时期长时间受到较低温度危害。主要表现为因低温延迟水稻生长发育,穗分化和抽穗期显著延迟,或抽穗虽未明显延迟,但灌浆结实期温度明显降低,导致水稻成熟不良从而减产。水稻受害严重的一直到收割期穗部依然直立,甚至颗粒无收;受害较轻的虽穗上部谷粒饱满,但中下部多为空秕粒,出米率低,青碎米多,且米质差。尤其是种植晚熟品种,由于抽穗期延迟,减产更为严重。第二种被称为障碍型冷害,是在水稻生殖生长期即颖花分化期到抽穗开花期之间,遭受短时间的异常相对强低温天气影响,使花器的生理机制遭受破坏,造成颖花不育,形成大量空壳而严重减产。其根据低温危害时期又可以分为孕穗期和抽穗开花期冷害。在孕穗期遇到障碍型冷害的表现特征为:穗顶部不孕粒多,穗基部不孕粒少,不育颖花都是空壳;抽穗开花期遭遇障碍型冷害会发生颖壳不开,花药不裂,散不出花粉或花粉发芽率大幅度下降,进而造成不育,导致减产。第三种被称为混合型冷害,是障碍型冷害与延迟型冷害与在同一生长季中相继出现或同时发生给水稻生长发育和产量形成带来的危害。表现为在水稻生育初期遇低温延迟生育,而在孕穗、抽穗、开花期再遇低温,会造成不育或部分不育,即有部分颖花不育,又延迟成熟,发生大量空秕粒,严重影响产量。②

太湖稻区在9月中下旬常会出现被称为"寒露风"的低温天气,其实就是障碍型冷害的表现形式之一。此时的晚稻多数尚处在孕穗期,如遭遇低温天气就很容易形成大量空粒,以致产量降低。另据上海市气象研究所的研究结果表明,上海地区的晚粳稻在减数分裂后的1—2天遭遇低温冷害,最低气温≤15.4℃,亩产量就会比常年减少10%;若处在抽穗开花期遇到低温天气,会造成稻穗空秕粒率增高,千粒重轻,穗不下坠;而在灌浆结实期

① 张镡:《气候振动与作物产量系统分析》,载《气候变化对中国农业的影响》,北京科学技术出版社1993年版。

② 张培江主编:《优质水稻生产关键技术百问百答》,中国农业出版社2005年版,第252页。

如遭遇低温天气也会使水稻产量大幅降低①。另据研究,水稻在开花授粉期的最适温度为30℃—32℃,最低温度为15℃,如果平均气温低于20℃,且日最高气温低于23℃,开花就会减少,或者出现虽开花但不授粉,形成空壳影响产量②。

从气候冷暖变化上看,东部地区在18世纪总体上相对偏暖,但从18世纪80年代就已经开始迅速降温;甚至使1741— 1770年至1801—1830年降温幅度达到了0.9 ℃③。在18、19世纪之交的几十年中,年代的平均气温均已低于现代水平。其中,18世纪90年代的冬半年平均温度已经比1951—1980年低1.1℃,1900年代的气温略有回升但其冬半年平均温度仍比1951—1980年低0.6℃,19世纪10年代和20年代则比1951—1980年低0.9℃④。

气候转冷所带来的影响很快在稻作收成上表现出来。如在乾隆五十五年(1790年)"(江苏省水稻)结实之候复因天气骤寒,颗粒未能十分圆绽,间有白脐、红斑,……浙省杭、嘉、湖三府……闰五月节气较早,晚稻含苞之际天气骤寒,以致米色间有白脐"⑤;嘉庆十二年(1807年)浙江巡抚清安泰奏称:"湖州府乌程、归安、德清三县田亩向来全栽晚禾,内有种植较迟者。今年九月初十、十一等日风雨之后,天气骤寒,兼降微霜,其最迟之稻正在含浆,忽被雨、霜,不免收成稍薄,各田实有颗粒不甚饱绽及半瘪空壳之处"⑥;嘉庆十六年(1811年)浙江巡抚蒋攸铦奏称:"湖州府属之归安、乌程、德清、武康四县及杭属仁和县与德清毗连地方,所种晚稻于八月内因风冷受伤,未

① 气候变化与作物产量编写组:《气候变化与作物产量》,中国农业科技出版社1992年版,第294—306页。

② 潘根兴主编:《应对气候变化200问》,中国农业出版社2012年版,第27页。

③ 葛全胜、郑景云、方修琦等:《过去2000年中国东部冬半年温度变化》,《第四纪研究》2002年第2期。

④ 葛全胜、郑景云、方修琦等:《过去2000年中国东部冬半年温度变化》,《第四纪研究》2002年第2期。

⑤ 中国科学院地理科学与资源研究所、中国第一历史档案馆:《清代奏折汇编—农业、环境》,商务印书馆2005年版,第314页。

⑥ 中国科学院地理科学与资源研究所、中国第一历史档案馆:《清代奏折汇编—农业、环境》,商务印书馆2005年版,第357—358页。

能一律饱绽，收成歉薄。”①这里的“颗粒不甚饱绽及半瘪空壳”、“未能一律饱绽”指的就是水稻障碍型冷害的典型特征。在道光十一年（1831 年）吴江县“六月十六日寒甚，有传雪花飘者”，“农多踏冰刈稻”，“收成不及丰年之半”②。

除了这些低温天气影响外，长期低温环境对稻作亩产量所造成的持久影响在当时应当也有存在，只是这类记载在文献中反映不够明显罢了。例如姜皋在《浦泖农咨》中提道：松江府“自癸未（1823 年）大水后……地气薄而农民困，农民困而收成益寡，故近今十岁，无岁不称暗荒”③。这里所指的“地气薄”含义较广泛，但显然用因水涝环境所造成的地力衰退是不能完全概括其含义的。因为松江府自癸未大水之后到道光六年（1826 年）才又遭遇水患，此间在道光四年（1824 年），松江府所属的华亭、金山、青浦三县甚至还有“秋大熟”的记载；而从 1824 年到《浦泖农咨》成书的 1834 年这十年时间里，松江府明确记载出现降水异常状况也只有 1833 年一年④。这充分说明单纯靠降水异常所造成的“明荒”，是不可能持续影响松江水稻亩产量的。只有在 19 世纪长期且持续的低温环境作用下，才有可能造成“近今十岁，无岁不称暗荒”的结果。林则徐在道光十三年（1833 年）的奏折中就清晰地道出了这样的情况，他称：“苏松等属”的晚稻在“秋分后始扬花，偏值风雨、阴寒，遂多秀而不实，然大概犹不失为中稔”。“迨九月以后，仍复晴少雨多”，然而此后天气更明显的特征是“昼则雾气迷蒙，夜则霜威寒重”，这使得水稻“虽已结成颗粒，仅得半浆，乡农传说暗荒”。后来林则徐通过实地调查发现，水稻的“穗所结多属空桴，半浆之禾，变成焦黑，实先前所不及料”，最终造成“今岁秋禾约收已逊去年”，“每亩比之上年已少收五、六斗。就苏州一府额田六百万亩计之，即已少米三百余万石。合之四府一州，短少之米有不堪设想者”，“故此次虽系勘不成灾，其实困苦之情，

① 中国科学院地理科学与资源研究所、中国第一历史档案馆：《清代奏折汇编—农业、环境》，商务印书馆 2005 年版，第 371 页。

② 张德二：《中国三千年气象记录总集》第 4 册，凤凰出版社 2004 年版，第 2923 页。

③ ［清］姜皋：《浦泖农咨》，道光十四年刻本，上海图书馆，1963 年，第 33 段。

④ 张德二：《中国三千年气象记录总集》第 4 册，凤凰出版社 2004 年版，第 2877 页。

竟与全灾无异"①。这里"半浆"是指达到正常籽粒灌浆量的一半水平。他在当年写给陶澍的信札中也称苏、松、常三地"重雾严霜,雨雪交集,(水稻)收获之际,损坏愈多",但后来"揆其被歉之由",却是"非旱非涝"②。由此可见,1833年的"暗荒"与其说是雨水偏多所致,不如说是与"阴寒"、"霜威寒重"等低温环境更为密切。后来奚诚评价林则徐等人推广连作双季稻"终以泽土阴寒,两熟稻决非江南之所宜,虽有一、二成效,尚谓偶然得之",其实也是在说明由于"泽土阴寒"这种持续的低温环境严重影响了前后季稻的生长发育,才导致收成"虽有一、二成效,尚谓偶然得之"。由此可见,19世纪的气候转冷才是造成太湖地区稻作亩产量下降的主要原因。

另外,汪铎、张镡二人除了指出历史上太湖平原的水稻年景低谷是与雨水偏多和温度低谷两个因素相对应外③,同时还指出在水稻齐穗期同时遇到阴雨和冷害天气,会使江南晚稻因遭受双重危害而大幅度减产④。这意味着自19世纪20年代以来,太湖地区的稻作生产实际上面临着由于多水、低温气候环境同时存在而带来的双重危害;受两因素共同作用,大幅度减产的结局在理论上是难以避免的。而实际情况也确实如此。松江一带的水稻亩产量从3石下降至2石甚至不到2石,变化幅度已超过30%;而苏州一带从平均亩产4.12石降至3.32石,降幅也达到了19.4%。这些数据均远高于张家诚所估计的10%的亩产量变幅⑤,印证了降水异常和寒冷气候所造成的双重危害之严重。其实在反映19世纪的历史文献当中就有对这两种气候因素造成双重危害的生动描述。例如奚诚在《畊心农话》中就提到太湖地区水稻生产时常遭遇"严寒冷雾苦雨饕风之厉,岁所恒有,故有垂成而

---

① 中山大学历史系中国近代现代史教研组、研究室:《林则徐集奏稿》上,中华书局1965年版,第148页。

② 林则徐全集编辑委员会:《林则徐全集》第7册《信札卷》,海峡文艺出版社2002年版,第88页。

③ 汪铎、张镡:《历史时期"大型环流—天气气候—作物年景"系统低频振动的模拟试验》,《大气科学》1990年第3期。

④ 张镡:《气候振动与作物产量系统分析》,载《气候变化对中国农业的影响》,北京科学技术出版社1993年版。

⑤ 张家诚:《气候变化对中国农业生产影响的探讨》,《地理学报》1982年第2期;张家诚:《气候与人类》,河南科学技术出版社1988年版,第123—124页。

不得下咽者，嗟乎，收获既艰且少”①。

而且19世纪的低温、多水环境对水稻亩产量的双重影响其实还可以从当时施肥量的变化方面间接看到。一般认为，增加施肥量有助于水稻产量的提高。但是，不同的气象生态对土壤肥力发挥的影响是不同的。这是因为土壤的供肥能力取决于土壤潜在肥力的有效化程度，而后者又以气象条件为转移。表现为，一方面在较高温度条件下，微生物活动活跃，土壤有机物分解加快，潜在肥力的有效化程度也随之提高，因此可供稻株吸收的有效养分增多，肥效速；反之，则有效养分少，肥效迟。另一方面，若稻田含水量过高，即使土壤潜在肥力再大，但由于迟效态较高，有效态养分在土壤总养分中所占比重变得很低，因此实际供肥能力也很弱。简而言之就是，在相同的土壤肥力水平下，要想获得相同的产量，处在低温、多水环境中的稻田需要比不具备这种环境的稻田投入更多的肥料②。这就能够理解为何太湖地区会在1850年之前的二三十年时间里，肥料输入的数量出现巨大增长的现象了③。另外，李伯重也指出，在1850年之后的一百年时间里，江南水稻生产中的肥料投入不再增加，反而是下降了不少，这除了跟当时的肥料投入已达到传统技术所允许的上限有关外④，想必还与气候变暖和转干有很大关系。因为在1850—1950年的一百年时间里，东部地区的气温在经历了1870年这个19世纪最寒冷的10年后，便出现了迅速升温趋势⑤；长江、钱塘江三角洲也正在经历着由1821—1890年偏涝期向1931—1991年偏旱期的过渡过程中⑥。按照上述理论，1850年之后百年间的气候转变有利于土壤供肥能力的提高，所以无须再投入过多的肥料即可获得理想的产量。19世纪末至20世纪初苏州、华亭两地稻田平均亩产量的发展情况也印证了这

① 陈祖椝：《中国农学遗产选集：甲类第一种·稻（上编）》，中华书局1958年版，第468页。

② 高亮之、李林：《水稻气象生态》，农业出版社1992年版，第364、375、377、378页。

③ 李伯重：《江南农业的发展（1620—1850）》，上海古籍出版社2007年版，第125页。

④ 李伯重：《江南农业的发展（1620—1850）》，上海古籍出版社2007年版，第96页。

⑤ 葛全胜、郑景云、方修琦等：《过去2000年中国东部冬半年温度变化》，《第四纪研究》2002年第2期。

⑥ 满志敏：《中国历史时期气候变化研究》，山东教育出版社2009年版，第340页。

点。苏州在1879—1883年的稻田平均亩产量为3.32石,1899年则上升到3.44石,到1909—1912年平均亩产量又增加到3.51石,以至于在短短的30年内亩产就提升了6%;而华亭一带的稻田亩产量从19世纪后期最多2石到20世纪初已接近3石水平,上升率接近45%,这样的亩产上升趋势很难说与19世纪70年代以后的气候变化没有关系。

## 二、气候变化与稻作亩产量波动

由上述分析可知,19世纪太湖地区稻作收成下降的主要原因是气候变冷;又由于19世纪20年代以来气候环境又由干转涝,这让多水与低温环境共同作用对太湖地区的水稻生产构成双重危害,最终导致产量大幅下降。通过对现代情况分析表明,当温度上升1℃—4℃时,不论降水如何变化,都将有利于长江中下游地区的稻田增产;当温度下降1℃—4℃时,不论降水如何发展,长江中下游地区的稻田则会出现减产状况;只有在温度正常这一前提下,降水变化才会对水稻产量造成影响①。汪铎、张镡二人则指出:近千年来,虽然雨水变异是小于世纪尺度时间范围内引起太湖平原水稻产量明显波动的主要气候因子;但在世纪尺度以上的温度变化会对这一区域水稻产量造成更大影响②。笔者推测,汪、张二人之所以会得出这样一个结论,一方面可能是因为气候冷暖变化对于作物生长发育影响重大③,而生长发育最终决定着产量的形成;另一方面雨水变异这一气候因子一般情况下只能通过创造水涝环境才能间接影响水稻的生长发育及产量,然而自宋代以来太湖地区本就处在长期水患严重环境中,所以研究的时间跨度越长,降水变化对稻作生长发育及单位产量的影响表现得就越不明显,气温变化所造成的影响反倒是凸显出来。但不论怎样,综合上述两条结论能够说明:气

① 气候变化与作物产量编写组:《气候变化与作物产量》,中国农业科技出版社1992年版,第104页。

② 张镡:《气候振动与作物产量系统分析》,载《气候变化对中国农业的影响》,北京科学技术出版社1993年版。

③ 由本书第三、四章分析可以看出,气候冷暖变化对于太湖地区粮食作物的生长发育影响是显而易见的。

温较之降水对稻作亩产量影响更直接且影响程度更大。19 世纪的情况已印证了这点，而在历史时期中的其他百年情况也基本如此。

首先是 12 世纪亩产量波动就是与当时气候变化相对应。虽然 12 世纪的江南地区还正处在 1071—1210 年的气候干旱期当中①，但期间所呈现的气候偏冷状态却也是事实②。由于气候寒冷，农作物受害明显。如在乾道元年（1165 年）二月“行都及越、湖、常、润、温、台、明、处九郡寒，败首种，损蚕麦”③。紧接着在乾道二年（1166 年）“春，大雨，寒，至于三月，损蚕麦”④；同年“夏寒。江、浙诸郡损稼，蚕麦不登”⑤。由于气温是 12 世纪这个百年尺度影响水稻产量最大的气候因子，所以汪铎、张镡二人将 1134—1218 年归为太湖平原水稻气候年景的偏差期，而稻作亩产量在此时出现波动也就在所难免了。

在 15 世纪的低产量状态用当时气候状况也是能够解释的。在气温方面，除葛全胜等人指出 1411—1500 年的东部地区正处在 1321—1920 年这个寒冷期的冷谷外⑥；陈家其、施雅风二人也指出，长江三角洲在 15 世纪大部分时间气候处于强冷状态⑦。另外陈家其还指出，15 世纪是太湖流域近千年来气候最为湿润的时期之一⑧，这使得粮食生产在明清时期首次遇到低温和多水环境的双重危害。以景泰五年（1454 年）为例，吴县先是“正月大雪，经二旬不止，凝积深丈余，行人陷沟中，太湖诸港连底结冰，舟楫不通，

① Jingyun Zheng, Wei-Chyung Wang, Quansheng Ge, et al., “Precipitation Variability and Extreme Events in Eastern China during the Past 1500 Years”, *Atmopheric and Oceanic Science*, 2006, p.3.

② 葛全胜、郑景云、方修琦等：《过去 2000 年中国东部冬半年温度变化》，《第四纪研究》2002 年第 2 期。

③ ［元］脱脱等撰：《宋史》，卷 65，《五行三》，中华书局 1977 年版，第 1424 页。

④ ［元］脱脱等撰：《宋史》，卷 62，《五行一下》，中华书局 1977 年版，第 1343 页。

⑤ ［元］脱脱等撰：《宋史》，卷 65，《五行三》，中华书局 1977 年版，第 1424 页。

⑥ 葛全胜、郑景云、方修琦等：《过去 2000 年中国东部冬半年温度变化》，《第四纪研究》2002 年第 2 期。

⑦ 陈家其、施雅风：《长江三角洲千年冬温序列与古里雅冰芯比较》，《冰川冻土》2002 年第 1 期。

⑧ 王张华、陈中原、寇莹等：《太湖流域公元 960 年以来的气候干湿变化研究》，《地理科学》2002 年第 5 期。

禽兽草木皆死”,后是“夏大水,田庐漂没殆半”,致使当地“大饥,大疫,饥殍相枕”;松江府先是于“春正月,大雨雪连四十日不止,平地深数尺,湖泖皆冰”,然后又“夏大水,没禾稼”,最终导致“疫疠饥荒相继作,乡民千万死无辜,殍死暴骨处处有,束薪斗粟家家无”;“杭州府正月中雨雪相继,二麦冻死;五月以来骤雨大至,水漫圩坼,秋苗淹没,即今过时不能布种,税粮无征。”①所以,汪铎、张镡二人将1404—1495年整体归为太湖平原水稻气候年景的偏差时期,特别是1404—1426年、1440—1465年以及1478—1495年被认为是水稻气候偏差年景中比较突出的几个时段②。

在16世纪,尽管长江、钱塘江三角洲地区经历了一系列旱涝转换过程③。但这个世纪的气温大体上还是比较温暖的。整个东部地区在1501—1560年即处在气候偏暖时段④。而太湖流域在1520—1580年被认为是气候暖期⑤;浙北平原在1520—1575年也被认为是暖冬期⑥。这样,温暖气候就成为影响16世纪水稻亩产量最大的气候因子。所以汪铎、张镡二人将1496—1580年归为太湖平原水稻气候年景偏好期⑦。相对良好的气候环境也使本区水稻亩产量能够保持较高水平。

进入17世纪,气候状况极为恶劣,这不仅体现在太湖地区经历了多次突变性质的旱涝转换过程⑧,更为重要的是该世纪气候极度寒冷状况。恶

① 张德二:《中国三千年气象记录总集》第2册,凤凰出版社2004年版,第681—682页。

② 汪铎、张镡:《历史时期“大型环流—天气气候—作物年景”系统低频振动的模拟试验》,《大气科学》1990年第3期。

③ 大致在1501—1540年为一个过渡期,在1541—1560年进入偏旱期,从1561年又迅速转为偏涝期。参见张丕远:《中国历史时期气候变化》,山东科技出版社1996年版,第332页。

④ 葛全胜、郑景云、方修琦等:《过去2000年中国东部冬半年温度变化》,《第四纪研究》2002年第2期。

⑤ 沈小英、陈家其:《太湖地区的粮食生产与气候变化》,《地理科学》1991年第3期。

⑥ 夏越炯、刘为纶:《近一千年来浙北平原的冷暖变化》,《杭州大学学报》1982年第3期。

⑦ 汪铎、张镡:《历史时期“大型环流—天气气候—作物年景”系统低频振动的模拟试验》,《大气科学》1990年第3期。

⑧ 长江、钱塘江三角洲大约在1631年,迅速从之前的湿润期转变为干旱期;在1681年,又从干旱期转为湿润期,三个气候阶段之间都没有过渡期存在。参见满志敏:《中国历史时期气候变化研究》,山东教育出版社2009年版,第340页。

劣的气候环境不利于水稻生产，致使太湖地区的水稻收成明显偏差。例如在清朝初年，张履祥（1611—1674年）称桐乡“十年之耕不得五年之获”①。松江府收成“号称熟者，亦皆歉收三斛”②。常年如此，极端年份收成受损更重。如在顺治二年（1644年）湖州“七月十四，大风异常，是夜骤雨倾盆，平旦水深数尺，淹没禾头，……秋无收，大祲”③；上海县“自顺治五六年间，晚种之种，竟秀不实，西风一起，连阡累陌，一望如白荻花，颗粒无收”④。康熙九年（1670年）青浦县“夏四、五月，霪雨。六月大风，一昼夜始息，翌日大水暴涨，天骤凉，如深秋。岁歉”⑤；吴江县“夏五月霪雨。六月戊子雪，戊辰大风，太湖溢。……无禾，蠲漕折十之三”⑥。当时各地亩产量似乎已与19世纪下降幅度相当。由于收成恶化，大致从这时起，太湖地区粮食出现供给不足、缺粮现象。如吴应箕（1594—1645年）提到江南“地阻人稠，半仰食于江楚庐安之粟”⑦；太仓州“岁资外籴以给二运”⑧。在清初，嘉兴“物产宜稻，每不能自给，待食于转输者十之三四”⑨，进而发展为“江浙百姓，全赖湖广米粟”⑩。

到18世纪，尽管长江、钱塘江三角洲经历了一系列较为频繁的旱涝转换⑪。但是起关键性作用的气温总体上则为相对温暖状态，因而在这个世

---

① ［清］张履祥著，陈祖武点校：《杨园先生全集》，卷20，《书改田碑后》，中华书局2002年版，第592页。

② ［清］叶梦珠撰，来新夏校点：《阅世编》，卷1，《灾祥》，中华书局2007年版。

③ ［清］潘玉璇等修，汪曰桢等纂：光绪《乌程县志》，卷27，《祥异》，上海书店1993年版。

④ ［清］范廷杰修，皇甫枢纂：乾隆四十九年《上海县志》，卷1，乾隆四十九年刊本。

⑤ ［清］王昶纂修：乾隆《青浦县志》，卷38，《祥异》，乾隆四十七年刊本。

⑥ ［清］纪磊、沈眉寿等纂修：道光《震泽镇志》，卷3，《灾祥》，江苏古籍出版社1992年版。

⑦ ［清］吴应箕著：《楼山堂集》，卷10，《兵事策·江防》，中华书局1985年版，第117页。

⑧ ［明］钱肃乐修，张采纂：崇祯《太仓州志》，卷5，《物产》，康熙十七年补刻崇祯十五年刊本。

⑨ ［清］吴永芳修，高孝本等纂：康熙《嘉兴府志》，卷10，《风俗》，康熙六十年刊本。

⑩ 《清圣祖实录》，康熙三十八年（1699年）六月戊戌。

⑪ 从1681—1710年的偏涝期转为1711—1725年的偏旱期，继而在1726—1775年进入偏涝期，最后又转而进入1776—1820年偏旱期。参见张丕远：《中国历史气候变化》，山东科技出版社1996年版，第340页。

纪太湖地区的稻作亩产量得以提升,属于清代本区稻作单位产量最好的一个时期。由于本地粮食生产接连丰收,在18世纪后期,从外地输入江南的稻米数量已呈现萎缩趋势,甚至在一些年份几乎完全停止[①]。相反,19世纪气候向冷湿转变必然使该世纪成为太湖地区稻作亩产量较差的一个时期,又需要从外地采购稻米以供给不足。

自20世纪60年代以来,气候依然是影响太湖地区水稻产量的重要因素。尽管据研究表明,长江、钱塘江三角洲地区在1931—1991年是处于气候偏旱期之中[②],但因为受东亚季风影响,异常降水天气仍不可避免;加之现今太湖平原处在海拔50米以下的耕地面积已占本区总耕地面积的97%以上[③],这些农田更容易受水涝灾害威胁。所以在近几十年这一小于世纪尺度的时间跨度内,水稻产量受异常降水影响仍会比较显著[④]。据研究表明,浙北杭嘉湖地区在1960—1980年的年产量波动与年降水量有着显著的负相关性,可信度高达99%[⑤]。主要表现为:在弱季风年型雨水偏少时,浙北杭嘉湖粮区均获高产丰收;在季风盛行年型雨水偏多时,杭嘉湖粮区有3年低产、4年平产,其中有4年早稻歉收,6年晚稻歉收;特别是在东南季风盛行的4年中,晚稻年年歉收[⑥]。同时,尽管现阶段全球正处于气候升温过程中,但极端低温天气以及阶段性降温并不可能就此销声匿迹。特别是现代太湖地区的多熟制生产已较为普及,气温的骤然变化极容易对单季稻以及连作后季稻收成造成影响。例如在1976年由于夏季气温降低,导致江苏省当年的后季稻亩产量较上年减少93斤;而在1980年,江苏省的单季晚稻

---

① Cheung,Suiwai.Grain Transport and Prices in the Eighteeth Century.引自李伯重:《多视角看江南经济史(1250—1850)》,生活·读书·新知三联书店2003年版,第327页。

② 张丕远:《中国历史气候变化》,山东科技出版社1996年版,第340页。

③ 汪铎:《太湖平原(浙江省北部)粮食作物产量波动的长期天气分析》,《气象学报》1981年第3期。

④ 已有学者认为雨涝是影响现代太湖平原粮食生产的主要气象灾害。参见汪铎:《太湖平原(浙江省北部)粮食作物产量波动的长期天气分析》,《气象学报》1981年第3期。

⑤ 汪铎:《太湖平原(浙江省北部)粮食作物产量波动的长期天气分析》,《气象学报》1981年第3期。

⑥ 张镡:《气候振动与作物产量系统分析》,载《气候变化对中国农业的影响》,北京科学技术出版社1993年版。

和双季稻的后季稻亩产量也是受低温天气影响而分别减产 34 斤和 203 斤①。因此,气候不确定因素对稻作亩产量的影响在今后仍会是不可避免的。

① 李伯重:《"天"、"地"、"人"的变化与明清江南的水稻生产》,《中国经济史研究》1994 年第 4 期。

# 结　语

气候变化对于粮食生产的影响已成为不争的事实。作为全球气候变化和区域差异最明显的地区之一，作为世界粮食生产大国和消费大国，气候变化对中国粮食安全的影响问题已经成为国内外研究的焦点。依据历史气候研究成果，已经证实在过去几千年时间里，气候在冷暖及干湿方面均存在较大幅度变化；在此条件下，历史时期各地粮食生产也必然遭受影响。宋代以来的气候变化曾经对太湖地区的粮食生产造成过重要影响，其影响主要作用在农田水利、作物生长发育、复种制度、产量几个方面。

其中，宋代以来的气候变化与太湖地区农田水利活动之间存在很高的相关性，表现为在气候干旱期或旱情严重之时，蓄水灌溉工程的建设活动就会兴起；相反，在气候湿润期或旱情缓解之时，民众修建蓄水灌溉工程的积极性就会明显减弱。这是出于粮食生产对农田灌溉是否迫切需求的考虑。与之形成鲜明对比的是，本区防洪排水活动持续保持活跃状态，而根本原因也是气候变化。具体可根据时间划分为两个阶段：在两宋时期，由于处在中世纪暖期，受全球气候变暖影响，海平面上涨，并导致本区水文环境发生重大变化，进而造成严重水患；而在元明清三代，由于进入小冰期，受全球气候变冷影响，海平面下降又导致本区水文环境出现新一轮重大变化，加上气候总体湿润、降水充沛，致使元明清三代本区水患仍然相当严重。在这一环境压力作用下，太湖地区的防洪排水活动因而能够持续保持活跃状态。

同时，太湖地区粮食作物的生长发育以及复种制度受到气候变化影响也比较显著。宋元时期总体温暖气候环境是本区稻麦两熟开始发展的一个非常重要的基本条件。但在 17 世纪和 19 世纪的极度寒冷气候致使全年生长季缩短；同时由于积温不足，造成水稻和小麦的生长发育迟缓，生育期延长，使一年内同时完成稻麦两熟非常困难，季节矛盾越发严重，达到了难以解决的地步。对此，当时人们一方面在稻麦两熟生产中引进小麦移栽技术，通过稻麦双移栽的方式人为延长稻麦生育期，以满足生长发育需要；另一方面则提倡改制，以栽培双季稻来替换稻麦两熟。但实际上双季稻对温度变化更为敏感，由于生长所需热量严重不足，双季稻生产受到严重制约，在17、19世纪以及其他几个气候寒冷时期，本区的双季稻均表现出了衰退迹象，所以改制计划也最终搁浅。由此看出，气候变冷不利于本区复种制度的发展。相反，在气候温暖期，由于生长季延长，热量供给较为充足，加之作物生长发育速度加快，生育期缩短，各种复种生产发展良好，存在的问题较少，甚至本区的复种指数会得到提升，能够发展一年三熟制。

历史气候变化对粮食生产的影响最终是要反映在产量方面。19世纪便是一个典型时期，正是在当时气候转冷、转湿双重作用下，本区的稻作亩产量及收成才会显著下降。由于气候冷暖变化对于本区的稻作亩产量影响更为显著，所以本区的气候冷暖变化与稻作亩产量之间形成了较好的正相关性，表现出在气候温暖时期，稻作亩产量及收成水平较高；而在气候寒冷时期情况正好相反，表现为较差状态。由此看出，历史气候的冷暖变化要比干湿变化对太湖地区粮食生产影响程度更大。造成这种情况的原因可能是多方面的，但其中的一个重要原因还是与宋代以来本区长期处在水患严重的条件之下，气候冷暖变化对作物生长发育及产量影响更为显著的缘故。

另外，通过本书研究，也获得了一些启示和经验。

首先是学术方面的启示。通过书中对17世纪稻麦两熟生产中的移栽麦以及双季连作晚稻的育秧期过长，19世纪弃麦种稻等问题的探讨，笔者认为，鉴于农业是自然再生产与社会再生产的综合产物，而环境因素对于农业生产的作用在某些时候甚至要超过社会因素，正是因为各个地区不同的环境特点才造就了该地区所特有的农业生产特征。这就需要今后的农业史研究工作务必要开拓思路，不能再忽视气候变化等环境因素的重要作用；并且还需要区分不同时期、地区所具有的特定环境条件对于农业生产的影响。只有这样，前辈学者们在研究过程中所遗留的一些问题才有可能得到合理的诠释和解读。

其次在现阶段，我国70%的粮食均来自灌溉农业，水利对粮食生产的贡献率已高达40%以上。而要想在2030年实现新增500亿千克粮食生产能力的目标,关键也在于水。因而可以说,如果没有农田水利的基础支撑作用,就没有中国农业的稳定发展,更无法保障我们这个人口大国的粮食安全。农田水利建设已经不仅是灌溉排水本身的问题,而是关乎国家粮食安全的战略全局性问题。然而在近年来,由于气候变暖,造成我国部分地区干旱程度有增强的趋势。例如,在2004年全国受旱农田面积已达0.166亿公顷,2007年这一数字又提高到0.399亿公顷,2009—2010年西南地区发生了有气象记录以来最为严重的秋冬春特大干旱,2010年冬季北方8省冬麦区又出现持续旱情。气候变化给当前农田水利所造成的压力可想而知。①通过对历史气候变化影响太湖地区农田水利这一问题的探讨也得出了一些历史经验。其一,从宋代农田水利的发展情况看,宋人未能够做到像吴越国那样,从整体出发,合理规划农田水利;而是"头痛医头脚痛医脚",每当气候进入干旱期旱情严重之时才会想到加强蓄水灌溉设施建设,一旦局势缓解又马上回到原先状态。特别是在北宋初年气候风调雨顺时期,没有忧患意识的宋人竟然对前人留下的农田水利系统大肆破坏,后来在气候转干时,由于没有蓄水灌溉设施保障,最终尝到了"稍旱即水田不登"的恶果。其二,由于太湖地区受地理环境的制约,这里长期保持水患严重的态势,所以农田水利特别是防洪排水设施所承受的巨大压力可想而知。清人能够吸取前人经验,坚持不懈地进行防洪排水工程建设,并最终取得了一些成绩②,是值得称赞的。这也说明尽管古代生产力极为有限,但通过人为因素干扰仍能使水环境向良好方向发展。而上述两条经验也是值得现代水利规划和建设部门在当前气候变暖、水旱灾害异常的大背景下需要慎重考虑和借鉴的问题。其三,经现代科学研究评估,当海平面上升0.5米,太湖流域的对外排涝水量会减少$14.9\times10^{8}$立方米,而太湖水位最高会上涨到5.01米,可

① 李玉柱:《水利概论》,中国水利水电出版社2010年版,第10页;秦承敏:《农田水利政策对气候变化的应对能力研究》,《安徽农业科学》2011年第25期。

② 如在本书第二章第二节第三部分中所说,尽管清代气候湿润,但由于人的努力,本区水灾反少于前代。

见海平面变化对于太湖流域的排涝影响是巨大的①。有学者研究,在过去50年中,我国海平面呈现明显上升趋势,平均每年上升2.5毫米,该速度已经超过全球平均水平②。而据可靠估计,由于未来气候继续增温,与1989—1999年的水位相比,21世纪末的全球海平面将上升28—58厘米。这不但会造成长江三角洲等沿海地区的土地不断被海水侵蚀,更会使海潮、海浪、风暴的影响程度和严重性加大。③ 而鉴于在中世纪暖期全球变暖所导致的海平面上升会对太湖地区水文环境造成重大影响这一历史经验,在未来全球变暖过程中,海平面上升对本区水文环境的影响问题,也需要水利相关部门高度关注。其四,历史经验告诉我们,围田对于太湖地区弊大于利。但是自新中国成立以来,人们对太湖地区湖荡的围垦活动并未停止,特别是在20世纪六七十年代在“与湖要粮”的口号激励下,开始了大规模围湖造田活动;其中太湖总围垦面积已达到160.17平方公里,并使太湖蓄水量减少了$3\times10^8$—$4\times10^8$立方米;这类围垦活动一方面加重了太湖流域的防洪压力,使汛期河湖水位明显抬高,同时也降低了流域的排洪能力④。鉴于此,相关部门今后应当更为全面地制定圩区规划方案,统筹协调好各圩区间的相互联系,对于一些由于围田所造成的水利隐患也应当及时排除。

再次,太湖地区处在北亚热带向中亚热带的过渡地带,热量资源对发展一年两熟有余,一年三熟尚感不足。古今经验均告诉我们,气候冷暖变化对本区的复种制度会造成巨大影响。特别是在当前气候变暖趋势明显的条件下,稻麦两熟、双季稻等一年两熟制,甚至双季稻三熟制也将越发成为本区重要的生产方式。但是,未来气候变化仍存在许多不确定因素,在气候增温

---

① 王腊春、周寅康、都金康:《海平面变化对太湖流域排涝的影响》,《海洋与湖沼》2000年第6期。

② 杜碧兰:《海平面上升对中国沿海主要脆弱区的影响及对策》,引自朱红根:《气候变化、水稻波动与农户适应策略——基于中国南方地区的实证》,中国农业出版社2012年版,第78页。

③ 朱红根:《气候变化、水稻波动与农户适应策略——基于中国南方地区的实证》,中国农业出版社2012年版,第77页。

④ 杨桂山、王德建等:《太湖流域·经济发展·水环境·水灾害》,科学出版社2003年版,第195—199页。

过程中极端低温天气的出现仍难以避免,这就需要相关部门提早做好准备,采取措施以预防或减少异常天气对当地复种生产的危害。另外,从本书研究可看出,未来气候变暖在总体上应当有利于本区稻作亩产量的提高。但一方面由于受东亚季风影响,异常降水天气仍不可避免;另一方面极端低温天气以及阶段性降温在今后也不可能避免,所以气象和农业部门仍需要加强对极端低温天气以及异常降水天气的监测和应对工作,以确保本区水稻产量能够平稳地发展。

最后,太湖地区的稻作品种具有稳定性和继承性。闵宗殿依据江苏、浙江两省的作物品种志考证,在 20 世纪五六十年代,太湖地区所流传下来的水稻优质品种还有香粳、雪里拣等 24 个品种,而且这些品种的一般产量还可达到 400—500 斤,甚至 700 斤,说明这些优质品种仍具有强大的生命力和实用价值。但这些传统品种的发展形势却不容乐观。据闵宗殿在 20 世纪 80 年代的考察结果,本区原有优质水稻品种大多都已遗失。即便是收藏水稻品种资源材料较多的江苏省农业科学院粮食所品种室,这里所保存的优质稻种也仅有 17 份左右,这意味着约有 73%的优质稻种已经失传了。由此可见,抢救散落在民间的传统水稻品种刻不容缓,否则将会给水稻生产以及水稻育种工作造成无法挽回的损失。①

① 闵宗殿:《明清时期太湖地区的水稻品种》,《古今农业》1999 年第 2 期;闵宗殿:《太湖地区历史上的优质水稻品种资源》,《古今农业》1994 年第 1 期。

# 主要参考文献

**（一）历史文献类**

1.［汉］袁康撰，吴平辑录，俞纪东译注：《越绝书全译》，贵州人民出版社1996年版。

2.［吴］沈莹撰，张崇根辑校：《临海水土异物志辑校》（修订本），农业出版社1988年版。

3.［晋］陈寿撰，［宋］裴松之注：《三国志》，中华书局1959年版。

4.［梁］沈约：《宋书》，中华书局1974年版。

5.［梁］萧子显：《南齐书》，中华书局1972年版。

6.［唐］房玄龄等：《晋书》，中华书局1974年版。

7.［宋］欧阳修、宋祁：《新唐书》，中华书局1975年版。

8.［宋］司马光编著，［元］胡三省音注：《资治通鉴》，中华书局1956年版。

9.［宋］李焘：《续资治通鉴长编》，中华书局1980年版。

10.［宋］楼璹：《耕织图诗》，中华书局1985年版。

11.［宋］庄绰撰，萧鲁阳点校：《鸡肋篇》，中华书局1983年版。

12.［宋］陈旉撰，万国鼎校注：《陈旉农书校注》，农业出版社1965年版。

13.［宋］范仲淹著，李勇先等点校：《范仲淹全集》，四川大学出版社2002年版。

14.［宋］岳珂：《愧郯录》，中华书局1985年版。

15.［宋］范坰、林禹：《吴越备史》，中华书局1991年版。

16.［元］任仁发：《水利集》，上海师范大学图书馆藏明钞本。

17.［元］王祯撰，缪启愉译注：《东鲁王氏农书译注》，上海古籍出版社1994年版。

18.［元］脱脱等：《宋史》，中华书局1977年版。

19.［元］俞贞木著，康成懿校注：《种树书》，农业出版社1962年版。

20.［元］苏天爵著，陈高华等点校：《滋溪文稿》，中华书局1997年版。

21.［明］宋濂：《元史》，中华书局1976年版。

22.［明］沈启：《吴江水考》，广陵书社2006年版。

23.［明］宋应星著，潘吉星译注：《天工开物》，上海古籍出版社1993年版。

24.［明］王世懋：《学圃杂疏》，中华书局1985年版。

25.［明］顾祖禹：《读史方舆纪要》，中华书局1955年版。

26.[明]徐光启、石声汉校注:《农政全书校注》,上海古籍出版社1979年版。

27.[明]姚文灝辑,汪家伦校注:《浙西水利书校注》,农业出版社1984年版。

28.[明]归有光:《三吴水利录》,中华书局1985年版。

29.[明]耿橘、[清]孙峻撰,汪家伦整理:《筑圩图说及筑圩法》,农业出版社1980年版。

30.[明]黄省曾:《理生玉镜稻品》,中华书局1985年版。

31.[明]丘濬著,蓝田玉等点校:《大学衍义补》,中州古籍出版社1995年版。

32.[明]朱国祯:《涌幢小品(上)》,文化艺术出版社1998年版。

33.[明]陆世仪:《陆桴亭思辨录辑要》,商务印书馆1937年版。

34.[清]张廷玉等:《明史》,中华书局1974年版。

35.上海人民出版社编:《清代日记汇抄》,上海人民出版社1982年版。

36.故宫博物院档案部:《李煦奏折》,中华书局1976年版。

37.[清]张履祥辑补,陈恒力校释:《补农书校释》(增订本),农业出版社1983年版。

38.[清]徐帆辑:《宋会要辑稿》,中华书局1957年版。

39.[清]叶梦珠撰,来新夏点校:《阅世编》,中华书局2007年版。

40.[清]金友理:《太湖备考》,江苏古籍出版社1998年版。

41.[清]包世臣著,潘竟翰点校:《齐民四术》,中华书局2001年版。

42.[清]王凤生纂修,梁恭辰重校:《浙西水利备考》,成文出版社1878年版。

43.[清]钱泳撰,张伟点校:《履园丛话》,中华书局1979年版。

44.[清]林则徐:《林文忠公政书》,中国书店1991年版。

45.[清]林则徐著,中山大学历史系中国近代现代史教研组、中山大学历史系中国近代现代史研究室编:《林则徐集·日记》,中华书局1962年版。

46.中山大学历史系中国近代现代史教研组、研究室:《林则徐集奏稿》(上),中华书局1965年版。

47.林则徐全集编辑委员会:《林则徐全集》(第7册),海峡文艺出版社2002年版。

48.[清]姜皋:《浦泖农咨》,上海图书馆影印道光十四年刻本,1963年版。

49.[清]陈确:《陈确集》,中华书局1979年版。

50.[清]顾祖禹:《方舆类纂》,嘉庆十三年文畲堂刊本。

51.[清]黄卬:《锡金识小录》,清光绪二十二年刻本。

52.赵尔巽等:《清史稿》,中华书局1977年版。

53.[宋]朱长文撰,金菊林点校:《吴郡图经续记》,江苏古籍出版社1999年版。

54.[宋]范成大撰,陆振岳点校:《吴郡志》,江苏古籍出版社1986年版。

55.中华书局编辑部:《宋元方志丛刊》,中华书局1990年版。

56.[明]卢熊纂修:《(洪武十二年)苏州府志》,上海图书馆藏明洪武十二年刊本。

57.[明]吴翀、李庶纂:《(弘治)无锡县志》,线装书局2003年版。

58. [明]杨子器等纂修:《(弘治)常熟县志》,齐鲁书社 1996 年版。

59. [明]莫旦等纂修:《(弘治)吴江志》,弘治元年刻本。

60. [明]郭经等纂修:《(弘治十六年)上海县志》,弘治十七年刊本。

61. [明]王鏊撰:《(正德元年)姑苏志》,正德元年刊本。

62. [明]陈威修,顾清等纂:《(正德七年)松江府志》,齐鲁书社 1996 年版。

63. [明]杨循吉纂,陈其弟点校:《(嘉靖八年)吴邑志》,广陵书社 2006 年版。

64. [明]冯汝弼等纂修:《(嘉靖)常熟县志》,嘉靖十八年刻本。

65. [明]周世昌等纂修:《(万历)昆山县志》,万历四年重修刻本。

66. [明]靳一派修,李太冲等纂:《(万历三十八年)崇德县志》,万历三十八年刊本。

67. [明]颜洪范修,张之象纂:《(万历十四年)上海县志》,万历十六年刻本。

68. [明]樊维城修,胡震亨等纂:《(天启)海盐图经 》,齐鲁书社 1996 年版。

69. [明]徐守纲、潘士遴纂修:《(崇祯)乌程县志》,崇祯十一年刻本。

70. [明]方越贡修,陈继儒纂:《(崇祯)松江府志》,书目文献出版社 1991 年版。

71. [明]钱肃乐修,张采纂:《(崇祯)太仓州志》,康熙十七年补刻崇祯十五年刊本。

72. [明]牛若麟等纂修:《(崇祯)吴县志》,崇祯十五年刻本。

73. [清]王前修等纂修:《(康熙)吴江县志续编》,清抄本。

74. [清]王庭等纂修:《(康熙二十三年)嘉兴县志》,康熙二十四年刊本。

75. [清]龚嵘纂修:《(康熙二十四年)余杭县新志》,康熙二十四年刻本。

76. [清]杨振藻等纂修:《(康熙二十六年)常熟县志》,康熙二十六年刻本。

77. [清]卢学博纂修:《(康熙二十七年)乌青文献》,上海图书馆藏春草堂刊本。

78. [清]于琨等纂修:《(康熙三十三年)常州府志》,康熙三十四年刻本。

79. [清]吴永芳修,高孝本等纂:《(康熙六十年)嘉兴府志》,康熙六十年刊本。

80. [清]嵇曾筠等纂修:《(雍正)浙江通志》,上海古籍出版社 1991 年版。

81. [清]孙阳顾等纂修:《(乾隆)儒林六都志》,江苏古籍出版社 1992 年版。

82. [清]许治等纂修:《(乾隆)元和县志》,江苏古籍出版社 1991 年版。

83. [清]沈彤等纂修:《(乾隆十一年)震泽县志》,江苏古籍出版社 1991 年版。

84. [清]雅尔哈善纂修:《(乾隆十二年)苏州府志》,苏州图书馆藏乾隆十三年刻本。

85. [清]谭肇基等纂修:《(乾隆十三年)长兴县志》,乾隆十四年梦鼎堂刊本。

86. [清]刘蓟植等纂修:《(乾隆十四年)安吉州志》,乾隆十五年刊本。

87. [清]张力行修,徐志鼎纂:《(乾隆四十四年)平湖县志》,乾隆四十五年刊本。

88. [清]王昶纂修:《(乾隆四十六年)青浦县志》,乾隆四十七年刊本。

89. [清]范廷杰修,皇甫枢纂:《(乾隆四十九年)上海县志》,乾隆四十九年刊本。

90. [清]康基田、王昶等纂修:《(嘉庆)直隶太仓州志》,嘉庆七年刻本。

91. [清]宋如林修,孙星衍纂:《(嘉庆)松江府志》,上海书店 1991 年版。

92. [清]杨学渊纂:《(嘉庆)寒圩小志》,上海书店 1992 年版。

93.［清］李先荣等纂修:《(嘉庆)增修宜兴县旧志》,江苏古籍出版社1991年版。

94.［清］司能任修,屠本仁纂:《(嘉庆四年)嘉兴县志》,嘉庆七年刊本。

95.［清］纪磊、沈眉寿:《(道光)震泽镇志》,江苏古籍出版社1992年版。

96.［清］柳树芳纂:《(道光)分湖小识》,江苏古籍出版社1992年版。

97.［清］张鸿等纂:《(道光)昆新两县志》,江苏古籍出版社1991年版。

98.［清］于尚龄纂修:《(道光二十年)嘉兴府志》,道光二十年刊本。

99.［清］章树福:《(咸丰三年)黄渡镇志》,上海社会科学院出版社2004年版。

100.［清］李铭皖等修,冯桂芬纂:《(同治八年)苏州府志》,江苏古籍出版社1991年版。

101.［清］应宝时修,俞樾纂:《(同治十年)上海县志》,同治十年吴门臬署刻本。

102.［清］赵定邦修,周学浚等纂:《(同治十二年)长兴县志》,上海古籍出版社2005年版。

103.［清］仲廷机辑,仲虎腾补辑:《(同治十三年)盛湖志》,民国十三年杭州刻蓝印本。

104.［清］裴大中等纂修:《(光绪二年)无锡金匮县志》,江苏古籍出版社1991年版。

105.［清］金福曾等修,张文虎等纂:《(光绪五年)南汇县志》,上海书店1991年版。

106.［清］龚嘉俊修,李榕等纂:《(光绪五年)杭州府志》,成文出版社1974年版。

107.［清］王具淦等修,汤成烈等纂:《(光绪)武进阳湖县志》,江苏古籍出版社1991年版。

108.［清］郑钟祥等修,庞鸿文等纂:《(光绪)常昭合志稿》,江苏古籍出版社1991年版。

109.［清］杨开第修,姚光发等纂:《(光绪)重修华亭县志》,上海书店1991年版。

110.［清］陈方瀛等纂修:《(光绪)川沙厅志》,光绪五年刻本。

111.［清］博润修,姚光发等纂:《(光绪)松江府续志》,上海书店1991年版。

112.［清］卢思诚等修,季念贻等纂:《(光绪)江阴县志》,江苏古籍出版社1991年版。

113.［清］许瑶光修,吴仰贤等纂:《(光绪三年)嘉兴府志》,上海书店1993年版。

114.［清］潘玉璇等修,汪曰桢等纂:《(光绪五年)乌程县志》,上海书店1993年版。

115.［清］李昱修,陆心源等纂:《(光绪七年)归安县志》,上海书店1993年版。

116.［清］彭润章等修,叶廉锷等纂:《光绪(光绪十三年)平湖县志》,上海书店1993年版。

117.［清］江风青修,顾福仁等纂:《(光绪十三年)重修嘉善县志》,上海书店1993年版。

118.吴馨等纂修:《(民国元年)上海县续志》,成文出版社1970年版。

119.周庆云编纂:《(民国九年)南浔志》,民国十一年吴兴周氏刊本。

120. 齐耀珊等纂修:《(民国)杭州府志》,上海书店 1993 年版。

(二)专著类

1. 陈祖槼:《中国农学遗产选集:甲类第一种·稻(上编)》,中华书局 1958 年版。

2. 陈恒力:《补农书研究》,中华书局 1958 年版。

3. 曹树基:《中国人口史(第五卷)·清时期》,复旦大学出版社 2001 年版。

4. 崔读昌:《中国农业气候学》,浙江科学技术出版社 1999 年版。

5. 董恺忱、范楚玉:《中国科学技术史·农史卷》,科学出版社 2000 年版。

6. 邓根云:《气候变化对中国农业的影响》,北京科学技术出版社 1993 年版。

7. 丁颖:《中国水稻栽培学》,农业出版社 1961 年版。

8. 范金民:《江南社会经济研究(宋元卷)》,农业出版社 2006 年版。

9. 方健:《南宋农业史》,人民出版社 2010 年版。

10. 葛全胜:《中国历朝气候变化》,科学出版社 2011 年版。

11. 洪焕椿、罗仑:《长江三角洲地区社会经济史研究》,南京大学出版社 1989 年版。

12. 洪璞:《明代以来太湖南岸乡村的经济与社会变迁——以吴江县为中心》,中华书局 2005 年版。

13. 韩茂莉:《宋代农业地理》,山西古籍出版社 1993 年版。

14. 江苏省水利厅水利史研究小组:《太湖水利史》(讨论稿),1964 年。

15. 江苏农业地理编写组:《江苏农业地理》,江苏科学出版社 1979 年版。

16. 江苏省农林厅:《江苏农业发展史略》,江苏科学技术出版社 1992 年版。

17. 江苏省地方志编纂委员会:《江苏省志·农业志》,江苏古籍出版社 1997 年版。

18. 冀朝鼎、朱诗鳌译:《中国历史上的基本经济区与水利事业的发展》,中国社会科学出版社 1981 年版。

19. 刘昭民:《中国历史上气候之变迁》,(中国台湾)商务印书馆 1994 年版。

20. 刘玉凤:《作物栽培》,高等教育出版社 2005 年版。

21. 李文治:《中国近代农业史资料(第一辑)》,生活·读书·新知三联书店 1957 年版。

22. 李伯重:《唐代江南农业的发展》,农业出版社 1990 年版。

23. 李伯重:《多视角看江南经济史(1250—1850)》,生活·读书·新知三联书店 2003 年版。

24. 李伯重:《江南农业的发展(1620—1850)》,上海古籍出版社 2007 年版。

25. 缪启愉:《太湖塘浦圩田史研究》,农业出版社 1985 年版。

26. 梁方仲:《中国历代户口、田地、田赋统计》,中华书局 2008 年版。

27. 马宗申校注:《授时通考校注(第一册)》,农业出版社 1991 年版。

28. 牟重行:《中国五千年气候变迁再考证》,气象出版社 1996 年版。

29. 满志敏:《中国历史时期气候变化研究》,山东教育出版社 2009 年版。

30. 农业部粮食作物生产局:《水稻改制技术经验参考资料》,农业出版社 1958 年版。

31. 农书和农史人物编辑组编:《农百 · 农史卷(农书和农史人物分支)》,1991 年版。

32. 南京农学院、江苏农学院:《作物栽培学(南方本)上册》,上海科学技术出版社 1981 年版。

33. 潘根兴:《气候变化对中国农业生产的影响分析与评估》,中国农业出版社 2010 年版。

34. 潘根兴:《应对气候变化 200 问》,中国农业出版社 2012 年版。

35. 气候变化与作物产量编写组:《气候变化与作物产量》,中国农业科技出版社 1992 年版。

36. 任昌福、刘保国:《再生稻栽培技术》,农业出版社 1993 年版。

37. 上海市农业区划办公室:《上海农业气候》,学林出版社 1985 年版。

38. 施和金、张海防、杨峻:《江苏农业气象气候灾害历史纪年:公元前 190 年—公元 2002 年》,吉林人民出版社 2005 年版。

39. 宋艳玲:《气候变化对中国农业影响研究》,气象出版社 2012 年版。

40. 唐启宇:《中国农史稿》,农业出版社 1985 年版。

41. 唐启宇:《中国作物栽培史稿》,农业出版社 1986 年版。

42. 王达、吴崇仪、李成斌:《中国农学遗产选集:甲类第一种 · 稻(下编)》,农业出版社 1993 年版。

43. 王如海、吴本忠、屠家骥:《双季稻栽培技术》,浙江人民出版社 1958 年版。

44. 王世之、方成梁、赵微平:《小麦移栽》,人民出版社 1975 年版。

45. 王建革:《水乡生态与江南社会(9—20 世纪)》,北京大学出版社 2013 年版。

46. 汪家伦、张芳:《中国农田水利史》,农业出版社 1990 年版。

47. 温克刚:《中国气象灾害大典》,气象出版社 2008 年版。

48. 文焕然:《中国历史时期冬半年气候冷暖变迁》,科学出版社 1996 年版。

49. 吴承洛:《中国度量衡史》,商务印书馆 1984 年版。

50. 吴慧:《中国历代粮食亩产研究》,农业出版社 1985 年版。

51. 吴松弟:《中国人口史(第三卷) · 辽宋金元时期》,复旦大学出版社 2000 年版。

52. 肖汝其、董耀龄:《太湖晚粳稻》,浙江科学技术出版社 1993 年版。

53. 游修龄:《中国稻作史》,中国农业出版社 1995 年版。

54. 游修龄、曾雄生:《中国稻作文化史》,上海人民出版社 2010 年版。

55. 杨桂山、王德建等:《太湖流域 · 经济发展 · 水环境 · 水灾害》,科学出版社 2003 年版。

56. 于振文:《作物栽培学各论(北方本)》,中国农业出版社 2003 年版。

57. 浙江农业大学农学系作物栽培教研组:《大小麦栽培》,浙江人民出版社 1978

年版。

58. 中国农业科学院、南京农学院中国农业遗产研究室:《中国农学史(初稿)》下册》,科学出版社 1984 年版。

59. 中国农业科学院、南京农业大学中国农业遗产研究室:《中国古代农业科学技术史简编》,江苏科学技术出版社 1985 年版。

60. 中国科学院南京地理与湖泊研究所:《太湖流域水土资源及农业发展远景研究》,科学出版社 1988 年版。

61. 中国农业科学院、南京农业大学中国农业遗产研究室太湖地区农业史研究课题组:《太湖地区农业史稿》,农业出版社 1990 年版。

62. 中共松江县委员会:《松江水稻》,上海科学技术出版社 1962 年版。

63. 中华人民共和国农业部粮食生产总局:《水稻改制技术经验参考资料》,财政经济出版社 1958 年版。

64. 中国科学院地理科学与资源研究所、中国第一历史档案馆:《清代奏折汇编—农业、环境》,商务印书馆 2005 年版。

65. 张家诚:《气候与人类》,河南科学技术出版社 1988 年版。

66. 张丕远:《中国历史气候变化》,山东科技出版社 1996 年版。

67. 张芳:《中国古代灌溉工程技术史》,山西教育出版社 2009 年版。

68. 张芳:《明清农田水利研究》,中国农业科技出版社 1998 年版。

69. 赵冈、刘永成、吴慧:《清代粮食亩产量研究》,中国农业出版社 1995 年版。

70. 郑大玮、刘中丽:《小麦抗旱防冻增产技术》,农业出版社 1993 年版。

71. 郑学檬:《中国古代经济重心南移和唐宋江南经济研究》,岳麓书社 2003 年版。

72. 郑肇经:《太湖水利技术史》,农业出版社 1987 年版。

73. 张德二:《中国三千年气象记录总集》,凤凰出版社 2004 年版。

74. 张培江:《优质水稻生产关键技术百问百答》,中国农业出版社 2005 年版。

75. 朱红根:《气候变化、水稻波动与农户适应策略——基于中国南方地区的实证》,中国农业出版社 2012 年版。

76. [美]德怀特·希尔德·珀金斯著,宋海文等译,伍丹戈校:《中国农业的发展(1368—1968)》,上海译文出版社 1984 年版。

77. [日]斯波义信著,方健、何忠礼译:《宋代江南经济史研究》,江苏人民出版社 2000 年版。

**(三)论文类**

1. 褚绍唐:《历史时期太湖流域主要水系的变迁》,《复旦学报(社会科学版)》,1980 年。

2. 陈梦家:《亩制与里制》,《考古》1966 年第 1 期。

3. 陈锡臣:《浙大农场小麦移植试验报告》,《农业科学通讯》1950 年第 9 期。

4. 陈志一:《江苏双季稻历史初探》,《中国农史》1983 年第 1 期。

5. 陈家其:《从太湖流域旱涝史料看历史气候信息处理》,《地理学报》1987 年第 3 期。

6. 陈家其:《太湖流域南宋以来旱涝规律及其成因初探》,《地理科学》1989 年第 1 期。

7. 陈家其:《明清时期气候变化对太湖流域农业经济的影响》,《中国农史》1991 年第 3 期。

8. 陈家其、姜彤、许朋柱:《江苏省近两千年气候变化研究》,《地理科学》1998 年第 3 期。

9. 陈家其、施雅风:《长江三角洲千年冬温序列与古里雅冰芯比较》,《冰川冻土》2002 年第 1 期。

10. 曹树基:《〈禾谱〉校释》,《中国农史》1985 年第 3 期。

11. 曹幸穗:《解放前苏南地区的农田耕作与农具》,《古今农业》1992 年第 2 期。

12. 丁晓蕾:《历史时期太湖地区生态环境变化状况研究——以与水争田为中心》,《池州师专学报》2005 年第 2 期。

13. 方金琪:《我国历史时期的湖泊围垦与湖泊退缩》,《地理环境研究》1989 年第 1 期。

14. 范金民:《清前期苏州农业经济的特色》,《中国农史》1993 年第 1 期。

15. 龚高法、陈恩久:《论生长季气候寒暖变化与农业》,《大气科学》1980 年第 1 期。

16. 龚高法、张丕远、张瑾瑢:《十八世纪我国长江下游等地区的气候》,《地理研究》1983 年第 2 期。

17. 郭松义:《清前期南方稻作区的粮食生产》,《中国经济史研究》1994 年第 1 期。

18. 葛金芳、顾蓉:《宋代江南地区的粮食亩产及其估算方法辨析》,《湖北大学学报(哲学社会科学版)》2000 年第 3 期。

19. 葛全胜、郑景云、满志敏等:《过去 2000 a 中国东部冬半年温度变化序列重建及初步分析》,《地学前缘》2002 年第 1 期。

20. 葛全胜、郑景云、方修琦等:《过去 2000 年中国东部冬半年温度变化》,《第四纪研究》2002 年第 2 期。

21. 葛全胜、郑景云、刘健:《过去 2000a 中国东部冬半年温度变幅与周期》,《气候变化研究进展》2006 年第 3 期。

22. 杭州市农科所栽培组:《育苗移栽是实现小麦早熟高产的一个重要途径》,《浙江农业科学》1976 年第 6 期。

23. 韩昭庆:《明清时期太湖流域冬季气候研究》,《复旦学报(社会科学版)》1995 年第 1 期。

24. 韩茂莉:《中国古代农作物种植制度略论》,《中国农史》2000 年第 3 期。

25. 洪璞:《明代以来江南农业的生态适应性》,《中国农史》2001 年第 2 期。

26. 何勇强:《论唐宋时期圩田的三种形态——以太湖流域的圩田为中心》,《浙江学刊》2003 年第 2 期。

27. 嘉兴专区农业科学研究所、桐乡县农业局、桐乡县屠甸公社农业技术推广站:《嘉兴地区移植小麦栽培经验的调查》,《浙江农业科学》1960 年第 5 期。

28. 孔祥贤:《江南各省的双季稻是在康熙后期开始推广的》,《农业考古》1983 年第 1 期。

29. 李长年:《清代江南地区的农业改制问题》,《中国农业科学》1962 年第 7 期。

30. 李伯重:《我国稻麦复种制产生于唐代长江流域考》,《农业考古》1982 年第 2 期。

31. 李伯重:《明清时期江南水稻生产集约程度的提高——明清江南农业经济发展特点探讨之一》,《中国农史》1984 年第 1 期。

32. 李伯重:《明清江南种稻农户生产能力初探——明清江南农业经济发展特点探讨之四》,《中国农史》1986 年第 3 期。

33. 李伯重:《"天"、"地"、"人"的变化与明清江南的水稻生产》,《中国经济史研究》1994 年第 4 期。

34. 李伯重:《宋末至明初江南农业技术的变化——十三、十四世纪江南农业变化探讨之二》,《中国农史》1998 年第 1 期。

35. 李伯重:《一八二三年至一八三三年间华亭—娄县地区水稻亩产量——一种新研究方法的尝试》,《历史研究》2007 年第 6 期。

36. 李伯重:《"道光萧条"与"癸未大水"——经济衰退、气候剧变及 19 世纪的危机在松江》,《社会科学》2007 年第 6 期。

37. 李印先:《"双杂"间作稻在开发冬水田中的效果》,《资源开发与保护》1992 年第 2 期。

38. 李根蟠:《长江下游稻麦复种制的形成和发展——以唐宋时代为中心的讨论》,《历史研究》2002 年第 5 期。

39. 李根蟠:《再论宋代南方稻麦复种制的形成和发展——兼与曾雄生先生商榷》,《历史研究》2006 年第 2 期。

40. 李玖颖、赵军:《气候变化与水利》,《水利天地》2000 年第 3 期。

41. 李爱军:《我国北宋时期占城稻的推广与发展》,《河北科技师范学院学报》2004 年第 2 期。

42. 刘健、高建慧、王苏民:《中世纪暖期温度变化的模拟》,《湖泊科学》2006 年第 2 期。

43. 刘永成:《从租册、刑档看清代江苏地区的粮食亩产量》,《中国史研究》1994 年第 4 期。

44. 闵宗殿:《明清时期浙江嘉湖地区的农业生态平衡》,《中国农业科学》1982 年第 2 期。

45. 闵宗殿:《康熙和御稻》,《农史研究》1984 年第 4 期。

46. 闵宗殿:《宋明清时期太湖地区水稻亩产量的探讨》,《中国农史》1984 年第 3 期。

47. 闵宗殿:《太湖地区历史上的优质水稻品种资源》,《古今农业》1994 年第 1 期。

48. 闵宗殿:《明清时期太湖地区的水稻品种》,《古今农业》1999 年第 2 期。

49. 满志敏、张修桂:《中国东部十三世纪温暖期自然带的推移》,《复旦学报(社会科学版)》1990 年第 5 期。

50. 满志敏:《历史时期柑橘种植北界与气候变化的关系》,《复旦学报(社会科学版)》1997 年第 5 期。

51. 满志敏:《两宋时期海平面上升及其环境影响》,《灾害学》1998 年第 2 期。

52. 潘威、王美苏、杨煜达:《1823 年(清道光三年)太湖以东地区大涝的环境因素》,《古地理学报》2010 年第 3 期。

53. 秦明君:《试论唐代江南粮食生产发展的原因》,《湖北大学学报(哲学社会科学版)》1993 年第 5 期。

54. 秦承敏:《农田水利政策对气候变化的应对能力研究》,《安徽农业科学》2011 年第 25 期。

55. 钱克金、张海防:《宋代太湖地区农业水利的治理及其社会环境因素的制约》,《中国经济史研究》2009 年第 1 期。

56. 沈小英、陈家其:《太湖地区的粮食生产与气候变化》,《地理科学》1991 年第 3 期。

57. 桑润生:《长江流域栽培双季稻的历史经验》,《农业考古》1982 年第 2 期。

58. 桑润生:《太湖流域历史上水患的成因、策治与教训》,《上海水利》1998 年第 2 期。

59. 吴慧:《历史上粮食商品率商品量测估》,《中国经济史研究》1998 年第 4 期。

60. 汪铎、张镡:《历史时期"大型环流—天气气候—作物年景"系统低频振动的模拟试验》,《大气科学》1990 年第 3 期。

61. 汪铎:《太湖平原(浙江省北部)粮食作物产量波动的长期天气分析》,《气象学报》1981 年第 3 期。

62. 王达:《双季稻的历史发展》,《中国农史》1982 年第 1 期。

63. 王社教:《明代苏皖浙赣地区的水稻生产和分布》,《中国历史地理论丛》1995 年第 4 期。

64. 王社教:《明代太湖流域的粮食生产与缺粮问题》,《中国历史地理论丛》1998 年第 3 期。

65. 王业键:《清代中国气候变化、自然灾害与粮价的初步考察》,《中国经济史研究》1999 年第 1 期。

66. 王绍武:《小冰期气候的研究》,《第四纪研究》1995 年第 3 期。

67. 王绍武:《中世纪暖期与小冰期》,《气候变化研究进展》2010 年第 5 期。

68. 王腊春、周寅康、都金康:《海平面变化对太湖流域排涝的影响》,《海洋与湖沼》2000 年第 6 期。

69. 王文、谢志仁:《中国历史时期海面变化——塘工兴废与海面波动》,《河海大学学报》1999 年第 4 期。

70. 王文、谢志仁:《中国历史时期海面变化——潮灾强弱与海面波动》,《河海大学学报》1999 年第 5 期。

71. 王文、谢志仁:《从史料记载看中国历史时期海面波动》,《地球科学进展》2001 年第 2 期。

72. 王建革:《水车与秧苗:清代江南稻田排涝与生产恢复场景》,《清史研究》2006 年第 2 期。

73. 王建革:《技术与圩田土壤环境史:以嘉湖平原为中心》,《中国农史》2006 年第 1 期。

74. 王建革:《宋元时期吴淞江圩田区的耕作制与农田景观》,《古今农业》2008 年第 4 期。

75. 王建革:《宋元时期太湖东部地区的水环境与塘浦置闸》,《社会科学》2008 年第 1 期。

76. 王建革:《10—14 世纪吴淞江地区的河道、圩田与治水体制》,《南开学报(哲学社会科学版)》2010 年第 4 期。

77. 王建革:《宋元时期吴淞江流域的稻作生态与水稻土形成》,《中国历史地理论丛》2011 年第 1 期。

78. 王建革:《太湖东部的湖田生态(15—20 世纪)》,《社会科学》2012 年第 1 期。

79. 王张华、陈中原、寇莹等:《太湖流域公元 960 年以来的气候干湿变化研究》,《地理科学》2002 年第 5 期。

80. 王苏民、刘健、周静:《我国小冰期盛期的气候环境》,《湖泊科学》2003 年第 4 期。

81. 王加华:《一年两作制江南地区普及问题再探讨——兼评李伯重先生之明清江南农业经济史研究》,《中国社会经济史研究》2009 年第 4 期。

82. 王加华:《民国时期一年两作制江南地区普及问题考》,《中国农史》2009 年第 2 期。

83. 谢湜:《十一世纪太湖地区的水利与水学》,《清华大学学报(哲学社会科学版)》2011 年第 3 期。

84. 夏越炯、刘为纶:《近一千年来浙北平原的冷暖变化》,《杭州大学学报》1982 年第 3 期。

85. 余也非:《中国历代粮食平均亩产量考略》,《重庆师范学院学报(哲学社会科学版)》1980 年第 3 期。

86. 游修龄:《我国水稻品种资源的历史考证》,《农业考古》1981 年第 2 期。

87. 游修龄:《我国水稻品种资源的历史考证(续完)》,《农业考古》1982 年第 1 期。

88. 游修龄:《太湖地区稻作起源及其传播和发展问题》,《中国农史》1986 年第 1 期。

89. 游修龄:《宋代的水稻生产》,《中国水稻科学》1986 年第 1 期。

90. 游修龄:《〈天工开物〉的农学体系和技术特色》,《农业考古》1987 年第 1 期。

91. 游修龄:《占城稻质疑》,《农业考古》1983 年第 1 期。

92. 叶乐士:《混作和间作双季稻 》,《植物杂志》1984 年第 3 期。

93. 虞云国:《略论宋代太湖流域的农业经济》,《中国农史》2002 年第 1 期。

94. 杨怀仁、韩同春、杨达源等:《长江下游晚更新世以来河道变迁的类型与机制》,《南京大学学报(自然科学版)》1983 年第 2 期。

95. 杨晓光、刘志娟、陈阜:《全球气候变暖对中国种植制度可能影响 Ⅰ · 气候变暖对中国种植制度北界和粮食产量可能影响的分析》,《中国农业科学》2010 年第 2 期。

96. 竺可桢:《论我国气候的几个特点及其与粮食作物生产的关系》,《科学通报》1964 年第 3 期。

97. 竺可桢:《中国五千年来气候变迁的初步研究》,《考古学报》1972 年第 1 期。

98. 张养才:《历史时期气候变迁与我国稻作区演变关系的研究》,《科学通报》1982 年第 4 期。

99. 张家诚:《气候变化对中国农业生产影响的探讨》,《地理学报》1982 年第 2 期。

100. 张天麟:《长江三角洲历史时期气候的初步研究》,《华东师大学报》1982 年第 4 期。

101. 翟乾祥:《清代气候波动对农业生产的影响》,《古今农业》1989 年第 1 期。

102. 张德二:《我国中世纪温暖期气候的初步研究》,《第四纪研究》1993 年第 1 期。

103. 周生春:《试论宋代江南水利田的开发和地主所有制的特点》,《中国农史》1995 年第 3 期。

104. 周翔鹤:《明清时期中国的气候和粮食再生产》,《中国社会经济史研究》1998 年第 4 期。

105. 张厚瑄:《中国种植制度对全球气候变化响应的有关问题 Ⅰ · 气候变化对我国种植制度的影响》,《中国农业气象》2000 年第 1 期。

106. 张修桂:《太湖演变的历史过程》,《中国历史地理论丛》2009 年第 1 期。

107. 张丕远、龚高法:《十六世纪以来中国气候变化的若干特征》,《地理学报》1979 年第 34 期。

108. 张丕远、葛全胜、张时煌等:《200 年来我国旱涝气候演化的阶段性和突变》,《第四纪研究》1993 年第 1 期。

109. 张剑光、邹国慰:《略论唐代环太湖地区经济的发展》,《苏州大学学报(哲学社会科学版)》1999 年第 3 期。

110. 郑景云、葛全胜、郝志新:《气候增暖对我国近40年植物物候变化的影响》,《科学通报》2002年第20期。

111. 郑景云、王绍武:《中国过去2000年气候变化的评估》,《地理学报》2005年第1期。

112. 郑景云、邵雪梅、郝志新:《过去2000年中国气候变化研究》,《地理研究》2010年第9期。

113. 郑景云、葛全胜、郝志新:《过去150年长三角地区的春季物候变化》,《地理学报》2012年第1期。

114. 曾雄生:《试论占城稻对中国稻作之影响》,《自然科学史研究》1991年第1期。

115. 曾雄生:《宋代的双季稻》,《自然科学史研究》2002年第3期。

116. 曾雄生:《析宋代"稻麦二熟"说》,《历史研究》2005年第1期。

117. 周邦君:《明末清初浙北农具的利用——以〈补农书〉为例》,《青岛农业大学学报(社会科学版)》2008年第4期。

118. 赵锦、杨晓光、刘志娟等:《全球气候变暖对中国种植制度可能影响Ⅱ·南方地区气候要素变化特征及对种植制度界限可能影响》,《中国农业科学》2010年第9期。

119. [日]太泽正昭:《关于宋代"江南"的生产力水准的评价》,《中国农史》1998年第2期。

120. Portter S.C., "Pattern and forcing of northern hemisphere glacier variations during the last millennium", *Quaternary Research*, 1986(26).

121. Ogilvie A. E. J., Jonsson T., "'Little Ice Age' research: a persphective from Iceland", *Climatic Change*, 2001(48).

122. Quansheng Ge, Jingyun Zheng, Xiuqi Fang, et al., "Winter half-year temperature reconstruction for the middle and lower reaches of yellow river and Yangtze river, China, during the past 2000 years", *The Holocence*, 2003(6).

123. Moberg A., Sonechkin D. M., Holmgren K. et al., "Highly variable Northern Hemisphere temperatures reconstructed from low-and high-resolution proxy data", *Nature*, 2005(7026).

124. Krenke A.N., Chernavskaya M.M., "Climate changes in the preinstrumental period of the last millennium and their manifestations over the Russian Plain", *Isvertiya, Atmospheric and Oceanic Physics*, 2002(38).

125. Grove J. M., Switsur V. R., "Glacial geological evidence for the Medieval Warm Period", *Climatic Change*, 1994(24).

126. Jingyun Zheng, Wei-Chyung Wang, Quansheng Ge, et al., "Precipitation Variability and Extreme Events in Eastern China during the Past 1500 Years", *Atmopheric and Oceanic Science*, 2006(3).

127. Zhang T., Zhu J., Wassmann R., "Responses of rice yields to recent climate change

in China：An empirical assessment based on long-term observations at different spatial scales (1981—2005)"，*Agicultural and Forest Meteorology*，2010(150).

(四)学位论文类

1. 段居琦:《我国水稻种植分布及其对气候变化的响应》,中国气象科学研究院、南京信息工程大学,2012 年。

2. 刘炳涛:《明代长江中下游地区气候变化研究》,复旦大学,2011 年。

3. 马雷:《唐宋时期的江南运河对农田水利的影响研究》,复旦大学,2008 年。

4. 孙雯:《气候变暖对中国水稻生产的影响》,南京农业大学,2011 年。

5. 王克强:《明清苏州地区土地利用及其可持续性研究》,南京农业大学,2000 年。

6. 王静:《试论明清太湖地区种植业结构之变迁》,南京师范大学,2007 年。

7. 解诚:《清代前期太湖流域水利建设研究》,东北师范大学,2006 年。

8. 殷志华:《明清时期太湖地区稻作史研究》,南京农业大学,2012 年。

9. 赵荣:《明清时期太湖地区农业生态模式研究》,南京农业大学,2008 年。

# 后　记

本书是我走上学术研究道路以来的第一部著作，凝结了我在专业领域孜孜以求、努力求索的心血和汗水。虽然不敢说这本书有多高的水平，但是为了完成这部著作，自己也付出了艰苦的努力和扎实的工作，可以视为自己学术研究的一个阶段性总结。

在本书的写作过程中，我也逐渐体会和认识到了作为一名科研工作者在科学研究中需要具备的一种境界。那就是学术研究工作要求研究者必须首先能够静下心来，甘愿去坐“冷板凳”，能够忍受来自现实生活中的各种压力和困惑。不仅如此，更要有一种在学术海洋中不断求索的精神。尽管未必能够达到王国维先生所说的“衣带渐宽终不悔，为伊消得人憔悴”的人生境界，但至少是对于每一个细节的把握，甚至是对于每一个词句的推敲都要有一种让人牵肠挂肚、寝食难安的情怀。也只有做到了这些，学问才能有所长进。

在本书即将付梓之际，衷心感谢南京农业大学严火其教授、王思明教授、惠富平教授、李群教授、沈志忠教授在本书写作过程中给予我的指导。尤其要感谢严火其教授，不但在写作过程中给予我极大的帮助和建设性意见，还在百忙中为本书赐序，无不彰显了先生提携后学的高尚品德。同时感谢郑州大学王星光教授，在本书写作和出版过程中给予我的支持。

在本书出版过程中，我也得到了华北水利水电大学等相关部门的支持，尤其是华北水利水电大学马克思主义学院和水文化研究中心领导的关怀和指导。本书从立项、送审、校对到出版发行都得到了人民出版社姜冬红编辑的鼎力支持。借此机会向他们表示谢忱。

最后，感谢父母和爱妻对于我的理解、支持和奉献，是他们无怨无悔的支持，才给了我一个良好的工作和研究环境，让我能够安心继续从事研究工作,我将用一生感谢他们。

有幸漫步于我国浩如烟海的历史长廊,从中探索科学道理,这本身就是一场修行,我渴望在这场修行中寻求古人的智慧,更渴望能够“以古为鉴,可知兴替”。关于历史气候变化对于农业生产的影响研究,由于涉及多学科且内容庞杂,加之本人知识水平有限,所以本书难免会出现一些不足之处,敬请各位专家学者和读者朋友批评指正!

陈 超

2015年10月

责任编辑:姜冬红

**图书在版编目(CIP)数据**

气候变化对太湖地区粮食生产的影响研究.960~1911/陈　超 著.
-北京:人民出版社,2015.12
ISBN 978-7-01-015604-0

Ⅰ.①气…　Ⅱ.①陈…　Ⅲ.①气候变化-影响-太湖-流域-粮食-生产-研究-960~1911　Ⅳ.①F326.11

中国版本图书馆 CIP 数据核字(2015)第 301293 号

**气候变化对太湖地区粮食生产的影响研究(960—1911)**

QIHOU BIANHUA DUI TAIHU DIQU LIANGSHI SHENGCHAN DE YINGXIANG YANJIU(960—1911)

陈　超　著

人民出版社 出版发行
(100706　北京市东城区隆福寺街 99 号)

北京中科印刷有限公司印刷　新华书店经销

2015 年 12 月第 1 版　2015 年 12 月北京第 1 次印刷
开本:710 毫米×1000 毫米 1/16　印张:17.75
字数:264 千字

ISBN 978-7-01-015604-0　定价:45.00 元

邮购地址 100706　北京市东城区隆福寺街 99 号
人民东方图书销售中心　电话 (010)65250042　65289539